Treasures for Scholars Worldwide

国家社会科学基金重大招标项目

中国西南少数民族地区濒危文字文献调查研究丛书

赵丽明 主编

普米韩规原始文字文献调查、解读与研究

赵丽明 徐丽丽 胡文明 偏初里
胡镜明 马红升 原上青　编著

广西师范大学出版社
GUANGXI NORMAL UNIVERSITY PRESS
·桂林·

第三章

普米原始文献解读

三 送魂神路图《塔朗》解读

人从哪里来？到哪里去？这是全世界各民族都在探求的生命主题。在普米族的古老文化中，有关人死后灵魂归宿的解说十分丰富。譬如人死后将回"祖先之地"是普米族传统的生命观。在普米族这个高山民族看来，人生如一片落叶，落下后皆归于根，而这生命之根就是祖先们迁徙到现在居住地之前休养生息的北方。为了使死者亡灵回归祖先之地，各地普米族在举行葬礼时，都有十分详细的送魂路线，灵魂返祖之地必经的每一个地名都口口相传或在《戎肯》（《献绵羊》）经中一一标出。但随着普米文化与雪域高原藏族文化交融的加深，关于生命归宿的观念也随之趋于复杂化和多元化，产生了地狱、人间、天堂的概念和人死后转生等观念，并形成了具体体现这种生命观的一套韩规经——长幅布画卷神路图《塔朗》和《塔朗送魂经》。

至今，在滇、川、藏交界区域的普米族的葬礼中还保存有这样一个习俗：当死者告别阳世，经过一系列的程序，如洗尸、涂抹酥油、穿寿衣、杀牺牲、韩规诵经等之后，有一道很重要的仪式不能忽略，就是给死者的灵魂指引一条从地狱、人间到天堂的路径。这条路径通常由一幅绘在自制细麻布上的卷轴画指引完成。此种长幅卷轴画，韩规称之为"塔朗"，"塔"意为"解脱"，"朗"意为"道路"，故也可称"解脱之道图"。韩规们平时不轻易打开，仅在丧葬和超度亡灵仪式上铺开，并立于图旁咏诵《送魂经》，将亡灵从图的底部逐层向上超度，仪式结束后就收藏起来。

神路图《塔朗》，即"解脱之道图"是韩规教发展到一定历史阶段的产物。关于普米族神路图《塔朗》的来龙去脉及其文化内涵，国内外学术界尚无系统的介绍和研究。据我们的初步调查表明，如同韩规教一样，神路图《塔朗》多遭磨难。在韩规教兴盛之时，大多数韩规都有一幅乃至多幅祖传的神路图《塔朗》。自20世纪50年代以来，随着韩规教的衰落，留存于民间的《塔朗图》日益稀少，在"文化大革命"中，很多古老的《塔朗图》遭到破坏。如今，已屈指可数。更为严重的是，文化商人逐利之徒觊觎此画，不择手段攫取之。

神路图

目前所见的普米族神路图共有两幅，一幅是四川省木里县依吉乡机素组偏初边玛所持的神路图，一幅是云南省宁蒗县胡文明所持的神路图。两幅神路图都包含62幅小图，内容完全一样，皆出自偏初里韩规。下面两幅神路图仅解读顺序不同。

（一）木里神路图

偏初边玛所持神路图是韩规偏初家里一代代传下来的，共有新旧两个版本共三幅图，两幅旧图被一个丽江人分别以一万多元、八千元买走了。目前所见到的这一幅属于最新版本，由偏初里的大儿子麦色边玛于2001年耗时近两个月所绘。所用的布料是一整块旧布，所用颜料有些是新买的，有些是偏初里的父亲留下来的旧颜料，这种旧颜料几百年都不会褪色。

神路图里的内容要从下往上讲，平时不能随便讲，只有在人死后做法事时才能详细地讲。抄绘神路图时不能在家里，只能在经堂之中。边玛是在过年以后于原来的老经堂里抄绘的。

据偏初里讲，在机素组有四家有神路图，加上偏初家这一幅共有四幅，其他三幅窄一些，画质不如偏初里家的这一幅好。

神路图《塔朗》

神造的花

kue⁵⁵noŋ⁵⁵tɕʰiɔ⁵⁵bɑ⁵⁵
最大的神

丁巴什罗，最大的神

天堂，神的地方

女神

一棵神树，这里是好的地方

神的地方，从此以上就是天堂

一个叫做依达［ji³⁵ta⁵⁵］的怪物的地盘，依达是个永远吃不饱的怪物

第三章 普米原始文献解读 421

阎王最大的兵

喇嘛，心里不真诚，对佛不忠诚

左边的是女人，右边的是男人，中间的是阎王的部下。男女不是夫妻，却生了孩子，阎王部下来惩罚他们

左边的是男人，中间的是女人，右边的是阎王的部下。男女做了不该做的事，阎王部下来惩罚他们

左边的是女人，中间的是男人，右边的是阎王的部下。男女做了不该做的事，阎王部下来惩罚他们

两个女人在做不好的事情

姑娘说假话,而且不会织布

中间的是花瓶,两边是人

阎王的部下

三个人假冒韩规,说假话

三位韩规

左边和右边是两个人,中间的动物是家猪

左边的是人，右边的是阎王的兵，中间的动物分别是麂子（上）和獐子（下）。人打了麂子和獐子，这是不应该做的

左边的两个是人，右边的是阎王的大将

左边的是人，中间是一个宝瓶，右边的是阎王的大将

左边的是人，中间的是青蛙，右边的是阎王的兵

人杀人，不好

左边的是人，右边的是阎王的兵

	老虎被人射伤拴住
	两个人赶牛犁地
	人
	阎王的兵
	左边的动物是黑熊，右边的动物是狮子，代表的是人以前打死的动物。人不应该打动物，死了以后要受到动物灵魂的报复
	阎王的两个最大的兵

人

左边两个是人，右边的是阎王的兵

左边两个是人，右边的是阎王的兵

两边的是人，中间的是阎王的兵

右边是人，左边是阎王的兵

人

喇嘛

阎王的兵

以下六幅图都代表阴间，最上面一幅是阎王。

第三章 普米原始文献解读　427

（二）宁蒗神路图

2006年，胡文明在宁蒗县新营盘乡东风村马金荣家见到一幅绘制在经过上浆处理的土白布上的《塔朗图》，全长约8米，宽约0.3米，上绘地狱、人间、天堂三界（有数百个人神鬼兽的形象和许多具有宗教象征意义的物象）。经过详细了解，方知此图由韩规偏初里亲手所画。偏初里出生于木里藏族自治县依吉乡机素村的一个韩规世家，这个世家已传了三十余代。据他介绍，家传的神路图《塔朗》曾一度藏于野外的岩洞之中，直到改革开放以后，才从洞穴中取出。旧作不仅内容十分宏富，而且绘画技法娴熟，从形制、规模、内容方面均可称得上是韩规布画中的杰作。遗憾的是，到了二十世纪九十年代初，该画被一位来自丽江的文化商人廉价买去了。现在我们见到的这一幅是偏初里重新绘制的简化性的复制品。在木里依吉乡一带，类似的临摹之作共有三幅。

这幅神路图《塔朗》，以丰富鲜丽的色彩和较为娴熟的技法描绘了人的亡灵从阴间超度进入天国神境的全过程。整个画卷由六十二幅小图构成，其文化内涵十分丰富，融普米族韩规教、传统伦理道德和苯教、藏传佛教等的地狱、人间、神地"三界"说等内容于一体。画面中的有些内容与《西藏度亡经》（又名《中阴得度》）和藏传佛教《冥界审判图》有很多相似之处，如宗教神职人员在举行法事时因有过错而受罚等，比较集中地反映了藏传佛教对韩规教的影响。此外，《塔朗图》也融进了普米族自己的许多传统文化观念，如在画面中描绘了死者生前所犯的种种罪孽和不道德的行为，包括欺世盗名、杀人欺人、虐待牲畜、捕杀野兽、偷盗乱伦、坑人赃人、造谣诽谤、说谎行骗、刚愎自用、不懂装懂、伤天害理等等，充分体现了普米先民的伦理道德观和与自然和谐相处的生命精神。

毫无疑问，作为一幅典型的多元文化相混融的宗教绘画，神路图《塔朗》提供了一种可与密宗名著《西藏度亡经》做细致的比较研究的珍贵资料，对于探索藏传佛教"生死轮回"观念的来龙去脉有极高的学术价值。同时，对普米韩规《塔朗图》的解读，也将大大有助于开展与纳西族的《神路图》、纳木依人的《错布露骨图》及多续人的《开路图经》等宗教绘画的比较研究，继而揭示藏彝走廊地区各族群原始宗教的发展脉络及其受外来文化影响的变迁轨迹。

图1

  这是冥界中亡灵要通过的第一个领域，普米语谓"尼瓦甸吾"，意为"地狱之地"。按图示意，右边上、下两端是两个赤身裸体的亡灵被钉在尖利无比的竹刺上，示意死者亡灵将从此在地狱中经受苦难。左边是为死者亡灵而设的"尼瓦（地狱）黑锅"，普米语谓"尼瓦让"，锅旁火焰熊熊，上有罪人的白色骷髅，锅里鸡、蛇、猪等三种动物相互嘶咬着对方的尾巴。据《韩规经》中的描述，鸡、蛇、猪分别代表贪、嗔、痴，是人心的本相。本相外显，生出诸界：常者在"人界"，贪者在"恶鬼界"，嗔者在"阿修罗界"，痴者则在"畜生界"，贪、嗔、痴并举，入"地狱界"。

图2

"尼瓦"鬼界之一。图中底部绘有一个铁三角,其下火焰熊熊,左边是一个长马头的"尼瓦"狱卒正在引火,右边是另一个狱卒双手抓住两名赤身裸体的亡灵,正准备扔到火炕里。中间是一个用来烹煮亡灵的大鼎炉,炉上放置一大油锅,无数亡灵已被下油锅,只有头露在外面,鼎炉内火焰熊熊,油锅下可见人的骷髅。上部两侧是两个"尼瓦"狱卒在煮亡灵。其中,一个长蛇头的狱卒将绳索套在两个赤身裸体的亡灵的脖颈上,并朝油锅使劲儿牵引;另一个狱卒则双手各抓举一位赤身裸体的亡灵,试图把他们扔进油锅里。整个画面寓意亡灵遭到油煎火烤,场面生动形象,令人恐惧。

图3

"都"（恶魔）之血湖。《韩规经》载："都"拥有黑湖，湖中不仅长有毒物，而且布下了荆棘。图中左边是一棵生长于"都"黑湖中的柳树。右边是一个越过鬼界数道黑山后被尖利的竹刺钉在血湖中的亡灵。

图4

阴间魔世"尼瓦启级甲布"。画面中所绘之鬼王双目圆睁,龇牙咧嘴,形象狰狞,左手持喷射火焰之刀,右手持一不名法器,端坐在一张人皮垫子之上。据《韩规经》中的描述,此鬼王最擅长分辨世间的黑白与是非,且法力特别高强。此鬼王坐于此,身份同阎王,具有威慑作用。

图5

  这是立于"尼瓦"地狱宫殿门前的判官。据《韩规经》中的描述，每一个死者的亡灵至此，均要接受审判。画面中绘有两个长虎头的判官首领手里掌着天平，示意鉴秤。据《韩规经》中的描述，天平犹如阎罗王"生死簿"，地狱判官通常采取"鉴秤"的方式来察看亡灵生前犯下的种种罪行。

图6

　　生前犯坑蒙拐骗之罪者。此图类似于《西藏度亡经》中的《冥界审判图》。画面中的左边绘有两名生前曾弄虚作假的亡灵，即采用大升买进、小升卖出，在借贷赊还中以短斤少两、克扣对方等卑劣手段牟取不义之财，此两者被正法。盘中堆着代表罪行的黄金和白银，判官将此赃物，出示给罪犯，表示人赃俱获。右边是一个曾欺心买卖的商贩的亡灵被锁闭在秤砣里，示意此人生前在做交易时用大秤砣小秤砣玩弄花招坑人。

图7

　　生前喜好搬弄是非、诽谤他人者。图中左边是两名恶语或巧言勒索的女子，右边是一名挑拨离间以图私利的女子。示意死后此类亡灵至此，要遭受一个竖发"森依"（鬼地）狱卒的惩罚。

第三章　普米原始文献解读　　435

图8

图9

图10

  这三组图所绘的是生前犯欺上压下、作威作福之罪者。按图示意，一些生前手持刀剑、威风凛凛的男女，死后亡灵至此，遭受面目狰狞、长鹰头或牛头、扛长矛、持斧头之"森依"狱卒的阻击。

图11

生前犯致人重伤之罪者。图中左边是一个手执铁链的男子,中间是一个手持鞭子的女子。示意他(她)曾下毒手捆缚人、挞伐人。右边是罪人死后之亡灵被锁闭在塔中。

图12

生前犯了杀人之罪者。画面中一个人将长矛戳进对方之喉咙,另一个人则将利剑刺入对方之腹腔。

第三章 普米原始文献解读 437

图13

　　两名"森依"狱卒，手持刀、剑等利器，严阵守卫着鬼地大门。

图14

　　生前犯了行窃偷盗之罪者。图中左边绘有两个行窃的小偷和狗的形象，右边是"尼瓦"鬼域一个手持长矛的竖发狱卒。行窃的小偷手持利刃欲击毙主人的看家狗，死后亡灵至此，遭到阻拦。

图15

　　这是生前犯了杀害水生动物之罪者。图中左边是一个手持枝条、且将一条口吐鲜血的蛇缠于身的男子，中间是一只遍体鳞伤的青蛙，右边是一个全身绿色、长蛇头、手持利剑的"森依"狱卒。此类亡灵至此，遭受阻击。

图16

　　这是生前犯了滥捕野兽之罪者。图中左边是一名恶猎手，正使劲地拖拉套在獐、鹿等野生动物脖颈上的绳索，右边是一个手持利剑之"森依"狱卒，阻拦亡灵通行。

图17

  这是生前犯了屠杀老虎之罪者。画面右边是一只被困的赤虎（一条铁链套颈，一把利剑插入口中，一支毒箭在脚下），象征亡灵所犯罪行之物证。左边是罪人死后亡灵在此遭受火烧燎烤的折磨。

图18

  此画面中的刀剑、绳索和铁链等是犯罪者的物证，示意生前犯了滥杀野兽之罪者，死后其亡灵在此遭到面目狰狞鬼和鹿头鬼的惩罚。

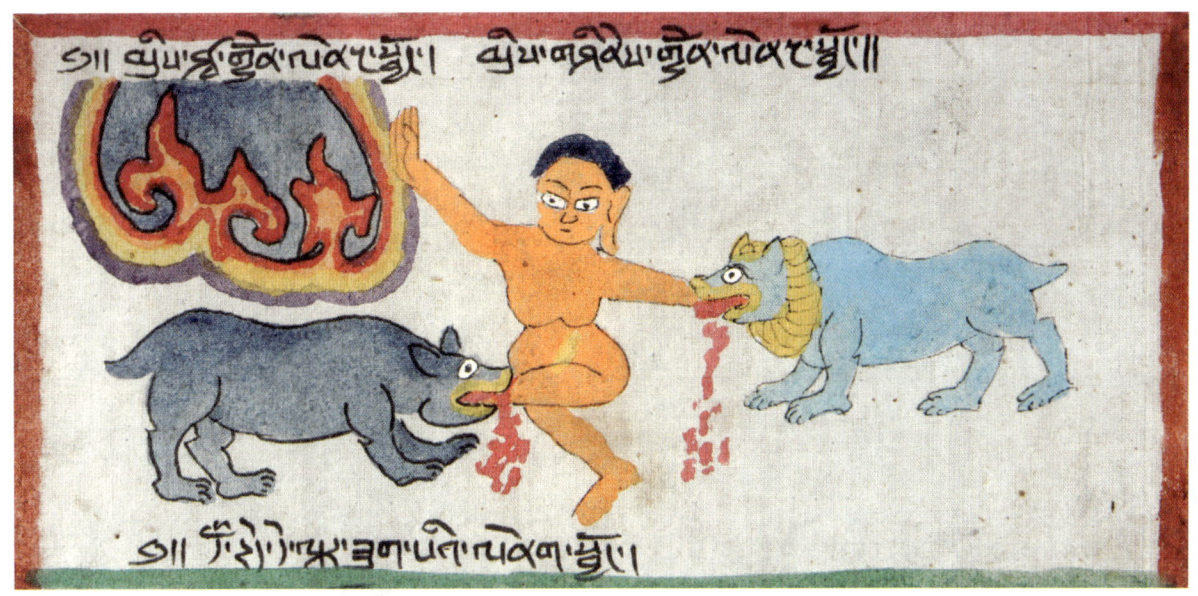

图19

生前犯了滥杀熊等野兽之罪者。图中所绘的是一个死后在此备受折磨的亡灵,即右手遭火焰烘烤,左手则被灰熊吞咬,左脚遭黑熊啃噬。

图20

按图示意,右边是一个生前犯虐待猪(即不经过精心饲养便宰杀年猪)之罪者,死后在此遭受折磨(一把利剑正投向他,猪也向他发起攻击,啃咬其右掌)。左边是一个生前犯滥捕蛇之罪者,死后在此遭到蟒蛇缠身。

图21

　　图中是生前犯了乱伦乱性以至于生养私生子之罪者。画面的右边是一个着装妖娆的妇女，表示这个女子善于勾引男人，曾与不少有妇之夫私通；中间是一名男子，示意他就是通奸者；左边是一个产妇，即正在生产私生子的妇女。

图22

　　按图示意，僧侣等神职人员生前犯了破僧道之戒、娶妻生子之罪，死后亡灵至此，同样遭受面目狰狞、长鹰头、扛长矛之"森依"狱卒的阻击。

图23

按图示意，两名生前犯了离弃丈夫及婴儿之罪者，正遭受"尼瓦"鬼界一个手持砍刀、竖发狱卒的阻拦。

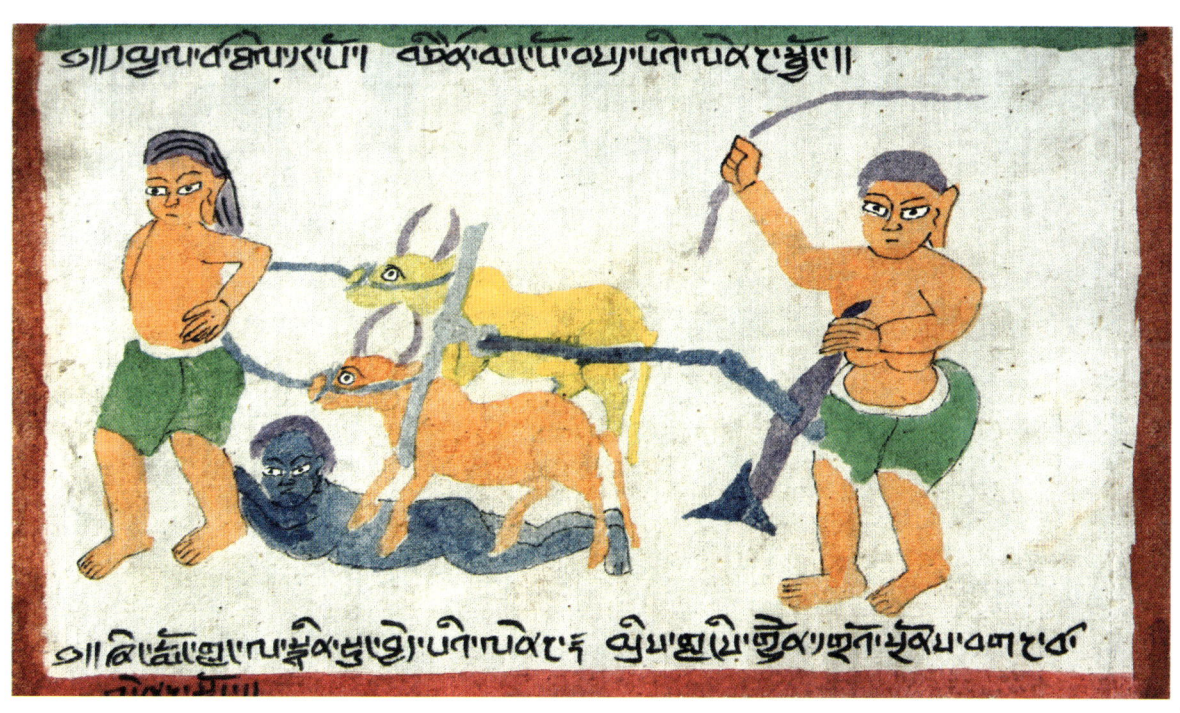

图24

这是生前犯了虐待耕牛之罪者。图中一个亡灵正遭到犁牛的践踏，象征不精心饲养耕牛便驱使其抬杠者，死后其亡灵在此受折磨。

此图也可称之为"犁耕图"。画面中所描述的二牛抬杠式，即在犁辕的前面架一长横杠（横杠连犁辕），使两牛并驾拉拽；前有一个男子在牵牛，后为一个女性耕者一手扶犁，一手持鞭，是普米传统农耕的写照。

图25

生前犯了虐待坐骑之罪者。图中一人骑着瘦马,正粗野凶狠地鞭挞马匹前行(左);两个长牛头、马首的"森依"狱卒用绳索拖住亡灵,不让其通行。

图26

图27

　　这两组图是生前犯了糟蹋手工艺之罪者。《韩规经》中描述，没有学会纺织技术而乱用织机或不懂装懂擅自乱绕麻线者，死后其亡灵在此遭受惩治。

　　这两组图也可称之为"纺织图"，画面中所绘一妇女使用腰扣织布，一妇女坐在纺车前，手持纺锤，坐地缠绕麻线，再现了普米人纺织的劳动场面。

第三章　普米原始文献解读　445

图28

图29

　　这两组图是生前犯了过错的喇嘛。此两组画面描绘的是不守法事行为规范的喇嘛、尼姑、咒师等。按《韩规经》中的描述，这类僧侣在世时常常逞强好能、自以为是，做出不合乎宗教仪轨的行为，他们死后亡灵至此，受到处罚。

图30

图31

图32

图33

图34

图35

这六幅图描绘的是生前犯冒充神职人员之罪者。《韩规经》载：此六组画面所描述的是一些生前尚未拜师学艺者，宣称能与鬼、神沟通，随意手持法器，安排仪式。图中绘有宝塔（图30和图31），上书简短真言"啊、嗡、嘛、吽"，示意伪装者胡乱诵读苯教及佛教真言。他们死后亡灵在此受到面目狰狞、鹰头"尼瓦"狱卒的阻截。

图36

图37

两幅画中是几位失职的韩规,据《韩规经》中描述,他们生前不守法事行为规范或不请其他韩规而自作主张地安排仪式,破坏了仪式规矩。他们死后亡灵在此受到阻拦。

此二图也可称之为"韩规作法图"。画面中的五个韩规均盘腿打座,其中,一位头戴圆顶帽(图36左),一位头戴五神冠(图37左);他们有的双手捧经书,有的拨数念珠,有的摇铃击鼓,无疑是普米韩规作法事场景的写照。

以上10幅图描绘的是不守法事行为规范的喇嘛、韩规及其冒充者。事实上,宗教神职人员犯了过错而受惩罚亦见于《西藏度亡经》中,既反映了宗教行为规范在藏族、普米族心目中的神圣性,也反映了藏族、普米族先民对宗教法事的虔诚敬畏之心。

图38

　　右边是一个长牛头、手持弯刀绳索的狱卒；左边是一个面目狰狞、手持斧头和铁锤的狱卒，示意"尼瓦"鬼域狱卒在此守门，阻截上述亡灵的通行。

图39

这是亡灵转生为人前在地狱中受到最后的折磨。普米韩规教认为亡灵通过"尼瓦"地狱后进入另外两个鬼界，一个是"移达"（饿鬼之地），另一个是"直松"（畜生之地）。因此韩规同样要帮助亡灵通过这些领域，使其不在这里转生。

画面上绘有两个赤身裸体的"移达"（饿鬼），它们脖颈细小，肚腹庞大，口吐火焰。据《韩规经》中的描述，"移达"的主要特征是"腹大如山，吃不够，喝不足"。这些饿鬼由于食道细如绳，食物一接触其口便化为火焰。

另，该画面没有单独绘制"直松"，但图中绘有狗、牛、马等三种动物，即示意"畜生之地"。

上部两侧绘着两个面目狰狞、大腹便便、手执利剑的狱卒；底部则绘着熊熊火焰，示意死者亡灵在饿鬼界"移达"之地和畜生界"直松"之地遭受到苦难和阻截。

图40

　　这是通往世俗世界和神灵世界的大门。亡灵历经种种地狱鬼界的折磨和苦难,由韩规超度到这里,接下来将要进入人类之地和神灵天堂。图中绘有盛开莲花的宝瓶,一个手持不明法器的神人,前来迎接亡灵。

图41

  这是"撒依忍布切"（大地之宝座）。《韩规经》载：亡灵通过"尼瓦""移达""直松"等鬼地后，来到了人间和神地。此段开始即"人间"，一派吉祥的景象呈现在眼前：顶部左右两端所绘的是月、日；中间是一棵神树（普米语谓"巴松炯使崩"，传说这棵神树维系着人类的生命，故亦称之为"生命树"），树上栖息着一些神鸟，其中最大的是"甲依穷迁隔布"（金翅大鹏鸟），它头戴宝珠帽，正在吞噬一条大蛇。神树周遭绘着与其相关的飞禽走兽，如狮、虎、豹、兔、鸡、羊（山羊、绵羊）、鹿、牛、马及大象等；底部绘有"尔罗莲布"（湖海）及所产之宝物——鱼、白海螺等。画面呈现了各种有灵性的动植物，仿佛是人间福音，又是神界祥瑞。此图象征亡灵已到达平和安祥的新生命场所，获得了新生。

图42

　　这是送死者亡灵去往神地的拉姆女神。画面中的两位女神翩然起舞，曼妙的舞姿展现了宗教舞蹈的神韵。

图43

图44

图45

图46

图47

第三章 普米原始文献解读 457

图48

图49

458 普米韩规原始文字文献调查、解读与研究

图50

图51

第三章 普米原始文献解读 459

图52

  以上10幅图描绘的是进入神地后的情景。神地，普米语称之为"亨甸"，意为神之领域，一个美好的世界。据《韩规经》中的描述，以上10幅图中所绘的是十三层天界的诸神（共有18位神灵，均为盘腿打座）。这些神都是死者亡灵进入天堂途中会遇见的大神，但具体名号、来历及生平等在经书中均无记载。韩规虽能念出他们的名字，却讲不清他们的来龙去脉，由此也可知这些神是外来神，可能源于佛教、苯教乃至婆罗门教等。

图53

此画面描绘的是海螺、珠宝、莲花等物，示意亡灵到此地后将遇到祥瑞福音。

图54

图55

图56

图57

图58

图59

图60

图61

图62

　　以上9幅图描绘的是进入"百紫甸吾"（鲜花盛开之地）后的情景。以上9幅，共绘有36朵吉祥花，点缀在这些吉祥花上的多是一些苯教教符"卍"等。《韩规经》中通常讲到"十三层天"，而该图中仅绘出九层，这与苯教关于"天国最初有九层，后来发展成十三层"的说法不谋而合。

（偏初里讲解，张琰记录整理，胡文明前叙）

四　灵牌图经《弄开》解读

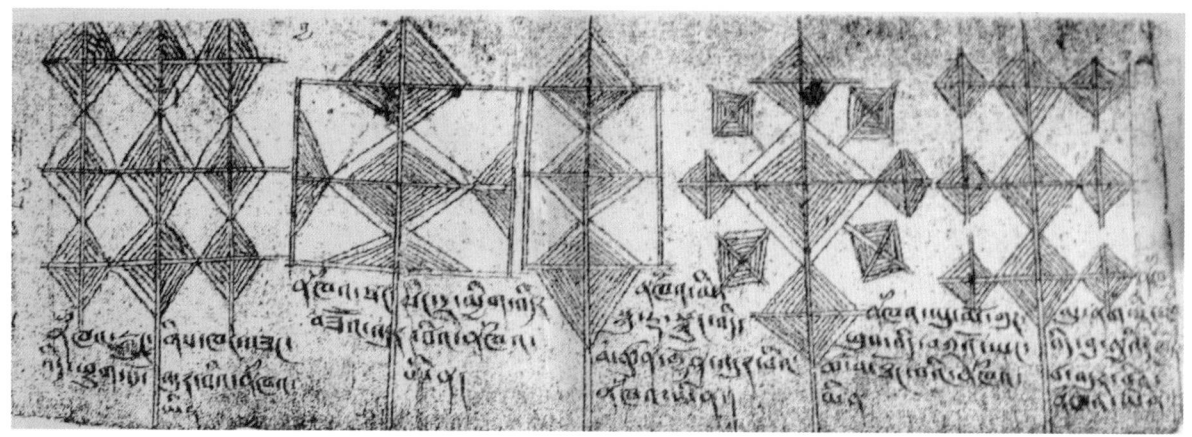

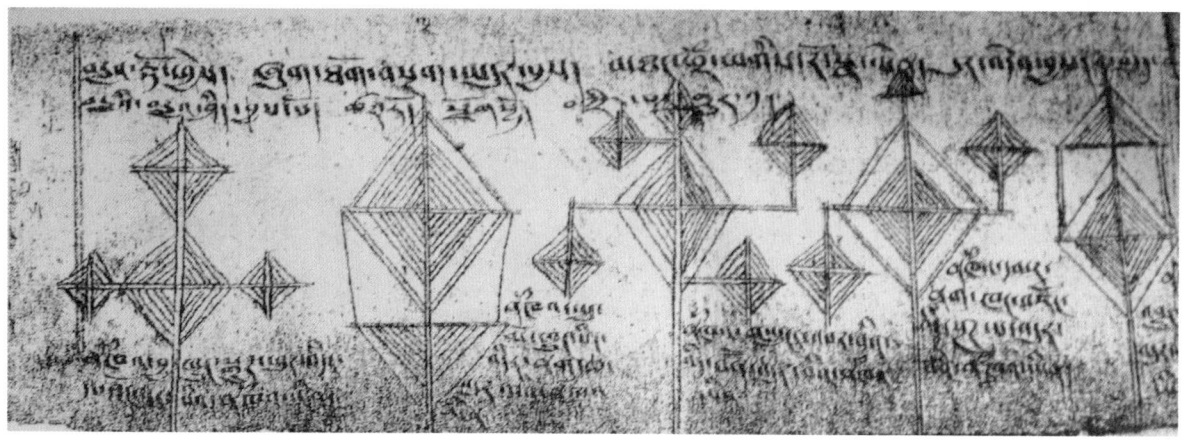

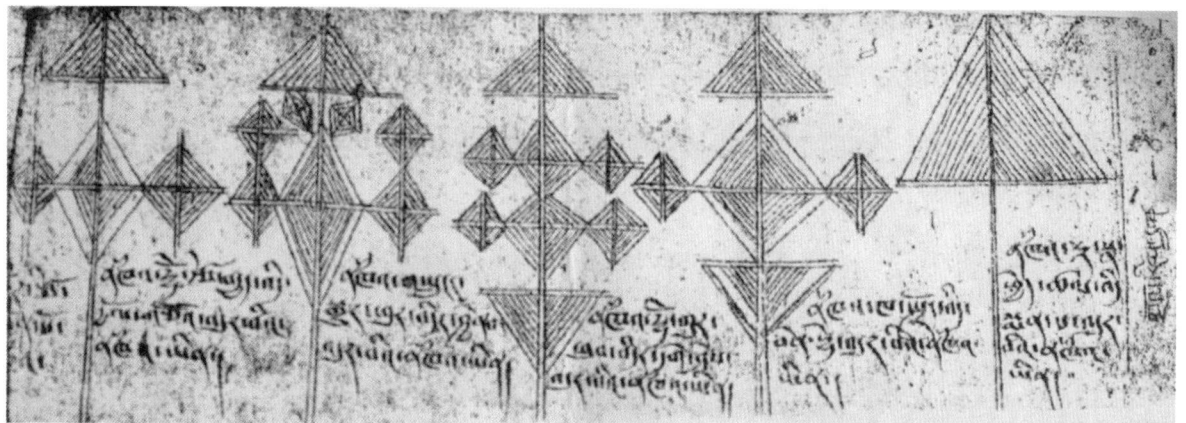

灵牌经书

（一）灵牌简介

灵牌，一种用于祭祀活动的法器，在十字架（以树枝或木棒制成）上缠绕着五彩线。有大有小，一般大概五六十厘米高，也有一米或十几米高的。有时不只一个而是一组，普米语称灵牌为 nõ^{35}k^{h}ɛ^{55}，主要用于"祭羊"仪式（普米族最盛大的超度亡灵的祭祀活动）。

灵牌主要用黄、绿、红、黑、白五种颜色的线绕成，从外到内依次为黄、绿、红、黑、白。其中黄色代表人体的温度、热量，绿色代表人的气息，红色代表人的血液，黑色代表人的皮肤，白色代表人的骨头。制作灵牌所用的线是当地普米族用羊毛搓出来的，现在也有直人接去商店买。五彩线的染色使用天然原料，其中的黄色是用从黄连的根中提取的黄色素着色；红色用从红参的根中提取的红色素着色；黑色是把烧松脂的黑烟收集起来，然后把烟灰和酒拌在一起着色，这样还可以防止褪色；绿色是用蚕豆的叶子或是当地的一种树叶的汁水染的，也有用当地的一种绿石头磨成粉冲水后染的。缠绕成的灵牌呈菱形或三角形，共有15种组合方式。灵牌中间呈菱形，要尽量做得大一些，用于粘贴死者的头像，这也是称之为"灵牌"的原因。

解释灵牌有专门的经书，我们暂时称其为"灵牌图解"。《灵牌图解》是经书tʂue^{35}je^{55}中的一册，我们手上只有复印件，长29.8厘米，宽16厘米，黄纸黑字，藏文书写，共7页。经书涉及灵牌的制作方法、内涵等内容。tʂue^{35}je^{55}属于安魂送葬类的经书，在进行大超度时使用，总共有47册。

灵牌有15种不同的组合方式，组合不同，其内涵也不一样：

1. 武士pʌ^{55}wu^{55}nõ^{35}k^{h}ɛ^{55}
2. 无子女送终的妇女jəu^{35}mu^{55}tʃ^{h}õ^{55}se^{55}nõ^{35}k^{h}ɛ^{55}
3. 韩规经师pʌ̃^{35}pu^{55}də^{55}rə^{55}we^{53}nõ^{35}k^{h}ɛ^{55}
4. 擅长咒语的韩规经师ŋɑ^{55}pɑ^{55}də^{55}rə^{55}we^{55}nõ^{35}k^{h}ɛ^{55}
5. 地位次于王的官员luẽ^{55}bu^{55}də^{55}rə^{55}we^{55}nõ^{35}k^{h}ɛ^{55}
6. 王dʒɛ^{35}bu^{55}tsɿ^{55}wu^{55}də^{55}rə^{55}we^{55}nõ^{35}k^{h}ɛ^{55}
7. 学问高深的人ʃi^{55}zo^{55}də^{55}rə^{55}we^{55}nõ^{35}k^{h}ɛ^{55}
8. 格西gi^{35}ʃi^{55}də^{55}rə^{55}we^{55}nõ^{35}k^{h}ɛ^{55}
9. 喇嘛pĩ^{35}di^{55}də^{55}rə^{55}we^{55}nõ^{35}k^{h}ɛ^{55}
10. 医生m̥i^{55}pɑ^{55}də^{55}rə^{55}we^{55}nõ^{35}k^{h}ɛ^{55}
11. 富豪tʃ^{h}o^{35}pu^{55}də^{55}rə^{55}we^{55}nõ^{35}k^{h}ɛ^{55}
12. 手艺人so^{55}pu^{55}də^{55}rə^{55}we^{55}nõ^{35}k^{h}ɛ^{55}
13. 神人mi^{35}ko^{55}du^{55}kõ^{53}də^{55}rə^{55}we^{55}nõ^{35}k^{h}ɛ^{55}
14. 多子多福的人tsʰɐ^{55}tʰõ^{55}də^{55}rə^{55}we^{55}nõ^{35}k^{h}ɛ^{55}
15. 圣人bu^{35}tʃ^{h}y^{53}di^{55}tʃ^{h}ɛ^{55}rə^{55}də^{55}rə^{55}we^{55}nõ^{35}k^{h}ɛ^{55}

在西南地区各地，都可见到灵牌。大致相当于汉族的灵堂牌位。主要用于葬礼、超度仪式上，还有和木牌画、经幡等组合使用。例如在纳西族的大祭风仪式上，经常可以见到高达十几米的祭杆架子。

灵牌本身不是文字，是一种用特定材质、方法制作的法器，作为一种标志性符号，起到某种象征作用，具有文字的功能。

（二）灵牌图解

下面我们将不同组合方式的灵牌和其具体代表的内容做一个一一对应。左边的图为经书原文中摘录出来的图片；右边的图为灵牌的实物，全部为韩规根据经文的说明亲手制作。其中，第八种格西灵牌的实物暂缺。

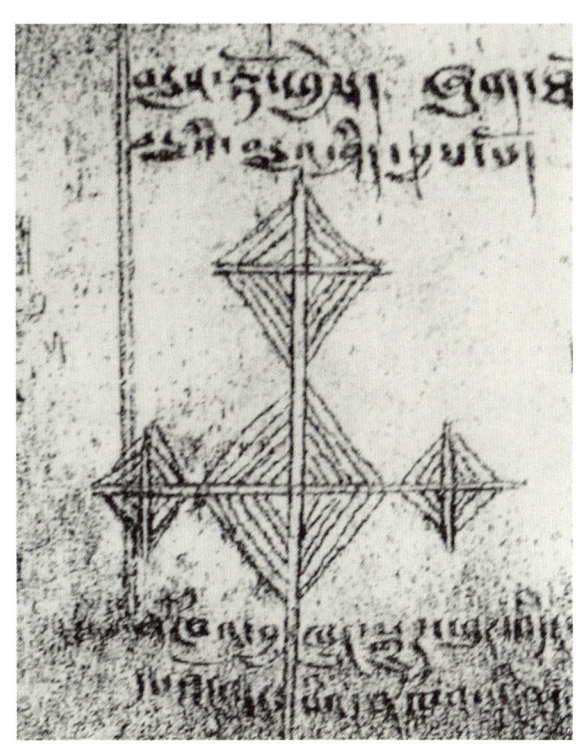
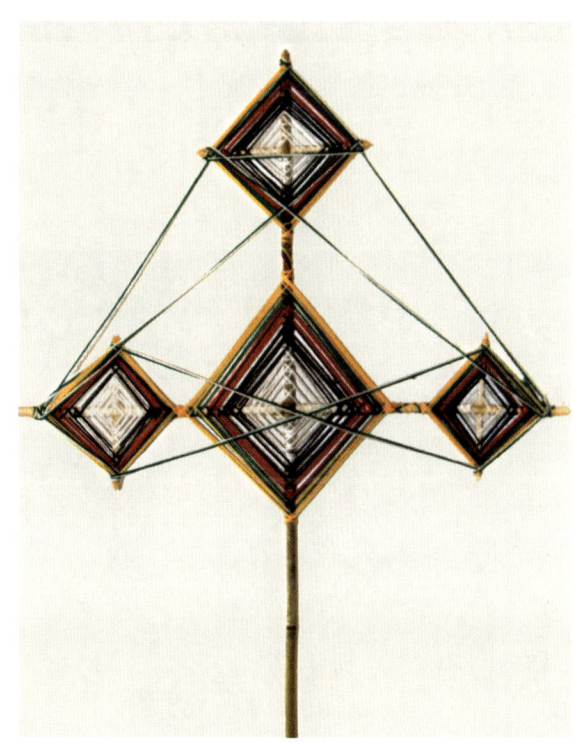

1. $pA^{55}wu^{55}nõ^{35}k^hε^{55}$　　代表武士，非常英勇。

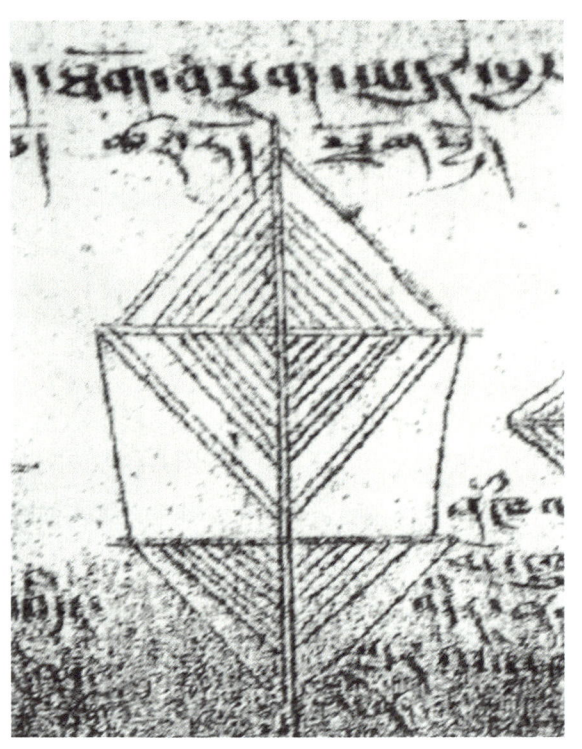 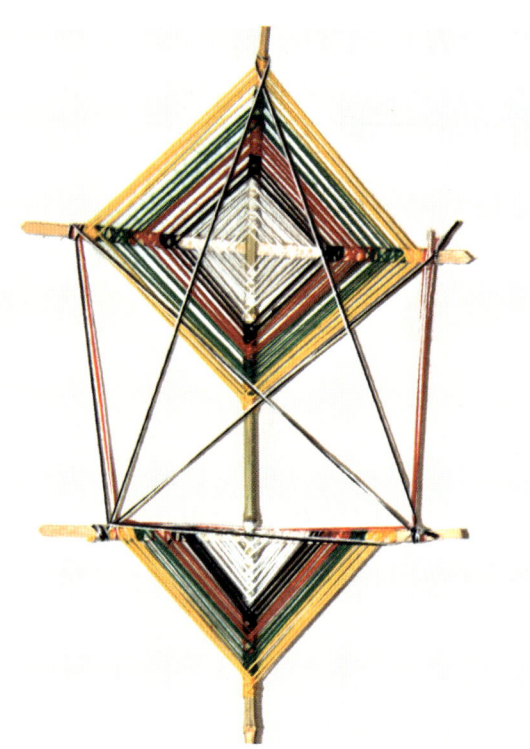

2. jəu³⁵mu⁵⁵tʃʰõ⁵⁵se⁵⁵nõ³⁵kʰɛ⁵⁵　　代表临死时没有子女送终的妇女。

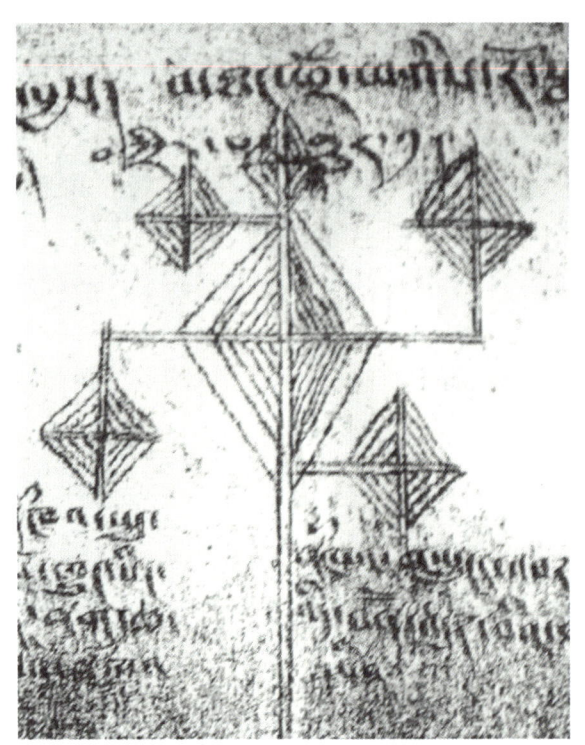 

3. pÃ³⁵pu⁵⁵də⁵⁵rə⁵⁵we⁵³nõ³⁵kʰɛ⁵⁵　　代表一般的韩规[1]。

---

[1] 根据偏初里先生的解释，实物有时都会简化，不一定跟原图一模一样，下同。

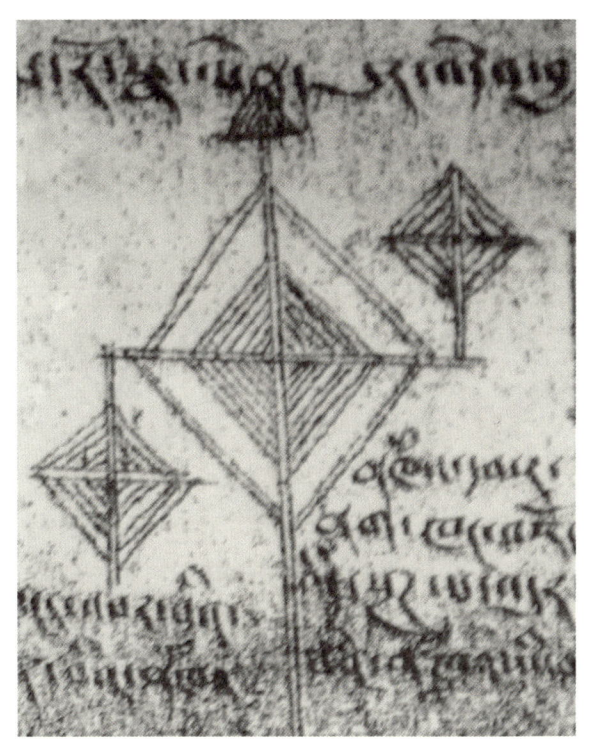 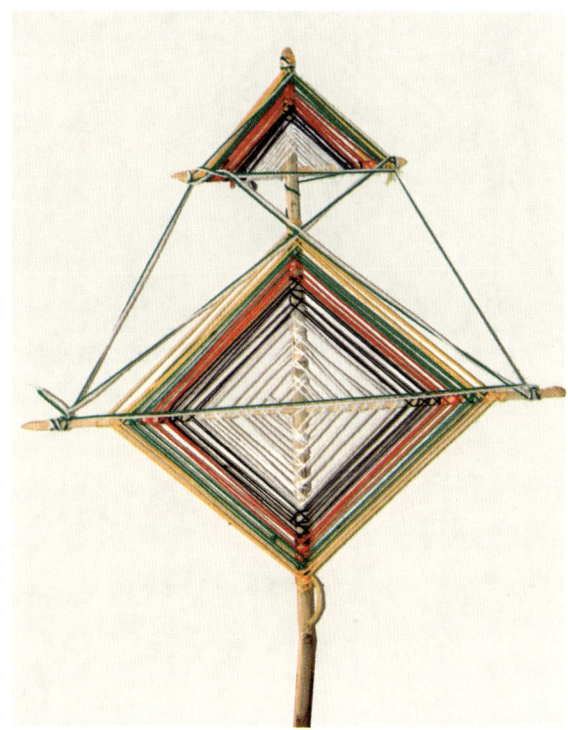

4. ŋa⁵⁵pa⁵⁵də⁵⁵rə⁵⁵we⁵⁵nõ³⁵kʰɛ⁵⁵　　代表擅长咒语的韩规。

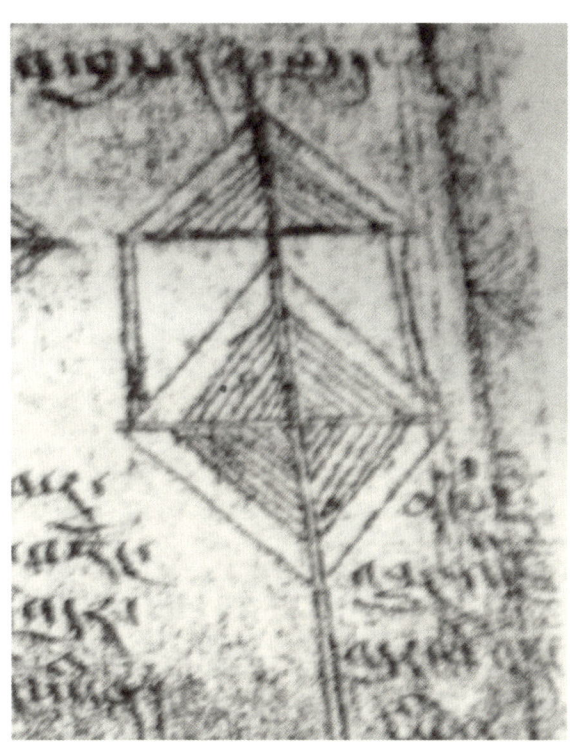 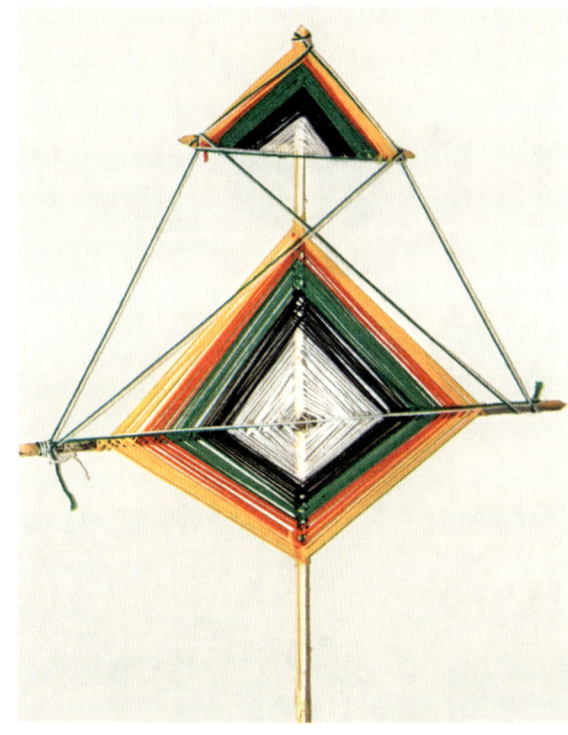

5. luẽ⁵⁵bu⁵⁵də⁵⁵rə⁵⁵we⁵⁵nõ³⁵kʰɛ⁵⁵　　代表地位仅此于王的官员。

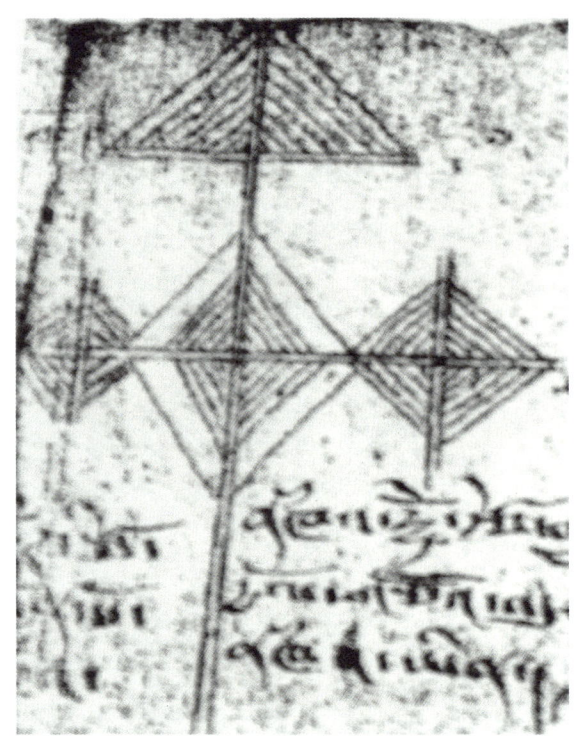

6. ʥɛ³⁵bu⁵⁵tsʅ⁵⁵wu⁵⁵də⁵⁵rə⁵⁵we⁵⁵nõ³⁵kʰɛ⁵⁵　　代表王。

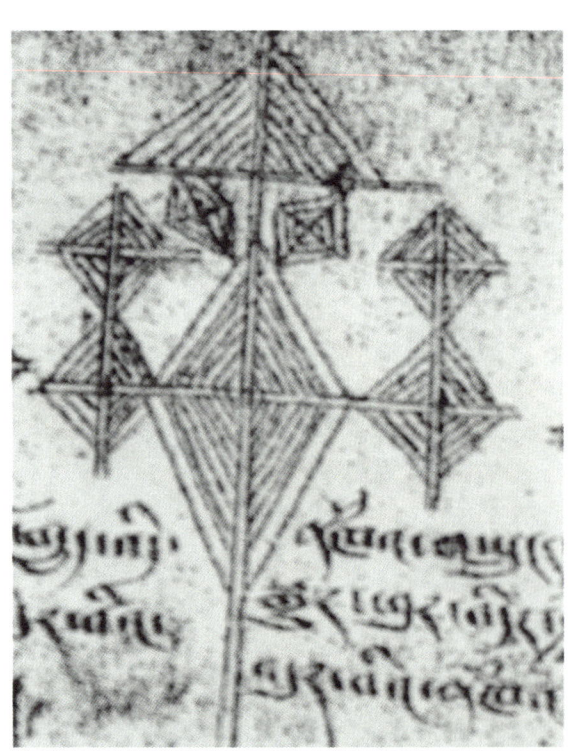

7. ʃi⁵⁵zo⁵⁵də⁵⁵rə⁵⁵we⁵⁵nõ³⁵kʰɛ⁵⁵　　代表学问高深的人，老师也是用这种灵牌。

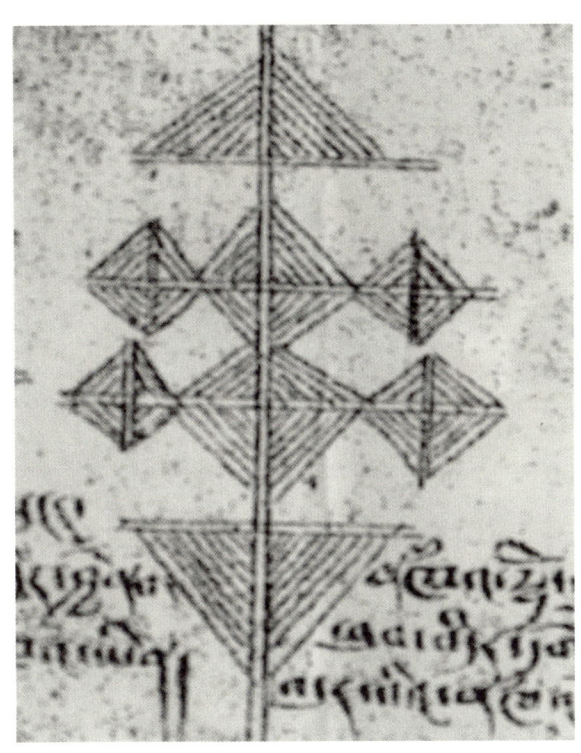

8. gi³⁵ʃi⁵⁵də⁵⁵rə⁵⁵we⁵⁵nõ³⁵kʰɛ⁵⁵　　代表格西，格西学位在佛教里面是最高学位，几千人里面才出一两个，相当于博士。

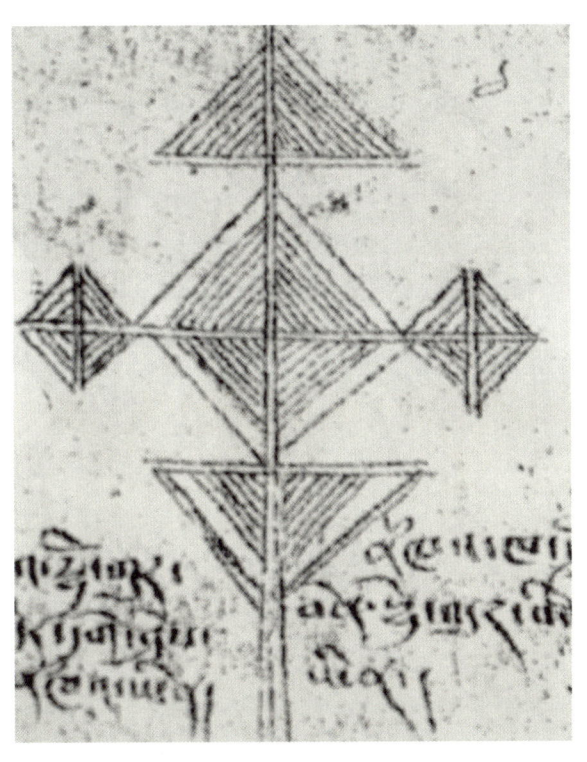
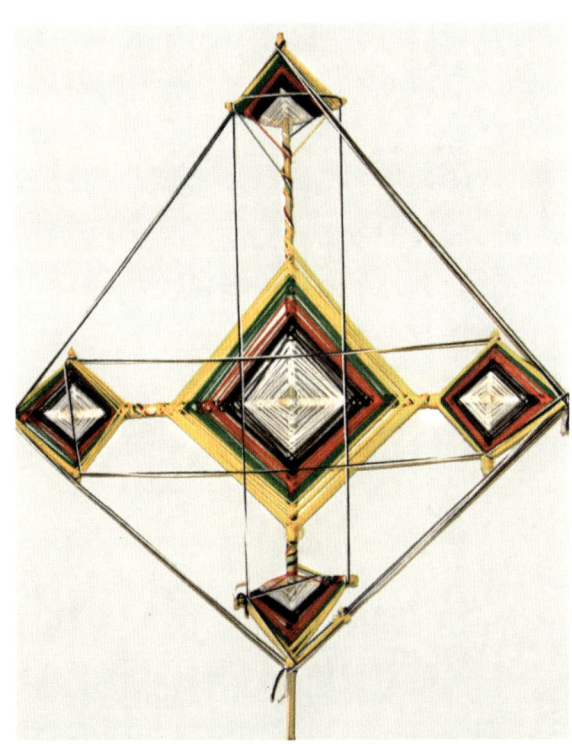

9. pĩ³⁵di⁵⁵də⁵⁵rə⁵⁵we⁵⁵nõ³⁵kʰɛ⁵⁵　　代表喇嘛。

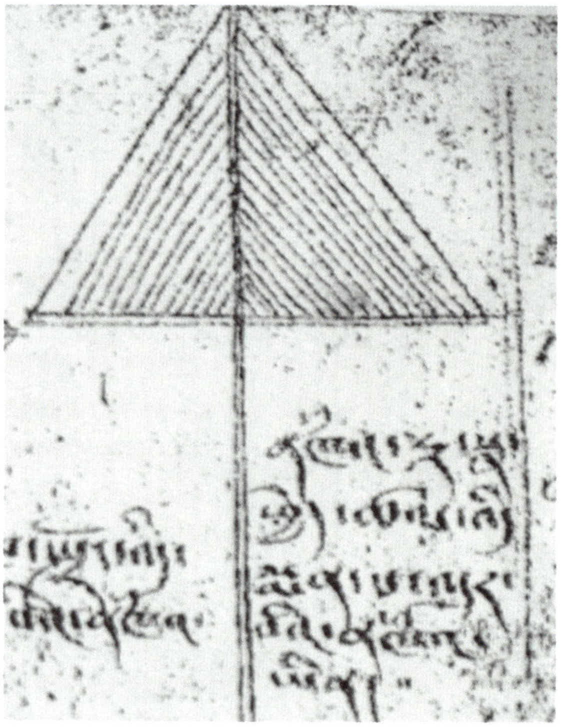

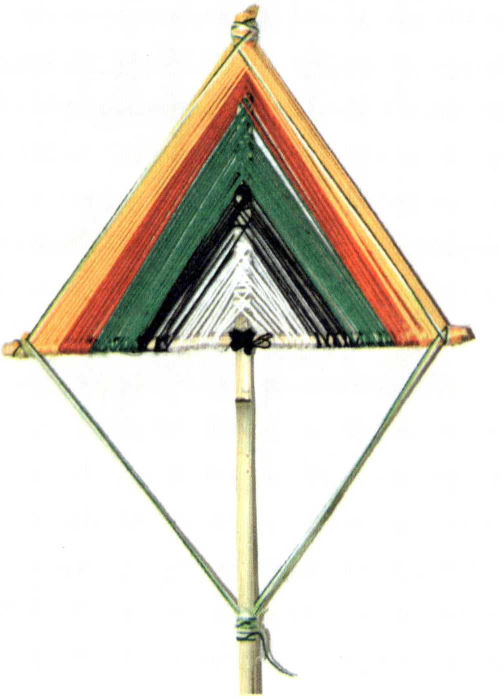

10. m̥i^{55}pɑ^{55}də^{55}rə^{55}we^{55}nõ^{35}k^{h}ɛ^{55}　代表医生。

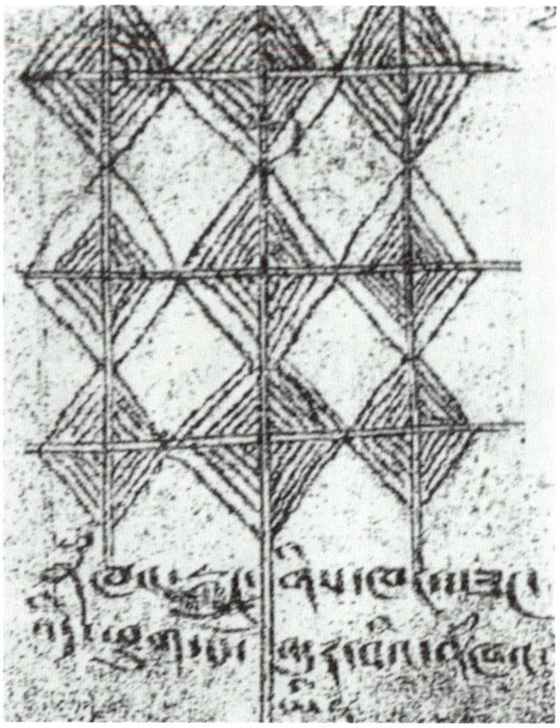

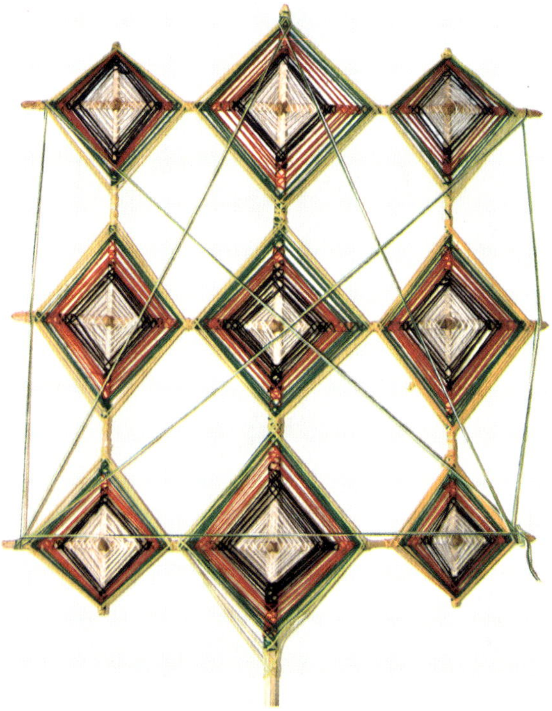

11. ʧ^{h}o^{35}pu^{55}də^{55}rə^{55}we^{55}nõ^{35}k^{h}ɛ^{55}　代表富豪。

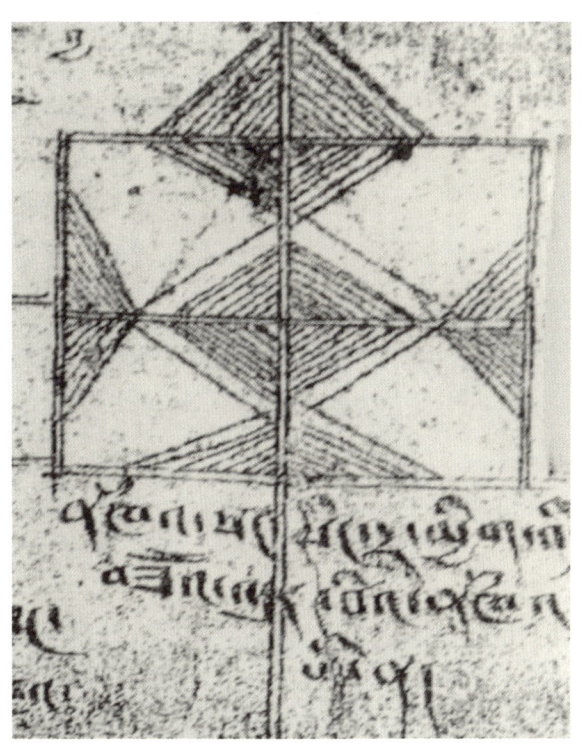
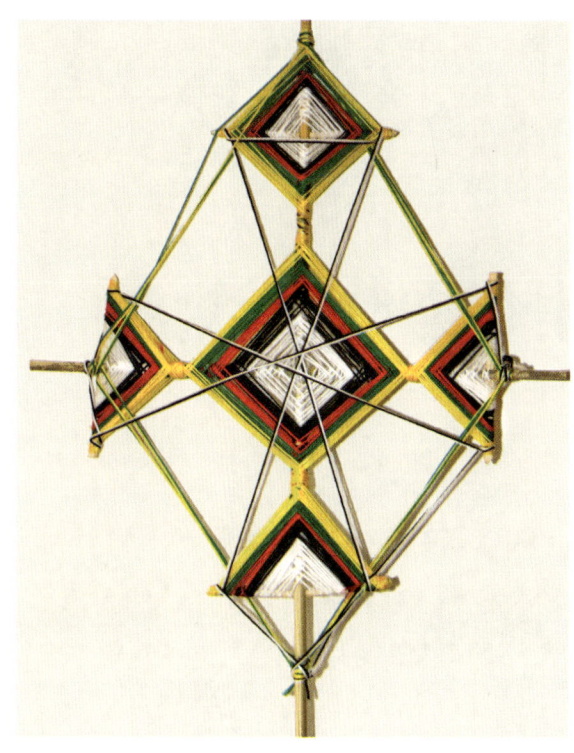

12. so⁵⁵pu⁵⁵də⁵⁵rə⁵⁵we⁵⁵nõ³⁵kʰɛ⁵⁵　　代表手艺高超的人，主要是铁匠、木匠、石匠等有手艺的人。

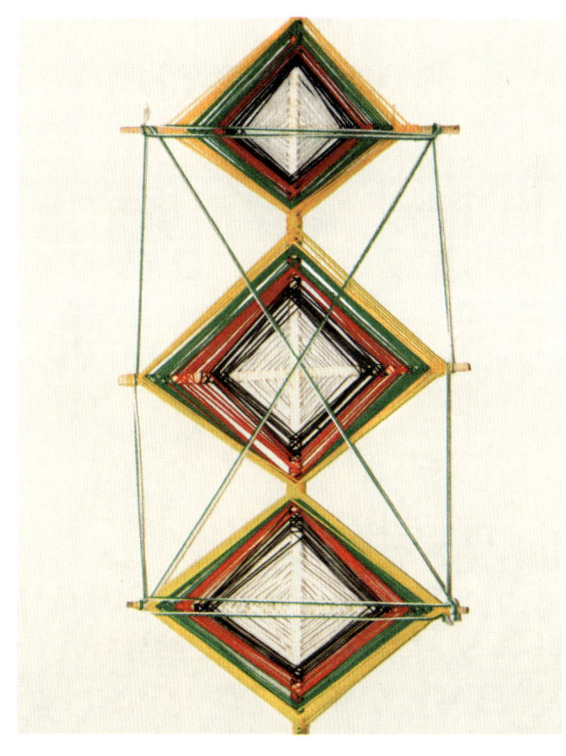

13. mi³⁵ko⁵⁵du⁵⁵kõ⁵³də⁵⁵rə⁵⁵we⁵⁵nõ³⁵kʰɛ⁵⁵　　代表宗教中境界较高的神人，如活佛、护法神松玛等。

第三章　普米原始文献解读　473

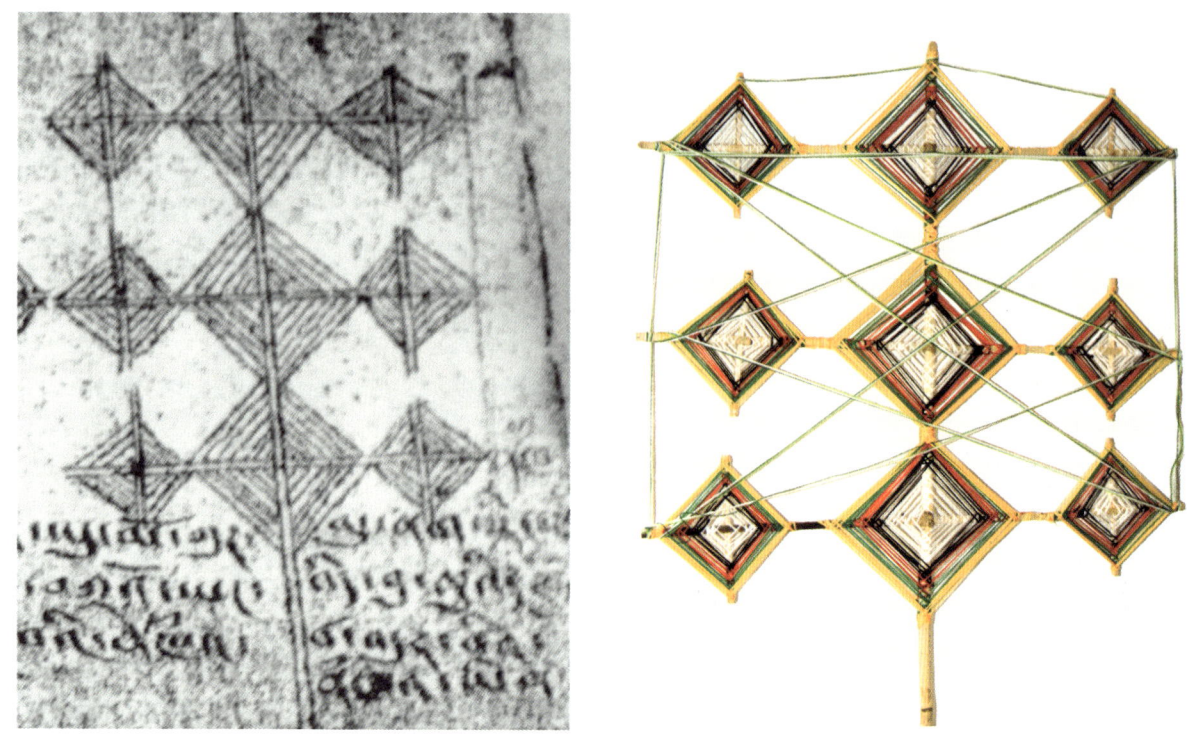

14. tsʰɐ⁵⁵tʰõ⁵⁵də⁵⁵rə⁵⁵we⁵⁵nõ³⁵kʰɛ⁵⁵　　代表多子多福的人。

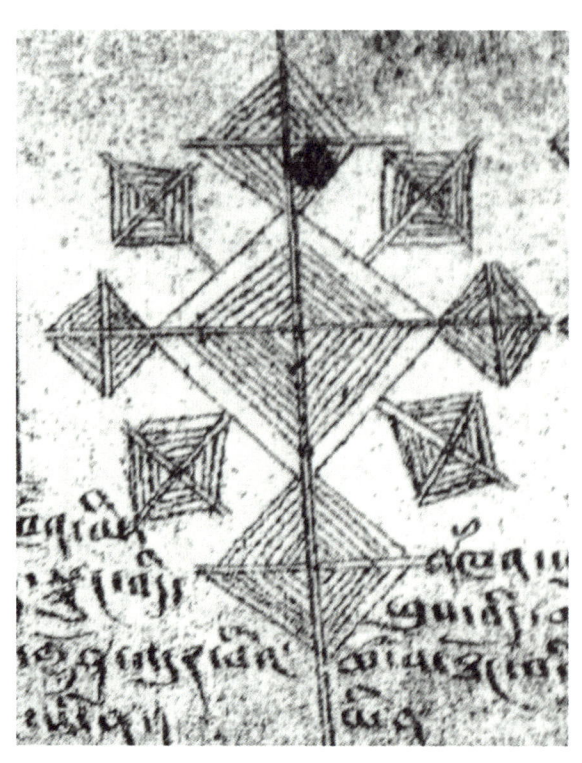
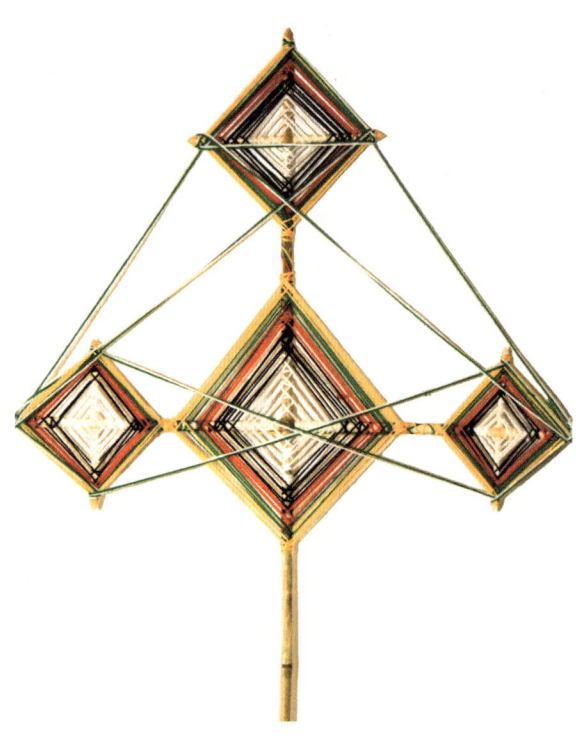

15. bu³⁵tʃʰy⁵³di⁵⁵tʃʰɛ⁵⁵rə⁵⁵də⁵⁵rə⁵⁵we⁵⁵nõ³⁵kʰɛ⁵⁵　　代表圣人，这种人顾大局，识大体，嫉恶扬善，威武不能屈，贫贱不能移。

五 木牌画解读

木牌画

（一）木牌画简介

所谓木牌画，就是把各种事物绘在木牌上以象征这些事物的画，比如把神仙绘在木牌上来代表神仙或是把动物绘在木牌上来代表动物。具体把什么事物绘在木牌上要根据经书来判定。这些木牌画在祭祀活动之前现场绘制，每次祭祀活动结束，分别送到各个不同的地方，表示已经完成祭祀活动，下一次祭祀活动的时候再绘制新的木牌画。每个木牌上除了绘制有图画以外，还会在木牌的底部注上文字，说明这些图画代表什么，有的木牌背面还会写上祈福的经文，长的木牌基本都写有祈福经文。木牌画上出现的图符，有些也会出现在印棒、《左拉》及历书中。

木牌画有长有短，长的约90厘米，短的约20厘米，一般用松木制成，以前都是用当地特有的颜料绘制，现在基本用市面上买的十二色水彩绘制，绘制工具主要是竹笔。木牌画总共有多少块没有统计过数据，本文中所解读的只是其中用于一个祭祀活动的木牌画。这个祭祀活动称为"拈达"[1][niɛ⁵⁵dA⁵³]，其中除了有三组纸牌画外，其他均为木牌画。纸牌画和木牌画只是材质不一样。整个祭祀活动大约要用一百多块木牌画，其中长的木牌画约40块，主要是向天地间的诸神祈祷，希望他们护佑世界上所有的生灵平安、兴旺。"拈达"祭祀所使用的经文总共有三部，一部13卷，一部29卷、一部16卷。整个祭祀活动要花费四天时间，准备木牌画一天，念经三天。除了"拈达"祭祀要用木牌画外，还有其他祭祀活动也要用木牌画，如：祭龙王[tʃi⁵⁵ze̞⁵⁵ʃu⁵⁵]、镇妖[tʰɑ³⁵tsi⁵³]、祭山神[ʒi³⁵tse⁵⁵to⁵³]、祭战神[tʂA³⁵lA⁵⁵jõ³⁵jĩ⁵⁵]等。

"拈达"除了表示祭祀活动外，也表示祭祀用的一种祭坛，这个祭坛总共有十三层，代表十三重天，越往上越靠近天。木牌画都挂在"拈达"上。

一般来说，木牌画仅仅是宗教图画，还不是文字，但具有文字的某些功能。

拈达

---

[1] 著录见第五章《木里依吉普米韩规文献著录》第五类"供祀神灵类"第十一种"拈达经"。

（二）木牌画图解

第一块木牌代表"拈达"的主位，挂在"拈达"的最中心，图案分别是宝物 [nə⁵⁵ə⁵⁵bu⁵³]、月亮 [ɬi⁵⁵]、太阳 [bʉ⁵³]、云 [dʌ⁵⁵ʐə⁵³]、nĩ⁵⁵bu⁵⁵ɬa⁵⁵tʂu⁵³（代表六个神）、dʑʌ³⁵wa⁵⁵ʐe⁵⁵ŋa⁵³（代表五方神）、pʰʐə⁵⁵bu⁵³（代表法器），代表"拈达"祭祀之中最大的神。第二块图上分别为宝物 [nə⁵⁵ə⁵⁵bu⁵³]、花 [tsõ⁵⁵nʌ⁵⁵ʐə³⁵tʃʰĩ⁵⁵]（代表最大的龙王），宝瓶 [sɑ⁵⁵ji⁵³ɬɑ⁵⁵mõ⁵⁵tĩ⁵⁵mɑ⁵⁵]（代表女神），挂在"拈达"的第七层。

这九块木牌画各代表一个神灵。木牌上面的藏文字母分别为：A^{53}、$õ^{55}mõ^{53}$、$xõ^{53}$、so^{35}、$z̻õ^{35}$、$tɕa^{35}$、ka^{55}、$tʃʰɛ^{53}$、$sɑ^{53}$，这些都是神灵所使用的咒语。上面的每一块木牌在祭祀时都要制作许多张，挂在"拈达"的第九层。

这三块木牌挂在"拈达"的五和六层。左边的是海螺，共一张。中间的五个圈代表五个神灵，上面的藏文（顺时针）分别为：õ⁵⁵mõ⁵³、dʑa³⁵、xõ⁵³、lõ³⁵，中间的是A⁵³，这些都是神灵使用的咒语。这种木牌祭祀时要制作二十五张，每一张的神是一样的，但是使用的咒语各不相同。右边一块代表大鹏鸟，也要制作二十五张。

这三块木牌是一样的，木牌上画着三种事物，最上面的是ɬa⁵³，代表一个神；中间的叫ni⁵⁵，也是一个神；最下面的是sA³⁵dA⁵⁵，也是神名。这种木牌要做十二张，东南西北各三张。挂在"拈达"最底下的四层。

第三章 普米原始文献解读　479

这三块木牌也是一样的。最上面的叫nə⁵⁵e⁵⁵bu⁵³，是向神进献的宝物；中间的叫tyɛ⁵³，是一个神灵；最下面的是luə⁵³，也是一种神灵。这种木牌画也要做十二张，东南西北各三张。挂在"拈达"最底下的四层。

从左边数的第一块木牌是nə⁵⁵ə⁵⁵bu⁵³，代表献祭的宝物，这种木牌只做一块。中间的木牌是神猴[pʐe⁵⁵wu⁵³]，共有四块，代表走兽。右边的木牌是鹦鹉[xɑ³⁵]歇在宝伞[ʥĩ³⁵tsʰe⁵³]上，代表飞禽，共有四块。这三种木牌要挂在"拈达"的第九层。

这三块木牌都代表艺人。左边的是吹螺的人[ji³⁵mə⁵⁵mə⁵³]，有两块。中间的是吹唢呐的人[ni⁵⁵ɬɑ⁵³mə⁵⁵mə⁵³]，也有两块。这四块挂在"拈达"第七层的四个方向，不分次序。右边是跳舞的人[ʌ⁵⁵tsə³⁵lɑ³⁵]，有四块，挂在"拈达"第八层的四个方向。

这三块分别代表男人[dɑ⁵⁵tʂɛ⁵⁵]、女人[pʰõ⁵⁵tʂɛ⁵⁵]和法器[tʂə⁵⁵kʰu⁵⁵rə⁵⁵]。前两个每个要制作两块，共有四块，挂在"拈达"的第六或者七层，各个方向一张。后一个只要一块，挂在"拈达"的最底层。

  从左边数的第一块木牌要插在龙王祭坛的最中间，木牌上画的是最大的龙王［sA³⁵dA⁵⁵lu⁵⁵ʒi⁵³ʥɛ³⁵bu⁵⁵tsõ⁵⁵nA⁵⁵zə³⁵ʧʰĩ⁵⁵］。龙王的上面从上往下分别是宝物［nə⁵⁵ə⁵⁵bu⁵³］、月亮［ɬi⁵⁵］、太阳［bʉ⁵³］、星宿［ʃɛ³⁵dzʅ⁵⁵］（这里只画了8个用来代表二十八星宿）、云［dA⁵⁵zə⁵³］和彩虹［mɐ³⁵kʰuə³⁵］。后四块木牌画要插在龙王祭坛的四个方位上。这四块分别在西、南、北、东四个方位。东为第四张（左5），上面的动物分别为：野鸡［kuA³⁵do³⁵］、斑鸠［kʰuə⁵⁵lio⁵⁵］、布谷鸟［pu⁵⁵ko⁵⁵］。南为第二张（左3），上面的动物分别为：牦牛［ʐuə⁵³］、绵羊［zõ⁵³］、山羊［tsʰɿ⁵³］。西为第一张（左2），上面的动物分别为：狮子［se³⁵gi⁵³］、老虎［ɣo³⁵］、豹子［sue⁵³］。北为第三张（左4），上面的动物分别为：独角羚羊［niɛ³⁵tʂʰu⁵³die⁵³］、獐子［liə⁵³］、麂子［tʂʅ⁵³］。这些都代表献给龙王的祭品。

最上面的木牌和左右两块木牌的组合代表龙王的门［tʃi⁵⁵ʐe³⁵bɑ⁵⁵kiõ³⁵］。最上面的木牌画的是狮子含着哈达，左边的木牌画的是白海螺插在五福旗上，右边的木牌则是金瓶插在五福旗上。中间这块木牌上的东西代表吉祥八宝，稍有省略。这些吉祥八宝分别为宝物、法轮、福结、宝伞和海螺，代表福泽，表示人们向龙王祈求福泽。这些木牌画不是挂在"拈达"上的，而是在搭建龙王祭坛时使用的一种部件。在"拈达"祭祀活动中有一个程序是要祭祀龙王，龙王祭坛位于"拈达"的旁边，不要求具体的方位。

这三块木牌上的神都是龙王。龙王有四面八方的龙王，总共要制作八块木牌，代表不同方位的龙王，我们仅收集到三块。龙王下面的图画都是向龙王进献的祭品。从左边数，第一块的三个宝物分别是宝瓶［põ³⁵ba⁵³］、福结［pʌ⁵⁵tʂɛ⁵³zɛ⁵⁵ʐʅ⁵³］和花轮［pĩ⁵⁵ma⁵⁵də⁵⁵ʥɛ⁵³］。第二块的三个宝物分别是花［mi³⁵to⁵³］、福结［pʌ⁵⁵tʂɛ⁵³］和宝物［nə⁵⁵ə⁵⁵bu⁵³］。第三块的三个宝物分别是福结［pʌ⁵⁵tʂɛ⁵³］、宝物［nə⁵⁵ə⁵⁵bu⁵³］和法轮［kʰuə⁵⁵lu⁵³］。龙王祭坛的木牌最上面一排是九块，中间一排是八块，最下面一排是三十多块，而上面的这些木牌都是挂在中间的一排，这些木牌原先都是画在纸上，后来也画在木牌上。

从左边数，左1、左2两块木牌插在龙王祭坛上面的中间一排，代表神灵。第一块木牌上是两位龙王，分别代表东方的龙王［ʃɛ⁵⁵tʃʰo⁵³lo⁵⁵ʥɛ⁵⁵tʰɛ³⁵jɛ⁵⁵］和南方的龙王［ɬo⁵⁵tʃʰo⁵⁵lo⁵⁵ʥɛ⁵⁵ʥõ⁵⁵bu⁵⁵］。第二块最上面画的是中间的龙王［ji⁵⁵sʉ⁵³tsõ⁵⁵nʌ⁵⁵zə⁵³tʃĩ⁵³］，代表最大的龙王，其下分别是宝伞［ʥĩ³⁵tsʰe⁵³］、财神［ʥõ³⁵ba⁵⁵la⁵⁵］和金刚缀［dʉ³⁵ʥi³⁵］。第三块木牌是插在龙王祭坛上面的最上一排，从上往下，第一个是宝物［nə⁵⁵ə⁵⁵bu⁵⁵］，第二个代表神，第三个是大象驮着宝物［lõ⁵⁵tʃĩ⁵⁵to⁵³nə⁵⁵ə⁵⁵bu⁵⁵a⁵⁵ʃɛ⁵⁵］，第四个是山羊和绵羊共存于草场，代表动物间和谐相处，第五个是桃树［sʉ³⁵bõ⁵³］。这些木牌都只要制作一块。

从左边数，第一块挂在龙王祭坛上面的中间一排，表示西方的龙王和北方的龙王。第二块插在龙王祭坛里，分别为宝物[nə⁵⁵ə⁵⁵bu⁵³]、鸭子[bɐ⁵⁵]、蝙蝠[zõ³⁵tsɿ⁵⁵pɑ⁵⁵pɑ⁵⁵]、黄鼠狼[ʥə³⁵ʂɿ³⁵]，这些都是献给神的祭品。

这四块木牌都要挂在龙王祭坛上面的最上一排。这一排有九块木牌画，代表一年四季十二个月，四面八方加中间。这里有四张，缺五张。最上面的四个都是神，在祭祀中要迎请这些神过来。下面的动物以及财神都是祭祀时用的祭品，每个木牌上的动物都是不一样的。这四张的祭品分别为麒麟［nõ⁵⁵tʌ⁵⁵ʨi⁵⁵lĩ⁵³］、野驴［ʥye］、雄鹰［tʂɛ³⁵］、绵羊［zõ］、狗［tʂʰʅ³⁵］、独角羚羊［niɛ³⁵tʂhu⁵³die⁵³］、马鹿［tsə⁵⁵］、财神［ʥõ³⁵bɑ⁵⁵lɑ⁵⁵］、海里的鱼和海螺。

六 印棒图符解读

印棒

（一）印棒简介

印棒，普米语称为 tʃʰɛ³⁵pə⁵⁵rə⁵⁵，是与韩规教祭祀活动配套的重要法器，用于各种祭祀活动。印棒是面偶的印模，类似印章。人们用印棒把各种形象如神灵、动物、人等的符号印在面偶上，以之作为这些形象的替代品、象征物。在某种意义上，印棒的使用是一种进步，人们开始用符号代替实物进行祭祀。

印棒上的图符已经具有固定的形，以及它们所代表的物象概念，这些符号本身有音、形、义，因此具有十分重要的价值。印棒像印章一样，多次重复使用，可视为刻板印刷术的萌芽。中国西南地区的其他少数民族如纳西族也存在印棒，只是数量上或多或少，一般几十到一百多个，符号的具体意义有所不同。

普米族的印棒只见到一根，长40.9厘米，宽2.5厘米，高2.7厘米。用黄杨木制成普米印棒［se³⁵pʰzɹe⁵⁵bõ⁵³］，没有涂漆。四面刻有图符，用刻刀雕刻。印棒上面的白色主要是印制面偶时残留的面粉。具体如下：

（二）印棒图符解读

第一面

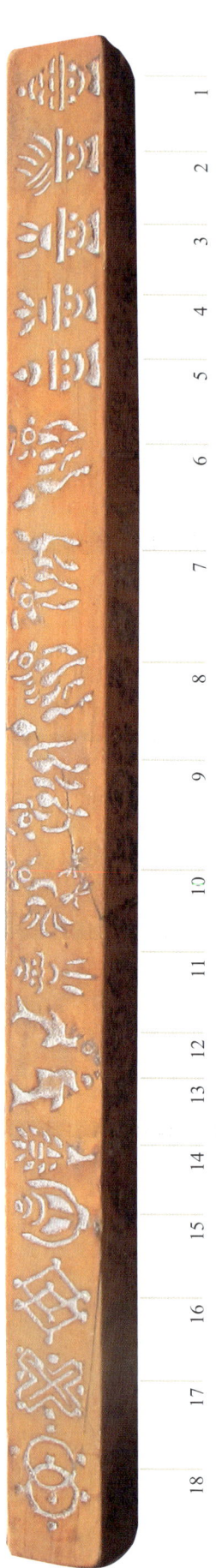

该面共有18个图符，从右到左依次解释如下表：

序号	1	2	3	4	5	6
图样						
国际音标	$tʃʰA^{35}pA^{55}nə^{55}ŋa^{53}$					$jɛ^{55}$
名称	这五个一组不能分开，印制在面偶上，代表向山神、水神、天神献祭或者煨桑					牦牛

序号	7	8	9	10	11	12
图样						
国际音标	zo^{35}	rA^{35}	$lõ^{53}$	$tsɛ^{35}$	$ʥɛ^{35}tsʰɛ^{53}$	$niɛ^{55}ŋuɛ^{55}$
名称	绵羊	山羊	黄牛	鸡	宝伞	金鱼

序号	13	14	15	16	17	18
图样						
国际音标	$niɛ^{55}sə^{55}rə^{55}$	$mi^{35}to^{53}$	$tõ^{35}kɛ^{53}$	$pA^{55}tsɛ^{53}zɿ^{53}$	$pA^{55}tsɛ^{53}$	$kʰuə^{55}lu^{53}$
名称	银鱼	花	海螺	类似汉族的福结，也有铜打的，挂在五彩福旗上	同上，形状不一样	法轮

这五个为一组，不能分开，印制在面偶上，代表向山神、水神、天神献祭或者煨桑。第6个到第8个为一组，不能分开，叫$jɛ^{55}zo^{35}rA^{35}sõ^{55}$，分别叫$jɛ^{55}$、$zo^{35}$、$rA^{35}$，代表牦牛、绵羊、山羊。第9个和第10个要配合第6个到第8个，第9个叫$lõ^{53}$，是黄牛，第10个叫$tsɛ^{35}$，是鸡。第6个到第10个也是印制在面偶上，向韩规教的护法神煨桑、献祭。这些符号是这些牲畜的替身，用于祭祀就不用杀生。前三个是所有祭祀场合都要用，后两个可用可不用，用后两个则代表对神更敬畏。最后八个为一组，不能分开，叫$tsə^{55}ʃi^{55}tA^{35}ʥɛ^{35}$，代表向韩规教的诸位神明献上八宝。

第二面

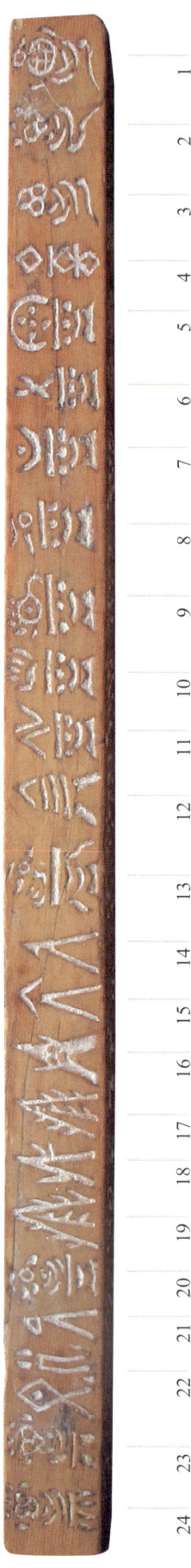

该面共有24个图符，从右到左依次解释如下表：

序号	1	2	3	4	5	6
图样						
国际音标	rɛ³⁵xo⁵⁵lɑ⁵³	mĩ³⁵gu⁵⁵tʃĩ⁵⁵	bie³⁵pA⁵⁵ gu⁵⁵tʃĩ⁵⁵	zA⁵⁵pʰzə⁵⁵pu⁵⁵	zA⁵⁵pA⁵⁵sõ⁵⁵	zA⁵⁵mi⁵⁵ mə⁵⁵rə⁵⁵
名称	zA⁵⁵的儿子	zA⁵⁵的父亲	zA⁵⁵的母亲	表示南方	表示东方	表示东南方

序号	7	8	9	10	11	12
图样						
国际音标	zA⁵⁵mi³⁵mɑ⁵⁵ A⁵⁵wA⁵³	zA⁵⁵tʃɛ³⁵ ʑi⁵³gu⁵⁵tʃĩ⁵⁵	zA⁵⁵pʰɑ⁵⁵ gu⁵⁵tʃĩ⁵⁵	zA⁵⁵lA³⁵pA⁵⁵	zA⁵⁵pĩ⁵⁵bA⁵⁵	tʰi³⁵zõ⁵⁵
名称	表示西方	表示西北方	表示西南方	表示北方	表示东北方	神名

序号	13	14	15	16	17	18
图样						
国际音标	gə⁵⁵ni⁵⁵	sɿ⁵⁵rə⁵⁵mũ⁵³	duə⁵³	rə⁵⁵tʂə⁵⁵	tse⁵³	
名称	神名	神名	鬼名	神名	神名	

序号	19	20	21	22	23	24
图样						
国际音标	dzʐ⁵⁵tse⁵³	dzʐ⁵⁵tse⁵³	zə⁵⁵	mi⁵⁵tsi⁵³	pʰu⁵⁵luə⁵³	mə⁵³luə⁵³
名称	凶死鬼	凶死鬼	神名	表示人性里的淫荡面	男人的替身	女人的替身

这三个为一组，代表zA⁵⁵，是zA⁵⁵里最大的三个。第四个到第十一个为一组，代表四面八方的zA⁵⁵。这三个为一组，叫gə⁵⁵ni⁵⁵，代表各种神明。这三个为一组，叫dzʐ⁵⁵tse⁵³，为凶死鬼。为雕刻错误，同。和分别代表男女生殖器。、、、等，普米语叫做duə⁵⁵tse⁵⁵zə⁵⁵mi⁵³。最后两个为一组，右面叫pʰu⁵⁵luə⁵³，左面叫mə⁵³luə⁵³，分表代表男人和女人的替身。

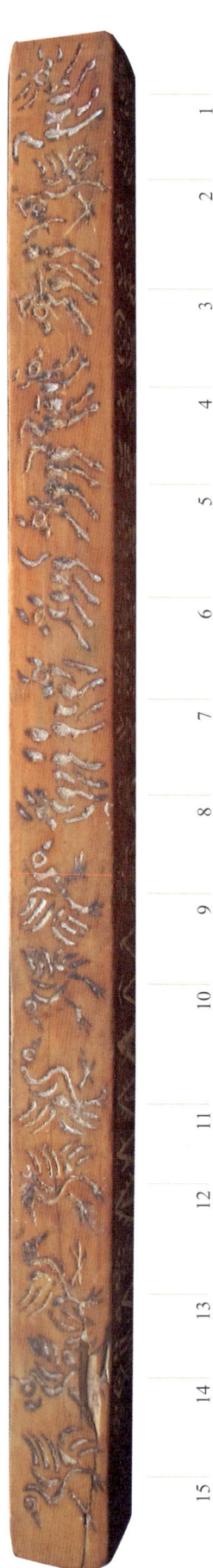

该面共有15个图符,从右到左依次解释如下表:

序号	1	2	3	4	5	6	7	8
图样								
国际音标	brəu⁵⁵	tʃʰõ⁵⁵	se³⁵gi⁵⁵	ɣo³⁵	sue⁵³	gue⁵⁵	tsə⁵³	ʒy⁵³
名称	龙	大鹏鸟	狮子	老虎	豹子	熊	鹿	野牛

序号	9	10	11	12	13	14	15
图样							
国际音标	mo⁵³	kʰuə⁵⁵lio⁵³	dzu̱³⁵	ko⁵⁵pu⁵³	kə⁵⁵gi⁵⁵	xᴀ³⁵	ʃõ⁵³
名称	白寒鸡	斑鸠	大雁	布谷鸟	黄鹂鸟	鹦鹉	锦鸡

这三个为一组,叫brəu⁵⁵tʃʰõ⁵⁵se³⁵gi⁵⁵sõ⁵⁵,是贡献给神明的祭品。后面全部为一组,代表野生动物,也是献祭的祭品,所有的祭祀活动都会使用。

第四面

该面共有23个图符，从右到左依次解释如下表：

序号	1	2	3	4	5	6	7	8
图样								
国际音标	$ʃo^{35}ʃɛ^{55}na^{55}ŋa^{53}$					ni^{55}		
名称	五个为一组，代表向神明煨桑					代表ni^{55}神		

序号	9	10	11	12	13	14	15	16	17
图样									
国际音标	$sA^{35}dA^{55}$				$tyɛ^{55}$		$luə^{55}tə^{55}rə^{55}$	$luə^{55}nə^{55}ə^{55}bu^{53}$	$tsõ^{55}nA^{55}zʑ^{35}tʂʰĩ^{55}$
名称	代表$sA^{35}dA^{55}$神				代表$tyɛ^{55}$神		龙神	龙王家的宝物	最大的龙神

序号	18	19	20	21	22	23
图样						
国际音标	$dʑi^{53}$	$bɐ^{55}zɛ^{53}$	$pɐ^{55}di^{53}$	$dʑɛ^{55}ji^{53}tʂʰi^{55}gu^{55}zɛ^{55}tʰo^{53}$	$bzɛ^{55}nA^{55}gu^{55}gu^{55}$	$bie^{35}pa^{55}la^{35}tʂy^{53}$
名称	龙王家的鱼	龙王家的蛇	龙王家的蛙	鬼名	鬼名	鬼名

前五个为一组，叫$ʃo^{35}ʃɛ^{55}na^{55}ŋa^{53}$。在面偶上印上这些符号，将面偶放在松枝叶上，用松明点上，代表向神明煨桑。三个一组叫ni^{55}，代表ni^{55}神，人们向他祈福。四个一组是$sA^{35}dA^{55}$神，同上。两个一组是$tyɛ^{55}$神，同上。六个一组是$luə^{55}$神。最后三个叫$tʰie^{55}do^{53}$，是不祥之兆，为一家人。（青蛙）为母亲，有十只手。（蛇）为父亲，九个头。（人）为儿子，有三个头，从下到上依次为人头、羊头、狗头。

第四章

普米韩规原始图符字表

一　普米历书《夏多吉吉》符号表

普米历书《夏多吉吉》中有一批图符被称为"提哩"［tʰi³⁵li⁵⁵］，其作为象征符号具有音、形、义，且每一个符号都代表着一定的征兆。这些象征符号按图形的数目多少可分为单体图符和合成图符。这些符号都很生动。颜色和方向都起到区别意义的作用。有的符号形状相同，但是颜色不同，其内涵也就不一样，如：绿色的圆 ● 代表龙神［luə⁵⁵nõ⁵⁵tʰi⁵⁵bie⁵³tɑ⁵³］，表示吉祥意；黄色的圆 ○ 代表ɬɑ⁵⁵神，也表吉祥意；黑色的圆圈 ● 代表魔王duə⁵⁵，表示凶兆。但有时颜色并不区分含义，如：红色的圆 ● 和黄色的圆 ○ 都代表ɬɑ⁵⁵神，表示吉祥。这说明颜色表达意义具有很强的随机性。符号的朝向也有区别意义的作用，如朝上的月亮 ∪ 表示吉祥，朝下的月亮 ∩ 表示不吉祥。另外，符号的不同组合方式也表示不同的含义，如海螺和太阳的组合 ▧ 表示吉祥，萨西和三角形的组合 ▧ 则表示不吉祥等。此外，更值得注意的是，部分符号已出现简写的情况，如 ▼ 是 ▧ 的简写，用法器的尖头来代替整个法器。相信这类符号有比较固定的形体，可以重复使用，代表固定的意义，表达固定的概念，有固定的读音，基本具有文字的功能。它们属于早期文字符号形态，在文字发生学上具有重要价值。

这些图形符号"提哩"与印棒、《左拉》等图经中保留的一些原始形态的文字符号，是早期文化的残存，构成了早期文字表达体系，十分宝贵。恰好这些遗珍，反映了普米文明从原始走向成熟的心路历程。

由于西南各少数民族已发现的文献中多有这样具有音、形、义的符号，为方便以后的比较研究，我们将《夏多吉吉》中出现的符号按数目做一个统计。

（一）单体符号表

序号	国际音标	字符	字频	直译	引申义
1	nə³⁵rə⁵⁵bu⁵⁵		9	宝物	好
2	sæ⁵⁵ʃi⁵⁵		6	萨西，曜神之一种	不好
			1		

续表

序号	国际音标	字符	字频	直译	引申义
3	tɕʰɛ⁵⁵tĩ⁵⁵		8	朝下的塔	不好
4	tɕʰɛ⁵⁵tĩ⁵⁵		0[1]	朝上的塔	好
5	sõ⁵⁵ʐʅ⁵⁵niɛ³⁵		36	黑色三角形，是箭头，代表一种法器	好
			1		
6	kʰA⁵⁵tʂõ⁵⁵		4	朝上的三叉戟，代表一种法杖	好
7	kʰA⁵⁵tʂõ⁵⁵		4	朝下的三叉戟，代表一种法杖	不好，做任何事都不好，家庭会贫困
8	pʰzə̢⁵⁵bu⁵⁵		8	一种法器	尖头朝上表示好
			1		
			12		
9	pʰzə̢⁵⁵bu⁵⁵		1	一种法器	尖头朝下表示不好
			1		
10	zuə³⁵zuə³⁵ni⁵⁵		3	ɬɑ⁵⁵神	好
		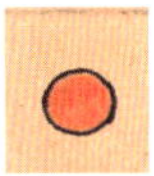	2		

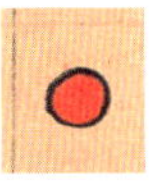

---

[1] 这个符号在《夏多吉吉》经书中没有找到，但据韩规解释，应该是誊抄时遗漏，经书中确有记载。

续表

序号	国际音标	字符	字频	直译	引申义
11	ʐuə³⁵ʐuə³⁵ŋɛ³⁵		5	ɬɑ⁵⁵神	好
12	ʐuə³⁵ʐuə³⁵niɛ³⁵		3	魔王duə⁵⁵	不好
			1		
13	ʐuə³⁵ʐuə³⁵niɛ⁵⁵		1	龙神luə⁵⁵no⁵⁵ tʰi⁵⁵bie⁵³ tɑ⁵³	好
			1		
14	rə⁵⁵ʐɿ⁵⁵ tõ⁵⁵bʌ⁵⁵		5	表示空白，什么都没有	不好
15	mə⁵³kʰu⁵³		10	曜神的一种	不好
16	ɬi⁵⁵		8	下弦月亮	不好
			6		
17	ɬi⁵⁵		2	上弦月亮	好
			1		
18	bʉ⁵³ŋɛ⁵⁵		2	黄色的太阳	好
			1		
			1		

续表

序号	国际音标	字符	字频	直译	引申义
19	kuA³⁵ʒe³⁵		1	乌鸦	不好
20	ɬA⁵⁵dʉ⁵⁵		2	神魔	不好，在这种日子里做善事好，不做善事，魔王会上门，坏事接踵而至
			2		
			2		
			1		
			1		
			1		
21	tsʰu⁵⁵nə⁵³ luə⁵⁵nõ⁵⁵		8	大海	很好
			5		
			5		
			1		
22	ji³⁵		1	白海螺	好

（二）合成符号表

序号	国际音标	字符	字频	直译	假借义
1	sõ⁵⁵ʐɿ⁵⁵ ni⁵⁵niɛ³⁵		5	红、黑三角形的组合，代表两个箭头	一般般
			1		
2	kuA³⁵ʑe³⁵ nõ⁵⁵ni⁵⁵ ʐuə³⁵ʐuə³⁵		14	乌鸦和ɬa⁵⁵神的组合	好
			5		
			1		
			1		
3	kuA³⁵ʑe³⁵ nõ⁵⁵niɛ³⁵ ʐuə³⁵ʐuə³⁵		8	乌鸦和duə⁵⁵的组合	最不好，做任何事都不好，伴随病痛
			1		
4	ʑi³⁵nõ⁵⁵ ni⁵⁵ʐuə³⁵ʐuə³⁵		1	海螺和ɬa⁵⁵神的组合	很好，做任何事都顺顺利利的
5	tʃʰɛ⁵⁵tĩ⁵⁵nõ⁵⁵ mə⁵³kʰu⁵³		1	朝下的塔和曜神的组合	表示不好，身体不好，精神异常
6	kuA³⁵ʑe³⁵ nõ⁵⁵sõ⁵⁵ʐɿ⁵⁵ niɛ³⁵ni⁵⁵		1	乌鸦和红黑箭头的组合	因为红箭头的关系，黑箭头的威力下降，乌鸦没有完全被压住，表示一般般
7	tʃʰɛ⁵⁵tĩ⁵⁵nõ⁵⁵ sõ⁵⁵ʐɿ⁵⁵nie³⁵		1	朝下的塔和黑色的箭头的组合	箭头镇在白塔上，即使念经也没有效果，表示不好
8	kuA³⁵ʑe³⁵ ni⁵⁵ʐuə³⁵ ʐuə³⁵to⁵³		1	ɬa⁵⁵神在乌鸦下面的组合	ɬa⁵⁵神被乌鸦踩在脚下，不好，即使向神献祭品也没用，不干净
9	sõ⁵⁵ʐɿ⁵⁵nõ⁵⁵ sæ⁵⁵ʃi⁵⁵		1	三角形和萨西的组合	萨西下来的同时遇上箭头，互相冲撞，表示不好

续表

序号	国际音标	字符	字频	直译	假借义
10	sõ⁵⁵ʐɿ⁵⁵ŋe⁵⁵ ni⁵⁵niɛ³⁵		2	黄、红、黑三色的箭头组合	好
11	kʰA⁵⁵tʂõ⁵⁵ nõ⁵⁵nə³⁵ rə⁵⁵bu⁵⁵		1	宝物和倒着的法杖的组合	法杖朝下表示做任何事都不顺利，但是如果心存好意，就会一年年好起来。表示不好
12	pʰzɤ⁵⁵bu⁵³ to⁵³nə⁵⁵ ə⁵⁵bu⁵³		1	宝物和朝下的法杖的组合	好
13	tɕʰɛ⁵⁵tĩ⁵⁵kuA⁵⁵ʑe³⁵ nõ⁵⁵ni⁵⁵ zuə³⁵zuə³⁵		1	朝下的塔上有乌鸦和红太阳的组合	表示一般般。刚开始可能不好，但是有红太阳以后会转好
14	sæ⁵⁵ʃi⁵³ to⁵³ɬi⁵³		1	萨西和朝上的月亮的组合	不好，遇事不顺
15	kuA³⁵ʑe³⁵ duə⁵⁵nə⁵⁵ ə⁵⁵bu⁵⁵		1	乌鸦和duə⁵⁵和宝物的组合	一般般
16	sæ⁵⁵ʃi⁵³nõ⁵⁵ bʉ⁵³ŋe⁵⁵		1	黄色的太阳和萨西的组合	曜神没有完全盖住太阳，不好
17	kuA³⁵ʑe³⁵ nõ⁵⁵ sõ⁵⁵ʐɿ⁵⁵ niɛ³⁵ɬa⁵⁵		2	乌鸦背上有黑色的箭头和ɬa⁵⁵神	相较下面的算好的
18	kuA³⁵ʑe³⁵ nõ⁵⁵ sõ⁵⁵ʐɿ⁵⁵ niɛ³⁵duə⁵³		1	乌鸦背上有黑色的箭头和duə⁵³	很不好
19	ɬi⁵³ɬa⁵⁵ kuA³⁵ʑe³⁵		1	乌鸦把月亮和ɬa⁵⁵神踩在脚下	不好，做事的时候心神不定，犹豫不决，不会成功
20	bʉ⁵³to⁵³ sæ⁵⁵ʃi⁵³		1	太阳被曜神盖住了	暗无天日，不好
21	sæ⁵⁵ʃi⁵⁵nõ⁵⁵ sõ⁵⁵ʐɿ⁵⁵ ni⁵⁵niɛ³⁵		1	红、黑三角形和萨西的组合	红三角形好，黑三角形不好，萨西不好，整体表示不好，箭头被萨西挡住，所以不好
22	tɕʰɛ⁵⁵tĩ⁵⁵ to⁵³sæ⁵⁵ʃi⁵³		1	塔和萨西的组合	塔被萨西压住了，不好
23	so⁵⁵ʐɿ⁵⁵ni⁵⁵ ŋe⁵⁵niɛ³⁵		1	红、黄、黑三色箭头组合	好
24	so⁵⁵ʐɿ⁵⁵ni⁵⁵ niɛ³⁵nə³⁵		1	一个红三角形和两个黑三角形的组合	不好

二 普米印棒符号表

序号	国际音标	字符	本译	引申义
1	tʃʰA³⁵pA⁵⁵ nə⁵⁵ŋɑ⁵³		盘子上装有各种祭品	这五个一组不能分开，印制在面偶上，代表向山神、水神、天神献祭或者煨桑
2	jɛ⁵⁵		牦牛	
3	zo̬³⁵		绵羊	前三个为一组，不能分开。后两个要配合前面三个使用。这五个符号是要印制到面偶上，代表这些牲畜，用于祭祀从而避免杀生。主要用于向韩规教的护法神煨桑、献祭。前三个符号是所有祭祀场合都要用，后两个可用可不用。用后两个代表对神更加敬畏
4	rA³⁵		山羊	
5	lõ⁵³		黄牛	
6	tʂɛ³⁵		鸡	
7	dʑɛ³⁵tsʰə⁵³		宝伞	
8	niɛ⁵⁵ŋue⁵⁵		金鱼	
9	niɛ⁵⁵sə⁵⁵rə⁵⁵		银鱼	
10	mi³⁵to⁵³		花	这八个符号为一组，不能分开，统称为tʂə⁵⁵ʃi⁵⁵tA³⁵dʑɛ³⁵，是向韩规教的诸位神明献上的八宝
11	tõ³⁵ke⁵³		海螺	
12	pA⁵⁵tʂɛ⁵³zl̩⁵³		类似汉族的福结，也有铜打的，挂在五彩福旗上	
13	pA⁵⁵tʂɛ⁵³		同上，形状不一样	
14	kʰuə⁵⁵lu⁵³		法轮	

续表

序号	国际音标	字符	本译	引申义
15	rɛ³⁵xo⁵⁵lA⁵³		zA⁵⁵的儿子	
16	mĩ³⁵gu⁵⁵tʃĩ⁵⁵		zA⁵⁵的父亲	这三个为一组，代表zA⁵⁵，是zA⁵⁵里最大的三个
17	bie³⁵pA⁵⁵ gu⁵⁵tʃĩ⁵⁵		zA⁵⁵的母亲	
18	zA⁵⁵pʰzə⁵⁵pu⁵⁵		表示南方	
19	zA⁵⁵ pA⁵⁵sõ⁵⁵		表示东方	
20	zA⁵⁵mi⁵⁵ mə⁵⁵rə⁵⁵		表示东南方	
21	zA⁵⁵mi³⁵mɑ⁵⁵ dA⁵⁵wA⁵³		表示西方	这八个符号为一组，代表四面八方的zA⁵⁵
22	zA⁵⁵tʃɛ³⁵ʒi⁵³ gu⁵⁵tʃĩ⁵⁵		表示西北方	
23	zA⁵⁵pʰɑ⁵⁵ gu⁵⁵tʃĩ⁵⁵		表示西南方	
24	zA⁵⁵lA³⁵pA⁵⁵		表示北方	
25	zA⁵⁵ pĩ⁵⁵bA⁵⁵		表示东北方	
26	tʰi³⁵zõ⁵⁵		神名	
27	gə⁵⁵ni⁵⁵		神名	这三个为一组，叫gə⁵⁵ni⁵⁵，代表各种神明
28	sɿ⁵⁵rə⁵⁵mũ⁵³		神名	

续表

序号	国际音标	字符	本译	引申义
29	duə^{53}		鬼名	
30	rə^{55}tʂə^{55}		神名	
31	tse^{53}		神名	
32	dzʐ^{55}tse^{53}		凶死鬼	这两个为一组，叫dzʐ^{55}tse^{53}。为凶死鬼。
33	dzʐ^{55}tse^{53}		凶死鬼	
34	zə^{55}		神名	
35	mi^{55}tsi^{53}		分别代表男女生殖器	表示人性里的淫荡面
36	pʰu^{55}luə^{53}		男人的替身	这两个符号为一组，代表男女
37	mə^{53}luə^{53}		女人的替身	
38	brəu^{55}		龙	
39	tʃʰõ^{55}		大鹏鸟	这三个为一组，是贡献给神明的祭品
40	se^{35}gi^{55}		狮子	

续表

序号	国际音标	字符	本译	引申义
41	ɣo³⁵		老虎	
42	sue⁵³		豹子	
43	gue⁵⁵		熊	
44	tsə⁵³		鹿	
45	ʒy⁵³		野牛	
46	mo⁵³		白寒鸡	这些全部为一组，代表野生动物，也是献祭的祭品，所有的祭祀活动都会使用
47	kʰuə⁵⁵lio⁵³		斑鸠	
48	dzʮ³⁵		大雁	
49	ko⁵⁵pu⁵³		布谷鸟	
50	kə⁵⁵gi⁵⁵		黄鹂鸟	
51	xA³⁵		鹦鹉	
52	ʃõ⁵³		锦鸡	
53	ʃo³⁵ʃɛ⁵⁵ na⁵⁵ŋa⁵³		盘子上装有各种祭品	代表向神明煨桑
54	ni⁵⁵		神名	代表ni⁵⁵神
55	sA³⁵dA⁵⁵		神名	代表sA³⁵dA⁵⁵神

续表

序号	国际音标	字符	本译	引申义
56	tyɛ^{55}		神名	代表tyɛ^{55}神
57	luə^{55}tə^{55}rə^{55}		龙神	这六个符号代表luə^{55}神
58	luə^{55}nə^{55}ə^{55}bu^{53}		龙王家的宝物	
59	tsõ^{55}nʌ^{55}zə^{35}tʃʰĩ^{55}		最大的龙神	
60	dʑi^{53}		龙王家的鱼	
61	bɐ^{55}ze^{53}		龙王家的蛇	
62	pɐ^{55}di^{53}		龙王家的蛙	
63	dʑɛ^{55}ji^{53}tʃʰĩ^{55} gu^{55}zɐ^{55}tʰo^{53}		有三个头的人，从下到上依次为人头、羊头、狗头	这三个叫tʰie^{55}do^{53}，代表不祥之兆，为一家人：人为儿子，蛇为父亲，青蛙为母亲
64	bze^{55}nʌ^{55}gu^{55}gu^{53}		有九个头的蛇	
65	bie^{35}pɑ^{55}lɑ^{35}tʃy^{53}		有十只手的青蛙	

第五章

木里依吉普米韩规文献著录

2010年暑假赵丽明曾先后带领清华学生徐可可、刘晶等，往返穿越在川滇边界，寻找濒危的原始文字。在宁蒗，他们见到偏初里、胡镜明、马红升等普米老人。当时在宁蒗，普米祭司"韩规"已经全都去世了。群众平日的一些祭祀活动无人主持，有时请纳西族的东巴主持。胡镜明、马红升等年过八旬的普米族老人，为了抢救即将消亡的普米韩规文化，便亲自到毗邻的四川木里依吉请来了大韩规偏初里。他带来大量韩规经书文献。徐可可和韩规偏初里、胡镜明面对面第一次翻译解读了普米历书《夏多吉吉》框架部分。

2011年1月期末考试交了卷，刚刚学完"语音学"课程的同学，跃跃欲试，要进行田野语言调查实践，准备到丽江、宁蒗，甚至要去偏初里韩规的故乡木里依吉。由于突如其来的大雪，未能如愿。

2011年3月底，清华大学中文系博士生徐丽丽来到丽江，在偏初里、胡镜明、马红升三位先生的帮助和合作下开始系统调查普米语，并且翻译普米历书《夏多吉吉》。在将近一个月的时间里，他们同吃同住，日夜赶工，初步完成了普米语音系统整理和历书翻译的工作。

2011年5月，清华百年校庆期间，偏初里、胡镜明、熊建举作为普米族代表，来到北京清华园，参加"清华百年——中国西南地区濒危文字文献展暨研讨会"。从大山里走出的普米族，第一次登上最高学术殿堂，向世人介绍了普米族及韩规文字文献，和国内外专家面对面交流、研讨。并进一步核对了历书的解读。

2011年暑假，赵丽明、何沛然、李加凯由云南拉伯进入木里依吉，到偏初里的故乡，进行韩规文献的全面调查，收集拍摄了数十捆数百册经书。

2012年五一节前后，偏初里、胡镜明再次来到北京清华园，原上青负责将2011年暑假在偏初里韩规老家收集到的文献等进行文献著录。这些文献基本上是第一次展现于世人面前，第一次被著录。大致分为八大类：

一、祛病除邪类：1.祛病经、2.解除不适经、3.驱女妖经、4.伤寒退散经、5.解脱经；

二、祈求福泽类：1.十万面战神经、2.求子经、3.平安延寿经、4.莲花生下凡经、5.祈求平安经、6.延年益寿经、7.祈福经、8.五方神灵庇佑经、9.向拯巴神求寿经、10.向丁巴神求寿经、11.求福经、12.六畜兴旺经、13.送女神经、14.唤福经、15.吉祥平安经、招福经；

三、占卜类：1.普米族黄历、2.新生儿占卜经、3.算命经；

四、镇压鬼怪类：1.镇妖经、2.镇压凶死者鬼魂经、3.黑人现观经、4.铲妖除魔经、5.驱鬼经、6.封杀凶死鬼经；

五、供祀神灵类：1.祭"增神"经、2.八部鬼众经、3.建煨桑坛经、4.送不祥之兆经、新生儿消灾经、6.祈求五行神庇佑经、7.本命年消灾经、8.大超度经、9.扎拉经、10.消灾经、11.拈达经、12.祭龙神经、13.瓦赛昂巴经；

六、送葬安魂类：1.安灵经、2.亡灵遗言经、3.感恩父母经、4.消罪超度经；

七、坐床出师类：1.祭本尊神、2.向五行神灵礼敬经、3.忏悔经、4.咒语教程经、5.藏文读写教程；

八、除秽洁净类：1.法事前除秽经、2.淋浴净身经。

这些被埋没在大山里的韩规文献，与人们的生活息息相关，是普米族赖以生存的精神支柱。这些经典一直默默地陪伴着那里的人们。至今，普米族的日常生活也离不开韩规，离不开这些经书。在各种大小仪式中、每个人的一生里，都有祖先的神灵保佑着，祝福着。这些经典里有他们的宇宙观、世界观、人生观；并且这些观念已经融入他们的灵魂，融入他们的生命。这些观念形成一种文化，一种人与大自然、人与万物和谐共生的文化。这是他们从古代一直传下来的价值观，淳朴，自然。

一 祛病除邪类

1. 祛病经

编号	SMYMJ-JYDN	收藏人	偏初里
汉语书名	祛病经	年龄（属相）	60（猪）
民族文字书名		出生年月	1959年8月17日
国际音标	$\t{dze}^{55}\t{zi}^{35}\ \t{to}^{55}\ \t{nã}^{53}$	民族	普米族
汉语译名	杰伊斗南	居住地	四川省凉山州木里藏族自治县依吉乡麦洛村委会机素组
字体文种	藏文	何时何地迁此	
类别	祛病除邪类	宗教	苯教
作者	不详，传世	职业（是否祭司）	祭司（韩规）
年代	不详，传世	民族宗教教育程度	从小学习，现为诵经方面权威人物
行款		汉文教育程度	4年
卷/捆、册、页数	一捆共5本	本书传承信息	家传、师承
插图页数	0	采集时间	2012年5月12日
长宽高	20.7cm × 9.8cm	采集地点	清华大学西南14号楼4-101
版本	抄本	在场者、助手	偏初里、胡镜明
残损度	基本完好	翻译者	偏初里
封面题款标识	不详	记录者	原上青
墨色	黑	校对者	原上青
书写工具	竹笔		
纸质	黄纸		
现存	偏初里		
复制依据	家传		
内容提要主要用途	当一个地区发生传染病时，全村念此经，可保佑传染病不传入此村		

审查：赵丽明
2012年5月12日

SMYMJ-JYDN-1[1]

tʰo⁵⁵kʰə⁵⁵rə⁵⁵ʐõ⁵⁵lõ⁵⁵/佚名撰，年代不详，云南丽江宁蒗普米族经书新抄本。1册，藏文普米语，横写。黄纸，未装订，墨书。20.7cm×9.8cm，凡100页。用于呼唤神明。

SMYMJ-JYDN-2

tsʰe⁵⁵tʃo⁵⁵/佚名撰，年代不详，云南丽江宁蒗普米族经书新抄本。1册，藏文普米语，横写。黄纸，未装订，墨书。20.7cm×9.8cm，凡27页。用于向祖先祷告，保佑家庭不被传染。

SMYMJ-JYDN-3

dʑɛ⁵⁵ʑi³⁵ŋe³⁵to⁵⁵/佚名撰，年代不详，云南丽江宁蒗普米族经书新抄本。1册，藏文普米语，横写。黄纸，未装订，墨书。20.7cm×9.8cm，凡56页。用于向一种能传播多种疾病的恶鬼献点东西打发他走，让他不要作恶。

SMYMJ-JYDN-4

sʌ⁵⁵ʃõ⁵⁵tʃo⁵⁵pʌ⁵⁵/佚名撰，年代不详，云南丽江宁蒗普米族经书新抄本。1册，藏文普米语，横写。黄纸，未装订，墨书。20.7cm×9.8cm，凡5页。用于向菩萨献祭，请求帮助。

SMYMJ-JYDN-5

mĩ⁵⁵ŋe⁵⁵zõ⁵⁵ki⁵⁵lõ⁵⁵tĩ⁵³/佚名撰，年代不详，云南丽江宁蒗普米族经书新抄本。1册，藏文普米语，横写。黄纸，未装订，墨书。20.7cm×9.8cm，凡11页。用于向妖魔鬼怪献些贡品，打发他们走。

---

[1] 关于编号SMYMJ-JYDN-1，SMYMJ是四川省木里县依吉乡麦洛村机素组的缩写，JYDN是经书汉语译名"杰伊斗南"的缩写，"1"表示该经书的第一卷，依次类推。

2.解除不适经

编号	SMYMJ-DJGB		收藏人	偏初里
汉语书名	解除不适经		年龄（属相）	60（猪）
民族文字书名	(藏文手写)		出生年月	1959年8月17日
国际音标	tA^{35}tʃɛ^{55} kə^{55} pu^{53}		民族	普米族
汉语译名	达加嘎布		居住地	四川省凉山州木里藏族自治县依吉乡麦洛村委会机素组
字体文种	藏文		何时何地迁此	
类别	祛病除邪类		宗教	苯教
作者	不详		职业（是否祭司）	祭司（韩规）
年代	不详		民族宗教教育程度	从小学习，现为诵经方面权威人物
行款			汉文教育程度	4年
卷/捆、册、页数	共1册		本书传承信息	家传、师承
插图页数	0		采集时间	2012年5月12日
长宽高	26.7cm×9.5cm		采集地点	清华大学西南14号楼4-101
版本	抄本		在场者、助手	偏初里，胡镜明
残损度	基本完好		翻译者	偏初里
封面题款标识	不详		记录者	原上青
墨色	黑		校对者	原上青
书写工具	竹笔			
纸质	黄纸			
现存	偏初里			
复制依据				
内容提要主要用途	主要用于祭祀duə^{55}tse^{55}zɐ^{55}mi^{53}神，是突然感觉身体不适，或者想呕吐时念的经，祈求恢复健康			

审查：赵丽明
2012年5月12日

3.驱女妖经

编号	SMYMJ-PTZS	收藏人	偏初里
汉语书名	驱女妖经	年龄（属相）	60（猪）
民族文字书名	(藏文)	出生年月	1959年8月17日
国际音标	pi³⁵tʰi⁵⁵tso³³sõ⁵⁵	民族	普米族
汉语译名	匹缇邹宋	居住地	四川省凉山州木里藏族自治县依吉乡麦洛村委会机素组
字体文种	藏文	何时何地迁此	
类别	祛病除邪类	宗教	苯教
作者	不详	职业（是否祭司）	祭司（韩规）
年代	不详	民族宗教教育程度	从小学习，现为诵经方面权威人物
行款		汉文教育程度	
卷/捆、册、页数	共1册44页	本书传承信息	
插图页数	0	采集时间	2012年4月28日
长宽高	30cm×10.5cm	采集地点	清华大学紫荆公寓18号楼313
版本	抄本	在场者、助手	偏初里，胡镜明，张嘉城
残损度	基本完好	翻译者	偏初里
封面题款标识	不详	记录者	原上青
墨色	黑	校对者	原上青
书写工具	竹笔		
纸质	黄纸		
现存			
复制依据			
内容提要主要用途	驱除女人难产死掉后变成的厉鬼		

审查：赵丽明
2012年4月28日

4. 伤寒退散经

编号	SMYMJ-GG	收藏人	偏初里
汉语书名	伤寒退散经	年龄（属相）	60（猪）
民族文字书名	(图)	出生年月	1959年8月17日
国际音标	kõ⁵⁵kə⁵⁵rə⁵⁵	民族	普米族
汉语译名	龚格	居住地	四川省凉山州木里藏族自治县依吉乡麦洛村委会机素组
字体文种	藏文	何时何地迁此	
类别	祛病除邪类	宗教	苯教
作者	不详	职业（是否祭司）	祭司（韩规）
年代	不详	民族宗教教育程度	从小学习，现为诵经方面权威人物
行款		汉文教育程度	
卷/捆、册、页数	共1册	本书传承信息	
插图页数	0	采集时间	2012年4月28日
长宽高	30cm×10.6cm	采集地点	清华大学紫荆公寓18号楼313
版本	抄本	在场者、助手	偏初里，胡镜明，张嘉城
残损度	封面脱漏，个别页有裂缝	翻译者	偏初里
封面题款标识	不详	记录者	原上青
墨色	黑，红	校对者	原上青
书写工具	竹笔		
纸质	黄纸		
现存			
复制依据		审查：赵丽明 2012年4月28日	
内容提要主要用途	给患伤寒病的人念，祛除伤寒病		

5.解脱经

编号	SMYMJ-JBJD	收藏人	偏初里
汉语书名	解脱经	年龄（属相）	60（猪）
民族文字书名	(藏文)	出生年月	1959年8月17日
国际音标	ʥɛ³⁵bu⁵³ʥɛ³⁵due⁵⁵	民族	普米族
汉语译名	杰布金堆	居住地	四川省凉山州木里藏族自治县依吉乡麦洛村委会机素组
字体文种	藏文	何时何地迁此	
类别	祛病除邪经	宗教	苯教
作者	不详	职业（是否祭司）	祭司（韩规）
年代	不详	民族宗教教育程度	从小学习，现为诵经方面权威人物
行款		汉文教育程度	
卷/捆、册、页数	共17册，现有14册	本书传承信息	
插图页数	0	采集时间	2012年5月12日
长宽高	20.7cm×9.8cm	采集地点	清华大学西南14号楼4-101
版本	抄本	在场者、助手	偏初里，胡镜明
残损度	基本完好	翻译者	偏初里
封面题款标识	不详	记录者	原上青
墨色	黑	校对者	原上青
书写工具	竹笔		
纸质	黄纸		
现存			
复制依据			
内容提要主要用途	病人病情严重、神志不清时念的一种经，若能好转就会立刻好转，若不能好转会立刻去世，解除痛苦		

审查：赵丽明
2012年 5月12日

SMYMJ-JBJD-1

ŋue^{55}tuə^{53}/佚名撰，年代不详，云南丽江宁蒗普米族经书新抄本。1册，藏文普米语，横写。黄纸，未装订，墨书。20.7cm×9.8cm，凡14页。用于把阴间的阎王爷呼唤出来。

SMYMJ-JBJD-2

ŋa^{35}ʥõ^{53}/佚名撰，年代不详，云南丽江宁蒗普米族经书新抄本。1册，藏文普米语，横写。黄纸，未装订，墨书。20.7cm×9.8cm，凡5页。用于把变成鬼的死人的灵魂叫出来。

SMYMJ-JBJD-3

ʃĩ^{55}dzʅ^{55}/佚名撰，年代不详，云南丽江宁蒗普米族经书新抄本。1册，藏文普米语，横写。黄纸，未装订，墨书。20.7cm×9.8cm，凡17页。用于向阎王爷献供品。

SMYMJ-JBJD-4

nõ^{35}kʰɛ^{55}tʃʰõ^{55}/佚名撰，年代不详，云南丽江宁蒗普米族经书新抄本。1册，藏文普米语，横写。黄纸，未装订，墨书。20.7cm×9.8cm，凡24页。用于给阎王爷的面偶头上抹树油使其有效力。

SMYMJ-JBJD-5

tʃʰõ^{55}zɛ^{55}niɛ^{55}ʃo^{55}tsʌ^{55}ŋa^{53}/佚名撰，年代不详，云南丽江宁蒗普米族经书新抄本。1册，藏文普米语，横写。黄纸，未装订，墨书。20.7cm×9.8cm，凡18页。用于呼唤大鹏鸟。

SMYMJ-JBJD-6

jĩ^{55}pʌ^{55}ʃĩ^{55}dzɛ^{55}/佚名撰，年代不详，云南丽江宁蒗普米族经书新抄本。1册，藏文普米语，横写。黄纸，未装订，墨书。20.7cm×9.8cm，凡16页。用于向苯教主神献供品。

SMYMJ-JBJD-7

ʃĩ^{55}tɑ^{55}pɑ^{53}/佚名撰，年代不详，云南丽江宁蒗普米族经书新抄本。1册，藏文普米语，横写。黄纸，未装订，墨书。20.7cm×9.8cm，凡9页。用于向阎王爷献饭。

SMYMJ-JBJD-8

ʃi^{55}dzue^{35}/佚名撰，年代不详，云南丽江宁蒗普米族经书新抄本。1册，藏文普米语，横写。黄纸，未装订，墨书。20.7cm×9.8cm，凡15页。用于向苯教一位主神献供品。

SMYMJ-JBJD-9

ʥĩ³⁵sə⁵⁵rə⁵⁵tʂA³⁵tuə⁵³/佚名撰，年代不详，云南丽江宁蒗普米族经书新抄本。1册，藏文普米语，横写。黄纸，未装订，墨书。20.7cm×9.8cm，凡25页。用于请求阎王让病情好转。

SMYMJ-JBJD-10

mi⁵⁵liɛ⁵⁵/佚名撰，年代不详，云南丽江宁蒗普米族经书新抄本。1册，藏文普米语，横写。黄纸，未装订，墨书。20.7cm×9.8cm，凡18页。用于把病人的魂喊回来，让他向阎王爷悔罪。

SMYMJ-JBJD-11

ʃy³⁵lue³⁵tʃi⁵³/佚名撰，年代不详，云南丽江宁蒗普米族经书新抄本。1册，藏文普米语，横写。黄纸，未装订，墨书。20.7cm×9.8cm，凡8页。用于告诉阎王爷，会给他什么作为报酬。

SMYMJ-JBJD-12

ʃy³⁵lue³⁵³⁵ni⁵⁵/佚名撰，年代不详，云南丽江宁蒗普米族经书新抄本。1册，藏文普米语，横写。黄纸，未装订，墨书。20.7cm×9.8cm，凡14页。用于告诉阎王爷：该给的都给了，请把病人治好。

SMYMJ-JBJD-13

rə³⁵tʃʰĩ⁵⁵pʰzə⁵⁵wɑ⁵³/佚名撰，年代不详，云南丽江宁蒗普米族经书新抄本。1册，藏文普米语，横写。黄纸，未装订，墨书。20.7cm×9.8cm，凡7页。用于告诉阎王爷，韩规也和你走，以此为代价请治好病人。

SMYMJ-JBJD-14

lõ³⁵tĩ⁵³/佚名撰，年代不详，云南丽江宁蒗普米族经书新抄本。1册，藏文普米语，横写。黄纸，未装订，墨书。20.7cm×9.8cm，凡7页。送走会传染疾病的鬼怪。

二 祈求福泽类

1. 十万面战神经

编号	SMYMJ-ZLYB	收藏人	偏初里
汉语书名	十万面战神经	年龄（属相）	60（猪）
民族文字书名	(藏文手写)	出生年月	1959年8月17日
国际音标	tʂA³⁵lA⁵⁵ʒɛ³⁵bõ⁵³	民族	普米族
汉语译名	扎拉也崩	居住地	四川省凉山州木里藏族自治县依吉乡麦洛村委会机素组
字体文种	藏文	何时何地迁此	
类别	祈求福泽类	宗教	苯教
作者	不详	职业（是否祭司）	祭司（韩规）
年代	不详	民族宗教教育程度	从小学习，现为诵经方面权威人物
行款		汉文教育程度	
卷/捆、册、页数	共9册	本书传承信息	
插图页数	0	采集时间	2012年5月12日
长宽高	30.5cm×11cm	采集地点	清华大学西南14号楼4-101
版本	抄本	在场者、助手	偏初里，胡镜明
残损度	基本完好	翻译者	偏初里
封面题款标识	不详	记录者	原上青
墨色	黑	校对者	原上青
书写工具	竹笔		
纸质	黄纸		
现存			
复制依据			
内容提要主要用途	老人死后办不起大型的超度仪式，办不起丧事，念这本经，草葬		

审查：赵丽明
2012年5月12日

SMYMJ-ZLYB-1

dzə⁵⁵tʃʰi⁵⁵dzə⁵⁵nɛ⁵³/佚名撰，年代不详，云南丽江宁蒗普米族经书新抄本。1册，藏文普米语，横写。黄纸，未装订，墨书。30.5cm×11cm，凡16页。用于死后超度时，把私生子从家谱中剔除。

SMYMJ-ZLYB-2

dõ⁵⁵zi⁵³dzə⁵⁵zi⁵³/佚名撰，年代不详，云南丽江宁蒗普米族经书新抄本。1册，藏文普米语，横写。黄纸，未装订，墨书。30.5cm×11cm，凡11页。用于死后超度时，在祖先灵牌前献食品时念诵。

SMYMJ-ZLYB-3

dzə⁵⁵nɛ⁵⁵dzə⁵⁵ʃi⁵³/佚名撰，年代不详，云南丽江宁蒗普米族经书新抄本。1册，藏文普米语，横写。黄纸，未装订，墨书。30.5cm×11cm，凡19页。用于死后超度时，呼唤神明保护老人灵魂。

SMYMJ-ZLYB-4

tsʰe⁵⁵tʃo⁵⁵/佚名撰，年代不详，云南丽江宁蒗普米族经书新抄本。1册，藏文普米语，横写。黄纸，未装订，墨书。30.5cm×11cm，凡23页。用于死后超度时，向祖先灵牌磕头祷告时念诵。

SMYMJ-ZLYB-5

ʃi⁵⁵dzə⁵⁵/佚名撰，年代不详，云南丽江宁蒗普米族经书新抄本。1册，藏文普米语，横写。黄纸，未装订，墨书。30.5cm×11cm，凡13页。用于死后超度时，向tʂA³⁵lA⁵⁵神祷告，祈求保佑。

SMYMJ-ZLYB-6

ɫA⁵⁵se⁵⁵tʃʰA³⁵pA⁵⁵/佚名撰，年代不详，云南丽江宁蒗普米族经书新抄本。1册，藏文普米语，横写。黄纸，未装订，墨书。30.5cm×11cm，凡34页。用于死后超度的祈福仪式，找13颗白石头放在神坛上，念此经，然后把石头放在屋顶上，保佑平安。

SMYMJ-ZLYB-7

ʃi⁵⁵rõ⁵⁵tʃi⁵³/佚名撰，年代不详，云南丽江宁蒗普米族经书新抄本。1册，藏文普米语，横写。黄纸，未装订，墨书。30.5cm×11cm，凡29页。用于死后超度时，向tʂA³⁵lA⁵⁵神献贡品时念诵。

SMYMJ-ZLYB-8

tʂA³⁵lA⁵⁵/佚名撰，年代不详，云南丽江宁蒗普米族经书新抄本。1册，藏文普米语，横写。黄纸，未装订，墨书。30.5cm×11cm，凡60页。用于死后超度时，求tʂA³⁵lA⁵⁵神保佑家庭人丁兴旺，富裕安康。

SMYMJ-ZLYB-9

ʑi³⁵tʰo⁵⁵dʐA³⁵pe⁵⁵/佚名撰，年代不详，云南丽江宁蒗普米族经书新抄本。1册，藏文普米语，横写。黄纸，未装订，墨书。30.5cm×11cm，凡21页。用于死后超度时，竖一支白桦枝代表祖先灵位，进行仪式时诵读，做完后把白桦枝插在房顶上。

2.求子经

编号	SMYMJ-LQ SMYMJ-LS	收藏人	偏初里
汉语书名	求子经	年龄（属相）	60（猪）
民族文字书名		出生年月	1959年8月17日
国际音标	第一册 luə⁵⁵tʃʰy⁵⁵mi⁵⁵sɛ³⁵ lõ⁵⁵ 第二册 luə⁵⁵sõ³⁵pʌ⁵⁵ zo⁵³	民族	普米族
汉语译名	第一册 勒曲 第二册 勒宋	居住地	四川省凉山州木里藏族自治县依吉乡麦洛村委会机素组
字体文种	藏文	何时何地迁此	
类别	祈求福泽类	宗教	苯教
作者	不详	职业（是否祭司）	祭司（韩规）
年代	不详	民族宗教教育程度	从小学习，现为诵经方面权威人物
行款		汉文教育程度	
卷/捆、册、页数	共2册	本书传承信息	
插图页数	0	采集时间	2012年5月12日
长宽高	27.5cm×10cm	采集地点	清华大学西南14号楼4-101
版本	抄本	在场者、助手	偏初里，胡镜明
残损度	基本完好	翻译者	偏初里
封面题款标识	不详	记录者	原上青
墨色	黑	校对者	原上青
书写工具	竹笔		
纸质	黄纸		
现存			
复制依据			审查：赵丽明 2012年5月12日
内容提要 主要用途	女人结婚后不怀孕，或不生儿子，就把她带到山上念这种经，祈求神灵赐子等		

SMYMJ-LQ-1

luə⁵⁵tʃʰy⁵⁵mi⁵⁵sɛ³⁵lõ⁵⁵/佚名撰，年代不详，云南丽江宁蒗普米族经书新抄本。1册，藏文普米语，横写。黄纸，未装订，墨书。27.5cm×10cm，凡13页。用于向神明要子女。

SMYMJ-LS-1

luə⁵⁵sõ³⁵pʌ⁵⁵zo⁵³/佚名撰，年代不详，云南丽江宁蒗普米族经书新抄本。1册，藏文普米语，横写。黄纸，未装订，墨书。27.5cm×10cm，凡12页。用于请求神明赐予子女。

3. 平安延寿经

编号	SMYMJ-YDLX	收藏人	偏初里
汉语书名	平安延寿经	年龄（属相）	60（猪）
民族文字书名	ཨི་དའི་ཚེ་གསལ།	出生年月	1959年8月17日
国际音标	ʒi³⁵dʌ⁵⁵zi̯⁵³ʃo⁵⁵	民族	普米族
汉语译名	依达利休	居住地	四川省凉山州木里藏族自治县依吉乡麦洛村委会机素组
字体文种	藏文	何时何地迁此	
类别	祈求福泽类	宗教	苯教
作者	不详	职业（是否祭司）	祭司（韩规）
年代	不详	民族宗教教育程度	从小学习，现为诵经方面权威人物
行款		汉文教育程度	
卷/捆、册、页数	共1册	本书传承信息	
插图页数	0	采集时间	2012年5月12日
长宽高	27.4cm×9.4cm	采集地点	清华大学西南14号楼4-101
版本	抄本	在场者、助手	偏初里，胡镜明
残损度	基本完好	翻译者	偏初里
封面题款标识	不详	记录者	原上青
墨色	黑	校对者	原上青
书写工具	竹笔		
纸质	黄纸		
现存			
复制依据			
内容提要 主要用途	向依达神祈求平安长寿，保佑自己长命百岁		

审查：赵丽明
2012年5月12日

4. 莲花生下凡经

编号	SMYMJ-XD	收藏人	偏初里
汉语书名	莲花生下凡经	年龄（属相）	60（猪）
民族文字书名	ཀྱུསུ་ཀྱི་དེནུ།	出生年月	1959年8月17日
国际音标	sue^{35}di^{53}	民族	普米族
汉语译名	欣都	居住地	四川省凉山州木里藏族自治县依吉乡麦洛村委会机素组
字体文种	藏文	何时何地迁此	
类别	祈求福泽类	宗教	苯教
作者	不详	职业（是否祭司）	祭司（韩规）
年代	不详	民族宗教教育程度	从小学习，现为诵经方面权威人物
行款		汉文教育程度	
卷/捆、册、页数	共1册10页	本书传承信息	
插图页数	0	采集时间	2012年4月28日
长宽高	30cm×10.5cm	采集地点	清华大学紫荆公寓18号楼313
版本	抄本	在场者、助手	偏初里，胡镜明，张嘉城
残损度	散落，霉变	翻译者	偏初里
封面题款标识	不详	记录者	原上青
墨色	黑	校对者	原上青
书写工具	竹笔		
纸质	黄纸		
现存			
复制依据			审查：赵丽明 2012年4月28日
内容提要主要用途	每月初十念，请一位名叫"莲花生"的神保佑		

5.祈求平安经

编号	SMYMJ-ZTDCC	收藏人	偏初里
汉语书名	祈求平安经	年龄（属相）	60（猪）
民族文字书名		出生年月	1959年8月17日
国际音标	tɕʰyɛ⁵⁵ tĩ⁵⁵ tõ⁵³tsʰA⁵⁵tsʰA⁵⁵	民族	普米族
汉语译名	皆忒东查查	居住地	四川省凉山州木里藏族自治县依吉乡麦洛村委会机素组
字体文种	藏文	何时何地迁此	
类别	祈求福泽类	宗教	苯教
作者	不详	职业（是否祭司）	祭司（韩规）
年代	不详	民族宗教教育程度	从小学习，现为诵经方面权威人物
行款		汉文教育程度	
卷/捆、册、页数	共1册4页	本书传承信息	
插图页数	0	采集时间	2012年4月28日
长宽高	30cm×10cm	采集地点	清华大学紫荆公寓18号楼313
版本	抄本	在场者、助手	偏初里，胡镜明，张嘉城
残损度	散落，霉变	翻译者	偏初里
封面题款标识	不详	记录者	原上青
墨色	黑	校对者	原上青
书写工具	竹笔		
纸质	黄纸		
现存			
复制依据			审查：赵丽明 2012年4月28日
内容提要主要用途	进行祈求平安的仪式时念的经		

6.延年益寿经

编号	SMYMJ-YZCBZ		收藏人	偏初里
汉语书名	延年益寿经		年龄（属相）	60（猪）
民族文字书名	(藏文字)		出生年月	1959年8月17日
国际音标	jõ⁵⁵dzõ⁵³tsʰɿ⁵⁵pA⁵⁵zõ³⁵		民族	普米族
汉语译名	雍钟彻巴宗		居住地	四川省凉山州木里藏族自治县依吉乡麦洛村委会机素组
字体文种	藏文		何时何地迁此	
类别	祈求福泽类		宗教	苯教
作者	不详		职业（是否祭司）	祭司（韩规）
年代	不详		民族宗教教育程度	从小学习，现为诵经方面权威人物
行款			汉文教育程度	
卷/捆、册、页数	共1册14页		本书传承信息	
插图页数	0		采集时间	2012年4月28日
长宽高	39cm×10.6cm		采集地点	清华大学紫荆公寓18号楼313
版本	抄本		在场者、助手	偏初里，胡镜明，张嘉城
残损度	散落		翻译者	偏初里
封面题款标识	不详		记录者	原上青
墨色	黑，红		校对者	原上青
书写工具	竹笔			
纸质	黄纸			
现存				审查：赵丽明
复制依据				2012年4月28日
内容提要 主要用途	延年，向神要阳寿用的经			

7. 祈福经

编号	SMYMJ-XR		收藏人	偏初里
汉语书名	祈福经		年龄（属相）	60（猪）
民族文字书名	༄༅། ། (藏文)		出生年月	1959年8月17日
国际音标	ʃĩ⁵⁵ro⁵⁵nõ⁵⁵bzə⁵⁵dʑA³⁵wA⁵⁵zõ³		民族	普米族
汉语译名	欣荣		居住地	四川省凉山州木里藏族自治县依吉乡麦洛村委会机素组
字体文种	藏文		何时何地迁此	
类别	祈求福泽类		宗教	苯教
作者	不详		职业（是否祭司）	祭司（韩规）
年代	不详		民族宗教教育程度	从小学习，现为诵经方面权威人物
行款			汉文教育程度	
卷/捆、册、页数	共1册7页		本书传承信息	
插图页数	0		采集时间	2012年4月28日
长宽高	39cm×10.6cm		采集地点	清华大学紫荆公寓18号楼313
版本	抄本		在场者、助手	偏初里，胡镜明，张嘉城
残损度	基本完好		翻译者	偏初里
封面题款标识	不详		记录者	原上青
墨色	黑，红		校对者	原上青
书写工具	竹笔			
纸质	黄纸			
现存				
复制依据				
内容提要主要用途	房屋奠基、新年及做大事时念，保佑平安			

审查：赵丽明
2012年4月28日

8.五方神灵庇佑经

编号	SMYMJ-RNCZ
汉语书名	五方神灵庇佑经
民族文字书名	༄༅། སོ་ནག་ཚོགས་ཀྱི་སྒྲུབ། །ཅེས། མུལ་བཀའ་བོ།། ན་ཟེ་བཏོག།།
国际音标	ze³⁵ ŋɑ⁵⁵tsʰi⁵⁵ tʂuə⁵⁵
汉语译名	惹那彻珠
字体文种	藏文
类别	祈求福泽类
作者	不详
年代	不详
行款	
卷/捆、册、页数	共1册19页
插图页数	0
长宽高	39cm×10.6cm
版本	抄本
残损度	基本完好
封面题款标识	不详
墨色	黑
书写工具	竹笔
纸质	黄纸
现存	
复制依据	
内容提要主要用途	请东西南北中五方神灵保佑人长命百岁的经

收藏人	偏初里
年龄（属相）	60（猪）
出生年月	1959年8月17日
民族	普米族
居住地	四川省凉山州木里藏族自治县依吉乡麦洛村委会机素组
何时何地迁此	
宗教	苯教
职业（是否祭司）	祭司（韩规）
民族宗教教育程度	从小学习，现为诵经方面权威人物
汉文教育程度	
本书传承信息	
采集时间	2012年4月28日
采集地点	清华大学紫荆公寓18号楼313
在场者、助手	偏初里，胡镜明，张嘉城
翻译者	偏初里
记录者	原上青
校对者	原上青

审查：赵丽明
2012年4月28日

9.向拯巴神求寿经

编号	SMYMJ-ZBCZ	收藏人	偏初里
汉语书名	向拯巴神求寿经	年龄（属相）	60（猪）
民族文字书名		出生年月	1959年8月17日
国际音标	tʂe³⁵bA⁵⁵tsʰi⁵⁵tʂuə⁵⁵	民族	普米族
汉语译名	拯巴彻珠	居住地	四川省凉山州木里藏族自治县依吉乡麦洛村委会机素组
字体文种	藏文	何时何地迁此	
类别	祈求福泽类	宗教	苯教
作者	不详	职业（是否祭司）	祭司（韩规）
年代	不详	民族宗教教育程度	从小学习，现为诵经方面权威人物
行款		汉文教育程度	
卷/捆、册、页数	共1册10页	本书传承信息	
插图页数	0	采集时间	2012年4月28日
长宽高	39cm×10.6cm	采集地点	清华大学紫荆公寓18号楼313
版本	抄本	在场者、助手	偏初里，胡镜明，张嘉城
残损度	基本完好	翻译者	偏初里
封面题款标识	不详	记录者	原上青
墨色	黑，红	校对者	原上青
书写工具	竹笔		
纸质	黄纸		
现存			审查：赵丽明
复制依据			2012年4月28日
内容提要主要用途	向拯巴神祈求寿命		

10.向丁巴神求寿经

编号	SMYMJ-YZCZ	收藏人	偏初里
汉语书名	向丁巴神求寿经	年龄（属相）	60（猪）
民族文字书名	[藏文]	出生年月	1959年8月17日
国际音标	jõ⁵⁵dzõ⁵⁵tsʰi⁵⁵zõ³⁵	民族	普米族
汉语译名	雍钟彻宗	居住地	四川省凉山州木里藏族自治县依吉乡麦洛村委会机素组
字体文种	藏文	何时何地迁此	
类别	祈求福泽类	宗教	苯教
作者	不详	职业（是否祭司）	祭司（韩规）
年代	不详	民族宗教教育程度	从小学习，现为诵经方面权威人物
行款		汉文教育程度	
卷/捆、册、页数	共1册18页	本书传承信息	
插图页数	0	采集时间	2012年4月28日
长宽高	39cm×10.6cm	采集地点	清华大学紫荆公寓18号楼313
版本	抄本	在场者、助手	偏初里，胡镜明，张嘉城
残损度	基本完好	翻译者	偏初里
封面题款标识	不详	记录者	原上青
墨色	黑，红	校对者	原上青
书写工具	竹笔		
纸质	黄纸		
现存			
复制依据			
内容提要主要用途	向丁巴神祈求寿命		

审查：赵丽明
2012年4月28日

11.求福经

编号	SMYMJ-ZDYN	收藏人	偏初里
汉语书名	求福经	年龄（属相）	60（猪）
民族文字书名	༄༅། ཟོང་ཐུ་ཡོང་ནི། (藏文手写)	出生年月	1959年8月17日
国际音标	zõ³⁵ty⁵⁵jõ³⁵ni⁵⁵	民族	普米族
汉语译名	宗度雍尼	居住地	四川省凉山州木里藏族自治县依吉乡麦洛村委会机素组
字体文种	藏文	何时何地迁此	
类别	祈求福泽类	宗教	苯教
作者	不详	职业（是否祭司）	祭司（韩规）
年代	不详	民族宗教教育程度	从小学习，现为诵经方面权威人物
行款		汉文教育程度	
卷/捆、册、页数	共1册13页	本书传承信息	
插图页数	0	采集时间	2012年4月28日
长宽高	39cm×10.6cm	采集地点	清华大学紫荆公寓18号楼313
版本	抄本	在场者、助手	偏初里，胡镜明，张嘉城
残损度	基本完好	翻译者	偏初里
封面题款标识	不详	记录者	原上青
墨色	黑	校对者	原上青
书写工具	竹笔		
纸质	黄纸		
现存			
复制依据			
内容提要主要用途	烧天香时念，呼唤祖先和神灵保佑自己		

审查：赵丽明
2012年4月28日

12.六畜兴旺经

编号	SMYMJ-YYNB	收藏人	偏初里
汉语书名	六畜兴旺经	年龄（属相）	60（猪）
民族文字书名	༄༅། (藏文)	出生年月	1959年8月17日
国际音标	$jĩ^{35}ʑĩ^{55}nə^{35}rə^{55}pu^{55}tA^{55}$ $zõ^{35}pA^{35}zõ^{35}lo^{35}zõ^{35}$	民族	普米族
汉语译名	殷殷纳布	居住地	四川省凉山州木里藏族自治县依吉乡麦洛村委会机素组
字体文种	藏文	何时何地迁此	
类别	祈求福泽类	宗教	苯教
作者	不详	职业（是否祭司）	祭司（韩规）
年代	不详	民族宗教教育程度	从小学习，现为诵经方面权威人物
行款		汉文教育程度	
卷/捆、册、页数	共1册13页	本书传承信息	
插图页数	0	采集时间	2012年4月28日
长宽高	39 cm×10.6cm	采集地点	清华大学紫荆公寓18号楼313
版本	抄本	在场者、助手	偏初里，胡镜明，张嘉城
残损度	基本完好	翻译者	偏初里
封面题款标识	不详	记录者	原上青
墨色	黑，红	校对者	原上青
书写工具	竹笔		
纸质	黄纸		
现存			
复制依据			审查：赵丽明 2012年 4月28日
内容提要主要用途	进行一种祭祀活动时，在一口大锅中放上粮食，并做法事，念此经，之后把锅中粮食给牲畜吃，同时给牲畜挂护身线，可保佑六畜兴旺		

13.颂女神经

编号	SMYMJ-CMYJ		收藏人	偏初里
汉语书名	颂女神经		年龄（属相）	60（猪）
民族文字书名	ཚོ་མ་འི་ ཁྲུས་ ཡུལ་ཁུངས་ ཆོས་		出生年月	1959年8月17日
国际音标	tʃõ⁵⁵ ma⁵⁵ji³⁵ ki⁵⁵		民族	普米族
汉语译名	聪麻依吉		居住地	四川省凉山州木里藏族自治县依吉乡麦洛村委会机素组
字体文种	藏文		何时何地迁此	
类别	祈求福泽类		宗教	苯教
作者	不详		职业（是否祭司）	祭司（韩规）
年代	不详		民族宗教教育程度	从小学习，现为诵经方面权威人物
行款			汉文教育程度	
卷/捆、册、页数	共1册25页		本书传承信息	
插图页数	1		采集时间	2012年4月28日
长宽高	39cm×10.6cm		采集地点	清华大学紫荆公寓18号楼313
版本	抄本		在场者、助手	偏初里，胡镜明，张嘉城
残损度	基本完好		翻译者	偏初里
封面题款标识	不详		记录者	原上青
墨色	黑		校对者	原上青
书写工具	竹笔			
纸质	黄纸			
现存				审查：赵丽明
复制依据				2012年4月28日
内容提要主要用途	祈求tʃõ⁵⁵ ma⁵⁵女神的保佑			

14. 唤福经

编号	SMYMJ-SJYL	收藏人	偏初里
汉语书名	唤福经	年龄（属相）	60（猪）
民族文字书名	(藏文)	出生年月	1959年8月17日
国际音标	sõ⁵⁵ ke⁵³ jõ⁵⁵ lĩ⁵⁵	民族	普米族
汉语译名	松基永林	居住地	四川省凉山州木里藏族自治县依吉乡麦洛村委会机素组
字体文种	藏文	何时何地迁此	
类别	祈求福泽类	宗教	苯教
作者	不详	职业（是否祭司）	祭司（韩规）
年代	不详	民族宗教教育程度	从小学习，现为诵经方面权威人物
行款		汉文教育程度	
卷/捆、册、页数	共1册10页	本书传承信息	
插图页数	0	采集时间	2012年4月28日
长宽高	30cm×11cm	采集地点	清华大学紫荆公寓18号楼313
版本	抄本	在场者、助手	偏初里，胡镜明，张嘉城
残损度	基本完好	翻译者	偏初里
封面题款标识	不详	记录者	原上青
墨色	黑，红	校对者	原上青
书写工具	竹笔		
纸质	黄纸		
现存			
复制依据			审查：赵丽明
内容提要主要用途	祭祀仪式做完后祈求祝福仪式时念的经		2012年4月28日

15.吉祥平安经

编号	SMYMJ-ZD		收藏人	偏初里
汉语书名	吉祥平安经		年龄（属相）	60（猪）
民族文字书名	(藏文图像)		出生年月	1959年8月17日
国际音标	dzõ³⁵dyi⁵⁵		民族	普米族
汉语译名	宗度		居住地	四川省凉山州木里藏族自治县依吉乡麦洛村委会机素组
字体文种	藏文		何时何地迁此	
类别	祈求福泽类		宗教	苯教
作者	不详		职业（是否祭司）	祭司（韩规）
年代	不详		民族宗教教育程度	从小学习，现为诵经方面权威人物
行款			汉文教育程度	
卷/捆、册、页数	共31册		本书传承信息	
插图页数	65		采集时间	2012年4月28日
长宽高	39cm×8.6cm		采集地点	清华大学紫荆公寓18号楼313
版本	印刷本		在场者、助手	偏初里，胡镜明，张嘉城
残损度	完好		翻译者	偏初里
封面题款标识	不详		记录者	原上青
墨色	彩色		校对者	原上青
书写工具	印刷			
纸质	胶版纸（印刷涂料纸）			
现存				
复制依据			审查：赵丽明 2012年4月28日	
内容提要 主要用途	祝福苯教的各位主神，顺便为自己祈求家庭幸福，吉祥平安			

SMYMJ-ZD-1

ʥõ³⁵dyi⁵⁵/佚名撰，年代不详，四川木里县依吉乡麦洛村印刷本。1册，藏文普米语，横写。印刷纸，未装订，彩色打印。39cm×8.6cm，凡14页。用于向sõ⁵⁵mɑ⁵⁵神祈福，呼唤福气。

SMYMJ-ZD-2

sõ⁵⁵ʥe⁵³tsʰi⁵⁵pɑ⁵⁵zõ³⁵/佚名撰，年代不详，四川木里县依吉乡麦洛村印刷本。1册，藏文普米语，横写。印刷纸，未装订，彩色打印。39cm×8.6cm，凡36页。请tsʰi⁵⁵pɑ⁵⁵下凡保佑念经的人家平安。

SMYMJ-ZD-3

ʥɛ³⁵ʑi⁵³sʅ⁵⁵tʂʰõ⁵⁵sõ⁵⁵ʥɛ⁵³dzə⁵⁵kə⁵⁵ʥyə⁵⁵/佚名撰，年代不详，四川木里县依吉乡麦洛村印刷本。1册，藏文普米语，横写。印刷纸，未装订，彩色打印。39cm×8.6cm，凡49页。用于请苯教的kue⁵⁵zõ⁵⁵神以及护法神保佑平安。

SMYMJ-ZD-4

kõ³⁵tʃi⁵⁵ki⁵⁵pie⁵³ʃo³⁵gue⁵⁵tĩ⁵⁵bɑ⁵⁵ʑi⁵³/佚名撰，年代不详，四川木里县依吉乡麦洛村印刷本。1册，藏文普米语，横写。印刷纸，未装订，彩色打印。39cm×8.6cm，凡66页。用于向tʰi³⁵ʑi³⁵tʃõ⁵⁵mɑ⁵⁵神祈求平安。

SMYMJ-ZD-5

ʃi⁵⁵zo⁵⁵tʃʰĩ⁵⁵dzu³⁵wɑ⁵⁵gue⁵³/佚名撰，年代不详，四川木里县依吉乡麦洛村印刷本。1册，藏文普米语，横写。印刷纸，未装订，彩色打印。39cm×8.6cm，凡76页。用于向tuə³⁵sõ⁵⁵dɨ⁵⁵ẓe⁵³神祈求平安。

SMYMJ-ZD-6

nõ⁵⁵tʃʰĩ⁵⁵sõ⁵⁵ʥe⁵³jõ³⁵tʃi⁵³tso⁵³/佚名撰，年代不详，四川木里县依吉乡麦洛村印刷本。1册，藏文普米语，横写。印刷纸，未装订，彩色打印。39cm×8.6cm，凡100页。用于向sõ⁵⁵ʥe⁵³神祈求长寿。

SMYMJ-ZD-7

jo³⁵kʰõ⁵³kʌ⁵⁵lʌ⁵³niɛ³⁵dɑ⁵⁵kə⁵⁵rə⁵⁵/佚名撰，年代不详，四川木里县依吉乡麦洛村印刷本。1册，藏文普米语，横写。印刷纸，未装订，彩色打印。39cm×8.6cm，凡38页。讲述世间的一切都很安宁祥和。

SMYMJ-ZD-8

ʤɛ⁵⁵pʰa⁵⁵ʤɛ⁵⁵sa⁵⁵ʤõ³⁵tsʰu⁵⁵ʤɛ⁵³/佚名撰，年代不详，四川木里县依吉乡麦洛村印刷本。1册，藏文普米语，横写。印刷纸，未装订，彩色打印。39cm×8.6cm，凡22页。用于向tsõ⁵⁵nA⁵⁵zə³⁵ʧʰĩ⁵⁵神祈福。

SMYMJ-ZD-9

tõ⁵⁵sõ⁵⁵ʤi³⁵tĩ⁵⁵õ⁵⁵wɑ⁵⁵ji⁵³/佚名撰，年代不详，四川木里县依吉乡麦洛村印刷本。1册，藏文普米语，横写。印刷纸，未装订，彩色打印。39cm×8.6cm，凡32页。用于祈求社会安定。

SMYMJ-ZD-10

tʰie⁵⁵pɑ⁵⁵jõ³⁵ʧi⁵³ʤA³⁵wɑ⁵⁵jõ⁵³/佚名撰，年代不详，四川木里县依吉乡麦洛村印刷本。1册，藏文普米语，横写。印刷纸，未装订，彩色打印。39cm×8.6cm，凡28页。祈求百姓丰衣足食。

SMYMJ-ZD-11

ʃĩ⁵⁵ʧi⁵³ʥue³⁵pa⁵⁵ʤɛ⁵⁵ji⁵³nõ⁵³/佚名撰，年代不详，四川木里县依吉乡麦洛村印刷本。1册，藏文普米语，横写。印刷纸，未装订，彩色打印。39cm×8.6cm，凡52页。祈求社会兴旺发达。

SMYMJ-ZD-12

zɛ³⁵ʧɛ⁵⁵tʂə⁵⁵kʰuʀ⁵⁵rə⁵⁵duə⁵⁵bi⁵³ʤyə⁵³/佚名撰，年代不详，四川木里县依吉乡麦洛村印刷本。1册，藏文普米语，横写。印刷纸，未装订，彩色打印。39cm×8.6cm，凡54页。祈求人丁兴旺、六畜兴旺。

SMYMJ-ZD-13

lõ³⁵zɛ³⁵tĩ⁵⁵ba⁵⁵pe⁵⁵tĩ⁵⁵sɿ⁵⁵ʧi⁵⁵ʧʰə⁵³/佚名撰，年代不详，四川木里县依吉乡麦洛村印刷本。1册，藏文普米语，横写。印刷纸，未装订，彩色打印。39cm×8.6cm，凡54页。用途同上。

SMYMJ-ZD-14

kA⁵⁵zõ⁵⁵tʂõ³⁵mi⁵³mi³⁵tsʰi⁵⁵lo⁵⁵ʑi⁵³/佚名撰，年代不详，四川木里县依吉乡麦洛村印刷本。1册，藏文普米语，横写。印刷纸，未装订，彩色打印。39cm×8.6cm，凡22页。用途同上。

SMYMJ-ZD-15

ʑi³⁵ki⁵⁵ʤɛ³⁵bu⁵³ʑi³⁵niɛ⁵⁵ʤõ⁵³/佚名撰，年代不详，四川木里县依吉乡麦洛村印刷本。1册，藏文普米语，横写。印刷纸，未装订，彩色打印。39cm×8.6cm，凡26页。用途同上。

SMYMJ-ZD-16

pʰĩ⁵⁵jo⁵⁵bõ³⁵zõ⁵³tʃʰi⁵⁵jĩ⁵⁵di⁵³/佚名撰，年代不详，四川木里县依吉乡麦洛村印刷本。1册，藏文普米语，横写。印刷纸，未装订，彩色打印。39cm×8.6cm，凡24页。用途同上。

SMYMJ-ZD-17

tʂʰə⁵⁵ʥɛ⁵⁵tsʰu⁵⁵ji⁵³jõ³⁵ni⁵⁵ʥõ⁵³/佚名撰，年代不详，四川木里县依吉乡麦洛村印刷本。1册，藏文普米语，横写。印刷纸，未装订，彩色打印。39cm×8.6cm，凡30页。用途同上。

SMYMJ-ZD-18

so⁵⁵ʥɛ⁵⁵gõ³⁵dye⁵⁵dʐue³⁵mɑ⁵⁵pie⁵³/佚名撰，年代不详，四川木里县依吉乡麦洛村印刷本。1册，藏文普米语，横写。印刷纸，未装订，彩色打印。39cm×8.6cm，凡28页。用途同上。

SMYMJ-ZD-19

kɐ⁵⁵tõ⁵³sõ⁵⁵ʥe⁵³ʥɛ⁵⁵tõ⁵³ki⁵³/佚名撰，年代不详，四川木里县依吉乡麦洛村印刷本。1册，藏文普米语，横写。印刷纸，未装订，彩色打印。39cm×8.6cm，凡28页。用途同上。

SMYMJ-ZD-20

rə³⁵ʥe⁵⁵tʃʰĩ⁵⁵bu⁵⁵duə⁵⁵pie⁵³ko⁵³/佚名撰，年代不详，四川木里县依吉乡麦洛村印刷本。1册，藏文普米语，横写。印刷纸，未装订，彩色打印。39cm×8.6cm，凡34页。用途同上。

SMYMJ-ZD-21

mɐ³⁵mu⁵⁵jõ³⁵tʃʰĩ⁵⁵ʥʌ³⁵wʌ⁵⁵mɑ⁵³/佚名撰，年代不详，四川木里县依吉乡麦洛村印刷本。1册，藏文普米语，横写。印刷纸，未装订，彩色打印。39cm×8.6cm，凡52页。用途同上。

SMYMJ-ZD-22

rə³⁵ʥe⁵⁵sõ⁵⁵ki⁵³õ⁵⁵bõ⁵⁵liɛ⁵³/佚名撰，年代不详，四川木里县依吉乡麦洛村印刷本。1册，藏文普米语，横写。印刷纸，未装订，彩色打印。39cm×8.6cm，凡18页。用途同上。

SMYMJ-ZD-23

tʂʰə⁵⁵ʥue⁵⁵tʂu³⁵mi⁵⁵ŋa³⁵liɛ⁵³/佚名撰，年代不详，四川木里县依吉乡麦洛村印刷本。1册，藏文普米语，横写。印刷纸，未装订，彩色打印。39cm×8.6cm，凡18页。用途同上。

SMYMJ-ZD-24

ɫA³⁵mõ⁵⁵tʃʰĩ⁵⁵nõ⁵⁵nõ⁵⁵tʃi⁵³tʃʰə⁵³/佚名撰，年代不详，四川木里县依吉乡麦洛村印刷本。1册，藏文普米语，横写。印刷纸，未装订，彩色打印。39cm×8.6cm，凡16页。用途同上。

SMYMJ-ZD-25

sõ⁵⁵dʑe⁵³tʰõ⁵⁵tʃi⁵⁵tʃi⁵³tʃʰo³⁵wa⁵³ʑi³⁵tĩ⁵⁵tʰe⁵⁵jɛ⁵³pa⁵³tʃo³⁵wa⁵³zõ⁵³/佚名撰，年代不详，四川木里县依吉乡麦洛村印刷本。1册，藏文普米语，横写。印刷纸，未装订，彩色打印。39cm×8.6cm，凡20页。用途同上。

SMYMJ-ZD-26

sõ⁵⁵ŋɑ⁵⁵jõ³⁵ke⁵³põ³⁵tsue⁵⁵niɛ⁵³/佚名撰，年代不详，四川木里县依吉乡麦洛村印刷本。1册，藏文普米语，横写。印刷纸，未装订，彩色打印。39cm×8.6cm，凡28页。用途同上。

SMYMJ-ZD-27

lõ³⁵niɛ⁵⁵mi³⁵pi⁵³ɫA³⁵mõ⁵⁵tʃA³⁵wa⁵⁵mɑ⁵⁵/佚名撰，年代不详，四川木里县依吉乡麦洛村印刷本。1册，藏文普米语，横写。印刷纸，未装订，彩色打印。39cm×8.6cm，凡26页。用途同上。

SMYMJ-ZD-28

sA³⁵dA⁵⁵dʑA⁵⁵bu⁵³sʌ⁵⁵ji⁵⁵ʑi⁵³/佚名撰，年代不详，四川木里县依吉乡麦洛村印刷本。1册，藏文普米语，横写。印刷纸，未装订，彩色打印。39cm×8.6cm，凡12页。用途同上。

SMYMJ-ZD-29

tʃõ³⁵tʃʰo⁵⁵nə⁵⁵dzə⁵⁵nə³⁵tʃi⁵³lĩ⁵³/佚名撰，年代不详，四川木里县依吉乡麦洛村印刷本。1册，藏文普米语，横写。印刷纸，未装订，彩色打印。39cm×8.6cm，凡62页。用途同上。

SMYMJ-ZD-30

lo³⁵ji⁵³dʑɛ³⁵bu⁵³ki⁵⁵zɛ⁵⁵tõ⁵³/佚名撰，年代不详，四川木里县依吉乡麦洛村印刷本。1册，藏文普米语，横写。印刷纸，未装订，彩色打印。39cm×8.6cm，凡44页。用途同上。

SMYMJ-ZD-31

dzʅ³⁵mi⁵⁵nõ⁵⁵ta⁵³tʃʰi⁵⁵ji⁵³dʑyə⁵³/佚名撰，年代不详，四川木里县依吉乡麦洛村印刷本。1册，藏文普米语，横写。印刷纸，未装订，彩色打印。39cm×8.6cm，凡76页。用途同上。

16.招福经

编号	SMYMJ-YX	收藏人	偏初里
汉语书名	招福经	年龄（属相）	60（猪）
民族文字书名	(藏文手写)	出生年月	1959年8月17日
国际音标	jõ⁵⁵ʃo⁵⁵	民族	普米族
汉语译名	雍秀	居住地	四川省凉山州木里藏族自治县依吉乡麦洛村委会机素组
字体文种		何时何地迁此	
类别	藏文	宗教	苯教
作者	祈求福泽类	职业（是否祭司）	祭司（韩规）
年代	不详	民族宗教教育程度	从小学习，现为诵经方面权威人物
行款	不详	汉文教育程度	
卷/捆、册、页数		本书传承信息	
插图页数	共4册	采集时间	2012年5月12日
长宽高	20.7cm×9.8cm	采集地点	清华大学西南14号楼4-101
版本	抄本	在场者、助手	偏初里，胡镜明
残损度	基本完好	翻译者	偏初里
封面题款标识	不详	记录者	原上青
墨色	黑	校对者	原上青
书写工具	竹笔		
纸质	黄纸		
现存			
复制依据			
内容提要 主要用途	祈求福泽，每年春节家家户户都要念此经		

审查：赵丽明
2012年4月28日

SMYMJ-YX-1

dʑõ³⁵pʌ⁵⁵ɬɑ⁵³/佚名撰，年代不详，云南丽江宁蒗普米族经书新抄本。1册，藏文普米语，横写。黄纸，未装订，墨书。20.7cm×9.8cm，凡9页。用于给财神煨桑。

SMYMJ-YX-2

sɿ⁵⁵we⁵⁵/佚名撰，年代不详，云南丽江宁蒗普米族经书新抄本。1册，藏文普米语，横写。黄纸，未装订，墨书。20.7cm×9.8cm，凡22页。用于将大米洒在家里保佑吉祥的仪式。

SMYMJ-YX-3

tʌ⁵⁵zõ⁵⁵/佚名撰，年代不详，云南丽江宁蒗普米族经书新抄本。1册，藏文普米语，横写。黄纸，未装订，墨书。20.7cm×9.8cm，凡12页。用于在牛羊的脖子上栓护身线，保佑六畜兴旺的仪式。

SMYMJ-YX-4

tʂə⁵⁵ʃi⁵⁵jõ⁵⁵lĩ⁵⁵/佚名撰，年代不详，云南丽江宁蒗普米族经书新抄本。1册，藏文普米语，横写。黄纸，未装订，墨书。20.7cm×9.8cm，凡59页。用于招福。

三 占卜类

1. 普米族黄历

编号	SMYMJ-XDJJ
汉语书名	普米族黄历
民族文字书名	(藏文书写)
国际音标	$\int e^{35} to^{55} dʑi^{35} dʑi^{35}/\int e^{35} ZA^{55} tsi^{53}$
汉语译名	夏多吉吉
字体文种	藏文
类别	占卜类
作者	不详
年代	不详
行款	
卷/捆、册、页数	共1册
插图页数	0
长宽高	39.5cm×9.5cm
版本	抄本
残损度	基本完好
封面题款标识	不详
墨色	黑
书写工具	竹笔
纸质	黄纸
现存	
复制依据	
内容提要 主要用途	普米族的黄历，用来看良辰吉日，包括做生意、农耕、出门、做衣服、理发、动土、红白喜事、天文现象（日蚀等）等

收藏人	偏初里
年龄（属相）	60（猪）
出生年月	1959年8月17日
民族	普米族
居住地	四川省凉山州木里藏族自治县依吉乡麦洛村委会机素组
何时何地迁此	
宗教	苯教
职业（是否祭司）	祭司（韩规）
民族宗教教育程度	从小学习，现为诵经方面权威人物
汉文教育程度	
本书传承信息	
采集时间	2012年5月12日
采集地点	清华大学西南14号楼4-101
在场者、助手	偏初里，胡镜明
翻译者	偏初里
记录者	原上青
校对者	原上青

审查：赵丽明
2012年5月12日

2.新生儿占卜经

编号	SMYMJ-QZ	收藏人	偏初里
汉语书名	新生儿占卜经	年龄（属相）	60（猪）
民族文字书名	(藏文字符)	出生年月	1959年8月17日
国际音标	tʃʰõ⁵⁵tsi⁵⁵	民族	普米族
汉语译名	穷渍	居住地	四川省凉山州木里藏族自治县依吉乡麦洛村委会机素组
字体文种	藏文	何时何地迁此	
类别	占卜类	宗教	苯教
作者	不详	职业（是否祭司）	祭司（韩规）
年代	不详	民族宗教教育程度	从小学习，现为诵经方面权威人物
行款		汉文教育程度	
卷/捆、册、页数	共1册32页	本书传承信息	
插图页数	0	采集时间	2012年4月28日
长宽高	30cm×10.6cm	采集地点	清华大学紫荆公寓18号楼313
版本	抄本	在场者、助手	偏初里，胡镜明，张嘉城
残损度	封面脱漏，个别页有裂缝	翻译者	偏初里
封面题款标识	不详	记录者	原上青
墨色	黑，红	校对者	原上青
书写工具	竹笔		
纸质	黄纸		
现存			
复制依据			审查：赵丽明
内容提要 主要用途	用于给新生儿算命		2012年4月28日

3. 算命经

编号	SMYMJ-XJ	收藏人	偏初里
汉语书名	算命经	年龄（属相）	60（猪）
民族文字书名		出生年月	1959年8月17日
国际音标	ʃi⁵⁵tsi⁵³	民族	普米族
汉语译名	希基	居住地	四川省凉山州木里藏族自治县依吉乡麦洛村委会机素组
字体文种	藏文	何时何地迁此	
类别	占卜类	宗教	苯教
作者	不详	职业（是否祭司）	祭司（韩规）
年代	不详	民族宗教教育程度	从小学习，现为诵经方面权威人物
行款		汉文教育程度	
卷/捆、册、页数	共3册94页	本书传承信息	
插图页数	0	采集时间	2012年4月28日
长宽高	30cm×10.9cm	采集地点	清华大学紫荆公寓18号楼313
版本	抄本	在场者、助手	偏初里，胡镜明，张嘉城
残损度	基本完好	翻译者	偏初里
封面题款标识	不详	记录者	原上青
墨色	黑，红	校对者	原上青
书写工具	竹笔		
纸质	黄纸		
现存			
复制依据			审查：赵丽明
内容提要 主要用途	算命（三卷互相对照）		2012年4月28日

SMYMJ-XJ-1

ʃi^{55}tsi^{55}/佚名撰，年代不详，四川木里县依吉乡麦洛村旧抄本。1册，藏文普米语，横写。黄纸，未装订，墨书。30cm×10.9cm，凡42页。用于算哪个方向吉利。

SMYMJ-XJ-2

t^{h}i^{35}zõ^{55}põ^{55}sõ^{55}ʥɛ^{55}tsi^{55}/佚名撰，年代不详，四川木里县依吉乡麦洛村旧抄本。1册，藏文普米语，横写。黄纸，未装订，墨书。30cm×10.9cm，凡22页。用于算现阶段的运势。

SMYMJ-XJ-3

tso^{35}ɬʌ^{55}tsi^{55}/佚名撰，年代不详，四川木里县依吉乡麦洛村旧抄本。1册，藏文普米语，横写。黄纸，未装订，墨书。30cm×10.9cm，凡30页。用于算一个人一生的命运。

四 镇压鬼怪类

1. 镇妖经

编号	SMYMJ-ZQ		收藏人	偏初里
汉语书名	镇妖经		年龄（属相）	60（猪）
民族文字书名	རོལ།།		出生年月	1959年8月17日
国际音标	tʂõ³⁵ kʰɿ⁵⁵		民族	普米族
汉语译名	仲肯		居住地	四川省凉山州木里藏族自治县依吉乡麦洛村委会机素组
字体文种			何时何地迁此	
类别	藏文		宗教	苯教
作者	镇压鬼怪类		职业（是否祭司）	祭司（韩规）
年代	不详		民族宗教教育程度	从小学习，现为诵经方面权威人物
行款	不详		汉文教育程度	
卷/捆、册、页数	共20册		本书传承信息	
插图页数	21		采集时间	2012年5月12日
长宽高	31cm×10.5cm		采集地点	清华大学西南14号楼4-101
版本	抄本		在场者、助手	偏初里，胡镜明
残损度	基本完好		翻译者	偏初里
封面题款标识	不详		记录者	原上青
墨色	黑		校对者	原上青
书写工具	竹笔			
纸质	黄纸			
现存			审查：赵丽明 2012年5月12日	
复制依据				
内容提要 主要用途	用于"仲肯"神镇压鬼怪			

SMYMJ-ZK-1

ʥĩ³⁵sə⁵⁵rə⁵⁵/佚名撰，年代不详，四川木里县依吉乡普米族经书旧抄本。1册，藏文普米语，横写。黄纸，未装订，墨书。31cm×10.5cm，凡11页。用于给帮忙驱鬼的tʂõ³⁵ kʰĩ⁵⁵神报酬。

SMYMJ-ZK-2

gu⁵⁵tʃʰi⁵⁵/佚名撰，年代不详，四川木里县依吉乡普米族经书旧抄本。1册，藏文普米语，横写。黄纸，未装订，墨书。31cm×10.5cm，凡29页。用于呼唤tʂõ³⁵ kʰĩ⁵⁵神。

SMYMJ-ZK-3

ʂo⁵⁵kie⁵³rə⁵⁵tʂʅ⁵⁵/佚名撰，年代不详，四川木里县依吉乡普米族经书旧抄本。1册，藏文普米语，横写。黄纸，未装订，墨书。31cm×10.5cm，凡20页。用于在tʂõ³⁵ kʰĩ⁵⁵神坛上放长刀的仪式。

SMYMJ-ZK-4

kʰʌ³⁵to⁵⁵tʂõ³⁵ kʰĩ⁵⁵/佚名撰，年代不详，四川木里县依吉乡普米族经书旧抄本。1册，藏文普米语，横写。黄纸，未装订，墨书。31cm×10.5cm，凡13页。用于祝福tʂõ³⁵ kʰĩ⁵⁵神，希望他圆满完成仪式。

SMYMJ-ZK-5

ʂo⁵⁵kie⁵³duɔ⁵⁵tʂʅ⁵⁵/佚名撰，年代不详，四川木里县依吉乡普米族经书旧抄本。1册，藏文普米语，横写。黄纸，未装订，墨书。31cm×10.5cm，凡20页。用于在tʂõ³⁵ kʰĩ⁵⁵神坛上放大砍刀的仪式。

SMYMJ-ZK-6

ʥɛ⁵⁵tʃi⁵⁵mĩ³⁵ŋɑ⁵³/佚名撰，年代不详，四川木里县依吉乡普米族经书旧抄本。1册，藏文普米语，横写。黄纸，未装订，墨书。31cm×10.5cm，凡8页。用于在tʂõ³⁵ kʰĩ⁵⁵神坛上放枪、弓箭、弩的仪式。

SMYMJ-ZK-7

kõ⁵⁵wɑ⁵³/佚名撰，年代不详，四川木里县依吉乡普米族经书旧抄本。1册，藏文普米语，横写。黄纸，未装订，墨书。31cm×10.5cm，凡12页。用于请tʂõ³⁵ kʰĩ⁵⁵神不计较人们的过错，做好祭祀仪式。

SMYMJ-ZK-8

mɑ⁵⁵pʌ⁵⁵mɑ⁵⁵gu⁵⁵/佚名撰，年代不详，四川木里县依吉乡普米族经书旧抄本。1册，藏文普米语，横写。黄纸，未装订，墨书。31cm×10.5cm，凡37页。用于呼唤tʂõ³⁵ kʰĩ⁵⁵神的将士。

SMYMJ-ZK-9

tʰo⁵⁵sʉ⁵⁵/佚名撰，年代不详，四川木里县依吉乡普米族经书旧抄本。1册，藏文普米语，横写。黄纸，未装订，墨书。31cm×10.5cm，凡15页。用于鼓舞tʂõ³⁵ kʰĩ⁵⁵神的将士。

SMYMJ-ZK-10

duə⁵⁵mu⁵⁵ɬʌ⁵⁵gu⁵⁵/佚名撰，年代不详，四川木里县依吉乡普米族经书旧抄本。1册，藏文普米语，横写。黄纸，未装订，墨书。31cm×10.5cm，凡7页。用于把魔女招来。

SMYMJ-ZK-11

dzə̩⁵⁵u⁵⁵ɬʌ⁵⁵gu⁵⁵/佚名撰，年代不详，四川木里县依吉乡普米族经书旧抄本。1册，藏文普米语，横写。黄纸，未装订，墨书。31cm×10.5cm，凡10页。用于把作祟的鬼魂招来。

SMYMJ-ZK-12

tʂə⁵⁵u⁵⁵suə⁵⁵ŋɑ⁵⁵/佚名撰，年代不详，四川木里县依吉乡普米族经书旧抄本。1册，藏文普米语，横写。黄纸，未装订，墨书。31cm×10.5cm，凡5页。用于斩杀魔鬼。

SMYMJ-ZK-13

tʂõ³⁵ kʰĩ⁵⁵sɿ³⁵u⁵⁵u⁵⁵gu⁵⁵/佚名撰，年代不详，四川木里县依吉乡普米族经书旧抄本。1册，藏文普米语，横写。黄纸，未装订，墨书。31cm×10.5cm，凡13页。用于向tʂõ³⁵ kʰĩ⁵⁵神进献蜂蜜、牛奶、茶和酒。

SMYMJ-ZK-14

tʂõ³⁵ kʰĩ⁵⁵ʥɛ³⁵tʃi⁵³/佚名撰，年代不详，四川木里县依吉乡普米族经书旧抄本。1册，藏文普米语，横写。黄纸，未装订，墨书。31cm×10.5cm，凡11页。用于一家人向tʂõ³⁵ kʰĩ⁵⁵神磕头祷告，求他保佑的仪式。

SMYMJ-ZK-15

si³⁵u⁵⁵u⁵⁵gu⁵⁵ŋue⁵⁵tuə⁵³/佚名撰，年代不详，四川木里县依吉乡普米族经书旧抄本。1册，藏文普米语，横写。黄纸，未装订，墨书。31cm×10.5cm，凡17页。用于迎请tʂõ³⁵ kʰĩ⁵⁵神。

SMYMJ-ZK-16

tṣõ³⁵ kʰĩ⁵⁵mĩ³⁵ŋɑ⁵⁵/佚名撰，年代不详，四川木里县依吉乡普米族经书旧抄本。1册，藏文普米语，横写。黄纸，未装订，墨书。31cm×10.5cm，凡5页。用于呼唤各种tṣõ³⁵ kʰĩ⁵⁵神（长角的、长獠牙的、长爪的）协助祭祀。

SMYMJ-ZK-17

sʐ³⁵u⁵⁵zʐ⁵⁵gu⁵³/佚名撰，年代不详，四川木里县依吉乡普米族经书旧抄本。1册，藏文普米语，横写。黄纸，未装订，墨书。31cm×10.5cm，凡17页。用于呼唤拿武器的tṣõ³⁵ kʰĩ⁵⁵神协助祭祀。

SMYMJ-ZK-18

tṣõ³⁵ kʰĩ⁵⁵kõ⁵⁵wɑ⁵³/佚名撰，年代不详，四川木里县依吉乡普米族经书旧抄本。1册，藏文普米语，横写。黄纸，未装订，墨书。31cm×10.5cm，凡13页。用于请求所有tṣõ³⁵ kʰĩ⁵⁵神原谅祭祀的不周之处。

SMYMJ-ZK-19

so⁵⁵kie⁵³rə³⁵tʂʐ⁵⁵/佚名撰，年代不详，四川木里县依吉乡普米族经书旧抄本。1册，藏文普米语，横写。黄纸，未装订，墨书。31cm×10.5cm，凡12页。用于向全村男人分发武器的仪式。

SMYMJ ZK-20

so⁵⁵kie⁵³rə³⁵tʂʐ⁵⁵ni³⁵/佚名撰，年代不详，四川木里县依吉乡普米族经书旧抄本。1册，藏文普米语，横写。黄纸，未装订，墨书。31cm×10.5cm，凡24页。用于让男人带上武器，到家家户户驱赶凶死鬼的仪式。

2.镇压凶死者鬼魂经

编号	SMYMJ-PRB	收藏人	偏初里
汉语书名	镇压凶死者鬼魂经	年龄（属相）	60（猪）
民族文字书名	ཕྲེའུ་པ།	出生年月	1959年8月17日
国际音标	$p^hzə^{55}bA^{53}$	民族	普米族
汉语译名	普热巴	居住地	四川省凉山州木里藏族自治县依吉乡麦洛村委会机素组
字体文种	藏文	何时何地迁此	
类别	镇压鬼怪类	宗教	苯教
作者	不详	职业（是否祭司）	祭司（韩规）
年代	不详	民族宗教教育程度	从小学习，现为诵经方面权威人物
行款		汉文教育程度	
卷/捆、册、页数	共22册	本书传承信息	
插图页数	0	采集时间	2012年5月12日
长宽高	39.5cm×9.5cm	采集地点	清华大学西南14号楼4-101
版本	抄本	在场者、助手	偏初里，胡镜明
残损度	基本完好	翻译者	偏初里
封面题款标识	不详	记录者	原上青
墨色	黑	校对者	原上青
书写工具	竹笔		
纸质	黄纸		
现存			
复制依据			审查：赵丽明 2012年4月28日
内容提要主要用途	主要用于预防凶死鬼作祟、发生凶死（非正常死亡）现象的仪式		

SMYMJ-PRB-1

tɕʰɛ⁵⁵ʑi⁵³/佚名撰，年代不详，云南丽江宁蒗普米族经书新抄本。1册，藏文普米语，横写。黄纸，未装订，墨书。39.5cm×9.5cm，凡18页。用于呼唤ʑi³⁵dõ⁵³神。

SMYMJ-PRB-2

dʑɛ³⁵tʃo⁵⁵zʌ⁵⁵sʌ⁵³/佚名撰，年代不详，云南丽江宁蒗普米族经书新抄本。1册，藏文普米语，横写。黄纸，未装订，墨书。39.5cm×9.5cm，凡22页。用于请ʑi³⁵dõ⁵³神斩妖除魔。

SMYMJ-PRB-3

dʑe³⁵wu⁵⁵we⁵⁵tʃi⁵³/佚名撰，年代不详，云南丽江宁蒗普米族经书新抄本。1册，藏文普米语，横写。黄纸，未装订，墨书。39.5cm×9.5cm，凡12页。用于向ʑi³⁵dõ⁵³神献酒。

SMYMJ-PRB-4

tɕʰi⁵⁵nõ⁵⁵sõ⁵⁵sõ⁵⁵/佚名撰，年代不详，云南丽江宁蒗普米族经书新抄本。1册，藏文普米语，横写。黄纸，未装订，墨书。39.5cm×9.5cm，凡14页。用于将豆子撒出去辟邪的仪式。

SMYMJ-PRB-5

do³⁵pie⁵³tʌ⁵⁵tuə⁵³/佚名撰，年代不详，云南丽江宁蒗普米族经书新抄本。1册，藏文普米语，横写。黄纸，未装订，墨书。39.5cm×9.5cm，凡6页。用于呼唤tʌ⁵⁵lʌ⁵⁵神。

SMYMJ-PRB-6

we⁵⁵pʰzə⁵⁵nə³⁵tu⁵³/佚名撰，年代不详，云南丽江宁蒗普米族经书新抄本。1册，藏文普米语，横写。黄纸，未装订，墨书。39.5cm×9.5cm，凡10页。用于用一种树木的枝条做贡品献给ʑi³⁵dõ⁵³神。

SMYMJ-PRB-7

tɕʰõ⁵⁵ke⁵³do³⁵pʌ⁵³/佚名撰，年代不详，云南丽江宁蒗普米族经书新抄本。1册，藏文普米语，横写。黄纸，未装订，墨书。39.5cm×9.5cm，凡7页。用于请神鸟驱鬼。

SMYMJ-PRB-8

zõ³⁵ke⁵³tʌ⁵⁵pʌ⁵³/佚名撰，年代不详，云南丽江宁蒗普米族经书新抄本。1册，藏文普米语，横写。黄纸，未装订，墨书。39.5cm×9.5cm，凡24页。用于驱鬼仪式，插一些竹子在鬼来的方向。

SMYMJ-PRB-9

tṣʰʅ³⁵wu⁵⁵tʃy⁵⁵do³⁵pA⁵³/佚名撰，年代不详，云南丽江宁蒗普米族经书新抄本。1册，藏文普米语，横写。黄纸，未装订，墨书。39.5cm×9.5cm，凡23页。用于请十位tṣʰʅ³⁵wu⁵⁵神驱鬼。

SMYMJ-PRB-10

we⁵⁵pʰzə⁵⁵mɑ⁵⁵pu⁵³/佚名撰，年代不详，云南丽江宁蒗普米族经书新抄本。1册，藏文普米语，横写。黄纸，未装订，墨书。39.5cm×9.5cm，凡38页。用于向妖魔鬼怪施法术。

SMYMJ-PRB-11

rA³⁵tA⁵³tṣʰA⁵⁵due⁵³/佚名撰，年代不详，云南丽江宁蒗普米族经书新抄本。1册，藏文普米语，横写。黄纸，未装订，墨书。39.5cm×9.5cm，凡28页。用于以血和肉来喂食鬼魂。

SMYMJ-PRB-12

mɑ³⁵põ⁵⁵do³⁵pA⁵³/佚名撰，年代不详，云南丽江宁蒗普米族经书新抄本。1册，藏文普米语，横写。黄纸，未装订，墨书。39.5cm×9.5cm，凡13页。用于阻挡凶死鬼。

SMYMJ-PRB-13

tsi⁵⁵do⁵³/佚名撰，年代不详，云南丽江宁蒗普米族经书新抄本。1册，藏文普米语，横写。黄纸，未装订，墨书。39.5cm×9.5cm，凡31页。用于向凶死鬼施法术。

SMYMJ-PRB-14

gu⁵⁵tʃʰi⁵³/佚名撰，年代不详，云南丽江宁蒗普米族经书新抄本。1册，藏文普米语，横写。黄纸，未装订，墨书。39.5cm×9.5cm，凡6页。用于给神坛开门的仪式。

SMYMJ-PRB-15

mɑ⁵⁵pA⁵⁵mi³⁵gu⁵³/佚名撰，年代不详，云南丽江宁蒗普米族经书新抄本。1册，藏文普米语，横写。黄纸，未装订，墨书。39.5cm×9.5cm，凡19页。用于请ʒi³⁵dõ⁵³神呼唤他的将士。

SMYMJ-PRB-16

tʂe³⁵pu⁵⁵tuə⁵⁵do⁵³/佚名撰，年代不详，云南丽江宁蒗普米族经书新抄本。1册，藏文普米语，横写。黄纸，未装订，墨书。39.5cm×9.5cm，凡8页。用于诅咒凶死鬼。

SMYMJ-PRB-17

pʰə⁵⁵niɛ³⁵tʰə⁵⁵sɛ⁵⁵/佚名撰，年代不详，云南丽江宁蒗普米族经书新抄本。1册，藏文普米语，横写。黄纸，未装订，墨书。39.5cm×9.5cm，凡36页。用于请ʑi³⁵dõ⁵³神黑白分明，惩恶扬善。

SMYMJ-PRB-18

liɛ³⁵kʰĩ⁵⁵ʥɛ⁵⁵tsʌ⁵⁵/佚名撰，年代不详，云南丽江宁蒗普米族经书新抄本。1册，藏文普米语，横写。黄纸，未装订，墨书。39.5cm×9.5cm，凡17页。用于请ʑi³⁵dõ⁵³神保佑，不让鬼怪进家门。

SMYMJ-PRB-19

tõ⁵⁵tʃõ⁵⁵tʃʌ³⁵mɑ⁵³/佚名撰，年代不详，云南丽江宁蒗普米族经书新抄本。1册，藏文普米语，横写。黄纸，未装订，墨书。39.5cm×9.5cm，凡28页。用于请ʑi³⁵dõ⁵³神保佑心想事成。

SMYMJ-PRB-20

kõ⁵⁵do⁵³/佚名撰，年代不详，云南丽江宁蒗普米族经书新抄本。1册，藏文普米语，横写。黄纸，未装订，墨书。39.5cm×9.5cm，凡20页。用于请ʑi³⁵dõ⁵³神原谅自己之前犯的错，仍保佑自己。

SMYMJ-PRB-21

tʃʰɛ⁵⁵ʑi⁵³/佚名撰，年代不详，云南丽江宁蒗普米族经书新抄本。1册，藏文普米语，横写。黄纸，未装订，墨书。39.5cm×9.5cm，凡8页。用于呼唤ʑi³⁵dõ⁵³神。

SMYMJ-PRB-22

tʂʰɛ⁵⁵ʃõ⁵⁵/佚名撰，年代不详，云南丽江宁蒗普米族经书新抄本。1册，藏文普米语，横写。黄纸，未装订，墨书。39.5cm×9.5cm，凡51页。用于封印凶死鬼，不让他们作乱。

3. 黑人现观经

编号	SMYMJ-PKMN	收藏人	偏初里
汉语书名	黑人现观经	年龄（属相）	60（猪）
民族文字书名		出生年月	1959年8月17日
国际音标	pzɿ⁵⁵kʰõ⁵⁵mi⁵³nA⁵³	民族	普米族
汉语译名	泊孔米那	居住地	四川省凉山州木里藏族自治县依吉乡麦洛村委会机素组
字体文种	藏文	何时何地迁此	
类别	镇压鬼怪类	宗教	苯教
作者	不详	职业（是否祭司）	祭司（韩规）
年代	不详	民族宗教教育程度	从小学习，现为诵经方面权威人物
行款		汉文教育程度	
卷/捆、册、页数	共34册	本书传承信息	
插图页数	0	采集时间	2012年5月12日
长宽高	29.6cm×11cm	采集地点	清华大学西南14号楼4-101
版本	抄本	在场者、助手	偏初里，胡镜明
残损度	基本完好	翻译者	偏初里
封面题款标识	不详	记录者	原上青
墨色	黑	校对者	原上青
书写工具	竹笔		
纸质	黄纸		
现存			
复制依据			
内容提要主要用途	描述五行相生相克的经，预防家里有人五行相克造成家庭不和或灾厄，念此经可调理五行，预防灾厄的发生		审查：赵丽明 2012年4月28日

SMYMJ-PKMN-1

mi⁵³nʌ⁵³zo³⁵põ⁵⁵/佚名撰，年代不详，云南丽江宁蒗普米族经书新抄本。1册，藏文普米语，横写。黄纸，未装订，墨书。29.6cm×11cm，凡7页。用于设置黑人宝座的仪式。

SMYMJ-PKMN-2

mi⁵³nʌ⁵³ŋue⁵⁵tuə³⁵tʃi⁵³/佚名撰，年代不详，云南丽江宁蒗普米族经书新抄本。1册，藏文普米语，横写。黄纸，未装订，墨书。29.6cm×11cm，凡6页。用于把招致灾祸的神怪呼唤过来消灭。

SMYMJ-PKMN-3

mi⁵³nʌ⁵³ŋue⁵⁵tuə³⁵ni⁵³/佚名撰，年代不详，云南丽江宁蒗普米族经书新抄本。1册，藏文普米语，横写。黄纸，未装订，墨书。29.6cm×11cm，凡3页。用于把招致灾祸的神怪呼唤过来消灭。

SMYMJ-PKMN-4

mi⁵³nʌ⁵³ŋue⁵⁵tuə³⁵sõ⁵⁵/佚名撰，年代不详，云南丽江宁蒗普米族经书新抄本。1册，藏文普米语，横写。黄纸，未装订，墨书。29.6cm×11cm，凡12页。用于把招致灾祸的神怪呼唤过来消灭。

SMYMJ-PKMN-5

mi⁵³nʌ⁵³ŋɑ³⁵dʐõ⁵³/佚名撰，年代不详，云南丽江宁蒗普米族经书新抄本。1册，藏文普米语，横写。黄纸，未装订，墨书。29.6cm×11cm，凡13页。用于请神。

SMYMJ-PKMN-6

mi⁵³nʌ⁵³ʃĩ⁵⁵dze̞⁵⁵tʃi⁵³/佚名撰，年代不详，云南丽江宁蒗普米族经书新抄本。1册，藏文普米语，横写。黄纸，未装订，墨书。29.6cm×11cm，凡3页。用于迎请神魔。

SMYMJ-PKMN-7

mi⁵³nʌ⁵³ʃĩ⁵⁵dze̞⁵⁵ni⁵⁵/佚名撰，年代不详，云南丽江宁蒗普米族经书新抄本。1册，藏文普米语，横写。黄纸，未装订，墨书。29.6cm×11cm，凡9页。用于迎请神魔。

SMYMJ-PKMN-8

mi⁵³nʌ⁵³dõ³⁵tə⁵⁵rə⁵⁵/佚名撰，年代不详，云南丽江宁蒗普米族经书新抄本。1册，藏文普米语，横写。黄纸，未装订，墨书。29.6cm×11cm，凡6页。用于赋予法器长矛魔力。

SMYMJ-PKMN-9

mi⁵³nA⁵³zɔ̃³⁵tʃʰɤ⁵³/佚名撰，年代不详，云南丽江宁蒗普米族经书新抄本。1册，藏文普米语，横写。黄纸，未装订，墨书。29.6cm×11cm，凡13页。用于施食妖魔鬼怪。

SMYMJ-PKMN-10

mi⁵³nA⁵³pzə⁵⁵kʰõ⁵⁵kõ⁵⁵wɑ⁵³/佚名撰，年代不详，云南丽江宁蒗普米族经书新抄本。1册，藏文普米语，横写。黄纸，未装订，墨书。29.6cm×11cm，凡16页。用于劝诫妖魔鬼怪不要让家人得病。

SMYMJ-PKMN-11

mi⁵⁵mzʅ⁵⁵gu⁵⁵sõ⁵⁵/佚名撰，年代不详，云南丽江宁蒗普米族经书新抄本。1册，藏文普米语，横写。黄纸，未装订，墨书。29.6cm×11cm，凡29页。用于向三头的mi⁵⁵mzʅ⁵⁵神献供品。

SMYMJ-PKMN-12

sə⁵⁵pA⁵⁵dʐo⁵⁵to⁵³/佚名撰，年代不详，云南丽江宁蒗普米族经书新抄本。1册，藏文普米语，横写。黄纸，未装订，墨书。29.6cm×11cm，凡12页。用于把噩梦和不好的幻想祛除掉。

SMYMJ-PKMN-13

ʂʅ³⁵ʂõ⁵⁵ki⁵⁵tʃʰõ⁵³/佚名撰，年代不详，云南丽江宁蒗普米族经书新抄本。1册，藏文普米语，横写。黄纸，未装订，墨书。29.6cm×11cm，凡8页。用于向人首带翅膀的ʂʅ³⁵ʂõ⁵⁵鬼献供品。

SMYMJ-PKMN-14

ʂʅ³⁵ʂõ⁵⁵sə⁵⁵pu⁵³/佚名撰，年代不详，云南丽江宁蒗普米族经书新抄本。1册，藏文普米语，横写。黄纸，未装订，墨书。29.6cm×11cm，凡9页。用于向人首带翅膀的ʂʅ³⁵ʂõ⁵⁵鬼献供品。

SMYMJ-PKMN-15

nə⁵⁵tʂʰə⁵⁵gõ⁵⁵tʰõ⁵³/佚名撰，年代不详，云南丽江宁蒗普米族经书新抄本。1册，藏文普米语，横写。黄纸，未装订，墨书。29.6cm×11cm，凡8页。用于预防病痛折磨人。

SMYMJ-PKMN-16

lo³⁵kə⁵⁵rə⁵⁵tʃy⁵⁵ni⁵⁵/佚名撰，年代不详，云南丽江宁蒗普米族经书新抄本。1册，藏文普米语，横写。黄纸，未装订，墨书。29.6cm×11cm，凡11页。用于预防家人得病。

SMYMJ-PKMN-17

mi⁵³nA⁵³dzi⁵⁵ŋɑ⁵⁵/佚名撰，年代不详，云南丽江宁蒗普米族经书新抄本。1册，藏文普米语，横写。黄纸，未装订，墨书。29.6cm×11cm，凡9页。用于给五行鬼献食。

SMYMJ-PKMN-18

mi⁵³sə⁵⁵rə⁵⁵gu⁵⁵sõ⁵³/佚名撰，年代不详，云南丽江宁蒗普米族经书新抄本。1册，藏文普米语，横写。黄纸，未装订，墨书。29.6cm×11cm，凡6页。用于向三头鬼mi⁵³sə⁵⁵rə⁵⁵献供品。

SMYMJ-PKMN-19

pzə̩⁵⁵kʰõ⁵⁵ʥe⁵³/佚名撰，年代不详，云南丽江宁蒗普米族经书新抄本。1册，藏文普米语，横写。黄纸，未装订，墨书。29.6cm×11cm，凡11页。用于向八方的所有鬼怪献食。

SMYMJ-PKMN-20

ʒi³⁵tA⁵⁵ʥA⁵³mu⁵³/佚名撰，年代不详，云南丽江宁蒗普米族经书新抄本。1册，藏文普米语，横写。黄纸，未装订，墨书。29.6cm×11cm，凡7页。用于给饿鬼女王ʒi³⁵tA⁵⁵献食。

SMYMJ-PKMN-21

mi⁵³kʰɛ⁵⁵pu⁵⁵mu⁵³pĩ⁵⁵gu⁵³/佚名撰，年代不详，云南丽江宁蒗普米族经书新抄本。1册，藏文普米语，横写。黄纸，未装订，墨书。29.6cm×11cm，凡6页。用于阻挡人言是非。

SMYMJ-PKMN-22

mi⁵³kʰɛ⁵⁵pĩ⁵⁵gu⁵³/佚名撰，年代不详，云南丽江宁蒗普米族经书新抄本。1册，藏文普米语，横写。黄纸，未装订，墨书。29.6cm×11cm，凡8页。用于阻挡人言是非。

SMYMJ-PKMN-23

ʑA⁵⁵tõ⁵³kA⁵⁵wA⁵³/佚名撰，年代不详，云南丽江宁蒗普米族经书新抄本。1册，藏文普米语，横写。黄纸，未装订，墨书。29.6cm×11cm，凡15页。用于送ʑA⁵⁵神，祈愿不要带来病魔。

SMYMJ-PKMN-24

tʃi⁵⁵lĩ⁵⁵tʃʰA³⁵pA⁵⁵/佚名撰，年代不详，云南丽江宁蒗普米族经书新抄本。1册，藏文普米语，横写。黄纸，未装订，墨书。29.6cm×11cm，凡13页。用于安抚树木、石头等中存在的各种精灵。

SMYMJ-PKMN-25

ʃɛ³⁵tʃɛ⁵⁵se³⁵tʃɛ⁵⁵/佚名撰，年代不详，云南丽江宁蒗普米族经书新抄本。1册，藏文普米语，横写。黄纸，未装订，墨书。29.6cm×11cm，凡10页。用于驱赶xA⁵⁵tʃʰĩ⁵⁵（类似太岁），不让他挡路。

SMYMJ-PKMN-26

tʂɻ³⁵kʰɛ⁵⁵tsʰuA³⁵ʥy⁵⁵rə⁵⁵/佚名撰，年代不详，云南丽江宁蒗普米族经书新抄本。1册，藏文普米语，横写。黄纸，未装订，墨书。29.6cm×11cm，凡8页。用于送凶死鬼。

SMYMJ-PKMN-27

dA⁵⁵tʂɛ⁵⁵pʰõ³⁵tʂɛ⁵⁵/佚名撰，年代不详，云南丽江宁蒗普米族经书新抄本。1册，藏文普米语，横写。黄纸，未装订，墨书。29.6cm×11cm，凡12页。用于送灾祸出门的仪式。

SMYMJ-PKMN-28

tsʰuA³⁵ʥy⁵⁵rə⁵⁵tʃɛ³⁵pA⁵⁵/佚名撰，年代不详，云南丽江宁蒗普米族经书新抄本。1册，藏文普米语，横写。黄纸，未装订，墨书。29.6cm×11cm，凡42页。用于给凶死鬼献点东西，让他不要作恶。

SMYMJ-PKMN-29

mĩ³⁵bA⁵⁵lo⁵⁵ʂə⁵⁵/佚名撰，年代不详，云南丽江宁蒗普米族经书新抄本。1册，藏文普米语，横写。黄纸，未装订，墨书。29.6cm×11cm，凡19页。用于做男女替身的仪式，让他们把灾祸挡掉。

SMYMJ-PKMN-30

ŋɑ³⁵mi⁵⁵ŋɑ³⁵ly⁵⁵/佚名撰，年代不详，云南丽江宁蒗普米族经书新抄本。1册，藏文普米语，横写。黄纸，未装订，墨书。29.6cm×11cm，凡7页。用于做男女面偶，让他们把四方鬼怪带走的仪式。

SMYMJ-PKMN-31

mi⁵³nA⁵³lõ⁵⁵tʃʰĩ⁵⁵/佚名撰，年代不详，云南丽江宁蒗普米族经书新抄本。1册，藏文普米语，横写。黄纸，未装订，墨书。29.6cm×11cm，凡17页。用于借助大象的力量，把家里的灾祸带走。

SMYMJ-PKMN-32

due^{55}pzə^{55}/佚名撰，年代不详，云南丽江宁蒗普米族经书新抄本。1册，藏文普米语，横写。黄纸，未装订，墨书。29.6cm×11cm，凡5页。用于把妖魔鬼怪请走。

SMYMJ-PKMN-33

ʑi^{35}pzə^{55}/佚名撰，年代不详，云南丽江宁蒗普米族经书新抄本。1册，藏文普米语，横写。黄纸，未装订，墨书。29.6cm×11cm，凡6页。用于韩规用圣水驱除家里灾祸的仪式。

SMYMJ-PKMN-34

to^{55}lõ^{35}ti^{53}/佚名撰，年代不详，云南丽江宁蒗普米族经书新抄本。1册，藏文普米语，横写。黄纸，未装订，墨书。29.6cm×11cm，凡5页。用于把妖魔鬼怪请走。

4.铲妖除魔经

编号	SMYMJ-LY	收藏人	偏初里
汉语书名	铲妖除魔经	年龄（属相）	60（猪）
民族文字书名	[藏文]	出生年月	1959年8月17日
国际音标	lie³⁵ʑi⁵³	民族	普米族
汉语译名	列伊	居住地	四川省凉山州木里藏族自治县依吉乡麦洛村委会机素组
字体文种	藏文	何时何地迁此	
类别	镇压鬼怪类	宗教	苯教
作者	不详	职业（是否祭司）	祭司（韩规）
年代	不详	民族宗教教育程度	从小学习，现为诵经方面权威人物
行款		汉文教育程度	
卷/捆、册、页数	共1册34页	本书传承信息	
插图页数	0	采集时间	2012年4月28日
长宽高	27cm×9.5cm	采集地点	清华大学紫荆公寓18号楼313
版本	抄本	在场者、助手	偏初里，胡镜明，张嘉城
残损度	基本完好	翻译者	偏初里
封面题款标识	不详	记录者	原上青
墨色	黑	校对者	原上青
书写工具	竹笔		
纸质	黄纸		
现存			
复制依据		审查：赵丽明 2012年4月28日	
内容提要 主要用途	作法消灭妖魔鬼怪时念的经		

5.驱鬼经

编号	SMYMJ-ZJ
汉语书名	驱鬼经
民族文字书名	(藏文手写)
国际音标	dzõ³⁵ kʰĩ⁵⁵
汉语译名	宗金
字体文种	藏文
类别	镇压鬼怪类
作者	不详
年代	不详
行款	
卷/捆、册、页数	共1册12页
插图页数	0
长宽高	28cm×9.5cm
版本	抄本
残损度	基本完好
封面题款标识	不详
墨色	黑
书写工具	竹笔
纸质	黄纸
现存	
复制依据	
内容提要主要用途	人死后，把周围的鬼怪驱赶走用的经

收藏人	偏初里
年龄（属相）	60（猪）
出生年月	1959年8月17日
民族	普米族
居住地	四川省凉山州木里藏族自治县依吉乡麦洛村委会机素组
何时何地迁此	
宗教	苯教
职业（是否祭司）	祭司（韩规）
民族宗教教育程度	从小学习，现为诵经方面权威人物
汉文教育程度	
本书传承信息	
采集时间	2012年4月28日
采集地点	清华大学紫荆公寓18号楼313
在场者、助手	偏初里，胡镜明，张嘉城
翻译者	偏初里
记录者	原上青
校对者	原上青

审查：赵丽明
2012年4月28日

6.封杀凶死鬼经

编号	SMYMJ-NJLD	收藏人	偏初里
汉语书名	封杀凶死鬼经	年龄（属相）	60（猪）
民族文字书名	[藏文]	出生年月	1959年8月17日
国际音标	ni⁵⁵tʃy⁵⁵rə⁵⁵lõ³⁵tɨ⁵³dzu³⁵	民族	普米族
汉语译名	尼决隆多	居住地	四川省凉山州木里藏族自治县依吉乡麦洛村委会机素组
字体文种	藏文	何时何地迁此	
类别	镇压鬼怪类	宗教	苯教
作者	不详	职业（是否祭司）	祭司（韩规）
年代	不详	民族宗教教育程度	从小学习，现为诵经方面权威人物
行款		汉文教育程度	
卷/捆、册、页数	共2册	本书传承信息	
插图页数	0	采集时间	2012年4月28日
长宽高	30cm×11cm	采集地点	清华大学紫荆公寓18号楼313
版本	抄本	在场者、助手	偏初里，胡镜明，张嘉城
残损度	基本完好	翻译者	偏初里
封面题款标识	不详	记录者	原上青
墨色	黑	校对者	原上青
书写工具	竹笔		
纸质	黄纸		
现存		审查：赵丽明 2012年4月28日	
复制依据			
内容提要 主要用途	封杀"凶死鬼"（导致人横死的厉鬼）时做法事念的经		

SMYMJ-NJLT-1

ni^{55}tʃy^{55}rə^{55}lõ^{35}tɨ^{53}dzu̠^{35}/佚名撰，年代不详，四川木里县依吉乡麦洛村新抄本。1册，藏文普米语，横写。黄纸，未装订，墨书。30cm×11cm，凡17页。封杀"凶死鬼"时做法事念的经。

SMYMJ-NJLT-2

jɛ^{55}ʐo^{53}dzə^{55}bʐo^{55}pʰə^{55}liɛ^{53}/佚名撰，年代不详，四川木里县依吉乡麦洛村新抄本。1册，藏文普米语，横写。黄纸，未装订，墨书。30cm×11cm，凡27页。将"凶死鬼"封印在牦牛角里念的经。

五 供祀神灵类

1. 祭"增神"经

编号	SMYMJ-ZQ	收藏人	偏初里
汉语书名	祭"增神"经	年龄（属相）	60（猪）
民族文字书名	（藏文手写）	出生年月	1959年8月17日
国际音标	tse^{55}tʂʰo^{53}	民族	普米族
汉语译名	增秋	居住地	四川省凉山州木里藏族自治县依吉乡麦洛村委会机素组
字体文种	藏文	何时何地迁此	
类别	供祀神灵类	宗教	苯教
作者	不详	职业（是否祭司）	祭司（韩规）
年代	不详	民族宗教教育程度	从小学习，现为诵经方面权威人物
行款		汉文教育程度	
卷/捆、册、页数	共1册	本书传承信息	
插图页数	0	采集时间	2012年5月12日
长宽高	27.3cm×9.8cm	采集地点	清华大学西南14号楼4-101
版本	抄本	在场者、助手	偏初里，胡镜明
残损度	基本完好	翻译者	偏初里
封面题款标识	不详	记录者	原上青
墨色	黑	校对者	原上青
书写工具	竹笔		
纸质	黄纸		
现存			
复制依据			审查：赵丽明
内容提要主要用途	祭祀"增神"（普米族的一种神灵）时念，祈求福泽，祛病防灾		2012年4月28日

2.八部鬼众经

编号	SMYMJ-DJ
汉语书名	八部鬼众经
民族文字书名	（图形文字）
国际音标	tA³⁵tʃA⁵⁵
汉语译名	达加
字体文种	藏文
类别	供祀神灵经
作者	不详
年代	不详
行款	
卷/捆、册、页数	共32册
插图页数	0
长宽高	20.7cm×9.8cm
版本	抄本
残损度	基本完好
封面题款标识	不详
墨色	黑
书写工具	竹笔
纸质	黄纸
现存	
复制依据	
内容提要主要用途	预防灾难，腊月做祭祀活动时念，保佑下一年家庭无病无灾

收藏人	偏初里
年龄（属相）	60（猪）
出生年月	1959年8月17日
民族	普米族
居住地	四川省凉山州木里藏族自治县依吉乡麦洛村委会机素组
何时何地迁此	
宗教	苯教
职业（是否祭司）	祭司（韩规）
民族宗教教育程度	从小学习，现为诵经方面权威人物
汉文教育程度	
本书传承信息	
采集时间	2012年5月12日
采集地点	清华大学西南14号楼4-101
在场者、助手	偏初里，胡镜明
翻译者	偏初里
记录者	原上青
校对者	原上青

审查：赵丽明
2012年5月12日

SMYMJ-DJ-1

ʃĩ⁵⁵ʐe⁵³/佚名撰，年代不详，四川木里县依吉乡麦洛村旧抄本。1册，藏文普米语，横写。黄纸，未装订，墨书。20.7cm×9.8cm，凡21页。用于预防病痛。

SMYMJ-DJ-2

luə⁵⁵tse⁵⁵/佚名撰，年代不详，四川木里县依吉乡麦洛村旧抄本。1册，藏文普米语，横写。黄纸，未装订，墨书。20.7cm×9.8cm，凡15页。用于请龙神和山神帮忙，保佑家庭免受疾病侵害。

SMYMJ-DJ-3

gue⁵⁵ɬʌ⁵⁵sõ⁵³/佚名撰，年代不详，四川木里县依吉乡麦洛村旧抄本。1册，藏文普米语，横写。黄纸，未装订，墨书。20.7cm×9.8cm，凡17页。用于向天上的菩萨献供品的仪式。

SMYMJ-DJ-4

ɬʌ⁵⁵ʑi⁵³dʑĩ³⁵kə⁵⁵rə⁵⁵/佚名撰，年代不详，四川木里县依吉乡麦洛村旧抄本。1册，藏文普米语，横写。黄纸，未装订，墨书。20.7cm×9.8cm，凡15页。用于向住在白云、月亮、太阳、星宿上的菩萨献供品的仪式。

SMYMJ-DJ-5

ʃĩ⁵⁵ʐo⁵⁵kʰʌ³⁵xo⁵⁵rə⁵⁵/佚名撰，年代不详，四川木里县依吉乡麦洛村旧抄本。1册，藏文普米语，横写。黄纸，未装订，墨书。20.7cm×9.8cm，凡31页。丁巴什罗神和白寒鸡对话的经文。

SMYMJ-DJ-6

pʐɛ⁵⁵ʂə⁵⁵lue³⁵dʑi⁵⁵/佚名撰，年代不详，四川木里县依吉乡麦洛村旧抄本。1册，藏文普米语，横写。黄纸，未装订，墨书。20.7cm×9.8cm，凡11页。用面偶给丁巴什罗神做替身。

SMYMJ-DJ-7

ʐɛ³⁵pi⁵⁵/佚名撰，年代不详，四川木里县依吉乡麦洛村旧抄本。1册，藏文普米语，横写。黄纸，未装订，墨书。20.7cm×9.8cm，凡15页。用于向duə⁵⁵tse⁵³神献一只山羊做供品的仪式。

SMYMJ-DJ-8

tʂɛ³⁵pi⁵⁵/佚名撰，年代不详，四川木里县依吉乡麦洛村旧抄本。1册，藏文普米语，横写。黄纸，未装订，墨书。20.7cm×9.8cm，凡14页。用于向duə⁵⁵tse⁵³神献一只鸡做供品的仪式。

SMYMJ-DJ-9

sõ⁵⁵tso⁵⁵/佚名撰，年代不详，四川木里县依吉乡麦洛村旧抄本。1册，藏文普米语，横写。黄纸，未装订，墨书。20.7cm×9.8cm，凡11页。用于阻止妖魔鬼怪进入祭祀场所。

SMYMJ-DJ-10

ʒĩ⁵⁵pA⁵⁵sõ⁵⁵/佚名撰，年代不详，四川木里县依吉乡麦洛村旧抄本。1册，藏文普米语，横写。黄纸，未装订，墨书。20.7cm×9.8cm，凡18页。用于向护法神献供品的仪式。

SMYMJ-DJ-11

dõ³⁵tə⁵⁵rə⁵⁵kõ⁵⁵kə⁵⁵rə⁵⁵/佚名撰，年代不详，四川木里县依吉乡麦洛村旧抄本。1册，藏文普米语，横写。黄纸，未装订，墨书。20.7cm×9.8cm，凡11页。用于将法器长矛插到祭坛中以辟邪的仪式。

SMYMJ-DJ-12

ŋue⁵⁵tuə³³/佚名撰，年代不详，四川木里县依吉乡麦洛村旧抄本。1册，藏文普米语，横写。黄纸，未装订，墨书。20.7cm×9.8cm，凡20页。用于请duə⁵⁵tse⁵³神来接受祭拜的仪式。

SMYMJ-DJ-13

o³⁵ni⁵³/佚名撰，年代不详，四川木里县依吉乡麦洛村旧抄本。1册，藏文普米语，横写。黄纸，未装订，墨书。20.7cm×9.8cm，凡19页。用于向住在彩虹、云彩上的神献供品的仪式。

SMYMJ-DJ-14

jĩ⁵⁵kʰõ⁵⁵ʃĩ⁵⁵tṣe⁵³/佚名撰，年代不详，四川木里县依吉乡麦洛村旧抄本。1册，藏文普米语，横写。黄纸，未装订，墨书。20.7cm×9.8cm，凡21页。用于向duə⁵⁵tse⁵³神献蜂蜜、牛奶、茶和酒的仪式。

SMYMJ-DJ-15

tṣA³⁵lA⁵⁵sõ⁵⁵/佚名撰，年代不详，四川木里县依吉乡麦洛村旧抄本。1册，藏文普米语，横写。黄纸，未装订，墨书。20.7cm×9.8cm，凡25页。用于向tṣA³⁵lA⁵⁵神烧香。

SMYMJ-DJ-16

zA⁵⁵tʃʰyə⁵⁵/佚名撰，年代不详，四川木里县依吉乡麦洛村旧抄本。1册，藏文普米语，横写。黄纸，未装订，墨书。20.7cm×9.8cm，凡20页。用于向zA⁵⁵神献供品的仪式。

SMYMJ-DJ-17

gə^{35}ni^{55}/佚名撰，年代不详，四川木里县依吉乡麦洛村旧抄本。1册，藏文普米语，横写。黄纸，未装订，墨书。20.7cm×9.8cm，凡15页。用于向gə^{35}ni^{55}神献供品的仪式。

SMYMJ-DJ-18

jɛ^{35}jĩ^{55}/佚名撰，年代不详，四川木里县依吉乡麦洛村旧抄本。1册，藏文普米语，横写。黄纸，未装订，墨书。20.7cm×9.8cm，凡19页。用于向jɛ^{35}jĩ^{55}神献供品的仪式。

SMYMJ-DJ-19

pzɛ^{35}jĩ^{55}/佚名撰，年代不详，四川木里县依吉乡麦洛村旧抄本。1册，藏文普米语，横写。黄纸，未装订，墨书。20.7cm×9.8cm，凡13页。用于向pzɛ^{35}jĩ^{55}神献供品的仪式。

SMYMJ-DJ-20

duə^{55}tɕʰyə^{55}/佚名撰，年代不详，四川木里县依吉乡麦洛村旧抄本。1册，藏文普米语，横写。黄纸，未装订，墨书。20.7cm×9.8cm，凡15页。用于向duə^{55}tɕʰyə^{55}神献供品的仪式。

SMYMJ-DJ-21

rə^{35}tʂə^{55}/佚名撰，年代不详，四川木里县依吉乡麦洛村旧抄本。1册，藏文普米语，横写。黄纸，未装订，墨书。20.7cm×9.8cm，凡19页。用于向rə^{35}tʂə^{55}神献供品的仪式。

SMYMJ-DJ-22

tse^{53}tɕi^{53}tɕʰA^{35}pA^{55}/佚名撰，年代不详，四川木里县依吉乡麦洛村旧抄本。1册，藏文普米语，横写。黄纸，未装订，墨书。20.7cm×9.8cm，凡19页。用于向ze^{55}神献供品的仪式。

SMYMJ-DJ-23

tʂə^{55}tse^{53}/佚名撰，年代不详，四川木里县依吉乡麦洛村旧抄本。1册，藏文普米语，横写。黄纸，未装订，墨书。20.7cm×9.8cm，凡15页。用于向凶死鬼施食的仪式。

SMYMJ-DJ-24

zə^{55}tɕʰA^{35}pA^{55}/佚名撰，年代不详，四川木里县依吉乡麦洛村旧抄本。1册，藏文普米语，横写。黄纸，未装订，墨书。20.7cm×9.8cm，凡18页。用于向zə^{55}神献供品的仪式。

SMYMJ-DJ-25

mi^{55}tʃʰyə^{55}/佚名撰，年代不详，四川木里县依吉乡麦洛村旧抄本。1册，藏文普米语，横写。黄纸，未装订，墨书。20.7cm×9.8cm，凡13页。用于给mi^{55}tsi^{55}鬼施食的仪式。

SMYMJ-DJ-26

tA^{35}tʃA^{55}se^{35}do^{53}/佚名撰，年代不详，四川木里县依吉乡麦洛村旧抄本。1册，藏文普米语，横写。黄纸，未装订，墨书。20.7cm×9.8cm，凡16页。用于给四面八方的鬼施食的仪式。

SMYMJ-DJ-27

ʒõ^{55}lĩ^{55}/佚名撰，年代不详，四川木里县依吉乡麦洛村旧抄本。1册，藏文普米语，横写。黄纸，未装订，墨书。20.7cm×9.8cm，凡29页。用于给tʂA^{35}lA^{55}神煨桑的仪式。

SMYMJ-DJ-28

ʃi^{35}wA^{55}ni^{55}lõ^{55}/佚名撰，年代不详，四川木里县依吉乡麦洛村旧抄本。1册，藏文普米语，横写。黄纸，未装订，墨书。20.7cm×9.8cm，凡12页。用于请马、鹿驮走灾祸的仪式。

SMYMJ-DJ-29

tse^{55}tʃi^{53}tA^{55}tʃʰõ^{55}/佚名撰，年代不详，四川木里县依吉乡麦洛村旧抄本。1册，藏文普米语，横写。黄纸，未装订，墨书。20.7cm×9.8cm，凡30页。用于消除别人对自己的诅咒和恶言恶语。

SMYMJ-DJ-30

tʃʰo^{55}tse^{53}/佚名撰，年代不详，四川木里县依吉乡麦洛村旧抄本。1册，藏文普米语，横写。黄纸，未装订，墨书。20.7cm×9.8cm，凡27页。用于向五行鬼献供品的仪式。

SMYMJ-DJ-31

kʰA^{55}ʒi^{55}mĩ^{35}dʑe^{53}/佚名撰，年代不详，四川木里县依吉乡麦洛村旧抄本。1册，藏文普米语，横写。黄纸，未装订，墨书。20.7cm×9.8cm，凡17页。用于向kʰA^{55}ʒi^{55}mĩ^{35}dʑe^{53}神（八只眼四张嘴的神）煨桑的仪式。

SMYMJ-DJ-32

tA^{55}lA^{55}/佚名撰，年代不详，四川木里县依吉乡麦洛村旧抄本。1册，藏文普米语，横写。黄纸，未装订，墨书。20.7cm×9.8cm，凡19页。用于将全年不吉利的东西驱逐出去。

3.建煨桑坛经

编号	SMYMJ-LZ
汉语书名	建煨桑坛经
民族文字书名	(藏文)
国际音标	lə³⁵tsə⁵³
汉语译名	勒泽
字体文种	藏文
类别	供祀神灵类
作者	不详
年代	不详
行款	
卷/捆、册、页数	共1册10页
插图页数	0
长宽高	22.5cm×10.5cm
版本	抄本
残损度	基本完好
封面题款标识	不详
墨色	黑
书写工具	竹笔
纸质	黄纸
现存	
复制依据	
内容提要 主要用途	建造祭天用的祭坛时念的经

收藏人	偏初里
年龄（属相）	60（猪）
出生年月	1959年8月17日
民族	普米族
居住地	四川省凉山州木里藏族自治县依吉乡麦洛村委会机素组
何时何地迁此	
宗教	苯教
职业（是否祭司）	祭司（韩规）
民族宗教教育程度	从小学习，现为诵经方面权威人物
汉文教育程度	
本书传承信息	
采集时间	2012年4月28日
采集地点	清华大学紫荆公寓18号楼313
在场者、助手	偏初里，胡镜明，张嘉城
翻译者	偏初里
记录者	原上青
校对者	原上青

审查：赵丽明
2012年4月28日

4. 送不祥之兆经

编号	SMYMJ-TD	收藏人	偏初里
汉语书名	送不祥之兆经	年龄（属相）	60（猪）
民族文字书名	(藏文)	出生年月	1959年8月17日
国际音标	$t^hie^{55}\ do^{53}$	民族	普米族
汉语译名	天都	居住地	四川省凉山州木里藏族自治县依吉乡麦洛村委会机素组
字体文种	藏文	何时何地迁此	
类别	供祀神灵类	宗教	苯教
作者	不详	职业（是否祭司）	祭司（韩规）
年代	不详	民族宗教教育程度	从小学习，现为诵经方面权威人物
行款		汉文教育程度	
卷/捆、册、页数	共2册，此1册	本书传承信息	
插图页数	0	采集时间	2012年4月28日
长宽高	31.5cm×10.4cm	采集地点	清华大学紫荆公寓18号楼313
版本	抄本	在场者、助手	偏初里，胡镜明，张嘉城
残损度	基本完好	翻译者	偏初里
封面题款标识	不详	记录者	原上青
墨色	黑	校对者	原上青
书写工具	竹笔		
纸质	黄纸		
现存			
复制依据			
内容提要主要用途	有凶兆，有不吉利的秽物到家里时祛除用的经		

审查：赵丽明
2012年4月28日

5.新生儿消灾经

编号	SMYMJ-QL	收藏人	偏初里
汉语书名	新生儿消灾经	年龄（属相）	60（猪）
民族文字书名	(图)	出生年月	1959年8月17日
国际音标	tɕʰõ⁵⁵ luə⁵³	民族	普米族
汉语译名	琼略	居住地	四川省凉山州木里藏族自治县依吉乡麦洛村委会机素组
字体文种	藏文	何时何地迁此	
类别	供祀神灵类	宗教	苯教
作者	不详	职业（是否祭司）	祭司（韩规）
年代	不详	民族宗教教育程度	从小学习，现为诵经方面权威人物
行款		汉文教育程度	
卷/捆、册、页数	共1册28页	本书传承信息	
插图页数	0	采集时间	2012年4月28日
长宽高	28cm×9.5cm	采集地点	清华大学紫荆公寓18号楼313
版本	抄本	在场者、助手	偏初里，胡镜明，张嘉城
残损度	基本完好	翻译者	偏初里
封面题款标识	不详	记录者	原上青
墨色	黑	校对者	原上青
书写工具	竹笔		
纸质	黄纸		
现存			
复制依据			
内容提要 主要用途	给新生儿念，消灾免祸		

审查：赵丽明
2012年4月28日

6.祈求五行神庇佑经

编号	SMYMJ-GBSQ	收藏人	偏初里
汉语书名	祈求五行神庇佑经	年龄（属相）	60（猪）
民族文字书名		出生年月	1959年8月17日
国际音标	kə⁵⁵ pA⁵⁵ sȵ⁵⁵tɕʰĩ⁵⁵zo³⁵ʑi³⁵	民族	普米族
汉语译名	戈巴斯琴	居住地	四川省凉山州木里藏族自治县依吉乡麦洛村委会机素组
字体文种	藏文	何时何地迁此	
类别	供祀神灵类	宗教	苯教
作者	不详	职业（是否祭司）	祭司（韩规）
年代	不详	民族宗教教育程度	从小学习，现为诵经方面权威人物
行款		汉文教育程度	
卷/捆、册、页数	共1册18页	本书传承信息	
插图页数	0	采集时间	2012年4月28日
长宽高	39cm×10.6cm	采集地点	清华大学紫荆公寓18号楼313
版本	抄本	在场者、助手	偏初里，胡镜明，张嘉城
残损度	基本完好	翻译者	偏初里
封面题款标识	不详	记录者	原上青
墨色	黑	校对者	原上青
书写工具	竹笔		
纸质	黄纸		
现存			
复制依据			
内容提要 主要用途	祈求东西南北中（木、金、火、水、土）五方神灵保佑		

审查：赵丽明
2012年4月28日

7. 本命年消灾经

编号	SMYMJ-LDXZ	收藏人	偏初里
汉语书名	本命年消灾经	年龄（属相）	60（猪）
民族文字书名	[藏文]	出生年月	1959年8月17日
国际音标	luə^{55} dA^{55}ʃĩ^{55}dzę^{55}	民族	普米族
汉语译名	卢达欣珍	居住地	四川省凉山州木里藏族自治县依吉乡麦洛村委会机素组
字体文种	藏文	何时何地迁此	
类别	供祀神灵类	宗教	苯教
作者	不详	职业（是否祭司）	祭司（韩规）
年代	不详	民族宗教教育程度	从小学习，现为诵经方面权威人物
行款		汉文教育程度	
卷/捆、册、页数	共1册15页	本书传承信息	
插图页数	0	采集时间	2012年4月28日
长宽高	39cm×10.6cm	采集地点	清华大学紫荆公寓18号楼313
版本	抄本	在场者、助手	偏初里，胡镜明，张嘉城
残损度	基本完好	翻译者	偏初里
封面题款标识	不详	记录者	原上青
墨色	黑	校对者	原上青
书写工具	竹笔		
纸质	黄纸		
现存			
复制依据			审查：赵丽明 2012年4月28日
内容提要主要用途	本命年时，要做一个面偶替人挡灾，做这个面偶时念的经		

8.大超度经

编号	SMYMJ-XPD	收藏人	偏初里
汉语书名	大超度经	年龄（属相）	60（猪）
民族文字书名	(藏文字样)	出生年月	1959年8月17日
国际音标	ʃi³⁵pə⁵⁵tə⁵⁵	民族	普米族
汉语译名	西普德	居住地	四川省凉山州木里藏族自治县依吉乡麦洛村委会机素组
字体文种		何时何地迁此	
类别	藏文	宗教	苯教
作者	供祀神灵经	职业（是否祭司）	祭司（韩规）
年代	不详	民族宗教教育程度	从小学习，现为诵经方面权威人物
行款	不详	汉文教育程度	
卷/捆、册、页数	共50余册，现有40余册	本书传承信息	
插图页数	0	采集时间	2012年5月12日
长宽高	20.7cm×9.8cm	采集地点	清华大学西南14号楼4-101
版本	抄本	在场者、助手	偏初里，胡镜明
残损度	基本完好	翻译者	偏初里
封面题款标识	不详	记录者	原上青
墨色	黑	校对者	原上青
书写工具	竹笔		
纸质	黄纸		
现存			
复制依据			
内容提要 主要用途	预防灾难，腊月做祭祀活动时念，保佑下一年家庭无病无灾		

审查：赵丽明
2012年 5 月12日

SMYMJ-XPD-1

tʰo⁵⁵kʰə⁵⁵rə⁵⁵tʰo⁵⁵mə⁵⁵rə⁵⁵/佚名撰，年代不详，云南丽江宁蒗普米族经书新抄本。1册，藏文普米语，横写。黄纸，未装订，墨书。29.7cm×10.9cm，凡18页。用于上祭神明、下压魔王。

SMYMJ-XPD-2

ɬA⁵⁵se⁵⁵ti⁵⁵ʥɛ⁵⁵/佚名撰，年代不详，云南丽江宁蒗普米族经书新抄本。1册，藏文普米语，横写。黄纸，未装订，墨书。29.7cm×10.9cm，凡13页。用于清除烦扰死者的妖魔鬼怪。

SMYMJ-XPD-3

mi³⁵mi⁵⁵tĩ³⁵tʃõ⁵⁵/佚名撰，年代不详，云南丽江宁蒗普米族经书新抄本。1册，藏文普米语，横写。黄纸，未装订，墨书。29.7cm×10.9cm，凡17页。用于人死以后，姑家给火种生火，舅家擀羊毛毡的仪式。

SMYMJ-XPD-4

dõ⁵⁵ki⁵³pʰA³⁵zo⁵³/佚名撰，年代不详，云南丽江宁蒗普米族经书新抄本。1册，藏文普米语，横写。黄纸，未装订，墨书。29.7cm×10.9cm，凡32页。用于讲人类的起源、普米族祖先的族谱。

SMYMJ-XPD-5

tə⁵⁵rə⁵⁵ku⁵⁵tʃyə⁵³/佚名撰，年代不详，云南丽江宁蒗普米族经书新抄本。1册，藏文普米语，横写。黄纸，未装订，墨书。29.7cm×10.9cm，凡12页。用于关闭死门。

SMYMJ-XPD-6

ʥə⁵⁵tʃʰi⁵⁵/佚名撰，年代不详，云南丽江宁蒗普米族经书新抄本。1册，藏文普米语，横写。黄纸，未装订，墨书。29.7cm×10.9cm，凡5页。用于消除死者养私生子的罪过。

SMYMJ-XPD-7

pʰu⁵⁵tə⁵⁵rə⁵⁵ʥõ³⁵tʃʰɛ⁵³/佚名撰，年代不详，云南丽江宁蒗普米族经书新抄本。1册，藏文普米语，横写。黄纸，未装订，墨书。29.7cm×10.9cm，凡15页。用于给死者献上他生前用过的器具。

SMYMJ-XPD-8

lə⁵⁵sʉ⁵³/佚名撰，年代不详，云南丽江宁蒗普米族经书新抄本。1册，藏文普米语，横写。黄纸，未装订，墨书。29.7cm×10.9cm，凡25页。用于呼唤死者灵魂。

SMYMJ-XPD-9

tʌ³⁵põ⁵⁵tʌ³⁵zo̠⁵³/佚名撰，年代不详，云南丽江宁蒗普米族经书新抄本。1册，藏文普米语，横写。黄纸，未装订，墨书。29.7cm×10.9cm，凡19页。用于给死者找埋葬的地方。

SMYMJ-XPD-10

pi⁵⁵kuə⁵³/佚名撰，年代不详，云南丽江宁蒗普米族经书新抄本。1册，藏文普米语，横写。黄纸，未装订，墨书。29.7cm×10.9cm，凡5页。用于宽慰死者，告诉亡者已按本民族古礼进行超度仪式。

SMYMJ-XPD-11

tʂõ³⁵ʃi⁵⁵tʃyə⁵³/佚名撰，年代不详，云南丽江宁蒗普米族经书新抄本。1册，藏文普米语，横写。黄纸，未装订，墨书。29.7cm×10.9cm，凡4页。用于砍祭坛上的三棵树的仪式。

SMYMJ-XPD-12

ni⁵⁵pu⁵³/佚名撰，年代不详，云南丽江宁蒗普米族经书新抄本。1册，藏文普米语，横写。黄纸，未装订，墨书。29.7cm×10.9cm，凡23页。用于消灭害死死者的病魔。

SMYMJ-XPD-13

ʃi³⁵dõ³⁵pzə⁵⁵/佚名撰，年代不详，云南丽江宁蒗普米族经书新抄本。1册，藏文普米语，横写。黄纸，未装订，墨书。29.7cm×10.9cm，凡21页。用于将生者和死者分开。

SMYMJ-XPD-14

sɿ⁵⁵pi⁵³tĩ⁵⁵pzə⁵⁵/佚名撰，年代不详，云南丽江宁蒗普米族经书新抄本。1册，藏文普米语，横写。黄纸，未装订，墨书。29.7cm×10.9cm，凡23页。用于叙说女人从情窦初开到成家立业到怀孕生子整个过程经历的心理变化。

SMYMJ-XPD-15

ʒɛ³⁵jo⁵⁵mə⁵³jo⁵⁵/佚名撰，年代不详，云南丽江宁蒗普米族经书新抄本。1册，藏文普米语，横写。黄纸，未装订，墨书。29.7cm×10.9cm，凡17页。为了办事顺利，上敬神明，下驱鬼魔。

SMYMJ-XPD-16

ni⁵⁵tʃʰɛ⁵⁵/佚名撰，年代不详，云南丽江宁蒗普米族经书新抄本。1册，藏文普米语，横写。黄纸，未装订，墨书。29.7cm×10.9cm，凡15页。用于韩规跟主人家的对话，解说主人家的亡灵具体是什么形象。

SMYMJ-XPD-17

ʒõ⁵⁵dzõ⁵⁵sA⁵⁵lõ⁵⁵/佚名撰，年代不详，云南丽江宁蒗普米族经书新抄本。1册，藏文普米语，横写。黄纸，未装订，墨书。29.7cm×10.9cm，凡25页。用于收卷神路图的仪式。

SMYMJ-XPD-18

u⁵⁵se⁵⁵tʃʰɛ⁵⁵tʃõ⁵⁵/佚名撰，年代不详，云南丽江宁蒗普米族经书新抄本。1册，藏文普米语，横写。黄纸，未装订，墨书。29.7cm×10.9cm，凡17页。用于给死者净身。

SMYMJ-XPD-19

zɛ³⁵tʂu⁵⁵dzɛ⁵³/佚名撰，年代不详，云南丽江宁蒗普米族经书新抄本。1册，藏文普米语，横写。黄纸，未装订，墨书。29.7cm×10.9cm，凡27页。用于净化火化后的骨灰。

SMYMJ-XPD-20

gue⁵⁵ɬA⁵⁵sõ⁵⁵/佚名撰，年代不详，云南丽江宁蒗普米族经书新抄本。1册，藏文普米语，横写。黄纸，未装订，墨书。29.7cm×10.9cm，凡16页。用于向神明煨桑。

SMYMJ-XPD-21

jɛ⁵⁵tə⁵⁵rə⁵⁵/佚名撰，年代不详，云南丽江宁蒗普米族经书新抄本。1册，藏文普米语，横写。黄纸，未装订，墨书。29.7cm×10.9cm，凡7页。用于给死者献牦牛的仪式。

SMYMJ-XPD-22

gu⁵⁵tʃʰi⁵³/佚名撰，年代不详，云南丽江宁蒗普米族经书新抄本。1册，藏文普米语，横写。黄纸，未装订，墨书。29.7cm×10.9cm，凡17页。用于告诉死者阴间大门已经打开，会走得很顺利。

SMYMJ-XPD-23

di³⁵dʑɛ⁵⁵lə⁵⁵sʉ⁵⁵/佚名撰，年代不详，云南丽江宁蒗普米族经书新抄本。1册，藏文普米语，横写。黄纸，未装订，墨书。29.7cm×10.9cm，凡29页。用于收集死者骨头的仪式。

SMYMJ-XPD-24

mu³⁵tA⁵⁵/佚名撰，年代不详，云南丽江宁蒗普米族经书新抄本。1册，藏文普米语，横写。黄纸，未装订，墨书。29.7cm×10.9cm，凡15页。用于请求神灵保佑子孙兴旺、家庭富裕。

SMYMJ-XPD-25

kʰʌ⁵⁵ʥue⁵⁵/佚名撰，年代不详，云南丽江宁蒗普米族经书新抄本。1册，藏文普米语，横写。黄纸，未装订，墨书。29.7cm×10.9cm，凡19页。用于呼唤祖先，呼唤富裕。

SMYMJ-XPD-26

pʰu⁵⁵tə⁵⁵rə⁵⁵nʌ³⁵zɛ⁵³/佚名撰，年代不详，云南丽江宁蒗普米族经书新抄本。1册，藏文普米语，横写。黄纸，未装订，墨书。29.7cm×10.9cm，凡15页。用于把男性死者从阎王殿带出来。

SMYMJ-XPD-27

tə³⁵mi⁵⁵sɛ⁵⁵tu⁵³/佚名撰，年代不详，云南丽江宁蒗普米族经书新抄本。1册，藏文普米语，横写。黄纸，未装订，墨书。29.7cm×10.9cm，凡21页。用于驱逐阻挠祭祀的鬼怪。

SMYMJ-XPD-28

pzɛ³⁵to⁵⁵sue³⁵ti⁵⁵/佚名撰，年代不详，云南丽江宁蒗普米族经书新抄本。1册，藏文普米语，横写。黄纸，未装订，墨书。29.7cm×10.9cm，凡7页。用于请求四方神灵保佑死者。

SMYMJ-XPD-29

mũ³⁵tə⁵⁵rə⁵⁵nʌ³⁵zɛ⁵³/佚名撰，年代不详，云南丽江宁蒗普米族经书新抄本。1册，藏文普米语，横写。黄纸，未装订，墨书。29.7cm×10.9cm，凡15页。用于把女性死者从阎王殿带出来。

SMYMJ-XPD-30

tʂõ³⁵ʃĩ⁵⁵tə⁵⁵rə⁵⁵tʌ⁵⁵/佚名撰，年代不详，云南丽江宁蒗普米族经书新抄本。1册，藏文普米语，横写。黄纸，未装订，墨书。29.7cm×10.9cm，凡7页。用于竖立招魂幡的仪式。

SMYMJ-XPD-31

də³⁵kə⁵⁵rə⁵⁵ʃĩ⁵⁵ʑi⁵³/佚名撰，年代不详，云南丽江宁蒗普米族经书新抄本。1册，藏文普米语，横写。黄纸，未装订，墨书。29.7cm×10.9cm，凡9页。用于把附在死者身上的妖魔除掉。

SMYMJ-XPD-32

tsʰɻ̍⁵⁵zɛ⁵⁵põ⁵⁵zɛ⁵³/佚名撰，年代不详，云南丽江宁蒗普米族经书新抄本。1册，藏文普米语，横写。黄纸，未装订，墨书。29.7cm×10.9cm，凡7页。用于做韩规的ʑi³⁵dõ⁵³神坛。

SMYMJ-XPD-33

sA⁵⁵tʂo⁵⁵/佚名撰，年代不详，云南丽江宁蒗普米族经书新抄本。1册，藏文普米语，横写。黄纸，未装订，墨书。29.7cm×10.9cm，凡17页。用于寻找火化的地方。

SMYMJ-XPD-34

ʃo³⁵pA⁵⁵niɛ³⁵pʰu⁵³/佚名撰，年代不详，云南丽江宁蒗普米族经书新抄本。1册，藏文普米语，横写。黄纸，未装订，墨书。29.7cm×10.9cm，凡21页。用于把五佛冠摘下来的仪式。

SMYMJ-XPD-35

dõ⁵⁵ʐo⁵⁵sə³⁵tɕʰi⁵³/佚名撰，年代不详，云南丽江宁蒗普米族经书新抄本。1册，藏文普米语，横写。黄纸，未装订，墨书。29.7cm×10.9cm，凡7页。用于火化死者尸体的仪式。

SMYMJ-XPD-36

ʐo³⁵tuA⁵⁵pĩ⁵⁵gu⁵⁵/佚名撰，年代不详，云南丽江宁蒗普米族经书新抄本。1册，藏文普米语，横写。黄纸，未装订，墨书。29.7cm×10.9cm，凡11页。用于隔断死者去阎王殿的路。

SMYMJ-XPD-37

tA³⁵kʰA⁵⁵põ⁵⁵nɛ⁵⁵/佚名撰，年代不详，云南丽江宁蒗普米族经书新抄本。1册，藏文普米语，横写。黄纸，未装订，墨书。29.7cm×10.9cm，凡7页。用于捣毁妖魔的住处。

SMYMJ-XPD-38

ʐõ⁵⁵dzõ⁵⁵tə⁵⁵rə⁵⁵tA⁵³/佚名撰，年代不详，云南丽江宁蒗普米族经书新抄本。1册，藏文普米语，横写。黄纸，未装订，墨书。29.7cm×10.9cm，凡9页。用于在山上祭祀祖先骨灰的仪式。

SMYMJ-XPD-39

tʂõ³⁵ʃĩ⁵⁵ʐuə⁵³/佚名撰，年代不详，云南丽江宁蒗普米族经书新抄本。1册，藏文普米语，横写。黄纸，未装订，墨书。29.7cm×10.9cm，凡10页。用于在神坛插三棵树的仪式。

SMYMJ-XPD-40

nõ³⁵kʰɛ⁵⁵ʐuə⁵³/佚名撰，年代不详，云南丽江宁蒗普米族经书新抄本。1册，藏文普米语，横写。黄纸，未装订，墨书。29.7cm×10.9cm，凡4页。用于做祖先灵牌的仪式。

9.扎拉经

编号	SMYMJ-ZLYY
汉语书名	扎拉经
民族文字书名	(藏文)
国际音标	tʂA³⁵ lA⁵⁵ ʒõ³⁵ jĩ⁵⁵
汉语译名	扎拉勇音
字体文种	藏文
类别	供祀神灵经
作者	不详
年代	不详
行款	
卷/捆、册、页数	共42册,现有13余册
插图页数	0
长宽高	20.7cm×9.8cm
版本	抄本
残损度	基本完好
封面题款标识	不详
墨色	黑
书写工具	竹笔
纸质	黄纸
现存	
复制依据	
内容提要主要用途	用于祭祀"扎拉"神、"瓦玛"神和祖灵的经典

收藏人	偏初里
年龄(属相)	60(猪)
出生年月	1959年8月17日
民族	普米族
居住地	四川省凉山州木里藏族自治县依吉乡麦洛村委会机素组
何时何地迁此	
宗教	苯教
职业(是否祭司)	祭司(韩规)
民族宗教教育程度	从小学习,现为诵经方面权威人物
汉文教育程度	
本书传承信息	
采集时间	2012年5月12日
采集地点	清华大学西南14号楼4-101
在场者、助手	偏初里,胡镜明
翻译者	偏初里
记录者	原上青
校对者	原上青

审查:赵丽明
2012年 5月12日

SMYMJ-ZLYY-1

tʰo⁵⁵kʰə⁵⁵rə⁵⁵tʂʌ³⁵lʌ⁵⁵gu⁵⁵do⁵⁵/佚名撰，年代不详，云南丽江宁蒗普米族经书新抄本。1册，藏文普米语，横写。黄纸，未装订，墨书。20.7cm×9.8cm，凡29页。用于驱除妨碍祭祀进行的妖魔鬼怪。

SMYMJ-ZLYY-2

ko⁵⁵tʃʰyə⁵³/佚名撰，年代不详，云南丽江宁蒗普米族经书新抄本。1册，藏文普米语，横写。黄纸，未装订，墨书。20.7cm×9.8cm，凡15页。用于向tʂʌ³⁵ lʌ⁵⁵神献供品。

SMYMJ-ZLYY-3

wʌ³⁵mɑ⁵⁵sõ⁵⁵tʃi⁵³/佚名撰，年代不详，云南丽江宁蒗普米族经书新抄本。1册，藏文普米语，横写。黄纸，未装订，墨书。20.7cm×9.8cm，凡28页。用于向wʌ³⁵mɑ⁵⁵神献供品。

SMYMJ-ZLYY-4

tʰo⁵⁵kʰə⁵⁵rə⁵⁵pʰzə⁵⁵mɑ⁵³/佚名撰，年代不详，云南丽江宁蒗普米族经书新抄本。1册，藏文普米语，横写。黄纸，未装订，墨书。20.7cm×9.8cm，凡18页。用于请tʂʌ³⁵ lʌ⁵⁵神战胜妖魔鬼怪。

SMYMJ-ZLYY-5

zõ³⁵sõ⁵⁵pʰzə⁵⁵ʃo⁵³/佚名撰，年代不详，云南丽江宁蒗普米族经书新抄本。1册，藏文普米语，横写。黄纸，未装订，墨书。20.7cm×9.8cm，凡50页。用于祈福，希望一年12个月都心想事成。

SMYMJ-ZLYY-6

ɬʌ⁵⁵tsʰe⁵⁵pʰə⁵⁵lʌ⁵⁵tʂʌ³⁵lʌ⁵⁵/佚名撰，年代不详，云南丽江宁蒗普米族经书新抄本。1册，藏文普米语，横写。黄纸，未装订，墨书。20.7cm×9.8cm，凡16页。用于向tʂʌ³⁵ lʌ⁵⁵神烧香、煨桑。

SMYMJ-ZLYY-7

pʰu⁵⁵pʰzɿ⁵⁵ʃɿ⁵⁵dzɿ⁵³/佚名撰，年代不详，云南丽江宁蒗普米族经书新抄本。1册，藏文普米语，横写。黄纸，未装订，墨书。20.7cm×9.8cm，凡15页。用于向tʂʌ³⁵ lʌ⁵⁵神祷告。

SMYMJ-ZLYY-8

ɬʌ⁵⁵tʃyə⁵⁵ʃɿ⁵⁵dzɿ⁵³/佚名撰，年代不详，云南丽江宁蒗普米族经书新抄本。1册，藏文普米语，横写。黄纸，未装订，墨书。20.7cm×9.8cm，凡19页。用于让祭祀的人向tʂʌ³⁵ lʌ⁵⁵神祈福。

SMYMJ-ZLYY-9

ɬA⁵⁵ji⁵⁵ʒi³⁵zo⁵⁵/佚名撰，年代不详，云南丽江宁蒗普米族经书新抄本。1册，藏文普米语，横写。黄纸，未装订，墨书。20.7cm×9.8cm，凡18页。用于把tʂA³⁵ lA⁵⁵神请进家门。

SMYMJ-ZLYY-10

ʒõ⁵⁵dzõ⁵⁵tə⁵⁵rə⁵⁵tA⁵³/佚名撰，年代不详，云南丽江宁蒗普米族经书新抄本。1册，藏文普米语，横写。黄纸，未装订，墨书。20.7cm×9.8cm，凡20页。用于请求tʂA³⁵ lA⁵⁵神保佑祭祀的人这一年心想事成。

SMYMJ-ZLYY-11

dzɛ⁵⁵tʃʰi⁵⁵dzɛ⁵⁵nɛ⁵³/佚名撰，年代不详，云南丽江宁蒗普米族经书新抄本。1册，藏文普米语，横写。黄纸，未装订，墨书。20.7cm×9.8cm，凡8页。用于驱除妖魔鬼怪。

SMYMJ-ZLYY-12

tsʰi⁵⁵guе⁵⁵sõ⁵⁵tʃi⁵³/佚名撰，年代不详，云南丽江宁蒗普米族经书新抄本。1册，藏文普米语，横写。黄纸，未装订，墨书。20.7cm×9.8cm，凡11页。用于给祖先献供品。

SMYMJ ZLYY-13

dʑɛ³⁵dõ⁵⁵dʑɛ³⁵to⁵³/佚名撰，年代不详，云南丽江宁蒗普米族经书新抄本。1册，藏文普米语，横写。黄纸，未装订，墨书。20.7cm×9.8cm，凡21页。用于请tʂA³⁵ lA⁵⁵神消除伤害祭祀的人的诅咒和恶言恶语。

10.消灾经

编号	SMYMJ-NSXW	收藏人	偏初里
汉语书名	消灾经	年龄（属相）	60（猪）
民族文字书名	(藏文)	出生年月	1959年8月17日
国际音标	nõ⁵⁵sə⁵⁵rə⁵⁵ʃi³⁵wA⁵⁵	民族	普米族
汉语译名	农色秀瓦	居住地	四川省凉山州木里藏族自治县依吉乡麦洛村委会机素组
字体文种	藏文	何时何地迁此	
类别	供奉神灵类	宗教	苯教
作者	不详	职业（是否祭司）	祭司（韩规）
年代	不详	民族宗教教育程度	从小学习，现为诵经方面权威人物
行款		汉文教育程度	
卷/捆、册、页数	共13册	本书传承信息	
插图页数		采集时间	2012年5月12日
长宽高	29.6cm×11cm	采集地点	清华大学西南14号楼4-101
版本	抄本	在场者、助手	偏初里，胡镜明
残损度	基本完好	翻译者	偏初里
封面题款标识	不详	记录者	原上青
墨色	黑	校对者	原上青
书写工具	竹笔		
纸质	黄纸		
现存			
复制依据			
内容提要 主要用途	每个月十五举行一种集体的祭祀活动，以预防各种自然灾害，如旱灾、水灾等，祈求人畜兴旺、五谷丰登		

审查：赵丽明
2012年5月12日

SMYMJ-NSXW-1

ʑi³⁵dʌ⁵⁵re³⁵ʃo⁵³/佚名撰，年代不详，四川木里县依吉乡麦洛村新抄本。1册，藏文普米语，横写。黄纸，未装订，墨书。29.6cm×11cm，凡25页。用于向ʑi³⁵dʌ⁵⁵神献祭。

SMYMJ-NSXW-2

ŋue⁵⁵tuə⁵³/佚名撰，年代不详，四川木里县依吉乡麦洛村新抄本。1册，藏文普米语，横写。黄纸，未装订，墨书。29.6cm×11cm，凡12页。用于迎请ʑi³⁵dʌ⁵⁵神下凡。

SMYMJ-NSXW-3

sʌ⁵⁵tɕʰyə⁵³/佚名撰，年代不详，四川木里县依吉乡麦洛村新抄本。1册，藏文普米语，横写。黄纸，未装订，墨书。29.6cm×11cm，凡9页。向诸神招呼，让他们不要来干扰韩规的祭祀仪式。

SMYMJ-NSXW-4

tʂĩ³⁵lo⁵⁵/佚名撰，年代不详，四川木里县依吉乡麦洛村新抄本。1册，藏文普米语，横写。黄纸，未装订，墨书。29.6cm×11cm，凡11页。用于招魂。

SMYMJ-NSXW-5

mi³⁵ɬʌ⁵⁵tɕʰʌ³⁵pʌ⁵⁵/佚名撰，年代不详，四川木里县依吉乡麦洛村新抄本。1册，藏文普米语，横写。黄纸，未装订，墨书。29.6cm×11cm，凡14页。用于给火神煨桑。

SMYMJ-NSXW-6

ɬʌ⁵⁵ji⁵⁵tɕʰʌ³⁵pʌ⁵⁵/佚名撰，年代不详，四川木里县依吉乡麦洛村新抄本。1册，藏文普米语，横写。黄纸，未装订，墨书。29.6cm×11cm，凡11页。用于向天上的诸神煨桑。

SMYMJ-NSXW-7

tɕʰĩ⁵⁵pu⁵⁵dzue⁵³/佚名撰，年代不详，四川木里县依吉乡麦洛村新抄本。1册，藏文普米语，横写。黄纸，未装订，墨书。29.6cm×11cm，凡11页。用于请神预防传染病。

SMYMJ-NSXW-8

kue⁵⁵ji³⁵tĩ⁵⁵tɕi⁵⁵dzue⁵³/佚名撰，年代不详，四川木里县依吉乡麦洛村新抄本。1册，藏文普米语，横写。黄纸，未装订，墨书。29.6cm×11cm，凡11页。用于请神预防冰雹、泥石流等自然灾害。

SMYMJ-NSXW-9

lĩ³⁵tʃʰɛ⁵⁵dzuɛ⁵³/佚名撰，年代不详，四川木里县依吉乡麦洛村新抄本。1册，藏文普米语，横写。黄纸，未装订，墨书。29.6cm×11cm，凡13页。用于请神预防会让人求生不得求死不能的疾病。

SMYMJ-NSXW-10

ni⁵⁵ʒi⁵⁵dzuɛ⁵³/佚名撰，年代不详，四川木里县依吉乡麦洛村新抄本。1册，藏文普米语，横写。黄纸，未装订，墨书。29.6cm×11cm，凡12页。用于请神预防噩梦。

SMYMJ-NSXW-11

tʃʰĩ⁵⁵pu⁵⁵mi⁵⁵lõ⁵³/佚名撰，年代不详，四川木里县依吉乡麦洛村新抄本。1册，藏文普米语，横写。黄纸，未装订，墨书。29.6cm×11cm，凡11页。用于向神灵抛洒五谷、磕头祷告、祈求平安的仪式。

SMYMJ-NSXW-12

mi⁵⁵lõ⁵⁵ji³⁵ki⁵⁵/佚名撰，年代不详，四川木里县依吉乡麦洛村新抄本。1册，藏文普米语，横写。黄纸，未装订，墨书。29.6cm×11cm，凡11页。用于向神祈求富裕兴旺。

SMYMJ-NSXW-13

kɐ⁵⁵do⁵⁵/佚名撰，年代不详，四川木里县依吉乡麦洛村新抄本。1册，藏文普米语，横写。黄纸，未装订，墨书。29.6cm×11cm，凡11页。用于将身上的秽物、病菌除掉。

11. 拈达经

编号	SMYMJ-ND	收藏人	偏初里
汉语书名	拈达经	年龄（属相）	60（猪）
民族文字书名	[藏文]	出生年月	1959年8月17日
国际音标	niɛ⁵⁵ tA⁵³	民族	普米族
汉语译名	拈达	居住地	四川省凉山州木里藏族自治县依吉乡麦洛村委会机素组
字体文种	藏文	何时何地迁此	
类别	供奉神灵类	宗教	苯教
作者	不详	职业（是否祭司）	祭司（韩规）
年代	不详	民族宗教教育程度	从小学习，现为诵经方面权威人物
行款	28	汉文教育程度	
卷/捆、册、页数	共13册，现有10册	本书传承信息	
插图页数	0	采集时间	2012年5月12日
长宽高	27cm×9cm	采集地点	清华大学西南14号楼4-101
版本	抄本	在场者、助手	偏初里，胡镜明
残损度	基本完好	翻译者	偏初里
封面题款标识	不详	记录者	原上青
墨色	黑	校对者	原上青
书写工具	竹笔		
纸质	黄纸		
现存			
复制依据			
内容提要主要用途	向天地间的诸神祈祷，希望他们护佑所有的生灵平安、富裕、兴旺		

审查：赵丽明
2012年5月12日

SMYMJ-ND-1

sõ^{55}ʃo^{55}/佚名撰，年代不详，四川木里县依吉乡麦洛村新抄本。1册，藏文普米语，横写。黄纸，未装订，墨书。27cm×9cm，凡22页。用于给ʒi^{35}tse^{53}神除垢。

SMYMJ-ND-2

ŋue^{55}tuə^{55}/佚名撰，年代不详，四川木里县依吉乡麦洛村新抄本。1册，藏文普米语，横写。黄纸，未装订，墨书。27cm×9cm，凡18页。用于呼唤天地间的所有神灵。

SMYMJ-ND-3

ʃĩ^{55}dzɛ^{55}/佚名撰，年代不详，四川木里县依吉乡麦洛村新抄本。1册，藏文普米语，横写。黄纸，未装订，墨书。27cm×9cm，凡22页。向神灵祈祷的经文。

SMYMJ-ND-4

nõ^{35}k^{h}ɛ^{55}tʃ^{h}õ^{55}/佚名撰，年代不详，四川木里县依吉乡麦洛村新抄本。1册，藏文普米语，横写。黄纸，未装订，墨书。27cm×9cm，凡22页。用于请求所有神灵保佑富裕平安。

SMYMJ-ND-5

niɛ^{55}tᴀ^{53}zõ^{35}/佚名撰，年代不详，四川木里县依吉乡麦洛村新抄本。1册，藏文普米语，横写。黄纸，未装订，墨书。27cm×9cm，凡42页。搭建"拈达"时诵的经。

SMYMJ-ND-6

ᴀ^{55}ti^{55}tə^{55}rə^{55}mɑ^{53}/佚名撰，年代不详，四川木里县依吉乡麦洛村新抄本。1册，藏文普米语，横写。黄纸，未装订，墨书。27cm×9cm，凡5页。用于向所有的神明献祭时念的经。

SMYMJ-ND-7

dʑõ^{35}due^{55}/佚名撰，年代不详，四川木里县依吉乡麦洛村新抄本。1册，藏文普米语，横写。黄纸，未装订，墨书。27cm×9cm，凡9页。用于向ʒi^{35}tse^{53}神祈求平安。

SMYMJ-ND-8

b^{h}zəu^{55}zi̩^{55}tʃ^{h}õ^{55}/佚名撰，年代不详，四川木里县依吉乡麦洛村新抄本。1册，藏文普米语，横写。黄纸，未装订，墨书。27cm×9cm，凡8页。用于向ʒi^{35}tse^{53}神抛洒五谷的仪式。

SMYMJ-ND-9

tʰə⁵⁵tʃʰɛ⁵⁵tʃA³⁵pɑ⁵³/佚名撰，年代不详，四川木里县依吉乡麦洛村新抄本。1册，藏文普米语，横写。黄纸，未装订，墨书。27cm×9cm，凡14页。用于祈求神不带来疾病。

SMYMJ-ND-10

tʂə⁵⁵ʃi⁵⁵mi⁵⁵lõ⁵⁵/佚名撰，年代不详，四川木里县依吉乡麦洛村新抄本。1册，藏文普米语，横写。黄纸，未装订，墨书。27cm×9cm，凡17页。用于向ʐi³⁵tse⁵³神祈求保佑所有人子孙兴旺，家庭富有。

12.祭龙神经

编号	SMYMJ-KJ	收藏人	偏初里
汉语书名	祭龙神经	年龄（属相）	60（猪）
民族文字书名	ཁོང་བཙོང་།	出生年月	1959年8月17日
国际音标	$kʰõ^{55}tʂo^{53}$	民族	普米族
汉语译名	孔久	居住地	四川省凉山州木里藏族自治县依吉乡麦洛村委会机素组
字体文种	藏文	何时何地迁此	
类别	供祀神灵类	宗教	苯教
作者	不详	职业（是否祭司）	祭司（韩规）
年代	不详	民族宗教教育程度	从小学习，现为诵经方面权威人物
行款		汉文教育程度	
卷/捆、册、页数	共29册	本书传承信息	
插图页数	22	采集时间	2012年5月12日
长宽高	31cm×9.5cm	采集地点	清华大学西南14号楼4-101
版本	抄本	在场者、助手	偏初里，胡镜明
残损度	基本完好	翻译者	偏初里
封面题款标识	不详	记录者	原上青
墨色	黑	校对者	原上青
书写工具	竹笔		
纸质	黄纸		
现存			
复制依据			
内容提要主要用途	敬水神（龙王），每年农历一月底到三月初举行祭祀时使用的经书，祈祷风调雨顺，一年平安。其中内容包括：除垢，呼唤神灵，进献供品，念经歌颂神，祈求神灵保佑		审查：赵丽明 2012年5月12日

SMYMJ-KJ-1

mɐ⁵⁵tʂɛ⁵⁵/佚名撰，年代不详，四川木里县依吉乡麦洛村旧抄本。1册，藏文普米语，横写。黄纸，未装订，墨书。31cm×9.5cm，凡17页。用于祭龙神前的除垢仪式。

SMYMJ-KJ-2

ʒi³⁵ʐo⁵⁵/佚名撰，年代不详，四川木里县依吉乡麦洛村旧抄本。1册，藏文普米语，横写。黄纸，未装订，墨书。31cm×9.5cm，凡13页。用于迎请龙神。

SMYMJ-KJ-3

kʰõ⁵⁵tʃo⁵³/佚名撰，年代不详，四川木里县依吉乡麦洛村旧抄本。1册，藏文普米语，横写。黄纸，未装订，墨书。31cm×9.5cm，凡4页。用于送龙神。

SMYMJ-KJ-4

sᴀ⁵³tʃo⁵³/佚名撰，年代不详，四川木里县依吉乡麦洛村旧抄本。1册，藏文普米语，横写。黄纸，未装订，墨书。31cm×9.5cm，凡7页。用于向龙神献牛奶的仪式。

SMYMJ-KJ-5

gu³⁵kɑ⁵³/佚名撰，年代不详，四川木里县依吉乡麦洛村旧抄本。1册，藏文普米语，横写。黄纸，未装订，墨书。31cm×9.5cm，凡22页。用于驱除干扰仪式的鬼怪。

SMYMJ-KJ-6

põ³⁵bᴀ⁵³/佚名撰，年代不详，四川木里县依吉乡麦洛村旧抄本。1册，藏文普米语，横写。黄纸，未装订，墨书。31cm×9.5cm，凡11页。用于给龙神献花瓶。

SMYMJ-KJ-7

luə⁵⁵sõ⁵⁵/佚名撰，年代不详，四川木里县依吉乡麦洛村旧抄本。1册，藏文普米语，横写。黄纸，未装订，墨书。31cm×9.5cm，凡11页。用于给龙神煨桑。

SMYMJ-KJ-8

tsʰe⁵⁵tʰᴀ⁵³/佚名撰，年代不详，四川木里县依吉乡麦洛村旧抄本。1册，藏文普米语，横写。黄纸，未装订，墨书。31cm×9.5cm，凡8页。用于将祭品放生。

SMYMJ-KJ-9

gõ⁵⁵tʃʰĩ⁵⁵pʰɑ⁵⁵ɣõ⁵³/佚名撰，年代不详，四川木里县依吉乡麦洛村旧抄本。1册，藏文普米语，横写。黄纸，未装订，墨书。31cm×9.5cm，凡12页。用于迎请四方龙神。

SMYMJ-KJ-10

sõ⁵⁵tso⁵⁵/佚名撰，年代不详，四川木里县依吉乡麦洛村旧抄本。1册，藏文普米语，横写。黄纸，未装订，墨书。31cm×9.5cm，凡11页。用于做结界阻挡干扰仪式进行的鬼怪。

SMYMJ-KJ-11

tʰi⁵⁵tA⁵⁵/佚名撰，年代不详，四川木里县依吉乡麦洛村旧抄本。1册，藏文普米语，横写。黄纸，未装订，墨书。31cm×9.5cm，凡5页。用于把龙神宫殿的门锁上的仪式。

SMYMJ-KJ-12

ʃi⁵⁵dzə⁵⁵/佚名撰，年代不详，四川木里县依吉乡麦洛村旧抄本。1册，藏文普米语，横写。黄纸，未装订，墨书。31cm×9.5cm，凡12页。用于祈求龙神保佑。

SMYMJ-KJ-13

bõ⁵⁵zɛ⁵⁵ʃi⁵⁵tsi⁵³/佚名撰，年代不详，四川木里县依吉乡麦洛村旧抄本。1册，藏文普米语，横写。黄纸，未装订，墨书。31cm×9.5cm，凡12页。用于把山里的野果和树枝放到龙神的洞穴，表示没有破坏山林。

SMYMJ-KJ-14

luə⁵⁵ji⁵⁵kõ⁵⁵wɑ³³/佚名撰，年代不详，四川木里县依吉乡麦洛村旧抄本。1册，藏文普米语，横写。黄纸，未装订，墨书。31cm×9.5cm，凡14页。用于请求龙神保佑。

SMYMJ-KJ-15

luə⁵⁵ji⁵³mi⁵⁵tʃʰyə⁵³/佚名撰，年代不详，四川木里县依吉乡麦洛村旧抄本。1册，藏文普米语，横写。黄纸，未装订，墨书。31cm×9.5cm，凡15页。用于请求龙神不要散播传染病。

SMYMJ-KJ-16

kʰõ⁵⁵zõ⁵⁵bʑɛ⁵⁵nA⁵³/佚名撰，年代不详，四川木里县依吉乡麦洛村旧抄本。1册，藏文普米语，横写。黄纸，未装订，墨书。31cm×9.5cm，凡26页。用于告诉龙神：我族没有伤害过水里的生灵，请龙王庇护我们。

SMYMJ-KJ-17

di^{55}ʃi^{53}ni^{55}pu^{55}lɑ^{55}tʂu^{53}/佚名撰，年代不详，四川木里县依吉乡麦洛村旧抄本。1册，藏文普米语，横写。黄纸，未装订，墨书。31cm×9.5cm，凡23页。用于请苯教的大神保佑。

SMYMJ-KJ-18

pĩ^{55}tʂue^{55}tʃʰA^{35}pA^{53}/佚名撰，年代不详，四川木里县依吉乡麦洛村旧抄本。1册，藏文普米语，横写。黄纸，未装订，墨书。31cm×9.5cm，凡9页。用于向天上的神明进献面偶。

SMYMJ-KJ-19

duə^{53}tsuə^{53}tõ^{35}ʃo^{55}/佚名撰，年代不详，四川木里县依吉乡麦洛村旧抄本。1册，藏文普米语，横写。黄纸，未装订，墨书。31cm×9.5cm，凡15页。用于向龙神进献面偶。

SMYMJ-KJ-20

tʂə^{55}kʰuə^{55}rə^{55}gu^{55}tʃʰi^{53}/佚名撰，年代不详，四川木里县依吉乡麦洛村旧抄本。1册，藏文普米语，横写。黄纸，未装订，墨书。31cm×9.5cm，凡17页。用于请龙神打开大门，让水源丰富，百姓富有。

SMYMJ-KJ-21

dA^{35}tə^{55}rə^{55}mi^{55}lõ^{55}/佚名撰，年代不详，四川木里县依吉乡麦洛村旧抄本。1册，藏文普米语，横写。黄纸，未装订，墨书。31cm×9.5cm，凡6页。用于祈求龙神保佑人们富足平安。

SMYMJ-KJ-22

luə^{55}tʃʰo^{53}tʃʰA^{35}pA^{55}/佚名撰，年代不详，四川木里县依吉乡麦洛村旧抄本。1册，藏文普米语，横写。黄纸，未装订，墨书。31cm×9.5cm，凡18页。用于向四方龙神进献面偶。

SMYMJ-KJ-23

tʂə^{55}kʰuə^{55}rə^{55}ʥõ^{55}sʉ^{53}/佚名撰，年代不详，四川木里县依吉乡麦洛村旧抄本。1册，藏文普米语，横写。黄纸，未装订，墨书。31cm×9.5cm，凡23页。用于感谢龙神让人们富有。

SMYMJ-KJ-24

mi^{55}lõ^{55}/佚名撰，年代不详，四川木里县依吉乡麦洛村旧抄本。1册，藏文普米语，横写。黄纸，未装订，墨书。31cm×9.5cm，凡33页。用于请龙神让粮食丰收，家畜满圈，金银满柜，儿孙兴旺，幸福安康。

SMYMJ-KJ-25

ŋa⁵⁵mõ⁵³tʰue⁵⁵sʅ⁵⁵rə⁵⁵/佚名撰，年代不详，四川木里县依吉乡麦洛村旧抄本。1册，藏文普米语，横写。黄纸，未装订，墨书。31cm×9.5cm，凡19页。用于请骆驼把灾害驮走。

SMYMJ-KJ-26

tʰue⁵⁵do⁵⁵/佚名撰，年代不详，四川木里县依吉乡麦洛村旧抄本。1册，藏文普米语，横写。黄纸，未装订，墨书。31cm×9.5cm，凡5页。用于送走不吉祥的东西。

SMYMJ-KJ-27

dzi⁵⁵ŋa⁵⁵/佚名撰，年代不详，四川木里县依吉乡麦洛村旧抄本。1册，藏文普米语，横写。黄纸，未装订，墨书。31cm×9.5cm，凡14页。用于杜绝私生子。

SMYMJ-KJ-28

due³⁵sə⁵⁵rə⁵⁵/佚名撰，年代不详，四川木里县依吉乡麦洛村旧抄本。1册，藏文普米语，横写。黄纸，未装订，墨书。31cm×9.5cm，凡74页。用于全家给神磕头，清洁不洁净的东西的仪式。

SMYMJ-KJ-29

tsə⁵⁵ɣə⁵⁵li⁵³/佚名撰，年代不详，四川木里县依吉乡麦洛村旧抄本。1册，藏文普米语，横写。黄纸，未装订，墨书。31cm×9.5cm，凡9页。用于在祭祀时把神的图画插在神台上。

13.瓦赛昂巴经

编号	SMYMJ-WS	收藏人	偏初里
汉语书名	瓦赛昂巴经	年龄（属相）	60（猪）
民族文字书名		出生年月	1959年8月17日
国际音标	we^{55} sɛ^{55}	民族	普米族
汉语译名	瓦赛	居住地	四川省凉山州木里藏族自治县依吉乡麦洛村委会机素组
字体文种	藏文	何时何地迁此	
类别	祭祀类	宗教	苯教
作者	不详	职业（是否祭司）	祭司（韩规）
年代	不详	民族宗教教育程度	从小学习，现为诵经方面权威人物
行款		汉文教育程度	
卷/捆、册、页数	共24册	本书传承信息	
插图页数	0	采集时间	2012年5月12日
长宽高	20.7cm×9.8cm	采集地点	清华大学西南14号楼4-101
版本	抄本	在场者、助手	偏初里，胡镜明
残损度	基本完好	翻译者	偏初里
封面题款标识	不详	记录者	原上青
墨色	黑	校对者	原上青
书写工具	竹笔		
纸质	黄纸		
现存			
复制依据			
内容提要主要用途	祭祀苯教主神"瓦赛昂巴"，祈求他保佑		

审查：赵丽明
2012年5月12日

SMYMJ-WS-1

kõ^{55}wa^{53}ŋue^{55}tuə^{53}/佚名撰，年代不详，云南丽江宁蒗普米族经书新抄本。1册，藏文普米语，横写。黄纸，未装订，墨书。20.7cm×9.8cm。用于呼唤瓦赛昂巴神。

SMYMJ-WS-2

zõ^{35}ki^{53}õ^{55}kə^{55}rə^{55}/佚名撰，年代不详，云南丽江宁蒗普米族经书新抄本。1册，藏文普米语，横写。黄纸，未装订，墨书。20.7cm×9.8cm。用于请瓦赛昂巴神给人训戒。

SMYMJ-WS-3

ʃi^{55}tʂo^{55}kõ^{33}wa^{33}/佚名撰，年代不详，云南丽江宁蒗普米族经书新抄本。1册，藏文普米语，横写。黄纸，未装订，墨书。20.7cm×9.8cm。用于请sõ^{55}ma^{55}神消灾。

SMYMJ-WS-4

kue^{55}zõ^{55}kõ^{55}wa^{53}/佚名撰，年代不详，云南丽江宁蒗普米族经书新抄本。1册，藏文普米语，横写。黄纸，未装订，墨书。20.7cm×9.8cm。用于请kue^{55}zõ^{55}神消灾。

SMYMJ-WS-5

dʑɛ^{35}tʰõ^{55}zo^{35}tʰue^{55}/佚名撰，年代不详，云南丽江宁蒗普米族经书新抄本。1册，藏文普米语，横写。黄纸，未装订，墨书。20.7cm×9.8cm。用于请神保佑，不让污物进家门。

SMYMJ-WS-6

tʃʰi^{55}sue^{55}nõ^{55}ta^{53}/佚名撰，年代不详，云南丽江宁蒗普米族经书新抄本。1册，藏文普米语，横写。黄纸，未装订，墨书。20.7cm×9.8cm。用于向ʐi^{35}dõ^{53}神磕头的仪式。

SMYMJ-WS-7

tA^{55}lA^{55}kõ^{55}wa^{53}/佚名撰，年代不详，云南丽江宁蒗普米族经书新抄本。1册，藏文普米语，横写。黄纸，未装订，墨书。20.7cm×9.8cm。用于向tA^{55}lA^{55}神磕头的仪式。

SMYMJ-WS-8

pA^{35}ʃõ^{55}lõ^{55}wa^{53}/佚名撰，年代不详，云南丽江宁蒗普米族经书新抄本。1册，藏文普米语，横写。黄纸，未装订，墨书。20.7cm×9.8cm。用于向pA^{35}ʃõ^{55}神磕头的仪式。

SMYMJ-WS-9

ɬA⁵⁵ʑi⁵⁵tʃõ⁵⁵/佚名撰，年代不详，云南丽江宁蒗普米族经书新抄本。1册，藏文普米语，横写。黄纸，未装订，墨书。20.7cm×9.8cm。用于向ɬA⁵⁵ʑi⁵⁵tʃõ⁵⁵神献钱的仪式。

SMYMJ-WS-10

pʰu⁵⁵tʃʰyə⁵⁵ji³⁵ki⁵⁵/佚名撰，年代不详，云南丽江宁蒗普米族经书新抄本。1册，藏文普米语，横写。黄纸，未装订，墨书。20.7cm×9.8cm。用于请sõ⁵⁵mɑ⁵⁵神驱鬼的仪式。

SMYMJ-WS-11

mə⁵⁵tʃʰĩ⁵⁵do³⁵pɑ⁵³/佚名撰，年代不详，云南丽江宁蒗普米族经书新抄本。1册，藏文普米语，横写。黄纸，未装订，墨书。20.7cm×9.8cm。用于请神保佑我家不出事故。

SMYMJ-WS-12

pʰzə⁵⁵bɑ³³kõ⁵⁵to⁵⁵/佚名撰，年代不详，云南丽江宁蒗普米族经书新抄本。1册，藏文普米语，横写。黄纸，未装订，墨书。20.7cm×9.8cm。用于驱除噩梦和不吉的幻想。

SMYMJ-WS-13

do³⁵pɑ⁵⁵zõ⁵⁵ki⁵⁵/佚名撰，年代不详，云南丽江宁蒗普米族经书新抄本。1册，藏文普米语，横写。黄纸，未装订，墨书。20.7cm×9.8cm。用于除掉身上的秽物。

SMYMJ-WS-14

dzə⁵⁵wu⁵⁵we⁵⁵sɛ⁵⁵/佚名撰，年代不详，云南丽江宁蒗普米族经书新抄本。1册，藏文普米语，横写。黄纸，未装订，墨书。20.7cm×9.8cm。用于向瓦赛昂巴神献供品的仪式。

SMYMJ-WS-15

ʒĩ³⁵jĩ⁵⁵kue⁵⁵dzu⁵⁵/佚名撰，年代不详，云南丽江宁蒗普米族经书新抄本。1册，藏文普米语，横写。黄纸，未装订，墨书。20.7cm×9.8cm。用于请求四方神灵保佑。

SMYMJ-WS-16

we⁵⁵sɛ⁵⁵do³⁵pɑ⁵⁵/佚名撰，年代不详，云南丽江宁蒗普米族经书新抄本。1册，藏文普米语，横写。黄纸，未装订，墨书。20.7cm×9.8cm。用于请求瓦赛昂巴神把一切灾难、疾病消除。

SMYMJ-WS-17

tʌ⁵⁵lʌ⁵⁵do³⁵pɑ⁵⁵/佚名撰，年代不详，云南丽江宁蒗普米族经书新抄本。1册，藏文普米语，横写。黄纸，未装订，墨书。20.7cm×9.8cm。用于请求tʌ⁵⁵lʌ⁵⁵神把一切事故、疾病消除。

SMYMJ-WS-18

tʂɛ³⁵pu⁵⁵do³⁵pɑ⁵³/佚名撰，年代不详，云南丽江宁蒗普米族经书新抄本。1册，藏文普米语，横写。黄纸，未装订，墨书。20.7cm×9.8cm。用于请求tʂɛ³⁵pu⁵⁵神把鬼怪赶走。

SMYMJ-WS-19

we⁵⁵sɛ⁵⁵kõ⁵⁵wɑ³³/佚名撰，年代不详，云南丽江宁蒗普米族经书新抄本。1册，藏文普米语，横写。黄纸，未装订，墨书。20.7cm×9.8cm。用于对瓦赛昂巴神表示感谢。

SMYMJ-WS-20

tʃʰõ⁵⁵ki⁵³do³⁵pɑ⁵⁵/佚名撰，年代不详，云南丽江宁蒗普米族经书新抄本。1册，藏文普米语，横写。黄纸，未装订，墨书。20.7cm×9.8cm。用于对大鹏鸟表示感谢。

SMYMJ-WS-21

dʑi⁵⁵tʃɛ⁵⁵we⁵⁵sɛ⁵⁵/佚名撰，年代不详，云南丽江宁蒗普米族经书新抄本。1册，藏文普米语，横写。黄纸，未装订，墨书。20.7cm×9.8cm。用于请求瓦赛昂巴神保佑心想事成。

SMYMJ-WS-22

niɛ³⁵sõ⁵⁵ʑi³⁵pu⁵³/佚名撰，年代不详，云南丽江宁蒗普米族经书新抄本。1册，藏文普米语，横写。黄纸，未装订，墨书。20.7cm×9.8cm。用于请求神惩恶扬善。

SMYMJ-WS-23

kue⁵⁵zõ⁵⁵to⁵⁵sə⁵⁵rə⁵⁵/佚名撰，年代不详，云南丽江宁蒗普米族经书新抄本。1册，藏文普米语，横写。黄纸，未装订，墨书。20.7cm×9.8cm。用于向kue⁵⁵zõ⁵⁵神磕头的仪式。

SMYMJ-WS-24

tʃõ⁵⁵to⁵⁵tsʰõ⁵⁵ki⁵³/佚名撰，年代不详，云南丽江宁蒗普米族经书新抄本。1册，藏文普米语，横写。黄纸，未装订，墨书。20.7cm×9.8cm。用于给所有神灵煨桑的仪式。

六 送葬安魂类

1. 安灵经

编号	SMYMJ-GW	收藏人	偏初里
汉语书名	安灵经	年龄（属相）	60（猪）
民族文字书名	(手写符号)	出生年月	1959年8月17日
国际音标	$gi^{35}wA^{35}$	民族	普米族
汉语译名	给瓦	居住地	四川省凉山州木里藏族自治县依吉乡麦洛村委会机素组
字体文种	藏文	何时何地迁此	
类别	送葬安魂经	宗教	苯教
作者	不详	职业（是否祭司）	祭司（韩规）
年代	不详	民族宗教教育程度	从小学习，现为诵经方面权威人物
行款		汉文教育程度	
卷/捆、册、页数	共12册	本书传承信息	
插图页数	0	采集时间	2012年5月12日
长宽高	29.6cm×11cm	采集地点	清华大学西南14号楼4-101
版本	抄本	在场者、助手	偏初里，胡镜明
残损度	基本完好	翻译者	偏初里
封面题款标识	不详	记录者	原上青
墨色	黑	校对者	原上青
书写工具	竹笔		
纸质	黄纸		
现存			
复制依据			审查：赵丽明
内容提要主要用途	人死后到火化，一直念此经，超度亡灵，安魂		2012年5月12日

SMYMJ-GW-1

tʃʰA⁵⁵tA⁵⁵/佚名撰，年代不详，四川木里县依吉乡麦洛村旧抄本。1册，藏文普米语，横写。黄纸，未装订，墨书。20.7cm×9.8cm，凡9页。用于给死人献饭。

SMYMJ-GW-2

mə³⁵mi⁵³bi⁵³/佚名撰，年代不详，四川木里县依吉乡麦洛村旧抄本。1册，藏文普米语，横写。黄纸，未装订，墨书。20.7cm×9.8cm，凡7页。用于给菩萨点灯。

SMYMJ-GW-3

kuə⁵⁵tĩ⁵⁵/佚名撰，年代不详，四川木里县依吉乡麦洛村旧抄本。1册，藏文普米语，横写。黄纸，未装订，墨书。20.7cm×9.8cm，凡11页。用于给死者念六字真言。

SMYMJ-GW-4

tʂʰõ⁵⁵sA⁵⁵/佚名撰，年代不详，四川木里县依吉乡麦洛村旧抄本。1册，藏文普米语，横写。黄纸，未装订，墨书。20.7cm×9.8cm，凡9页。用于表达死者儿女对死者的感恩。

SMYMJ-GW-5

mi⁵⁵lõ⁵⁵/佚名撰，年代不详，四川木里县依吉乡麦洛村旧抄本。1册，藏文普米语，横写。黄纸，未装订，墨书。20.7cm×9.8cm，凡14页。用于给死者祈福，希望他转世有好的归宿。

SMYMJ-GW-6

so⁵⁵wA⁵⁵tA⁵⁵pA⁵³/佚名撰，年代不详，四川木里县依吉乡麦洛村旧抄本。1册，藏文普米语，横写。黄纸，未装订，墨书。20.7cm×9.8cm，凡5页。用于告诫死者，希望他一心向往神灵，不要乱想。

SMYMJ-GW-7

tõ⁵⁵wA⁵⁵ʃA⁵⁵pA⁵³/佚名撰，年代不详，四川木里县依吉乡麦洛村旧抄本。1册，藏文普米语，横写。黄纸，未装订，墨书。20.7cm×9.8cm，凡13页。希望死者不要转世为残疾。

SMYMJ-GW-8

tsʰi³⁵mi⁵⁵ŋɑ³⁵ji⁵⁵ʃA⁵⁵pA⁵³/佚名撰，年代不详，四川木里县依吉乡麦洛村旧抄本。1册，藏文普米语，横写。黄纸，未装订，墨书。20.7cm×9.8cm，凡10页。希望死者不要在地狱受到煎熬。

SMYMJ-GW-9

õ⁵⁵tʃĩ⁵⁵pĩ⁵⁵mɑ⁵⁵/佚名撰，年代不详，四川木里县依吉乡麦洛村旧抄本。1册，藏文普米语，横写。黄纸，未装订，墨书。20.7cm×9.8cm，凡17页。希望莲花生给死者好的归宿。

SMYMJ-GW-10

ʃi⁵⁵ku⁵⁵tʂᴀ³⁵pᴀ⁵⁵/佚名撰，年代不详，四川木里县依吉乡麦洛村旧抄本。1册，藏文普米语，横写。黄纸，未装订，墨书。20.7cm×9.8cm，凡14页。用于准备给死者指路。

SMYMJ-GW-11

ʃĩ⁵⁵tʂe⁵⁵/佚名撰，年代不详，四川木里县依吉乡麦洛村旧抄本。1册，藏文普米语，横写。黄纸，未装订，墨书。20.7cm×9.8cm，凡51页。用于给死者指路。

SMYMJ-GW-12

nᴀ⁵⁵ŋɑ⁵⁵jɛ³⁵tʃʰyə⁵⁵mə³⁵tʃʰyə⁵⁵/佚名撰，年代不详，四川木里县依吉乡麦洛村旧抄本。1册，藏文普米语，横写。黄纸，未装订，墨书。20.7cm×9.8cm，凡6页。敬神，给鬼怪施食，希望他们不要阻挡死者的路。

2. 亡灵遗言

编号	SMYMJ-XL		收藏人	偏初里
汉语书名	亡灵遗言		年龄（属相）	60（猪）
民族文字书名	(藏文)		出生年月	1959年8月17日
国际音标	ʃi⁵⁵ lõ⁵³		民族	普米族
汉语译名	希隆		居住地	四川省凉山州木里藏族自治县依吉乡麦洛村委会机素组
字体文种	藏文		何时何地迁此	
类别	送葬安魂类		宗教	苯教
作者	不详		职业（是否祭司）	祭司（韩规）
年代	不详		民族宗教教育程度	从小学习，现为诵经方面权威人物
行款			汉文教育程度	
卷/捆、册、页数	共1册39页		本书传承信息	
插图页数	0		采集时间	2012年4月28日
长宽高	21.5cm×8.6cm		采集地点	清华大学紫荆公寓18号楼313
版本	抄本		在场者、助手	偏初里，胡镜明，张嘉城
残损度	基本完好		翻译者	偏初里
封面题款标识	不详		记录者	原上青
墨色	黑，红		校对者	原上青
书写工具	竹笔			
纸质	黄纸			
现存				
复制依据				审查：赵丽明
内容提要 主要用途	死者讲述自己的前生后世			2012年4月28日

3.感恩父母经

编号	SMYMJ-ZSJN	收藏人	偏初里
汉语书名	感恩父母经	年龄（属相）	60（猪）
民族文字书名	གུལ་བཅོས་སུ། ཁྲོ་ཀོ་ལ་ག་ཁྲ་ཡས་རྫོགས།	出生年月	1959年8月17日
国际音标	dzõ³⁵sA⁵⁵tʃy⁵⁵ni⁵⁵	民族	普米族
汉语译名	宗萨君尼	居住地	四川省凉山州木里藏族自治县依吉乡麦洛村委会机素组
字体文种	藏文	何时何地迁此	
类别	送葬安魂类	宗教	苯教
作者	不详	职业（是否祭司）	祭司（韩规）
年代	不详	民族宗教教育程度	从小学习，现为诵经方面权威人物
行款		汉文教育程度	
卷/捆、册、页数	共1册6页	本书传承信息	
插图页数	0	采集时间	2012年4月28日
长宽高	39cm×10.6cm	采集地点	清华大学紫荆公寓18号楼313
版本	抄本	在场者、助手	偏初里，胡镜明，张嘉城
残损度	基本完好	翻译者	偏初里
封面题款标识	不详	记录者	原上青
墨色	黑	校对者	原上青
书写工具	竹笔		
纸质	黄纸		
现存			
复制依据			
内容提要主要用途	感恩父母念的经		

审查：赵丽明
2012年4月28日

4.消罪超度经

编号	SMYMJ-KZ	收藏人	偏初里
汉语书名	消罪超度经	年龄（属相）	60（猪）
民族文字书名	[藏文]	出生年月	1959年8月17日
国际音标	kue^{55}zõ^{55}se^{55}dĩ^{55}	民族	普米族
汉语译名	坤宗	居住地	四川省凉山州木里藏族自治县依吉乡麦洛村委会机素组
字体文种	藏文	何时何地迁此	
类别	送葬安魂类	宗教	苯教
作者	不详	职业（是否祭司）	祭司（韩规）
年代	不详	民族宗教教育程度	从小学习，现为诵经方面权威人物
行款		汉文教育程度	
卷/捆、册、页数	共1册7页	本书传承信息	
插图页数	0	采集时间	2012年4月28日
长宽高	39cm×10.6cm	采集地点	清华大学紫荆公寓18号楼313
版本	抄本	在场者、助手	偏初里，胡镜明，张嘉城
残损度	基本完好	翻译者	偏初里
封面题款标识	不详	记录者	原上青
墨色	黑，红	校对者	原上青
书写工具	竹笔		
纸质	黄纸		
现存			审查：赵丽明
复制依据			2012年4月28日
内容提要主要用途	人死后，面对死者念，消除死者生前罪孽		

七 坐床出师类

1. 祭本尊神

编号	SMYMJ-YD	收藏人	偏初里
汉语书名	祭本尊神	年龄（属相）	60（猪）
民族文字书名	ཨུན྄	出生年月	1959年8月17日
国际音标	ʑi³⁵dõ⁵³	民族	普米族
汉语译名	伊东	居住地	四川省凉山州木里藏族自治县依吉乡麦洛村委会机素组
字体文种	藏文	何时何地迁此	
类别	坐床出师类	宗教	苯教
作者	不详	职业（是否祭司）	祭司（韩规）
年代	不详	民族宗教教育程度	从小学习，现为诵经方面权威人物
行款		汉文教育程度	
卷/捆、册、页数	共30册，现存15册	本书传承信息	
插图页数	0	采集时间	2012年5月12日
长宽高	28.5cm×10.5cm	采集地点	清华大学西南14号楼4-101
版本	抄本	在场者、助手	偏初里，胡镜明
残损度	基本完好	翻译者	偏初里
封面题款标识	不详	记录者	原上青
墨色	黑	校对者	原上青
书写工具	竹笔		
纸质	黄纸		
现存			
复制依据			
内容提要主要用途	一部苯教中极其重要的经书，是苯教经书的总纲，祭奠苯教的各位本尊神，做不同祭祀活动时，根据类别在这部经书中抽几本念		

审查：赵丽明
2012年5月12日

SMYMJ-YD-1

tʂʌ³⁵pu⁵⁵tsʰo⁵⁵/佚名撰，年代不详，四川木里县依吉乡普米族经书旧抄本。1册，藏文普米语，横写。黄纸，未装订，墨书。28.5cm×10.5cm，凡36页。用于歌颂we⁵⁵sɛ⁵⁵神斩妖除魔。

SMYMJ-YD-2

kõ⁵⁵wɑ⁵³ŋue⁵⁵tuə⁵³/佚名撰，年代不详，四川木里县依吉乡普米族经书旧抄本。1册，藏文普米语，横写。黄纸，未装订，墨书。28.5cm×10.5cm，凡36页。用于呼唤ʐi³⁵dõ⁵³神。

SMYMJ-YD-3

sŋ⁵⁵pʌ⁵⁵tʂõ³⁵kʰĩ⁵³/佚名撰，年代不详，四川木里县依吉乡普米族经书旧抄本。1册，藏文普米语，横写。黄纸，未装订，墨书。28.5cm×10.5cm，凡25页。用于给tʂõ³⁵kʰĩ⁵³神烧香。

SMYMJ-YD-4

we⁵⁵tʃʰĩ⁵⁵ki³⁵kʰuə⁵⁵dzi⁵⁵kõ⁵⁵pʰu⁵³/佚名撰，年代不详，四川木里县依吉乡普米族经书旧抄本。1册，藏文普米语，横写。黄纸，未装订，墨书。28.5cm×10.5cm，凡21页。用于驱鬼。

SMYMJ-YD-5

pʰʐə⁵⁵pʌ⁵³/佚名撰，年代不详，四川木里县依吉乡普米族经书旧抄本。1册，藏文普米语，横写。黄纸，未装订，墨书。28.5cm×10.5cm，凡27页。用于歌颂pʰʐə⁵⁵pʌ⁵³神斩妖除魔。

SMYMJ-YD-6

tĩ⁵⁵ʥe⁵³/佚名撰，年代不详，四川木里县依吉乡普米族经书旧抄本。1册，藏文普米语，横写。黄纸，未装订，墨书。28.5cm×10.5cm，凡34页。用于呼唤tĩ⁵⁵ʥe⁵³神。

SMYMJ-YD-7

õ⁵⁵tʃi⁵⁵ki⁵⁵kʰuə⁵³/佚名撰，年代不详，四川木里县依吉乡普米族经书旧抄本。1册，藏文普米语，横写。黄纸，未装订，墨书。28.5cm×10.5cm，凡48页。用于呼唤õ⁵⁵tʃi⁵⁵ki⁵⁵kʰuə⁵³神。

SMYMJ-YD-8

sŋ⁵⁵pʌ⁵⁵ʥʌ⁵⁵mõ⁵³/佚名撰，年代不详，四川木里县依吉乡普米族经书旧抄本。1册，藏文普米语，横写。黄纸，未装订，墨书。28.5cm×10.5cm，凡21页。用于呼唤sŋ⁵⁵pʌ⁵⁵ʥʌ⁵⁵mõ⁵³神。

SMYMJ-YD-9

tʂʌ³⁵lʌ⁵⁵tʃe⁵⁵mõ⁵³/佚名撰，年代不详，四川木里县依吉乡普米族经书旧抄本。1册，藏文普米语，横写。黄纸，未装订，墨书。28.5cm×10.5cm，凡35页。用于呼唤tʂʌ³⁵lʌ⁵⁵tʃe⁵⁵mõ⁵³神。

SMYMJ-YD-10

gu⁵⁵tʃʰĩ⁵⁵tə⁵⁵rə⁵⁵tʃʰĩ⁵⁵/佚名撰，年代不详，四川木里县依吉乡普米族经书旧抄本。1册，藏文普米语，横写。黄纸，未装订，墨书。28.5cm×10.5cm，凡19页。用于打开通向ʑi³⁵dõ⁵³神的大门。

SMYMJ-YD-11

tsʰi⁵⁵kʰo⁵⁵/佚名撰，年代不详，四川木里县依吉乡普米族经书旧抄本。1册，藏文普米语，横写。黄纸，未装订，墨书。28.5cm×10.5cm，凡7页。用于把人的魂魄呼唤回阳间。

SMYMJ-YD-12

pʌ³⁵ʃõ⁵⁵tʌ⁵⁵dye⁵⁵/佚名撰，年代不详，四川木里县依吉乡普米族经书旧抄本。1册，藏文普米语，横写。黄纸，未装订，墨书。28.5cm×10.5cm，凡24页。用于呼唤pʌ³⁵ʃõ⁵⁵tʌ⁵⁵dye⁵⁵神。

SMYMJ-YD-13

tʂɛ⁵³pu⁵³tʃʰõ⁵⁵tʃʰĩ⁵⁵pu⁵³/佚名撰，年代不详，四川木里县依吉乡普米族经书旧抄本。1册，藏文普米语，横写。黄纸，未装订，墨书。28.5cm×10.5cm，凡66页。用于镇妖仪式，把鬼怪装在牦牛角中封印。

SMYMJ-YD-14

põ⁵³bʌ⁵⁵/佚名撰，年代不详，四川木里县依吉乡普米族经书旧抄本。1册，藏文普米语，横写。黄纸，未装订，墨书。28.5cm×10.5cm，凡21页。用于向ʑi³⁵dõ⁵³神献圣瓶。

SMYMJ-YD-15

lõ⁵⁵tʃo⁵³/佚名撰，年代不详，四川木里县依吉乡普米族经书旧抄本。1册，藏文普米语，横写。黄纸，未装订，墨书。28.5cm×10.5cm，凡6页。用于呼唤sõ⁵⁵mɑ⁵⁵护法神。

2.向五行神灵礼敬经

编号	SMYMJ-SGDX	收藏人	偏初里
汉语书名	向五行神灵礼敬经	年龄（属相）	60（猪）
民族文字书名	༄༅སམསལཡསསེགའདལ	出生年月	1959年8月17日
国际音标	se^{55} k^{h}ə^{55}rə^{55}di^{35}ʃɛ^{55}	民族	普米族
汉语译名	森格迪谢	居住地	四川省凉山州木里藏族自治县依吉乡麦洛村委会机素组
字体文种	藏文	何时何地迁此	
类别	坐床出师类	宗教	苯教
作者	不详	职业（是否祭司）	祭司（韩规）
年代	不详	民族宗教教育程度	从小学习，现为诵经方面权威人物
行款		汉文教育程度	
卷/捆、册、页数	共1册22页	本书传承信息	
插图页数	0	采集时间	2012年4月28日
长宽高	30cm×10.6cm	采集地点	清华大学紫荆公寓18号楼313
版本	抄本	在场者、助手	偏初里，胡镜明，张嘉城
残损度	基本完好	翻译者	偏初里
封面题款标识	不详	记录者	原上青
墨色	黑	校对者	原上青
书写工具	竹笔		
纸质	黄纸		
现存			
复制依据		审查：赵丽明 2012年 4月28日	
内容提要主要用途	韩规上年纪后给自己念，祈求转世不要投胎为低贱之物		

3.忏悔经

编号	SMYMJ-DXML	收藏人	偏初里
汉语书名	忏悔经	年龄（属相）	60（猪）
民族文字书名	༄༅།	出生年月	1959年8月17日
国际音标	$di^{55} ʃɛ^{55}$ mi^{55} $lõ^{53}$	民族	普米族
汉语译名	迪谢弥隆	居住地	四川省凉山州木里藏族自治县依吉乡麦洛村委会机素组
字体文种	藏文	何时何地迁此	
类别	坐床出师类	宗教	苯教
作者	不详	职业（是否祭司）	祭司（韩规）
年代	不详	民族宗教教育程度	从小学习，现为诵经方面权威人物
行款		汉文教育程度	
卷/捆、册、页数	共1册16页	本书传承信息	
插图页数	0	采集时间	2012年4月28日
长宽高	30cm×10.6cm	采集地点	清华大学紫荆公寓18号楼313
版本	抄本	在场者、助手	偏初里，胡镜明，张嘉城
残损度	基本完好	翻译者	偏初里
封面题款标识	不详	记录者	原上青
墨色	黑，红	校对者	原上青
书写工具	竹笔		
纸质	黄纸		
现存			
复制依据			
内容提要 主要用途	做了错事，祈求神的原谅		审查：赵丽明 2012年4月28日

4.咒语教程

编号	SMYMJ-NLD		收藏人	偏初里
汉语书名	咒语教程		年龄（属相）	60（猪）
民族文字书名	༵ཀྱས་རྒྱག་ཟལ་པ་		出生年月	1959年8月17日
国际音标	ŋa⁵⁵ lõ⁵⁵ tA⁵³		民族	普米族
汉语译名	纳隆达		居住地	四川省凉山州木里藏族自治县依吉乡麦洛村委会机素组
字体文种	藏文		何时何地迁此	
类别	坐床出师类		宗教	苯教
作者	不详		职业（是否祭司）	祭司（韩规）
年代	不详		民族宗教教育程度	从小学习，现为诵经方面权威人物
行款			汉文教育程度	
卷/捆、册、页数	共1册27页		本书传承信息	
插图页数	0		采集时间	2012年4月28日
长宽高	39cm×10cm		采集地点	清华大学紫荆公寓18号楼313
版本	抄本		在场者、助手	偏初里，胡镜明，张嘉城
残损度	基本完好		翻译者	偏初里
封面题款标识	不详		记录者	原上青
墨色	黑，红		校对者	原上青
书写工具	竹笔			
纸质	黄纸			
现存				
复制依据				
内容提要 主要用途	韩规学习咒语时的教材			

审查：赵丽明
2012年4月28日

5.藏文读写教程

编号	SMYMJ-YSD	收藏人	偏初里
汉语书名	藏文读写教程	年龄（属相）	60（猪）
民族文字书名	ཨིཤར་གསུངས་ག	出生年月	1959年8月17日
国际音标	ʒi³⁵sõ⁵⁵tA⁵³	民族	普米族
汉语译名	依宋达	居住地	四川省凉山州木里藏族自治县依吉乡麦洛村委会机素组
字体文种	藏文	何时何地迁此	
类别	坐床出师类	宗教	苯教
作者	不详	职业（是否祭司）	祭司（韩规）
年代	不详	民族宗教教育程度	从小学习，现为诵经方面权威人物
行款		汉文教育程度	
卷/捆、册、页数	共1册22页	本书传承信息	
插图页数	0	采集时间	2012年4月28日
长宽高	39cm×10cm	采集地点	清华大学紫荆公寓18号楼313
版本	抄本	在场者、助手	偏初里，胡镜明，张嘉城
残损度	基本完好	翻译者	偏初里
封面题款标识	不详	记录者	原上青
墨色	黑，红	校对者	原上青
书写工具	竹笔		
纸质	黄纸		
现存			
复制依据			
内容提要主要用途	韩规学习咒语时的教材		

审查：赵丽明
2012年4月28日

八 除秽洁净类

1. 法事前除秽经

编号	SMYMJ-TY	收藏人	偏初里
汉语书名	法事前除秽经	年龄（属相）	60（猪）
民族文字书名	[藏文]	出生年月	1959年8月17日
国际音标	$t^hi^{35}ʑi^{55}kue^{55}tʃõ^{55}dʑɛ^{35}pu^{55}zõ^{35}$	民族	普米族
汉语译名	忒伊	居住地	四川省凉山州木里藏族自治县依吉乡麦洛村委会机素组
字体文种	藏文	何时何地迁此	
类别	除秽洁净类	宗教	苯教
作者	不详	职业（是否祭司）	祭司（韩规）
年代	不详	民族宗教教育程度	从小学习，现为诵经方面权威人物
行款		汉文教育程度	
卷/捆、册、页数	共1册9页	本书传承信息	
插图页数	0	采集时间	2012年4月28日
长宽高	39cm×10.6cm	采集地点	清华大学紫荆公寓18号楼313
版本	抄本	在场者、助手	偏初里，胡镜明，张嘉城
残损度	基本完好	翻译者	偏初里
封面题款标识	不详	记录者	原上青
墨色	黑，红	校对者	原上青
书写工具	竹笔		
纸质	黄纸		
现存			审查：赵丽明
复制依据			2012年4月28日
内容提要主要用途	做法事前，给家里除垢、去除脏东西时念的经		

2.沐浴净身经

编号	SMYMJ-YZZM
汉语书名	沐浴净身经
民族文字书名	
国际音标	jõ⁵⁵dzõ⁵⁵tsõ⁵⁵ mɑ⁵⁵
汉语译名	雍钟宗玛
字体文种	藏文
类别	除秽洁净类
作者	不详
年代	不详
行款	
卷/捆、册、页数	共1册23页
插图页数	0
长宽高	39cm×10.6cm
版本	抄本
残损度	基本完好
封面题款标识	不详
墨色	黑，红
书写工具	竹笔
纸质	黄纸
现存	
复制依据	
内容提要 主要用途	沐浴净身时念的经

收藏人	偏初里
年龄（属相）	60（猪）
出生年月	1959年8月17日
民族	普米族
居住地	四川省凉山州木里藏族自治县依吉乡麦洛村委会机素组
何时何地迁此	
宗教	苯教
职业（是否祭司）	祭司（韩规）
民族宗教教育程度	从小学习，现为诵经方面权威人物
汉文教育程度	
本书传承信息	
采集时间	2012年4月28日
采集地点	清华大学紫荆公寓18号楼313
在场者、助手	偏初里，胡镜明，张嘉城
翻译者	偏初里
记录者	原上青
校对者	原上青

审查：赵丽明
2012年4月28日

第六章
普米韩规画

一 普米韩规画解读

普米族韩规教属于原始苯教，起源于古象雄王国，它的祖师为滇巴仙罗，雍仲苯布为苯教之根。在普米语中，韩是法术，规是高大。藏语中，称韩规为韩居，又称哈巴，纳西族也称哈巴，蒗蕖土司称韩规为哈师匹。韩规经文也记载韩规教直接源出于苯教。

在几千年的历史长河中，专家学者普遍认为苯教的祭祀以杀生血祭为主要表现形式，对其它艺术形式没有认真研究。

通过多年的收集、抢救发现，苯教中杀生血祭、绘画、面偶等多种形式的祭祀方式并存，大部分情况下用面偶、牛奶、酒、面粉等祭山神、龙神、平安神等，只有祭战神、祖先和镇妖、镇敌才用杀生血祭。

韩规绘画有木牌画、纸牌画和布卷画三大类，绘画根据信仰和崇拜分为七种。

本画册是韩规偏初里为了更便于信众使用传承，根据口诵经"喀尔沙"的内容画出的。内容大致分为七个部分：

1. 依增依达（山神）、念达（和谐平安神）
2. 萨达鲁叶甲布（龙神）
3. 帕拉扎拉（英雄战神）
4. 喜不戎别（祭羊仪式）
5. 巴空迷那（镇敌镇妖）
6. 甲布捐滇（皇帝制定的法律法规、行为准则）
7. 天铎（不祥之兆）

还有滇巴仙罗神像，释迦牟尼、观音、文殊、普贤、金刚等十二幅唐卡，东西南北四大守门神，神路图，超度亡灵的指路图等，本卷未收入。

绘画形式多样，有神像、宝物、野兽、家畜、家禽、花草树木，变化多端，内容丰富。

按用途分，有祝福、保护自然、消灾、替代还债、镇凶、驱鬼、歌颂英雄、怀念祖先等等。

第一册 依增依达（山神）、念达（和谐平安神）

普米族是一个重视生态保护的民族，为了保护生态，把居住地周围的大山以山神为名。上古时代，普米族从羌分离出来形成的四大部落和四个氏族都以山命名，如给母氏族以平原上的花瓶山命名，奔雅氏族以豹子山命名，控氏族以红虎花纹山命名，留在青海的党项部落以绿松石山命名。

普米族从青海迁徙到滇川边界路线的山以形状命名。贡嘎山称贡嘎赖松光布，永宁狮子山称塔垄生格嘎母，盐源公母山称腊如窝石松嘎母，木里县内有三大山：高我寻局、高巴沙局、高斤图局，永胜观猫山称假给师不那，塔耳波子山称假给塔博那。宁蒗新营盘古代为蒗蕖土司居住地，普米称窝告迪，周围四座山东方为乐谷纳尔捕、乐谷嘎打叶、乐谷念空，南方为光有山，称谷去多卡国，西方雪眉山称雪眉木享别，北方树扎山称削扎给哭，宁利尖山称利吉勒布库特增。梅里雪山、老君山、哈巴雪山、大理苍山都有普米族命名的名字，这里不一一列举。

普米族把美好的愿望都寄托于大自然。祭词中说：用蜂蜜祭奠你，让大地开满花；用茶叶祭奠你，让森林像娑罗树那样繁盛；用牛奶祭奠你，让宇宙晴空万里，白云飘绕；用醋酒祭奠你，让青海湖的水常年满盈。教育人敬畏自然。祭祀词中说：你破坏了生态会发生"扎尼别卡"泥石流、"吉石滇的"地震，老虎豹子没有栖息地，会下山吃人。因此普米族地区生态得到保护。

关于念达，经文中说：开天辟地人类诞生的时候，世间生产力不发达，人们都能和谐共存。随着生产力不断发展，产生了贫富。为了争夺食物，发生了争斗，也出现了妖魔鬼怪。为了让世间得到太平，天上的玉皇大帝召集天神，商量派遣一个大神下凡，镇压妖魔鬼怪。这些天神都不愿下凡，最后投票选举，滇巴仙罗大师当选。大师带领八员大将和三百六十名精兵下凡，镇压了世间妖魔，把韩规教传给了人们。

滇巴仙罗下凡后，一个妖女变成美女嫁给了他。那个年代，韩规给人家做祭祀仪式是不收礼金的，收了礼金回来这个美女就得病。有一次，韩规给一大户人家祭羊，主人家暗中把金子藏在了马鬃里，把白银藏在马蹄中。韩规回到家，这个美女就得了病。美女说："叫你不要收礼金你不听，你回来我就病了，肯定是你收了礼金，你收的礼金就藏在马鬃和马蹄中。"滇巴仙罗一看，果然主人家送了礼金。后来滇巴仙罗发现这个美女是个妖女，把她杀了，埋在人们过路的山垭口。从前凡是有普米族居住的地方，每道山垭口都有一个石堆，传说就是埋妖女的石堆。

滇巴仙罗镇压了人间妖魔，把韩规传给了普米族，准备回到天上，到了青海湖边，看见一个白寒鸡在吃死去动物的肉。滇巴仙罗说："白寒鸡，你这么美丽为什么吃死去动物的肉？"白寒鸡反问滇巴仙罗大师："你是一个菩萨，为什么同妖女成婚？"滇巴仙罗听后不好意思，就把帽子摘下来戴给白寒鸡，把红腰带系在白寒鸡脚上，所以白寒鸡的头是黑色的，脚是红色的。滇巴仙罗自己跳进青海湖死了，因此滇巴仙罗的脸和身子是墨绿色的。

为了保护自然并纪念滇巴仙罗下凡镇压妖魔，使人间得到太平，普米族每年正月十五、五月端午、七月十五，都要上山祭天转山。

立春之后，花草丛生，树木发芽，昆虫产卵，鸟儿筑巢。为了祈求风调雨顺、和谐平安，纪念滇巴仙罗下凡，阴历二月初，每个家族都要在自家神山上祭奠滇巴仙罗，举行"念达则"仪式。仪式要三天时间，拈达标杆高二丈多，分十三层，顶部画滇巴仙罗神像，下五层用图画、竹子、树叶装饰，内放各种面偶，用炒面五十多斤。上八层用九十幅图画组成，图画形状有人物、五彩福旗、宝瓶、海螺、鲜花树木等，人物有韩规经师，有男有女，有吹号的、吹海螺的、吹唢呐的、跳舞的等，神像有山神、平安神、龙神、战神、财神和火神等，体现生态完美、和谐平安、繁荣富强。

原图	解读

ꫛ꪿꪿꪿ (Tibetan script)

lraá buū ngū ceà mī dà, dē ngū mī, tiēn ddō teá lō xōn.

ʑa³⁵ pu⁵⁵ ŋu⁵⁵ tsʰɛ⁵³ mi⁵⁵ tɑ⁵³, də⁵⁵ ŋu⁵⁵ mi⁵⁵, tʰie⁵⁵ do⁵⁵ tʰɛ³⁵ lo⁵⁵ ʃõ⁵⁵.

雄鸡晚间啼鸣，消除不祥之兆。

lraá mā gū zē dí mī, tiēn ddō teá lo xōn.

ʑa³⁵ mɑ⁵⁵ ku⁵⁵ tsə⁵⁵ ti³⁵ mi⁵⁵, tʰie⁵⁵ do⁵⁵ tʰɛ³⁵ lo⁵⁵ ʃõ⁵⁵.

母鸡生铁蛋，消除不祥之兆。

gū jieà wū bbré lrāi rē mī, tiēn ddó tteá lō xōn.

ku⁵⁵ tɕiɛ⁵³ wu⁵⁵ bzə³⁵ ʑa⁵⁵ ʐʅ⁵⁵ mi⁵⁵, tʰie⁵⁵ do⁵⁵ tʰɛ³⁵ lo⁵⁵ ʃõ⁵⁵.

蛇进鸡窝吞蛋，消除不祥之兆。

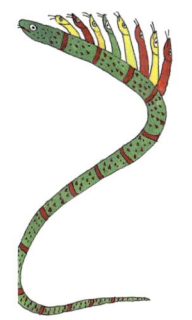

bré lrāi kuú ggé ddión mē teá jiēn, tiēn deá lō xōn.

bzə³⁵ ʑei⁵⁵ kʰu³⁵ gə³⁵ diõ³⁵ mə⁵⁵ tʰɛ³⁵ tɕiɛ⁵⁵, tʰie⁵⁵ tɛ³⁵ lo⁵⁵ ʃõ⁵⁵.

目睹有九个头的蛇，消除不祥之兆。

baà ddiē, xxieá faà diēn ddiōn mī, teá jjiēn, tiēn deá lō xōn.

pɑ⁵³ di⁵⁵, ʑiɛ³⁵ kɑ⁵³ tie⁵⁵ diõ⁵⁵ mi⁵⁵, tʰɛ³⁵ tɕiɛ⁵⁵, tʰie⁵⁵ tɛ³⁵ lo⁵⁵ ʃõ⁵⁵.

目睹蛙有十只手，消除不祥之兆。

续表

| 原图 | 解读 |

ཤོག་ངོས་འདིའི་བོད་ཡིག་ཕབ་འདྲུད།

qüeá mì diē jí lrōn mī, tiē deá lō xōn.

tɕʰye³⁵ mi⁵³ bzə̢⁵³ diə⁵⁵ tɕi³⁵ ʴõ⁵⁵ mi⁵⁵, tʰie⁵⁵ tɛ³⁵ lo⁵⁵ ʃõ⁵⁵.

母猪生独猪，消除不祥之兆。

jjueá shé hhō zzē mī teá jiēn, tiēn deá lō xōn.

dzuɛ³⁵ ʃə³⁵ ɣo⁵⁵ dzə⁵⁵ mi⁵⁵ tʰɛ³⁵ tɕiɛ⁵⁵, tʰie⁵⁵ tɛ³⁵ lo⁵⁵ ʃõ⁵⁵.

见黄鼠狼吃老鼠，消除不祥之兆。

ré mī gī jí lrōn mī, tiēn deá lō xōn.

ʑʅ³⁵ mi⁵⁵ ki⁵⁵ tɕi³⁵ ʴõ⁵⁵ mi⁵⁵, tʰie⁵⁵ tɛ³⁵ lo⁵⁵ ʃõ⁵⁵.

母绵羊生双子，消除不祥之兆。

ngāi ggieā ddé jjī jjieá zrōn nī, tiēn suū lrāi nōn crú gò, dō gē sì.

ŋɛi⁵⁵ giɛ⁵⁵ də⁵⁵ dzi⁵⁵ dziɛ³⁵ tʂõ⁵⁵ ni⁵⁵, tʰie⁵⁵ su⁵⁵ ʴɛi⁵⁵ nõ⁵⁵ tʂu³⁵ ko⁵³, to⁵⁵ kə⁵⁵ si⁵³.

金刚法器镇压三百六十种不祥之兆。

tiēn bōn cheé kuū jiēn mē, tiēn suū lrāi crú gò ddé zuēn shē gù.

tʰie⁵⁵ põ⁵⁵ tʂʰɤ³⁵ kʰu⁵⁵. tsʰʅ⁵³ kʰu⁵⁵ tɕiɛ⁵⁵ mə³⁵, tʰie⁵⁵ su⁵⁵ ʴɛi⁵⁵ tʂʰu³⁵ ko⁵³ də³⁵ tsue⁵⁵ ʂʅ⁵⁵ ku⁵³.

不祥之兆魔头，把三百六十种不祥之兆牵走。

续表

原图	解读

ༀ༎ཛྲུལ་ལ་སེང་ཀུ་ཤེ་མེ༎ཏིཨེན་དེཨ་ལོ་ཤོན༎

bbré lrāi sén kū shē mē, tiēn deá lō xōn.

bzʅ³⁵ ʑei⁵⁵ se³⁵ kʰu⁵⁵ ʂʅ⁵⁵ mə⁵⁵, tʰie⁵⁵ tɛ³⁵ lo⁵⁵ ʃõ⁵⁵.

蛇爬树，消除不祥之兆。

ༀ༎ཞོན་ཆེཨེ་གུཨཱི་མེ༎ཏིཨེན་དེཨ་ལོ་ཤོན༎

xxón cheè guāi mé, tiēn deá lō xōn.

zõ³⁵ tʂʰʅ⁵³ kuɛi⁵⁵ mi⁵⁵, tʰie⁵⁵ tɛ³⁵ lo⁵⁵ ʃõ⁵⁵.

看家狗嚎叫，消除不祥之兆。

ༀ༎ཇིན་ངན་གགུཨེཨ་བབྲ༎ཏིཨེན་དེཨ་ལོ་ཤོན༎

jìn ngān gguéa bbrā, tiēn deá lō xōn.

tɕin⁵³ ŋan⁵⁵ guei⁵⁵ bzʅ⁵⁵, tʰie⁵⁵ tɛ³⁵ lo⁵⁵ ʃõ⁵⁵.

房前屋后狐叫，消除不祥之兆。

ༀ༎པུཨུཨེ་ཛཛྲིཨེ༎མེ་ཛཛྲིཨེ་བིཨེན༎ཏིཨེན་དེཨ་ལོ་ཤོན༎

puuè zzriē, mé zzriē bièn, tiēn deá lō xōn.

puu⁵³ dzi̯e⁵⁵, mə³⁵ dzi̯e⁵⁵ pie⁵³, tʰie⁵⁵ tɛ³⁵ lo⁵⁵ ʃõ⁵⁵.

男性，女性，消除不祥之兆。

ༀ༎གེཨ་ཡིཨེ་ལླ་སེན་དདིཨེ་ཇཇིཨེཨ༎སཨན་དདཨ་ལུཨུ་ནིཨེ༎ཏིཨེན་དེཨ་ལོ་ཤོན༎

geà yiē llā sēn ddié jjieā, sán ddá luú niē, tiēn deá lō xōn.

kɛ⁵³ jie⁵⁵ ɬa⁵⁵ se⁵⁵ die⁵⁵ dzi̯e⁵⁵, san³⁵ da⁵⁵ lu³⁵ nie⁵⁵, tʰie⁵⁵ tɛ³⁵ lo⁵⁵ ʃõ⁵⁵.

投放天龙精灵，消除不祥之兆。（精灵：宇宙里面看不见摸不着的神）

原图	解读
	༄༅། ཨེ་རྡོ་མཱ་ཁའ་གི་མེ་ཐིན་དེཨ་ལོ་ཤོན། jīn dō maá kuaá gí mē, tiēn deá lō xōn. tɕin⁵⁵ to⁵⁵ mɑ³⁵ kʰuɑ³⁵ ki⁵⁵ mə⁵⁵, tʰie⁵⁵ tɛ³⁵ lo⁵⁵ ʃõ⁵⁵. 房屋头上罩彩虹，消除不祥之兆。
	gguēn nieā xxieā bbuuē ddiōn, tiēn deá lō xōn. guɛ⁵⁵ niɛ⁵⁵ ʑiɛ⁵⁵ buɛ⁵⁵ diõ⁵⁵, tʰie⁵⁵ tɛ³⁵ lo⁵⁵ ʃõ⁵⁵. 黑熊缺掌，消除不祥之兆。
	kè mā kè diē jí lrōn mè tiēn deá lo xōn. kʰə⁵³ mə⁵⁵, kʰə⁵³ tie⁵⁵ tɕi³⁵ ɚõ⁵⁵ mə⁵³, tʰie⁵⁵ tɛ³⁵ lo⁵⁵ ʃõ⁵⁵. 母狗生独狗，消除不祥之兆。
	hhò nī jión gguí dà, tiēn deá lō xōn. ɣo⁵³ ni⁵⁵ tɕiõ³⁵ gui³⁵ tɑ⁵³, tʰie⁵⁵ tɛ³⁵ lo⁵⁵ ʃõ⁵⁵. 老鼠咬新衣，消除不祥之兆。
	jjuén nieá zraà zraà mē, tiēn deá lō xōn. dzye³⁵ niɛ³⁵ tʂɑ⁵³ tʂɑ⁵³ mə⁵⁵, tʰie⁵⁵ tɛ³⁵ lo⁵⁵ ʃõ⁵⁵. 飞禽斗殴，消除不祥之兆。

续表

原图	解读
	༄༅། །བྱིས་པ་མྱུར་འགྲུབ་ཀྱི་མདོ། zzhè niē jieà jiōu, tiēn deā lō xōn. dʐɿ⁵³ nie³⁵ tɕiɛ⁵³ tɕiəu⁵⁵, tʰie⁵⁵ tɛ³⁵ lo⁵⁵ ʃõ⁵⁵. 鱼类交叉，消除不祥之兆。
	༄༅། །ཀུན་འབྲོ་མེ། kón bbrāo mé, tiēn deá lō xōn. kʰõ³⁵ bzau⁵⁵ mə⁵⁵, tʰie⁵⁵ tɛ³⁵ lo⁵⁵ ʃõ⁵⁵. 猫头鹰鸣叫，消除不祥之兆。
	༄༅། །ཟ་བུ་ཆ་ཆུ། zaà buū chaà chū, tiēn deá lō xōn. tsa⁵³ pu⁵⁵ tʃʰa³⁵ tʃʰu⁵⁵, tʰie⁵⁵ tɛ³⁵ lo⁵⁵ ʃõ⁵⁵. 雄鹿格斗，消除不祥之兆。
	༄༅། །རྫེའི་མགོན་མ་ལྗོད་རྫེ་མེ། zzái gguén maà lliōu zzè mē, tiēn deá lō xōn. dzei³⁵ gue³⁵ ma⁵³ ɬiəu⁵⁵ dzɿ³⁵ mə⁵⁵, tʰie⁵⁵ tɛ³⁵ lo⁵⁵ ʃõ⁵⁵. 供人骑的马吃自己尾巴，消除不祥之兆。
	༄༅། །ལྱེན་ལྡེན་དབུ་རེ་མེ། lüēn ddién wū ré mè, tiēn deá lō xōn. lye⁵⁵ die³⁵ wu⁵⁵ ʐɿ³⁵ mə⁵³, tʰie⁵⁵ tɛ³⁵ lo⁵⁵ ʃõ⁵⁵. 黑麂子进村庄，消除不祥之兆。

原图	解读
	luuē nieā kuú má ddiōn mē, tiēn deá lō xōn. luɯ⁵⁵ nie⁵⁵ kʰu³⁵ ma³⁵ diõ⁵⁵ mə⁵⁵, tʰie⁵⁵ te³⁵ lo⁵⁵ ʃõ⁵⁵. 黑獐无头，消除不祥之兆。

第二册 萨达鲁叶甲布（龙神）

水在人们的生活中具有最高地位。普米族称龙王为"萨达鲁叶甲布"，用汉文解读，萨指大地，达指和谐平安，鲁叶甲布指龙王。地球上一切有生命的都要依靠水。普米族祭祀龙王的祭词说：龙王九弟兄，龙女七姊妹，我们和你是同生死共命运的关系，你富裕我们才能富裕，你兴旺我们才能兴旺。有了水一切动植物才能茁壮成长，根深叶茂，鲜花盛开，果实饱满。

古代每个普米家族都有自己的龙洞。龙洞周围的树木是不能采伐的，必须认真加以保护。每月初一和十五都要到龙洞前烧香祭祀。每个家庭每年都要举行祭龙王仪式，仪式的规格有大小七种，时间短到几小时，长到三天。

祭祀仪式的图画有一百四十四幅。图画种类繁多，有释迦牟尼像、滇巴仙罗像、大龙土像、春夏秋冬四季龙王像、东南西北四方龙王像。他们的作用有春季防风灾，夏季防洪水和冰雹，秋季防霜冻，冬季防雪灾。

水给一切动植物活力。图画中有海洋中的鱼虾贝类，有野外的飞禽走兽，有家禽家畜，都来感谢水给的生命之源。

原图	解读
	luù yié jjieá bū. luə⁵³ jie³⁵ dziɛ³⁵ pu⁵⁵. 龙王。

原图	解读
	༄༅། འཚོ་པའི་ཉི་འོད། teá yeá jjión cū kueà wū zzhē niē xxiè. tʰɛ³⁵ jɛ³⁵ dʑiõ³⁵ tsʰu⁵⁵ kʰuɛ⁵³ wu⁵⁵ dʐŋ⁵⁵ nie⁵⁵ zie⁵³. 青海湖里有鱼。
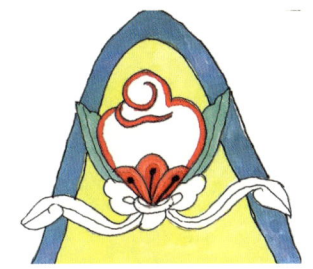	༄༅། nón bbū. nõ³⁵ bu⁵⁵. 宝物。
	༄༅། ཀླུ་རྒྱལ་ལྷོ་ཕྱོགས་ལ་གསོལ། འདོད་དགུ་ཀུན་འབྱུང་དུ་གསོལ། huù qū̄ luù yiē jjieá bū, ddē ggī gū diēn bbrī qū̄ gieā gū. xuə⁵³ tɕʰy⁵⁵ luə⁵³ jie⁵⁵ dʑiɛ³⁵ pu⁵⁵, də⁵⁵ gi⁵⁵ ku⁵⁵ tie⁵⁵ bzj̩⁵⁵ tɕʰy⁵⁵ kiɛ⁵⁵ ku⁵⁵. 向南方龙王祈求如愿。
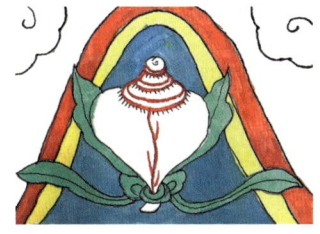	༄༅། དུང་དཀར། yí prēn. ji³⁵ pʰz̞ɛ⁵⁵. 白海螺。
	༄༅། yeá gé lreā lruā. jɛ³⁵ kə³⁵ ʂɛ⁵⁵ ʂua⁵⁵. 吉祥连环。

续表

原图	解读

sōn jjiē cē bā miē bbiē eá diēn gé mē sōu ddiōu gé qōn gieā.

sõ⁵⁵ dʑie⁵⁵ tsʰɿ⁵⁵ pɑ⁵⁵ mie⁵⁵ bie⁵⁵ ɛ³⁵ tie⁵⁵ kə³⁵ mə⁵⁵ səu⁵⁵ diəu⁵⁵ kə³⁵ tɕʰõ⁵⁵ kiɛ⁵⁵.

向长寿佛祈求心想事成。

lrón zzē bā bā zhē lriē jjì.

ʐõ³⁵ dzɿ⁵⁵ pɑ⁵⁵ pɑ⁵⁵ tʂɿ⁵⁵ ʐie⁵⁵ dʑi⁵³.

由蝙蝠请龙王。

zōn sōn zōn xxī bré bā buū mē hiē, dē diēn dē lrō, zī shān kón liēn gieā gū.

zõ⁵⁵ sõ⁵⁵ zõ⁵⁵ ʑi⁵⁵ pʐə³⁵ pɑ⁵⁵ puə⁵⁵ mə⁵⁵ xie⁵⁵,tə⁵⁵ tie⁵⁵ tə⁵⁵ ʐo⁵⁵, zi⁵⁵ ʃan⁵⁵ kʰõ³⁵ lie⁵⁵ kiɛ⁵⁵ ku⁵⁵.

冬季法术神赐予人类幸福长寿。

bbrón prēn .

bzõ³⁵ pʰzẹ⁵⁵ .

神牦牛。

续表

原图	解读
	ré prēn. ʒə³⁵ pʰzɛ⁵⁵. 白绵羊。
	zōn sōn zōn xxī bré bā buuē mē hiē, bbiē mmiē lōn dē ddī, gé mē sōu ddiōu dō gé qiōn gieā gū. zõ⁵⁵ sõ⁵⁵ zõ⁵⁵ ʑi⁵⁵ pzə³⁵ pɑ⁵⁵ puɯ⁵⁵ mə⁵⁵ xie⁵⁵, bie⁵⁵ mie⁵⁵ lõ⁵⁵ tə⁵⁵ di⁵⁵, kə³⁵ mə⁵⁵ səu⁵⁵ diəu⁵⁵ to⁵⁵ kə³⁵ tɕʰiõ⁵⁵ kie⁵⁵ ku⁵⁵. 秋季法术神赐予人类心想事成。
	zreā nieā maà jjieà. tʂɛ⁵⁵ nie⁵⁵ ma⁵³ dʑie⁵³. 黑鹰花类。 rè prēn. ʒə⁵³ pʰzɛ⁵⁵. 白绵羊。 xxón cheè. zõ³⁵ tʃʰɐ⁵³. 看家犬。

续表

| 原图 | 解读 |

jiē sōn jiē xxī, brē bā buuē mē hiē, mè dō niō niē zón zeā qón dieá gieā gū.

tɕie⁵⁵ sõ⁵⁵ tɕie⁵⁵ ʑi⁵⁵, pzə̣⁵⁵ pɑ⁵⁵ puɯ⁵⁵ mə⁵⁵ xie⁵⁵, mə⁵³ to⁵⁵ nio⁵⁵ nie⁵⁵ zõ³⁵ zɛ⁵⁵ tɕʰõ³⁵ tie³⁵ kiɛ⁵⁵ ku⁵⁵.

夏季法术神赐予人类避免瘟疫灾难。

neá cruū diè .

nɛ³⁵ tʂʰuə⁵⁵ tie⁵³ .

独角兽。

zaà buū .

za⁵³ puə⁵⁵.

雄鹿。

jiē sōn jiē xxī brē bā buuē mē hiē, ggí dō gueá keā qón dieá gieā, qiò dō laá jjiēn niē sōn qón dieá gieā.

tɕie⁵⁵ sõ⁵⁵ tɕie⁵⁵ ʑi⁵⁵ pzə̣⁵⁵ pɑ⁵⁵ puɯ⁵⁵ mə⁵⁵ xie⁵⁵, gi³⁵ to⁵⁵ kuɛ³⁵ kʰɛ⁵⁵ tɕʰõ³⁵ tie³⁵ kiɛ⁵⁵, tɕʰio⁵³ to⁵⁵ la³⁵ dʑie⁵⁵ nie⁵⁵ sõ⁵⁵ tɕʰõ³⁵ tie³⁵ kiɛ⁵⁵.

夏季法术神赐予六畜兴旺。

续表

原图	解读
	༄༅། ནོན་དར་འཇིན་ལིན། nōn dā jīn līn. nõ⁵⁵ ta⁵⁵ tɕĩ⁵⁵ lĩ⁵⁵. 麒麟。
	༄༅། འཛུའེ། zzhuuè . dʒuɯ⁵³ . 山驴。
	༄༅། དབྱར་མཆོད་འཕྲུལ་བྱེད་ཀྱི། ནང་མིའི་འཕེལ་རྒྱས། ཁྱིམ་ཚང་དར་འཕེལ་དགོས་པས། jiē sōn jiē xxī, brē bā buuē mē hiē, jìn wū mè ggē dè bbaà giē gū. tɕie⁵⁵ sõ⁵⁵ tɕie⁵⁵ ʑi⁵⁵, pʐə̣⁵⁵ pɑ⁵⁵ puɯ⁵⁵ mə⁵⁵ xie⁵⁵, tɕĩ⁵³ wu⁵⁵ mə⁵³ gə⁵⁵ tə⁵³ ba⁵³ kie⁵⁵ ku⁵⁵. 夏季法术神赐予家中人丁兴旺。
	༄༅། འཛུ་ཕྲེན། zzrū prēn . dʐu̠⁵⁵ pʰẓe̠⁵⁵. 大雁。
	༄༅། ཧན། hán. xɑn³⁵. 鹦鹉。

原图	解读
	zōn sōn zōn xxī bré bā buū mē hiē, ddién kòn wū mè dē bbaà gieā gū, qiò dō laá jjién niē sōn qón dieá gieā gū. zõ⁵⁵ sõ⁵⁵ zõ⁵⁵ ʑi⁵⁵ pzʅ³⁵ pa⁵⁵ puɯ⁵⁵ mə⁵⁵ xiɛ⁵⁵, die³⁵ kʰõ⁵³ wu⁵⁵ mə⁵³ tə⁵⁵ ba⁵³ kiɛ⁵⁵ ku⁵⁵, tɕʰio⁵³ to⁵⁵ la³⁵ dʑie³⁵ nie⁵⁵ sõ⁵⁵ tɕʰõ³⁵ tie³⁵ kiɛ⁵⁵ ku⁵⁵. 冬季法术神赐予人类兴旺，庄稼丰收。
	taá yeā jjión cū wū nōn bbū. tʰa³⁵ jɛ⁵⁵ dʑiõ³⁵ tsʰu⁵⁵ wu⁵⁵ nõ⁵⁵ bu⁵⁵. 海洋中诞生宝贝。
	zòn sōn zòn xxī bré bā buuē mē hiē, dien bbrī qǖ gieā, jìn wū mè kò neá cā dió rē dè jiō xōn. zõ⁵³ sõ⁵⁵ zõ⁵³ ʑi⁵⁵ pzʅ³⁵ pa⁵⁵ puɯ⁵⁵ mə⁵⁵ xiɛ⁵⁵, tie bʑi⁵⁵ tɕʰy⁵⁵ kiɛ⁵⁵, tɕĩ⁵³ wu⁵⁵ mə⁵³ kʰo⁵³ nɛ³⁵ tsʰa⁵⁵ tio³⁵ ʐo⁵⁵ tə⁵³ tɕio⁵⁵ ɕõ⁵⁵. 冬季法术神赐予吉祥如意，使人类避免灾难。

续表

原图	解读

suì .

sui⁵³ .

豹。

wēn（gguēn）.

we⁵⁵（gy⁵⁵）.

熊。

zòn sōn zòn xxī bré bā buuē mē hiē, cē dōn saā nōn ddē kién gū, diēn bbrī qū̄ gieā gū.

zõ⁵³ sõ⁵⁵ zõ⁵³ ʑi⁵⁵ pzə̯³⁵ pa⁵⁵ puɯ⁵⁵ mə⁵⁵ xie⁵⁵, tsʰɿ⁵⁵ tõ⁵⁵ sa⁵⁵ nõ⁵⁵ də⁵⁵ kʰie³⁵ ku⁵⁵, tie⁵⁵ bzi̯⁵⁵ tɕʰy⁵⁵ kiɛ⁵⁵ ku⁵⁵.

冬季法术神赐予幸福安康。

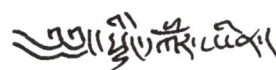

ggí geá mū .

se⁵³ gi³⁵ kɛ³⁵ mu⁵⁵ .

灰狮。

hhó niē dā bbrāi .

ɣo³⁵ nie⁵⁵ tɑ⁵⁵ bzɛi⁵⁵ .

红虎彪纹。

续表

原图	解读

zá sōn zá xxī bré bā buuē mē hiē, sōn jjiē biē mmiē lō ggé dē ddī, gé mē sōu ddiōu dō gé qōn gieā gū.

za³⁵ sõ⁵⁵ za³⁵ ʑi⁵⁵ pzə³⁵ pɑ⁵⁵ puu⁵⁵ mə⁵⁵ xie⁵⁵, sõ⁵⁵ dzie⁵⁵ pie⁵⁵ mie⁵⁵ lo⁵⁵ gə³⁵ tə⁵⁵ di⁵⁵, kə³⁵ mə⁵⁵ səu⁵⁵ diəu⁵⁵ to⁵⁵ kə³⁵ tɕʰõ⁵⁵ kiɛ⁵⁵ ku⁵⁵.

秋季法术神赐予心想事成。

lōn bbuué qī .

lõ⁵⁵ buu³⁵ tɕʰi⁵⁵ .

大象。

cī wū ceè nōn rōn .

tsʰi⁵⁵ wu⁵⁵ tsʰɐ⁵³ nõ⁵⁵ ʐõ⁵⁵ .

沼泽地里的山羊、绵羊。

xieà quē kueà wū zzōn mē, sán ddā luuè yié jjieá bū, jìn wū mè dō niē zeà qón dieá gieā gū.

ɕiɛ⁵³ tɕʰuɛ⁵⁵ kʰuɛ⁵³ wu⁵⁵ dzō⁵⁵ mə⁵⁵, san³⁵ dɑ⁵⁵ luuu⁵³ jie³⁵ dziɛ³⁵ pu⁵⁵, tɕĩ⁵³ wu⁵⁵ mə⁵³ to⁵⁵ nie⁵⁵ ze⁵³ tɕʰõ³⁵ tiɛ³⁵ kiɛ⁵⁵ ku⁵⁵.

东海龙王赐予阖家平安。

续表

原图	解读
	༄༅། ནོན་བུ་ཨོན། nón bbū . nõ³⁵ bu⁵⁵ . 宝贝。
	༄༅།། བྱེ་མ་དགའ་རྗེས། biēn mā ddaā jjieā . pie⁵⁵ ma⁵⁵ da⁵⁵ dʑiɛ⁵⁵ . 八瓣花神座。
	༄༅།། gguué kién mē luuè yié jjieā bū, nguēn zruū ddé preā gieā gū. guɯ³⁵ kʰie³⁵ mə⁵⁵ luɯ⁵³ jie³⁵ dʑiɛ³⁵ pu⁵⁵, ŋy⁵⁵ tʂuə⁵⁵ də³⁵ pʰzɛ⁵⁵ kiɛ⁵⁵ ku⁵⁵. 龙官财神王赐予人类富裕。
	༄༅།། jjién ciēn . dʑie³⁵ tsʰie⁵⁵ . 宝伞。
	༄༅།། raà ssè lraà lruā . ʒa⁵³ zɿ⁵³ ʑa⁵³ ʑuɑ⁵⁵ . 菱形连环图。

原图	解读

	hiē dā crú . xie^{55} ta^{55} tʂʰu^{35} . 六尊智慧大师。
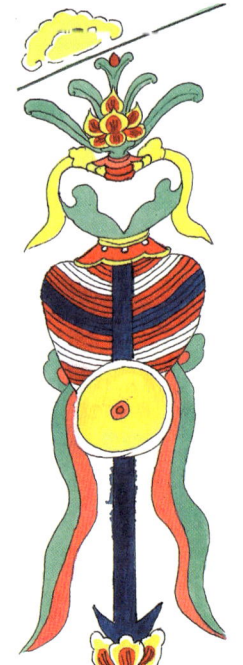	bón bbā ddā drē . põ^{35} ba^{55} da^{55} tzə^{55} . 宝瓶彩旗。

续表

原图	解读

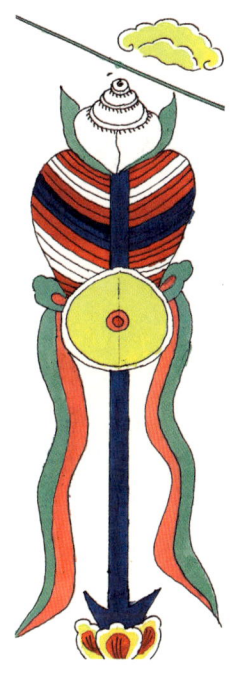

༄༅། བགོས་གནང་ལས་སོགས་གནང་། རྩོལ་རྩོལ་ཟུར་ལོན།

yī ddaà drē .

ji⁵⁵ da⁵³ tzə⁵⁵ .

海螺彩旗。

zraā shē dā jjieā, rón ggē ddē lrēi gieā.

tʂa⁵⁵ ʃŋ⁵⁵ tɑ⁵⁵ dʑie⁵⁵, ʒõ³⁵ gə⁵⁵ də⁵⁵ ʈʂei⁵⁵ kiɛ⁵⁵.

神赐予各种财宝和福气。

原图	解读
	gón puù dāi baá zē. kõ³⁵ pʰuə⁵³ tɕi⁵⁵ pa³⁵ zʅ⁵⁵. 吉祥门横联图。
	zhē lriē preā bbā, niē qōn zeà qōn mē teá cán gieā. tʂʅ⁵⁵ ʑie⁵⁵ pʰzɛ⁵⁵ ba⁵⁵, nie⁵⁵ tɕʰõ⁵⁵ zɛ⁵³ tɕʰõ⁵⁵ mə⁵⁵ tʰɛ³⁵ tsʰɑn³⁵ kiɛ⁵⁵. 镇压龙魔的法器。

续表

原图	解读
	mè gguué xxīn wū luuè yiē jjieá bū bbiē, baà zè, lrāi zè zzhè zè niē cué deá zzrēn xōn. mə⁵³ guɯ³⁵ zĩ⁵⁵ wu⁵⁵ luɯ⁵³ jie⁵⁵ dzie³⁵ pu⁵⁵ bie⁵⁵, pa⁵³ zʅ⁵³, ʑɛi⁵⁵ zʅ⁵³ dʑʅ⁵³ zʅ⁵³ nie⁵⁵ tsʰue³⁵ tɛ³⁵ dzŋ⁵⁵ ɕõ⁵⁵. 天地中央的龙神，以蛇、蛙、鱼儿为替身。
	qòn qüē ggieā luuè yiē jjieá bū bbiē, biēn sēn jiēn nī cué deà zzrēn xōn. tɕʰõ⁵³ tɕʰye⁵⁵ gie⁵⁵ luɯ⁵³ jie⁵⁵ dzie³⁵ pu⁵⁵ bie⁵⁵, pie⁵⁵ se⁵⁵ tɕie⁵⁵ ni⁵⁵ tsʰue³⁵ tɛ⁵³ dzŋ⁵⁵ ɕõ⁵⁵. 北方龙神以野生蹄兽为替身。

原图	解读

ཨོཾ་ཨཱཿཧཱུྃ། ...(藏文)

huù qüē luuè yié jjieá bū bbiē, lruaà、 rōn cè nī cué teá zzrēn xōn.

xuə⁵³ tɕʰye⁵⁵ luɯ⁵³ jie³⁵ dʑie³⁵ pu⁵⁵ bie⁵⁵, ʂua⁵³、 ʒõ⁵⁵ tshʅ⁵³ ni⁵⁵ tshue³⁵ tʰɛ³⁵ dʐŋ⁵⁵ ɕõ⁵⁵.

南方龙神以牦牛、绵羊、山羊为替身。

niò qüē luuè yiē jjieá bū bbiè, sīn ggī、 hhó、 suì nī cué teá zzrēn xōn.

nio⁵³ tɕʰye⁵⁵ luɯ⁵³ jie⁵⁵ dʑiɛ³⁵ pu⁵⁵ bie⁵³, sĩ⁵⁵ gi⁵⁵、 ɣo³⁵、 sui⁵³ ni⁵⁵ tshue³⁵ tʰɛ⁵⁵ dʐŋ⁵⁵ ɕõ⁵⁵.

西方龙神以狮子、老虎、豹子为替身。

续表

原图	解读
	xxieà qūē luuè yiē jjieá bū bbiē, zzrú、mmò gé ggī nī cué teá zzrēn xōn. ʑie⁵³ tɕʰye⁵⁵ luɯ⁵³ jie⁵⁵ dʑie³⁵ pu⁵⁵ bie⁵⁵, dʐu³⁵、mo⁵³ kə³⁵ gi⁵⁵ ni⁵⁵ tsʰue³⁵ tʰɛ³⁵ dʐn⁵⁵ ɕõ⁵⁵. 东方龙神以大雁、白寒鸡、绿斑鸠为替身。
	hhó gguēn kū zzōn mē luuè yiē jjieā bū, qiò dò laá jjiēn niē sōn qón dieá gieā gū. ɣo³⁵ gy⁵⁵ kʰu⁵⁵ dzõ⁵⁵ mə⁵⁵ luɯ⁵³ jie⁵⁵ dʑie⁵⁵ pu⁵⁵, tɕʰio⁵³ to⁵³ la³⁵ dʑie⁵⁵ nie⁵⁵ sõ⁵⁵ tɕʰõ³⁵ tie³⁵ kiɛ⁵⁵ ku⁵⁵. 在大山中的龙王赐予庄稼避免雹灾。
	pɑ³⁵ tʂa⁵⁵. 文字。

原图	解读
	ddé jjī . $də^{35}$ $dʑi^{55}$. 金刚法器。
	༄༅། རྒྱལ་ཆེན་རྣམ་ཐོས་སྲས། qòn qüè bbiē luuè yiē jjieá bū, mè dò niē zeà qón dieá gieā gū, qiò dò laá jjiēn niē sōn qón dieá gieā gū. $tɕʰõ^{53}$ $tɕʰye^{53}$ bie^{55} $luɯ^{53}$ jie^{55} $dʑie^{35}$ pu^{55}, $mə^{53}$ to^{53} nie^{55} $zɛ^{53}$ $tɕʰõ^{35}$ tie^{35} $kiɛ^{55}$ ku^{55}, $tɕʰio^{53}$ to^{53} la^{35} $dʑie^{55}$ nie^{55} $sõ^{55}$ $tɕʰõ^{35}$ tie^{35} $kiɛ^{55}$ ku^{55}. 北方龙王赐予人类安康、庄稼避免雹灾。
	jjieá cēn . $dʑie^{35}$ $tsʰe^{55}$. 宝伞。
	zzón bbā lā . $dzõ^{35}$ ba^{55} la^{55} . 财神王。

续表

原图	解读

ཨོཾ༔ ...

niò qüè luuè yiē jjieá bū bbā, rōn lrueá ggeá leá（ddea） kién gū.

nio⁵³ tɕʰye⁵³ luɯ⁵³ jie⁵⁵ dʑie³⁵ pu⁵⁵ ba⁵⁵, ʐõ⁵⁵ ʂuɛ³⁵ gɛ³⁵ lɛ³⁵（dɛ） kʰie³⁵ ku⁵⁵.

南方龙王赐予福气。

bó bbā.

po³⁵ ba⁵⁵.

宝瓶。

mí lōn.

mi³⁵ lõ⁵⁵.

照妖镜。

baá zē kū lū wū zzōn mē, luuè yiē jjieá bū bbā, zī shān kōn liēn ggē ddé kién gū.

pa³⁵ zɿ⁵⁵ kʰu⁵⁵ lu⁵⁵ wu⁵⁵ dzõ⁵⁵ mə⁵⁵, luɯ⁵³ jie⁵⁵ dʑiɛ³⁵ pu⁵⁵ ba⁵⁵, zi⁵⁵ ʃan⁵⁵ kʰõ⁵⁵ lie⁵⁵ gə⁵⁵ də³⁵ kʰie³⁵ ku⁵⁵.

坐在法轮花丛中的龙王赐予健康长寿。

原图	解读
	baá zē . pa^{35} zʅ^{55} . 花朵。
	yōn zzrōn bá zraā . jõ^{55} dzõ^{55} pɑ^{35} tʂa^{55} . 永不变的法宝。
	ddè xì qōn qiēn meá bbū, zū rú do gé sì gù. də^{53} ɕi^{53} tɕʰõ^{55} tɕʰie^{55} mɛ^{35} bu^{55}, zu^{55} ʐu^{35} to^{55} kə^{33} si^{53} ku^{53}. 铜色神鹰镇压妖魔鬼怪。
	yeá jjón shēn jjī jieá bū, llaà cèn ddié jjieā, nō sē llān zzrī, jjieà yiē mé kieā, dòn giē braá chuuē nán zhèn lōn eōn, shèn jjī、zū dō gé sì gū. jɛ^{35} dzõ^{35} ʃŋ^{55} dʑi^{55} tɕie^{35} pu^{55}, ɬa^{53} tsʰe^{53} die^{35} dʑie^{55}, no^{55} sʅ^{55} ɬan^{55} dzʅ^{55}, dʑie^{53} jie^{55} mə^{35} kʰiɛ^{55}, tõ^{53} kie^{55} pʐɑ^{35} tʃʰuu^{55} nan^{35} tʃŋ^{53} lõ^{55} əõ^{55}, ʃŋ^{53} dʑi^{53}、zu^{55} to^{55} kə^{35} si^{53} ku^{55}.

续表

原图	解读
	llā cōn bbā geā bū, zū gueà, rú guea. ɬa⁵⁵ tsʰõ⁵⁵ ba⁵⁵ kɛ⁵⁵ pu⁵⁵, zu⁵⁵ kuɛ⁵³, ʐu³⁵ kuɛ. 天神王掌控妖魔鬼怪。
	yí ddōn crēn jjieā zōn qiō, zzraā dō gē qió. ji³⁵ dõ⁵⁵ tsʰɳ⁵⁵ dʑiɛ⁵⁵ zõ⁵⁵ tɕʰio⁵⁵, dza̠⁵⁵ to⁵⁵ kə⁵⁵ tɕʰio³⁵. 镇魔王把妖魔踩在脚下。
	sōn jjiē cē bā miē. sõ⁵⁵ dʑie⁵⁵ tsʰɳ⁵⁵ pa⁵⁵ mie⁵⁵. 长寿佛。
	ddè xī diēn bbā xiēn lrō. də⁵³ ɕi⁵⁵ tie⁵⁵ ba⁵⁵ ɕie⁵⁵ ʂo⁵⁵. 苯教祖师丁巴什罗。

续表

原图	解读
	༄༅། ཡོན་ཛྲོན། yōn zzrōn . jõ⁵⁵ dzõ̠⁵⁵ . 永忠国。
	༄༅། ལྷ་མུ། llá mū . ɬa³⁵ mu⁵⁵ . 女神。
	༄༅། ཆེ་ཇོན་རྒྱལ་མུ། chē jiōn jjieā mū . tʃʰŋ⁵⁵ tɕiõ⁵⁵ dʑiɛ⁵⁵ mu⁵⁵ . 赤迥甲姆。
	༄༅། ཐེའ་ཡེའ་ཇོན་ཚུ། teá yeā jjión cū . tʰɛ³⁵ jɛ⁵⁵ dʑiõ³⁵ tsʰu⁵⁵ . 海洋。
	༄༅། ལྷ་མུ། llá mū . ɬa³⁵ mu⁵⁵ . 仙女。

续表

原图	解读
	ཨོཾ༔ གཤིན་ཁྱུང་དཀར་ཡིན༔ ddè xī qōn qiēn geā bū . də⁵³ ɕi⁵⁵ tɕʰõ⁵⁵ tɕʰie⁵⁵ kɛ⁵⁵ pu⁵⁵ . 白色神鹰。
	ཨོཾ༔ ནོར་ཐེ་སེ་ཡིན༔ nōn tiē seā . nõ⁵⁵ tʰie⁵⁵ sɛ⁵⁵ . 北方财神。
	ཨོཾ༔ ཕྱོགས་རས་ནི་ཆེན་དིའེ་ཛི་ཡིན༔ qiō rē nī qiēn ddié jjī . tɕʰio⁵⁵ ʒə⁵⁵ ni⁵⁵ tɕʰie⁵⁵ die³⁵ dʑi⁵⁵ . 管四个方位的大神。
	ཨོཾ༔ འཇེ་ལ་མ་ནི་པོན་ལར་ཡིན༔ ré ddā mā nī bōn lraā . ʒə³⁵ dɑ⁵⁵ mɑ⁵⁵ ni⁵⁵ põ⁵⁵ ʵa⁵⁵ . 平安神。
	ཨོཾ༔ བྱུག་བཟང་གནེན་ལུ་ཀར་ཡིན༔ guēn ssōn xiēn lā wéi grē . ky⁵⁵ zõ⁵⁵ ɕie⁵⁵ lɑ⁵⁵ wei³⁵ kzə⁵⁵ . 行善祖师。

原图	解读
	lōn bbuuē qī . lõ⁵⁵ buɯ⁵⁵ tɕʰi⁵⁵ . 大象。
	llá mū . ɬa³⁵ mu⁵⁵ . 仙女。
	sē bā sē bbū bbón crē . sɿ⁵⁵ pa⁵⁵ sɿ⁵⁵ bu⁵⁵ bõ³⁵ tʂʰʅ⁵⁵ . 行善祖师。
	qōn qiēn geaā bū . tɕʰõ⁵⁵ tɕʰie⁵⁵ kəa⁵⁵ pu⁵⁵ . 神鹰。
	llá mū . ɬa³⁵ mu⁵⁵ . 仙女。

原图	解读
	༄༅། ཤཱཀྱ་ཐུབ་པ། xieá jieā tō bā . $\varcsi\varepsilon^{35}$ tɕie^{55} tʰo^{55} pɑ^{55} . 释迦牟尼。
	༄༅། གཡུག་ཧྱོན་འབུ། yeá bbrā huēn bbū . jɛ^{35} bzɑ^{55} xy^{55} bu^{55}. 青龙。
	༄༅། ལྷ་མོ། llá mū . ɬɑ^{35} mu^{55} . 仙女。
	༄༅། ཡོན་ཆེན་བཟེ་ཅེར་གཙུག་སོན། yón qiēn seà zré eiē sōn. jõ^{35} tɕʰie^{55} sɛ^{53} tʂʅ^{35} eiə^{55} sõ^{55}. 行善祖师。
	༄༅། སིང་གི་ཀེ་མུ། sīn ggī geā mū . sĩ^{55} gi^{55} kɛ^{55} mu^{55} . 灰狮子。

原图	解读
	ལྷ་མོ llá mū . ɬɑ³⁵ mu⁵⁵ . 仙女。
	༢.བ་སོང་འཇོན་ཤིང bá sōn jjión xiēn. pɑ³⁵ sõ⁵⁵ dʑiõ³⁵ ɕie⁵⁵. 松萝树。  lré lrō lliēn bbū . ɚɤ³⁵ ɚo⁵⁵ ɬie⁵⁵ bu⁵⁵ . 地球。
	teá yeā jjión cū . tʰɛ³⁵ jɛ⁵⁵ dʑiõ⁵⁵ tsʰu⁵⁵ . 海洋。

原图	解读
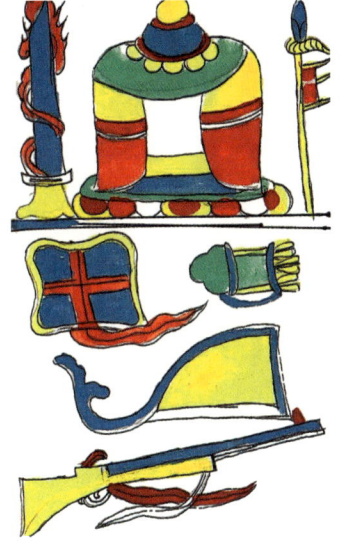	cuā qieà nnōn cū. tsʰuɑ⁵⁵ tɕʰiɛ⁵³ nõ⁵⁵ tsʰu⁵⁵. 各种武器。
	lrén bbū qī nnōn cū, má zzrī nnōn cū. ʐe³⁵ bu⁵⁵ tɕʰi⁵⁵ nõ⁵⁵ tsʰu⁵⁵, mɑ³⁵ dzɿ⁵⁵ nõ⁵⁵ tsʰu⁵⁵. 各种宝贝与贡品。

原图	解读
	༢༅ ། ཕོ་རུ་ ། འབྱུང་ ངུ་འོ ། zzrú． dzu³⁵． 大雁。 ༢་ གྲོ་ ཡིལ་ མོན་ ངགར་ ངགོའ ། mmò． mo⁵³． 白寒鸡。 ༢་ གྲོ་ ཡིལ་ ཧན་ ཟོ་ ངགོའ ། hán． xɑn³⁵． 鹦鹉。
	༢་ གྲོ་ ཡིལ་ སིན་ ངགོའ ། sèn ggī． se⁵³ gi⁵⁵． 狮子。 ༢་ གྲོ་ ཡིལ་ ཡོག་ ངགོའ ། hhó． ɣo³⁵． 老虎。 ༢་ གྲོ་ ཡིལ་ གཟིག་ ངགོའ ། suì． sui⁵³． 豹子。

续表

原图	解读
	༄༅། lruaà. ʂua⁵³. 牦牛。 ༄༅། zò. zo⁵³. 犏牛。 ༄༅། gguén prēn（lraá bā）. gy³⁵ pʰzε⁵⁵（ʂa³⁵ pɑ⁵⁵）. 白马。
	༄༅། join（zhōn）. tɕiõ⁵⁵（tʃõ⁵⁵）. 骡马。
	༄༅། zzhuuē. dʒɯ⁵⁵. 山驴。
	༄༅། zì. zi⁵³. 骆驼。

续表

原图	解读
	༢. གེའ་དིོན་གི་གཞོང་དགོས༎ geá diōn . kɛ³⁵ tiõ⁵⁵ . 野猫。 ༢. གྲོན་ཛེ་བཱ་བཱ་དགོས༎ lrón zzè bà bā . ʅõ³⁵ dzɿ⁵³ pɑ⁵³ pɑ⁵⁵ . 蝙蝠。 ༢. ལཱ་དགོས༎ laà . la⁵³ . 狼。
	༢. མཱ་ཛཱ་དགོས༎ maà zzhaà . ma⁵³ dʒa⁵³ . 孔雀。 ༢. གཱུ་བཱུ་དགོས༎ gū bū . ku⁵⁵ pu⁵⁵ . 布谷鸟。 ༢. གཱུ་དགོས༎ guā kuɑ⁵⁵ 牛。

续表

原图	解读
	༢. བྱ་ཡི་ཝཱུ་བ། kueà wuā bbaā . kʰuɛ⁵³ wuɑ⁵⁵ ba⁵⁵ . 湖中鸭。
	༢. བྱ་ཡི་ཤོན། xiòn . ɕiõ⁵³ . 箐鸡。 ༢. བྱ་ཡི་གུན་དོ། guán dó . kuɑn³⁵ to³⁵ . 野鸡。
	༢. བྱ་ཡི་śཛེ་śཞི། zeà xxī . zɛ⁵³ ʑi⁵⁵ . 猴子。 ༢. བྱ་ཡི་ལོན་ཆེན། lōn qiēn（lōn bbuué qī）. lõ⁵⁵ tɕʰie⁵⁵（lõ⁵⁵ buɯ³⁵ tɕʰi⁵⁵）. 大象。 ༢. བྱ་ཡི་རོན། rōn . ʒõ⁵⁵ . 绵羊。

原图	解读
	 qüé niē zzhē diē . tɕʰye³⁵ nie⁵⁵ dʒɿ⁵⁵ tie⁵⁵ . 野独猪。  qüén . tɕʰye³⁵ . 供猪。  brē . pzə⁵⁵ . 刺猬。 hhò . ɣo⁵³ . 老鼠。

续表

原图	解读
	ཟ་མཉིས་འུར་ཀླུ་ཀླུ། cè . tsʰɿ⁵³ . 羊。 ――― ཟ་མཉིས་འུར་ཞི་ཀླུ་ཀླུ། zréi . tʂʅ³⁵ . 骡（跟上文的骡马一样，尾巴像骡，其他像马）。 ――― ཟ་མཉིས་འུར་ཞྭ་ཤི་ཀླུ་ཀླུ། zzhuué shé . dʒuɯ³⁵ ʃɿ³⁵ . 黄鼠狼。

续表

原图	解读
	༄༅༎ཀྲུའེ་དྱི་ཀྲུ༎ crué diè . tʂʰue³⁵ tie⁵³ . 独角兽。 ༄༅༎ལུའེན་ལྱེ་ཀྲུ༎ lüēn . lye⁵⁵ . 黑麂子。 ༄༅༎ལུའུཨེ་ལུའུ་ཀྲུ༎ luuē . luɯ⁵⁵ . 獐子。 ༄༅༎ཞེ་ཚྀ་ཀྲུ༎ zhē . tʂʅ⁵⁵ . 麂子。

原图	解读
	ཟྲེའ། zreá . tʂɛ³⁵ . 老鹰。
	ལླིུ་ཟེ། lliú zé . ɬiu³⁵ zɿ³⁵ . 兔子。
	ཞེ་གོ་ཡིེ། zhē gō yiē . tʂʅ⁵⁵ ko⁵⁵ jie⁵⁵ . 水乌鸦。

原图	解读
	ཟ་མྱོག་ཤལ་ལགས་གོགས། bō． po⁵⁵． 豺狗。 ཟ་མྱོག་ཤལ་ཆེའ་གོགས། cheé． tʃʰe³⁵． 狗。 ཟ་མྱོག་ཤལ་ཟའ་གོགས། zaà． za⁵³． 鹿。
 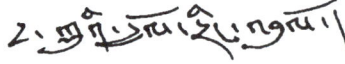	ཟ་མྱོག་ཤལ་ཝེན་གོགས། wēn（ggūēn）． we⁵⁵（gy⁵⁵）． 熊。 ཟ་མྱོག་ཤལ་ལྲེ་གོགས། lrē ggiēn． ɚ⁵⁵ gie⁵⁵． 狮子（雄狮）。
	ཟ་མྱོག་ཤལ་གྭེའ་གོགས། ggueà． guɛ⁵³． 狐狸。

续表

原图	解读
	ཨ. མགྲིན་ཏུལ་ཝ་རོག་གུ་ཏུལ། gó yié . ko³⁵ jie³⁵ . 乌鸦。 ཨ. མགྲིན་ཏུལ་ཅུག་གུ་ཏུལ། jieá jieā . tɕie³⁵ tɕie⁵⁵ . 喜鹊。 ཨ. མགྲིན་ཏུལ་བུག་གོ་ཏུལ། lraá buù . ʂa³⁵ puə⁵³ . 公鸡。 ཨ. མགྲིན་ཏུལ་ཕག་གུ་ཏུལ། queá . tɕʰuɛ³⁵ . 猪。 ཨ. མགྲིན་ཏུལ་ཞ་གུ་ཏུལ། lrón zzè bà bā . ʂõ³⁵ dzɿ⁵³ pɑ⁵³ pɑ⁵⁵ . 蝙蝠。

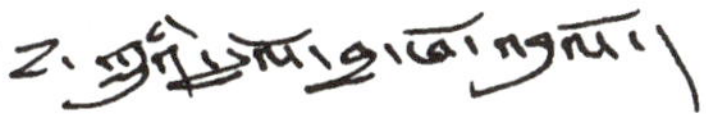

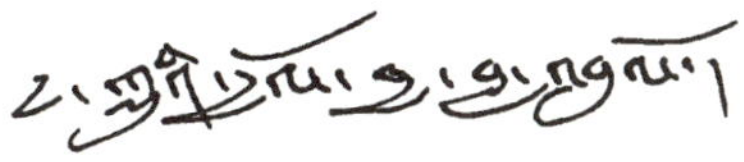

第六章 普米韩规画　665

原图	解读
	༄༅། ཕུའུ་ཛྲིའེ་མེ་ཛྲིའེ། puuè zzriè mé zzriē . pʰuɯ⁵³ dzi̯e⁵³ mə³⁵ dzi̯e⁵⁵ . 男性，女性。
	༄༅། ཛྱེན་ལྲེའེ། jjüēn lreè . dʐye⁵⁵ ɚɐ⁵³ . 鸟皮。
	༄༅། ཅོ་ཟེ། jió xxē . tɕio³⁵ zə⁵⁵ . 水牛。
	༄༅། ཏོ་ཝུའུ། རེ་བྱེ་ཝུའུ། dō wuù, ré bbiē wuū . to⁵⁵ wuə⁵³, ʐə³⁵ bie⁵⁵ wuə⁵⁵ . 属虎，属兔。
	༄༅། བཛེ་ཏེའི་ཝུའུ་བཛེ་ད་ཝུའུ། bbrē dāi wuū bbrē ddā wuú . bzə̱⁵⁵ tɛi⁵⁵ wuə⁵⁵ bzə̱⁵⁵ dɑ⁵⁵ wuə³⁵ . 属龙，属蛇。

续表

原图	解读
	༄༅། ། dā wuū rē wuú . tɑ⁵⁵ wuə⁵⁵ ʒə⁵⁵ wuə³⁵ . 属马，属羊。
	༄༅། ། briē wuū jjuēn wuú . pzi̯e⁵⁵ wuə⁵⁵ dʑy⁵⁵ wuə³⁵ . 属猴，属鸡。
	༄༅། ། cheè wuū pā wuū . tʃʰɐ⁵³ wuə⁵⁵ pʰɑ⁵⁵ wuə⁵⁵ . 属狗，属猪。
	༄༅། ། ché bbiē wuū lōn wuū . tʃʰɻ³⁵ bie⁵⁵ wuə⁵⁵ lõ⁵⁵ wuə⁵⁵ . 属鼠，属牛。

原图	解读
 	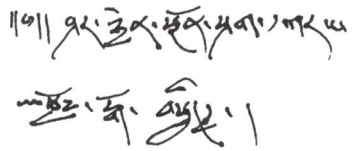  xieà qüē hhó kuú jiēn mē nī hiē nieā, yīn jīn ddā bū bbā gón ggé ddé xxón. ɕieˀ⁵³ tɕʰye⁵⁵ ɣo³⁵ kʰuə³⁵ tɕie⁵⁵ mə⁵⁵ ni⁵⁵ xie⁵⁵ niɛ⁵⁵, jĩ⁵⁵ tɕĩ⁵⁵ da⁵⁵ pu⁵⁵ ba⁵⁵ kõ³⁵ gə³⁵ də³⁵ zõ³⁵. 东方白头虎尼神守卫大门。（"尼"是"类"的意思）
 	huù qüē bbrāo kuù jiēn mē hiē nieā, jīn ddā bū bbā gón ggé ddé xxón. xuəˀ⁵³ tɕʰye⁵⁵ bʐau⁵⁵ kʰuə⁵³ tɕie⁵⁵ mə⁵⁵ xie⁵⁵ niɛ⁵⁵, tɕĩ⁵⁵ da⁵⁵ pu⁵⁵ ba⁵⁵ kõ³⁵ gə³⁵ də³⁵ zõ³⁵. 南方龙头虎尼神守卫主家大门。

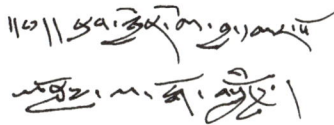

nió qūē niē jjuén kuú jién mé hiē nieá, jīn ddā bū bbā gón ggé ddé xxón.

nio⁵³ tɕʰye⁵⁵ nie⁵⁵ dzy³⁵ kʰuə³⁵ tɕie³⁵ mə³⁵ xie⁵⁵ niɛ³⁵, tɕĩ⁵⁵ dɑ⁵⁵ pu⁵⁵ bɑ⁵⁵ kõ³⁵ gə³⁵ də³⁵ zõ³⁵.

西方红色禽头尼神守卫主家大门。

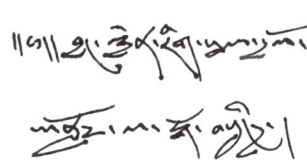

qòn qūē baà ddiē kuú jiēn mē niē hiē nieā, jīn ddā bū bbā gón ggé ddé xxón.

tɕʰõ⁵³ tɕʰye⁵⁵ pɑ⁵³ die⁵⁵ kʰuə³⁵ tɕie⁵⁵ mə⁵⁵ nie⁵⁵ xie⁵⁵ niɛ⁵⁵, tɕĩ⁵⁵ dɑ⁵⁵ pu⁵⁵ bɑ⁵⁵ kõ³⁵ gə³⁵ də³⁵ zõ³⁵.

北方蛙头尼神守卫主家大门。

原图	解读
 	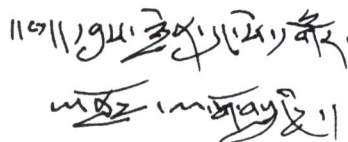 gguué xxīn wū sèn ggī kuú jiēn mē nī hiē nieā, jīn ddā bū bbā gón ggé ddé xxón. guɯ³⁵ zĩ⁵⁵ wu⁵⁵ se⁵³ gi⁵⁵ kʰuə³⁵ tɕie⁵⁵ mə⁵⁵ ni⁵⁵ xiɛ⁵⁵ niɛ⁵⁵, tɕĩ⁵⁵ dɑ⁵⁵ pu⁵⁵ bɑ⁵⁵ kõ³⁵ gə³⁵ də³⁵ zõ³⁵. 中央狮子头尼神守卫主家大门。
	lruaà、rōn、cè. ʑua⁵³、ʐõ⁵⁵、tsʰŋ⁵³. 牦牛、绵羊、山羊。

第三册 帕拉扎拉（英雄战神）

普米族历史悠久，根据汉文献记载，先秦至明清，普米族从羌到西番，历代都出现过无数英雄人物。"帕"指男人，"扎"指英雄，历代英雄人物有邛格萨甲布、无弋爰剑、白狼王、李继迁、李元昊、甲哈拉、雅麻而千。女英雄则称为"包乌肯珠"。普米族认为，打仗有打仗的领头人，经商有经商的领头人，上山打猎有打猎的领头人，做农活有做农活的领头人。一个家族有自己的领头人，叫"木得"，汉语解读是大人。一个家庭有一个当家人叫"达布"，即主人。谚语说："千千有个头，万万有个尾。"可以看出普米族是一个识大体顾大局的民族。服从领导、尊重英雄的传统，也是普米人民的精神支柱。普米族能够把自己优秀的民族传统文化保留下来，也是有这种精神支柱的结果。

普米族崇拜英雄、歌颂英雄的经典中最全最原始的一本，其上半部由清华大学保存，下半部由民族博物馆保存。普米族无论是经商、上山打猎还是外出征战，出门前都要先烧香求扎拉神保护。逢年过节、婚丧喜事、一日三餐都要敬扎拉神。祭祀词中说：骑虎的扎拉神，骑豹的扎拉神，手握卡中的扎拉神，拿五彩福旗的扎拉神，手持弓箭刀枪的扎拉神，你要保护我，打仗要打胜，过河脚要灵，爬山手要快，伸出左手得银子，伸出右手得金子，美食进我肚，衣服暖我身。图画有六十八幅，有刀、枪、弓箭，有骑虎、豹、熊、狮、龙，反映了一个民族的英雄精神。

原图	解读

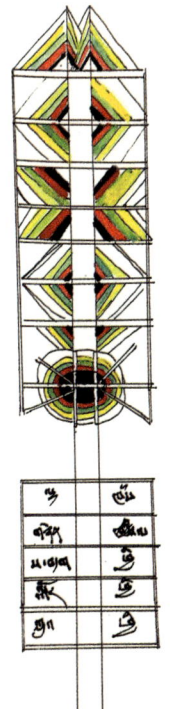

niē dā ggieā lrē muū.

nie⁵⁵ tɑ⁵⁵ giɛ⁵⁵ ɚə⁵⁵ muə⁵⁵.

念达的模样。

| 原图 | 解读 |

yí mmuù, niē llān mmuū、xxón lrāi.

ji³⁵ muə⁵³, nie⁵⁵ ɬan⁵⁵ muə⁵⁵、zõ³⁵ ʐɛi⁵⁵.

吹海螺、唢呐招福。

puuè zzriē, mé zzriē.

pʰuɯ⁵³ dzi̯e⁵⁵, mə³⁵ dzi̯e⁵⁵.

男性，女性。

续表

原图	解读

qòn qüē bbiē sseā ddeá wā .

tɕʰõ⁵³ tɕʰye⁵⁵ bie⁵⁵ zɛ⁵⁵ dɛ³⁵ wɑ⁵⁵ .

北方月曜位。

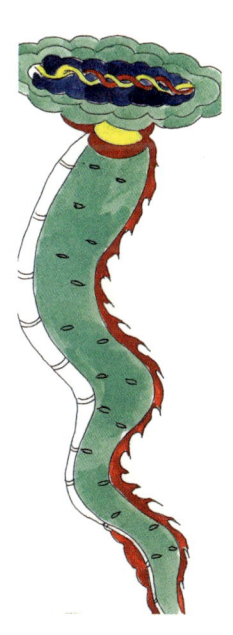

gí lōn kū sseā biēn bbā.

ki³⁵ lõ⁵⁵ kʰu⁵⁵ zɛ⁵⁵ pie⁵⁵ bɑ⁵⁵.

东北土曜位。

原图	解读
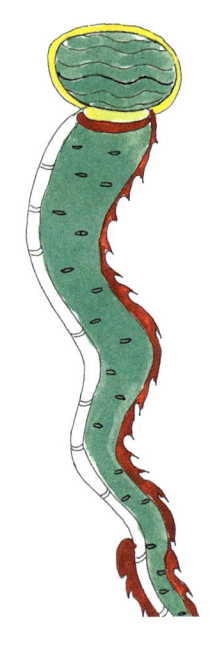	 niò qüè sseā bā wā sōn. nio⁵³ tɕʰye⁵³ zɛ⁵⁵ pɑ⁵⁵ wɑ⁵⁵ sõ⁵⁵. 南方木曜位。
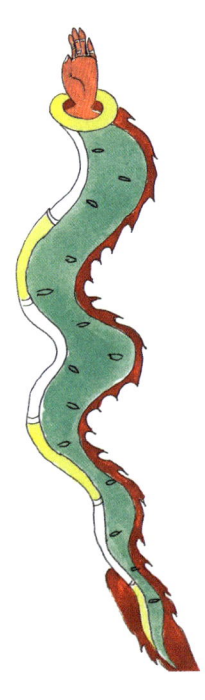	 kiēn qī sseā lá bā. kʰie⁵⁵ tɕʰi⁵⁵ zɛ⁵⁵ la³⁵ pɑ⁵⁵. 西北方手掌曜位。

续表

原图	解读

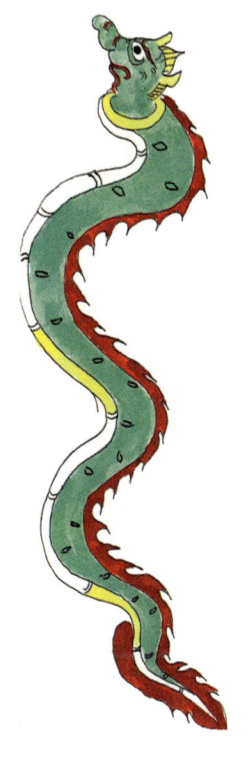

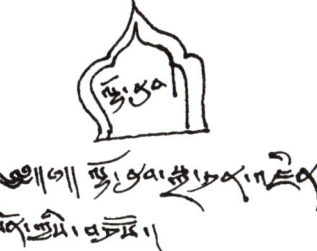

kuēn lō、sseā chuù sèn seā.

k^{h}y^{55} lo^{55}、zɛ^{55} tʃ^{h}uə^{53} se^{53} sɛ^{55}.

西南鳄鱼曜位。

huù qüē sseā ddá wā.

huə^{53} tɕ^{h}ye^{55} zɛ^{55} da^{35} wa^{55}.

南方太阳曜位。

原图	解读
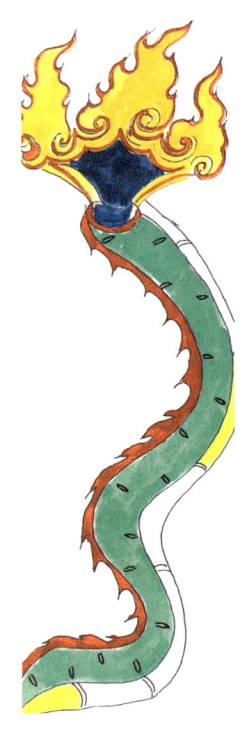	 suán bbrāo sseā mrē. suɑn³⁵ bʐɑu⁵⁵ zɛ⁵⁵ mʐə̣⁵⁵. 东南方火焰曜位。
	 xieà qüē bbiē sseā preā bbā. ɕiɛ⁵³ tɕʰye⁵⁵ bie⁵⁵ zɛ⁵⁵ pʰʐɛ⁵⁵ bɑ⁵⁵. 东方金刚曜位。

续表

原图	解读
	༄༅། བོད་འཁྲི་སྲིད་མགོན་རྒྱལ་པོ། མེ་ཏོག་འབུལ་བ། luuè yiē jjieá bū zō nān lrē qiēn bbiē baá zē dè bbiè. luɯ⁵³ jie⁵⁵ dʑie⁵⁵ pu⁵⁵ zo⁵⁵ nɑn⁵⁵ ɚ⁵⁵ tɕʰie⁵⁵ bie⁵⁵ pɑ³⁵ zɿ⁵⁵ tə⁵³ bie⁵³. 献给龙王的鲜花。
	ས་ཡི་ལྷ་མོ་བརྟན་མ་ཞེས་བྱ་བས་མཆོད་པའི་བུམ་པ་འབུལ་བ། sà yiē llá mū diēn mā hiē bbiē beá zē bón bbā dē bbiē. sɑ⁵³ jie⁵⁵ ɬɑ³⁵ mu⁵⁵ tie⁵⁵ mɑ⁵⁵ hie⁵⁵ bie⁵⁵ pɛ³⁵ zɿ⁵⁵ põ³⁵ bɑ⁵⁵ tə⁵⁵ bie⁵⁵. 献给土地菩萨的花瓶花。
	༄༅། བྱང་ཤར་ཕྱོགས་རྒྱལ་པོ་ཡོ་ཁོར་བསྲུང་བས་མཆོད་པའི་རིན་པོ་ཆེ་འབུལ། xieā qiō jjieá bū yō kuur sōn bbiē baá zē lrén bbū qī dē bbiē. ɕie⁵⁵ tɕʰio⁵⁵ dʑie³⁵ pu⁵⁵ jo⁵⁵ kʰuə sõ⁵⁵ bie⁵⁵ pɑ³⁵ zɿ⁵⁵ ɚ³⁵ bu⁵⁵ tɕʰi⁵⁵ tə⁵⁵ bie⁵⁵. 献给东北方多闻天王的鲜花。
	༄༅། བྱང་ཕྱོགས་རྒྱལ་པོ་རྣམ་ཐོས་སྲས་བས་མཆོད་པ། jón qiò jjieá bū nōn tiē seā bbiē baá zē lrén bbū qī dē bbiè. tɕõ³⁵ tɕʰio⁵³ dʑie³⁵ pu⁵⁵ nõ⁵⁵ tʰie⁵⁵ sɛ⁵⁵ bie⁵⁵ pɑ³⁵ zɿ⁵⁵ ɚ³⁵ bu⁵⁵ tɕʰi⁵⁵ tə⁵⁵ bie⁵³. 献给北方多闻天王的鲜花。

原图	解读
	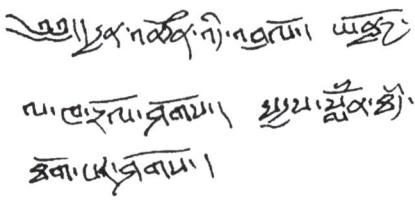 xieà qüē jjieá cēn kò mmò ggē eá xieá. ɕie⁵³ tɕʰye⁵³ dʑiɛ³⁵ tsʰe⁵⁵ kʰo⁵³ mo⁵³ gə⁵⁵ ɛ³⁵ ɕie³⁵. 东方宝伞上歇息的白寒鸡。 huù qüè jjieá cēn dò hán ggē eá xieá. huə⁵³ tɕʰye⁵³ dʑiɛ³⁵ tsʰe⁵⁵ to⁵³ han³⁵ gə⁵⁵ ɛ³⁵ ɕie³⁵. 南方宝伞上歇息的鹦鹉。

	(藏文) niò qüē jjieá cēn dō, gueà bū ggē eá xieá. nio⁵³ tɕʰye⁵⁵ dʑiɛ³⁵ tsʰe⁵⁵ to⁵⁵, kuɛ⁵³ pu⁵⁵ gə⁵⁵ ɛ³⁵ ɕie³⁵. 西方宝伞上歇息的布谷鸟。 qòn qüē jjieá cēn dō, gé ggī ggē eá xieá. tɕʰõ⁵³ tɕʰye⁵⁵ dʑiɛ³⁵ tsʰe⁵⁵ to⁵⁵, kə³⁵ gi⁵⁵ gə⁵⁵ ɛ³⁵ ɕie³⁵. 北方宝伞上歇息的绿斑鸠。 mè gguué xxīn wū jjieá cēn dō kuuè luuē ggē eá xieá. mə⁵³ guɯ³⁵ zĩ⁵⁵ wu⁵⁵ dʑiɛ³⁵ tsʰe⁵⁵ to⁵⁵ kʰuɯ⁵³ luɯ⁵⁵ gə⁵⁵ ɛ³⁵ ɕie³⁵. 大地中央宝伞上歇息的鸽子。

续表

原图	解读
	༄༅། །སྤྲེའུ་གུ་ཏ་ཤོ་བ་ཅིག་འདྲ་བ། ཤར་ཤིང་གི་སྤྲེའུ། ལྷོ་མེའི་སྤྲེའུ། རྒྱལ་པོའི་གནས། xieà qūē sén kòn wū zeà xxī. ɕie⁵³ tɕʰye⁵⁵ se³⁵ kʰõ⁵³ wu⁵⁵ zɛ⁵³ ʑi⁵⁵. 东方木方位的猴子。
	huù qūēmaá kòn wū zeà xxī. huə⁵³ tɕʰye⁵⁵ma³⁵ kʰõ⁵³ wu⁵⁵ zɛ⁵³ ʑi⁵⁵. 南方火方位的猴子。
	niò qūē xiēn kòn wū zeà xxī. nio⁵³ tɕʰye⁵⁵ ɕie⁵⁵ kʰõ⁵³ wu⁵⁵ zɛ⁵³ ʑi⁵⁵. 西方铁方位的猴子。
	༄༅། །སྤྲེའུ་གུ་ཏ་ཤོ་བ། ཤར་ཤིང་གི་སྤྲེའུ། ལྷོ་མེའི་སྤྲེའུ་ག་ཅིག་འདྲ་བ། qiōn qūē zhē kòn wū zeà xxī. tɕʰiõ⁵⁵ tɕʰye⁵⁵ tʂʅ⁵⁵ kʰõ⁵³ wu⁵⁵ zɛ⁵³ ʑi⁵⁵. 北方水方位的猴子。
	mē gguué xxīn wū zhaà kiòn wū zeà xxī. mə⁵⁵ guɯ³⁵ ʑi⁵⁵ wu⁵⁵ tʂa⁵³ kʰiõ⁵³ wu⁵⁵ zɛ⁵³ ʑi⁵⁵. 中央土方位的猴子。

原图	解读

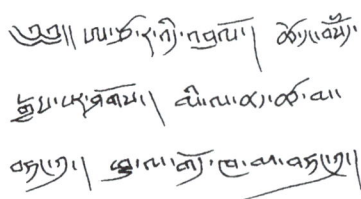

jjieá gieá eá zaá lraá, xieà qüē caà cò ggē dē bbiē.

dʑie³⁵ kie³⁵ ɛ³⁵ za³⁵ ɚa³⁵, ɕie⁵³ tɕʰye⁵⁵ tsʰa⁵³ tsʰo⁵³ gə⁵⁵ tə⁵⁵ bie⁵⁵.

把舞蹈献给东方的念达。（从印度传来的戏剧舞蹈）

huù qüē caà cò ggē dē bbiē.

huə⁵³ tɕʰye⁵⁵ tsʰa⁵³ tsʰo⁵³ gə⁵⁵ tə⁵⁵ bie⁵⁵.

把舞蹈献给南方的念达。

niò qüè caà cò ggē dè bbiè.

nio⁵³ tɕʰye⁵³ tsʰa⁵³ tsʰo⁵³ gə⁵⁵ tə⁵³ bie⁵³.

把舞蹈献给西方的念达。

qòn qüē bbiē caà cò ggē dē bbiē.

tɕʰõ⁵³ tɕʰye⁵⁵ bie⁵⁵ tsʰa⁵³ tsʰo⁵³ gə⁵⁵ tə⁵⁵ bie⁵⁵.

把舞蹈献给北方的念达。

续表

原图	解读
	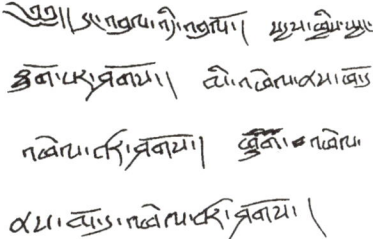
	niē dā kū rón lrài niē llān mmuū. nie⁵⁵ ta⁵⁵ kʰu⁵⁵ ʒõ³⁵ ɚɛi⁵³ nie⁵⁵ ɫan⁵⁵ muə⁵⁵. 念达节，招福吹唢呐。 niē dā kū rón lrāi maá llān mmū. nie⁵⁵ ta⁵⁵ kʰu⁵⁵ ʒõ³⁵ ɚɛi⁵⁵ ma³⁵ ɫan⁵⁵ mu⁵⁵. 念达节，招福吹笛子。

原图	解读

niò qüē luuè yiē jjieá bū bbiē, lrén bbū qī dē bbiè.

nio⁵³ tɕʰye⁵⁵ luɯ⁵³ jie⁵⁵ dʑiɛ³⁵ pu⁵⁵ bie⁵⁵, ʐe³⁵ bu⁵⁵ tɕʰi⁵⁵ tə⁵⁵ bie⁵³.

给西方巴尔难龙王献宝贝。

niò qüē luuè yiē jjieá bū biēn mā baá zē dō zzōn mē bbiē, lrén bbū qī dē bbiè.

nio⁵³ tɕʰye⁵⁵ luɯ⁵³ jie⁵⁵ dʑiɛ³⁵ pu⁵⁵ pie⁵⁵ ma⁵⁵ pa³⁵ ʐɿ⁵⁵ to⁵⁵ dzõ⁵⁵ mə⁵⁵ bie⁵⁵, ʐe⁵⁵ bu⁵⁵ tɕʰi⁵⁵ tə⁵⁵ bie⁵³.

给西方坐在莲花上的龙王献宝贝。

niò qüē zá sòn zā xxī brē bā buuè mē hiè bbie lrén bbū qī dē bbiē.

nio⁵³ tɕʰye⁵⁵ za³⁵ sõ⁵³ za⁵⁵ ʑi⁵⁵ pzə̩⁵⁵ pa⁵⁵ puɯ⁵³ mə⁵⁵ hie⁵³ bie ʐe³⁵ bu⁵⁵ tɕʰi⁵⁵ tə⁵⁵ bie⁵⁵.

给西方秋季使法术的宇宙神献宝贝。

续表

原图	解读
	༄༅། །བུད་རྒྱལ་སོ་མོ་མིའི་འདིར་ཡིན་འོད། འདི།། སོས་ཞོ་གཟའ་ཡི་འདིར འདི།། བུད་རྒྱལ་གནས་ཏེ་ཡི་འདིར འདི་འོད།། སོ་ཡི་མ་འོད ན་ར་ཏོ་འདིར་འོད།། བུད སོ་རྒྱལ་མ་འདིར་མོ་ཡིན། ཨེ་འཇིགས་འི་ནི་འོད་འདིར སོ་ཏ་འོད་འདིར་ཡིན།། གནས་གཤོག ཙ་ནར་ཡི་འདིར་འོད།། འོད་མི་ནི་ར་ཡི་ཏོ་གི།། ཐུའི་ལ་གཅིག་རི་གནར་ཞན།།

huuè qüē luuè yiē jjié bū sō mō mī bbiē lrēn bbū qī dē bbiē.

huɯ⁵³ tɕʰye⁵⁵ luɯ⁵³ jie⁵⁵ dʑie³⁵ pu⁵⁵ so⁵⁵ mo⁵⁵ mi⁵⁵ bie⁵⁵ ʑe⁵⁵ bu⁵⁵ tɕʰi⁵⁵ tə⁵⁵ bie⁵⁵.

给南方索摩米龙王献宝贝。

huù qüē luuè mū guēn zzrū mā bbiē, lrén bbū qī dē bbiē.

huə⁵³ tɕʰye⁵⁵ luɯ⁵³ mu⁵⁵ kʮ⁵⁵ dzʮ⁵⁵ ma⁵⁵ bie⁵⁵, ʑe³⁵ bu⁵⁵ tɕʰi⁵⁵ tə⁵⁵ bie⁵⁵.

给南方女龙神献宝贝。

huù qüē ní sōn ní xxī, brē bā buuē mē hiē bbiē, lrén bbū qī dē bbiē.

huə⁵³ tɕʰye⁵⁵ ni³⁵ sõ⁵⁵ ni³⁵ zi⁵⁵, pzə⁵⁵ pa⁵⁵ puɯ⁵⁵ mə⁵⁵ hie⁵⁵ bie⁵⁵, ʑe³⁵ bu⁵⁵ tɕʰi⁵⁵ tə⁵⁵ bie⁵⁵.

给南方春季使法术的宇宙神献宝贝。

原图	解读
	[Tibetan script text] qòn qüē zōn sōn zōn xxī, brē bā buuē mē hiē bbiē lrén bbū qī dē bbiē. tɕʰõ⁵³ tɕʰye⁵⁵ zõ⁵⁵ sõ⁵⁵ zõ⁵⁵ ʑi⁵⁵, pzə̥⁵⁵ pɑ⁵⁵ puɯ⁵⁵ mə⁵⁵ hie⁵⁵ bie⁵⁵ ʑe³⁵ bu⁵⁵ tɕʰi⁵⁵ tə⁵⁵ bie⁵⁵. 给北方秋季使法术的宇宙神献宝贝。 qòn qüē luuè yié jjieá bū dón shōn bbiē, lrén bbū qī dē bbiē. tɕʰõ⁵³ tɕʰye⁵⁵ luɯ⁵³ jie³⁵ dʑiɛ³⁵ pu⁵⁵ tõ³⁵ ʃõ⁵⁵ bie⁵⁵, ʑe³⁵ bu⁵⁵ tɕʰi⁵⁵ tə⁵⁵ bie⁵⁵. 给北方东少龙王献宝贝。 qòn qüē luuè yie jjieá bū lréi ddièn bbiè, lrén bbū qī dē bbiē. tɕʰõ⁵³ tɕʰye⁵⁵ luɯ⁵³ jie dʑiɛ³⁵ pu⁵⁵ ʑei³⁵ die⁵³ bie⁵³, ʑe³⁵ bu⁵⁵ tɕʰi⁵⁵ tə⁵⁵ bie⁵⁵. 给北方尔丁龙王献宝贝。

续表

原图	解读
	[Tibetan/Pumi script text] xieà qüē luuè yiē jjieá bū, zō nān lré qiēn bbiē lrén bbū qī dē bbiē. çie⁵³ tçʰye⁵⁵ luɯ⁵³ jie⁵⁵ dzɛ³⁵ pu⁵⁵, zo⁵⁵ nɑn⁵⁵ ɚə³⁵ tçʰie⁵⁵ bie⁵⁵ ɚe³⁵ bu⁵⁵ tçʰi⁵⁵ tə⁵⁵ bie⁵⁵. 给东方龙王献宝贝。 xieà qüē jiē sōn jiē xxī, brē bā buuē mē, hiē bbiē lrén bbū qī dē bbiē. çie⁵³ tçʰye⁵⁵ tçie⁵⁵ sõ⁵⁵ tçie⁵⁵ ʑi⁵⁵, pzɚ⁵⁵ pɑ⁵⁵ puɯ⁵⁵ mə⁵⁵, hie⁵⁵ bie⁵⁵ ɚe³⁵ bu⁵⁵ tçʰi⁵⁵ tə⁵⁵ bie⁵⁵. 给东方夏季使法术的宇宙神献宝贝。

续表

原图	解读

qòn qüē sán ddān crē qiēn crē ssì bbiē, baá zē ggē dè bbiē.

tɕʰõ⁵³ tɕʰye⁵⁵ san³⁵ dan⁵⁵ tʂʰʅ⁵⁵ tɕʰie⁵⁵ tʂʰʅ⁵⁵ zi⁵³ bie⁵⁵, pa³⁵ ʐʅ⁵⁵ gə⁵⁵ tə⁵³ bie⁵⁵.

给北方桑达神奉献鲜花。

qòn qüē sán dda bbón xxī crē qiò, jjieá bū bbiē baá zē ggē dē bbiē.

tɕʰõ⁵³ tɕʰye⁵⁵ san³⁵ da bõ³⁵ ʑi⁵⁵ tʂʰʅ⁵⁵ tɕʰio⁵³, dziɛ³⁵ pu⁵⁵ bie⁵⁵ pa³⁵ ʐʅ⁵⁵ gə⁵⁵ tə⁵⁵ bie⁵⁵.

北方桑达博日赤雀奉献鲜花。

qòn qüē bbiē.sán ddā lréi bbì jjieá bū bbiē, baá zē ggē dē bbiē.

tɕʰõ⁵³ tɕʰye⁵⁵ bie⁵⁵.san³⁵ da⁵⁵ ʑei³⁵ bi⁵³ dziɛ³⁵ pu⁵⁵ bie⁵⁵, pa³⁵ ʐʅ⁵⁵ gə⁵⁵ tə⁵⁵ bie⁵⁵.

给北方桑达尔比王奉献鲜花。

原图	解读

ཨོཾ༑ དུག་གཞུ་ཡུག་སུ་ཡུགཨཱཿ
ཨེཨཱཿ ཉུག་ཕྱོག་གཡུག་ལཨཱཿ
ཨེཨཱཿ དུ་དགའ་སོ་ཡུགལ་ལཨཱཿ
ཨུཨཱཿ དུ་ཤུག་ཞོ་མོ་ཏཱཿ
ཨེཨཱཿ ལཨོ་ག་ཅོ་ལ་ཤོ་ལཱཿ
ཨཅུ༑ རར་ཛུ་ཡུཛཱ༑

niò qüē sán ddā, qieā dōn xiēn dōn hiē bbiē baá zē ggē dè bbiè.

nio⁵³ tɕʰye⁵⁵ san³⁵ da⁵⁵, tɕʰie⁵⁵ tõ⁵⁵ ɕie⁵⁵ tõ⁵⁵ hie⁵⁵ bie⁵⁵ pa³⁵ zɿ⁵⁵ gə⁵⁵ tə⁵³ bie⁵³.

给南方桑达恰东心东神献鲜花。

niò qüē sān ddā, hā qiēn dduuē bā hiē bbiē baá zē ggē dè bbiè.

nio⁵³ tɕʰye⁵⁵ san⁵⁵ da⁵⁵, ha⁵⁵ tɕʰie⁵⁵ duɯ⁵⁵ pa⁵⁵ hie⁵⁵ bie⁵⁵ pa³⁵ zɿ⁵⁵ gə⁵⁵ tə⁵³ bie⁵³.

给南方桑达哈千都巴神献鲜花。

niò qüē sán ddá zrón llā miē mū qiēn hiē bbiē baā zē ggē dē bbiē.

nio⁵³ tɕʰye⁵⁵ san³⁵ da³⁵ tʂõ³⁵ ɬa⁵⁵ mie⁵⁵ mu⁵⁵ tɕʰie⁵⁵ hie⁵⁵ bie⁵⁵ pa⁵⁵ zɿ⁵⁵ gə⁵⁵ tə⁵⁵ bie⁵⁵.

给南方桑达明乌钱神献鲜花。

原图	解读

huù qüē sán ddā xī lrī bā dā pā ggū jiēn bbiē baá zē ggē dè bbiè.

huə⁵³ tɕʰye⁵³ san³⁵ da⁵⁵ ɕi⁵⁵ ɚi⁵⁵ pa⁵⁵ ta⁵⁵ pʰa⁵⁵ gu⁵⁵ tɕie⁵⁵ bie⁵⁵ pa³⁵ zɿ⁵⁵ gə⁵⁵ tə⁵³ bie⁵³.

给南方桑达心尔巴达帕谷见神献鲜花。（猪形象的神）

huù qüē sán ddā baà diēn sè bū jiēn bbiē baá zē ggē dē bbiē.

huə⁵³ tɕʰye⁵⁵ san³⁵ da⁵⁵ pa⁵³ tie⁵⁵ sɿ⁵³ pu⁵⁵ tɕie⁵⁵ bie⁵⁵ pa³⁵ zɿ⁵⁵ gə⁵⁵ tə⁵⁵ bie⁵⁵.

给南方桑达巴丁鬼布见神献鲜花。（蛙形象的神）

huù qüē sán ddā zrū nī lō bā jiēn bbiē baá zē ggē dē bbiè.

huə⁵³ tɕʰye⁵³ san³⁵ da⁵⁵ tʂu⁵⁵ ni⁵⁵ lo⁵⁵ pa⁵⁵ tɕie⁵⁵ bie⁵⁵ pa³⁵ zɿ⁵⁵ gə⁵⁵ tə⁵⁵ bie⁵³.

给南方桑达主尼罗巴见神献鲜花。

原图	解读

xieà qüē sán ddā sà yiē llá mū diēn mā bbiē baá zē ggē dē bbiē.

$\varsigma i\varepsilon^{53}$ $t\varsigma^h ye^{55}$ san^{35} da^{55} sa^{53} jie^{55} $ła^{35}$ mu^{55} tie^{55} ma^{55} bie^{55} pa^{35} $z\eta^{55}$ $gə^{55}$ $tə^{55}$ bie^{55}.

给东方桑叶拉姆玛神献鲜花。（仙女神）

xieà qüē sán ddā sá qiēn bbū bbiē baá zē ggē dē bbiè.

$\varsigma i\varepsilon^{53}$ $t\varsigma^h ye^{55}$ san^{35} da^{55} sa^{35} $t\varsigma^h ie^{55}$ bu^{55} bie^{55} pa^{35} $z\eta^{55}$ $gə^{55}$ $tə^{55}$ bie^{53}.

给东方拉巴青布神献鲜花。（大手掌神）

xieá qüē sán ddá dà xī wuā bbiē bbiē baá zē ggē dē bbiē.

$\varsigma i\varepsilon^{35}$ $t\varsigma^h ye^{55}$ san^{35} da^{35} ta^{53} ςi^{55} wua^{55} bie^{55} bie^{55} pa^{35} $z\eta^{55}$ $gə^{55}$ $tə^{55}$ bie^{55}.

给东方桑达打西乌神献鲜花。

qòn qüē düeā qiēn lā lrēi hiē bbiē chē bbiē wuù nguà bbaà sēn jiēn ggē dē bbiē.

tɕʰõ⁵³ tɕʰye⁵⁵ tye⁵⁵ tɕʰie⁵⁵ la⁵⁵ ʑei⁵⁵ hie⁵⁵ bie⁵⁵ tʃʰŋ⁵⁵ bie⁵⁵ wuə⁵³ ŋua⁵³ ba⁵³ se⁵⁵ tɕie⁵⁵ gə⁵⁵ tə⁵⁵ bie⁵⁵.

给北方堆青拉尔神献鼠属五属。（一家分为五个不同的属）

qòn qüē düeà mū geā lrēi zā hiē bbiē pā wuū sēn jiēn nguà bbaá dé bbiē.

tɕʰõ⁵³ tɕʰye⁵⁵ tyɛ⁵³ mu⁵⁵ kɛ⁵⁵ ʑei⁵⁵ za⁵⁵ hie⁵⁵ bie⁵⁵ pʰa⁵⁵ wuə⁵⁵ se⁵⁵ tɕie⁵⁵ ŋua⁵³ ba³⁵ tə³⁵ bie⁵⁵.

给北方堆姆嘎尔杂神献猪属五属。

qòn qüē nre sōn eā yeā zzón bbā lā hiē bbiē lōn wuū nguà bbaā dē bbiē.

tɕʰõ⁵³ tɕʰye⁵⁵ nzə sõ⁵⁵ ɛ⁵⁵ jɛ⁵⁵ dzõ³⁵ ba⁵⁵ la⁵⁵ hie⁵⁵ bie⁵⁵ lõ⁵⁵ wuə⁵⁵ ŋua⁵³ ba⁵⁵ tə⁵⁵ bie⁵⁵.

给北方阿央宗巴拉神献牛属五属。

续表

原图	解读
	[Tibetan script text] xieā jieā tó bāi niēn bbū lā zrū, yí ddōn crē jjieā zōn qiō, ddè xī qōn qiēn geā bū, hiē lrē bbiē qieā cēn teā buuē. ɕiɛ⁵⁵ tɕiɛ⁵⁵ tʰo³⁵ pɛi⁵⁵ niɛ⁵⁵ bu⁵⁵ lɑ⁵⁵ tʂu⁵⁵, ji³⁵ dõ⁵⁵ tʂʰʅ⁵⁵ dʑiɛ⁵⁵ zõ⁵⁵ tɕʰio⁵⁵, də⁵³ ɕi⁵⁵ tɕʰõ⁵⁵ tɕʰiɛ⁵⁵ kɛ⁵⁵ pu⁵⁵, hiɛ⁵⁵ ɤə⁵⁵ biɛ⁵⁵ tɕʰiɛ⁵⁵ tsʰe⁵⁵ tʰɛ⁵⁵ puɯ⁵⁵. 向释迦牟尼、尼布拉主六位神、音东赤甲宗雀神、神鹰神等诸位大神献上祈祷。

第六章　普米韩规画

原图	解读
  	niò qūē düeā kōn, nán bū ddē dduuē, briē wuū sēn jiēn nguà bbaā dē bbiè. nio⁵³ tɕʰye⁵⁵ tyɛ⁵⁵ kʰõ⁵⁵, nɑn³⁵ pu⁵⁵ də⁵⁵ duu⁵⁵, pʑie⁵⁵ wuə⁵⁵ se⁵⁵ tɕie⁵⁵ ŋuɑ⁵³ ba⁵⁵ tə⁵⁵ bie⁵³. 给南方神宫南布得都神献猴属五属。 niò qūē düeà zì bbiē, gōn ddā lī, bbiē jjüén wuū nguá wuú dé bbiē. nio⁵³ tɕʰye⁵⁵ tyɛ⁵³ zi³³ bie⁵⁵, kö⁵⁵ dɑ⁵⁵ li⁵⁵, ʙie⁵⁵ dʑyɛ³⁵ wuə⁵⁵ ŋuɑ³⁵ wuə³⁵ tə³⁵ bie⁵⁵. 给南方难增别贡达里神献属鸡五属。 niò qūē düeà gī lī mī lī bbiē zraā xī ddié liē piēn cōn cū brē xiò. nio⁵³ tɕʰye⁵⁵ tyɛ⁵³ ki⁵⁵ li⁵⁵ mi⁵⁵ li⁵⁵ bie⁵⁵ tʂa⁵⁵ ɕi⁵⁵ die³⁵ lie⁵⁵ pʰie⁵⁵ tsʰõ⁵⁵ tsʰu⁵⁵ pʐə⁵⁵ ɕio⁵³. 给南方给里明神献吉祥如意。

续表

原图	解读
	(Tibetan script)

huù qüē düeà qiēn lrēi wā bbiē bbrē ddā wuū nguà dē bbiē.

huə⁵³ tɕʰye⁵⁵ tyɛ⁵³ tɕʰie⁵⁵ ʑei⁵⁵ wa⁵⁵ bie⁵⁵ bzə̣⁵⁵ da⁵⁵ wuə⁵⁵ ŋua⁵³ tə⁵⁵ bie⁵⁵.

给南方堆青尔圭神献属蛇五属。

huù qüē düeà ddā wa zá zzraá bbiē, dā wuù nguà dē bbiē.

huə⁵³ tɕʰye⁵⁵ tyɛ⁵³ da⁵⁵ wa za³⁵ dzạ³⁵ bie⁵⁵, ta⁵⁵ wuə⁵³ ŋua⁵³ tə⁵⁵ bie⁵⁵.

给南方堆达蛙巴扎神献属马五属。

huù qüē düeà má ddaà nān bá zraā bbiē ré wú nguà dē bbiè.

huə⁵³ tɕʰye⁵⁵ tyɛ⁵³ ma³⁵ da⁵³ nan⁵⁵ pa³⁵ tʂa⁵⁵ bie⁵⁵ ʐə³⁵ wu³⁵ ŋua⁵³ tə⁵⁵ bie⁵³.

给南方堆马哈德难巴扎神献属羊五属。

原图	解读
	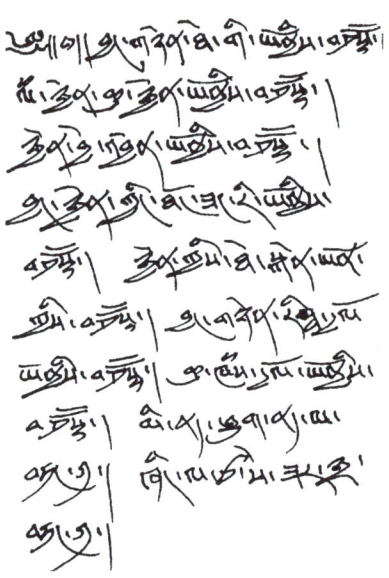

xieà qüeà düeà qiēn jjieá wā bbiē dō wuū nguà ggē dē bbiē.

ɕie⁵³ tɕʰye⁵⁵ tye⁵³ qie⁵⁵ dzie³⁵ wa⁵⁵ bie⁵⁵ to⁵⁵ wuə⁵⁵ ŋua⁵³ gə⁵⁵ tə⁵⁵ bie⁵⁵.

给东方堆钱青甲哇神献属虎五属。

xieà qüeà düeà lréi wū dā ggū jjiēn bbié ré bbiē wū nguā dē bbiè.

ɕie⁵³ tɕʰye⁵⁵ tye⁵³ ɚei³⁵ wu⁵⁵ da⁵⁵ gu⁵⁵ dzie⁵⁵ bie³⁵ ʐə³⁵ bie⁵⁵ wu⁵⁵ ŋua⁵⁵ tə⁵⁵ bie⁵³.

给东方堆尔乌打古见神献属兔五属。

xieà düeà nē sōn mā niò bá zraā bbiē bbrē dāi wuú nguà dē bbiē.

ɕie⁵³ tye⁵³ nə⁵⁵ sõ⁵⁵ ma⁵⁵ nio⁵³ pa³⁵ tʂa⁵⁵ bie⁵⁵ bzə⁵⁵ tɛi⁵⁵ wuə³⁵ ŋua⁵³ tə⁵⁵ bie⁵⁵.

给东方堆尼松麻虐巴扎神献属龙五属。 |

续表

原图	解读
	༄༅། ། [Tibetan script lines] qòn qüē niē tiē giē hiē baá zē dē bbiē. tɕʰõ⁵³ tɕʰye⁵⁵ nie⁵⁵ tʰie⁵⁵ kie⁵⁵ hie⁵⁵ pa³⁵ zɿ⁵⁵ tə⁵⁵ bie⁵⁵. 给北方尼体给神献鲜花。 qòn qüē lón niē qü nié biē hiē bbiē baá zē dē bbiē. tɕʰõ⁵³ tɕʰye⁵⁵ lõ³⁵ nie⁵⁵ tɕʰy nie³⁵ pie⁵⁵ hie⁵⁵ bie⁵⁵ pa³⁵ zɿ⁵⁵ tə⁵⁵ bie⁵⁵. 给北方龙尼雀尼神献鲜花。 qòn qüē niē lréi bbiē jjieá bū hiē bbiē baá zé dē bbiē. tɕʰõ⁵³ tɕʰye⁵⁵ nie⁵⁵ ʐei³⁵ bie⁵⁵ dʑiɛ³⁵ pu⁵⁵ hie⁵⁵ bie⁵⁵ pa³⁵ zɿ³⁵ tə⁵⁵ bie⁵⁵. 给北方尼尔别甲布神献鲜花。

原图	解读

nió niē hā piēn hiē bbiē baá zē dē bbiè.

nio³⁵ nie⁵⁵ hɑ⁵⁵ pʰie⁵⁵ hie⁵⁵ bie⁵⁵ pa³⁵ zɿ⁵⁵ tə⁵⁵ bie⁵³.

给西方哈品神献鲜花。

niò qüē ddù nī zhaá nī hiē bbie baá zē dē bbiē.

nio⁵³ tɕʰye⁵⁵ du⁵³ ni⁵⁵ tʃa³⁵ ni⁵⁵ hie⁵⁵ bie pa³⁵ zɿ⁵⁵ tə⁵⁵ bie⁵⁵.

给西方都尼扎尼神献鲜花。

nió niē mī zhaā maà bū hiē bbiē baá zē dē bbié.

nio³⁵ nie⁵⁵ mi⁵⁵ tʃa⁵⁵ ma⁵³ pu⁵⁵ hie⁵⁵ bie⁵⁵ pa³⁵ zɿ⁵⁵ tə⁵⁵ bie³⁵.

给虐尼米扎慢布神献鲜花。

原图	解读
	༄༎ lluù niē yeā bbrāo huēn bbū hiē bbiē baá zē dè bbiè. ɬuə⁵³ nie⁵⁵ jɛ⁵⁵ bzau⁵⁵ hy⁵⁵ bu⁵⁵ hie⁵⁵ bie⁵⁵ pa³⁵ zɿ⁵⁵ tə⁵³ bie⁵³. 给南方含尼亚玻分布神献鲜花。 huù qüē mí nié sàn nì hiē bbiē baá zē dē bbiē. huə⁵³ tɕʰye⁵⁵ mi³⁵ nie³⁵ san⁵³ ni⁵³ hie⁵⁵ bie⁵⁵ pa³⁵ zɿ⁵⁵ tə⁵⁵ bie⁵⁵. 给南方米尼桑尼神献鲜花。 huù qüē nī hiē bbiē, mmiē lon dē ddī, mè dō nán cā qón dieá gieā gū. huə⁵³ tɕʰye⁵⁵ ni⁵⁵ hie⁵⁵ bie⁵⁵, mie⁵⁵ lõ tə⁵⁵ di⁵⁵, mə⁵³ to⁵⁵ nɑn³⁵ tsʰɑ⁵⁵ tɕʰõ³⁵ tie³⁵ kiɛ⁵⁵ ku⁵⁵. 向南方尼神祈愿人类免除瘟疫。

原图	解读

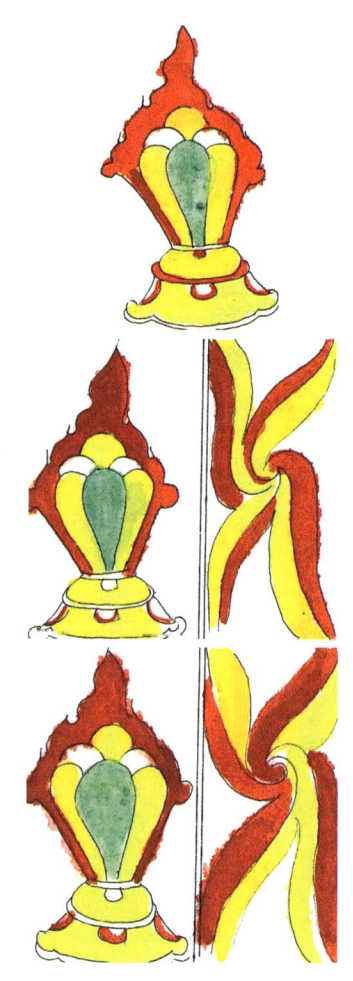

ཤེའ་ཆུའེ་ནི་ཤི་གོན་ཧུའེན་ཧེ་འབྱེ་བ་ཟེ་དེ་འབྱེ།

xieà qüē nī xxī gón huēn hiē bbiē baá zē dē bbiē.

çie⁵³ tçʰye⁵⁵ ni⁵⁵ zi⁵⁵ kõ³⁵ hy⁵⁵ hie⁵⁵ bie⁵⁵ pa³⁵ zɿ⁵⁵ tə⁵⁵ bie⁵⁵.

给东方尼日贡浑神献鲜花。

xieà qüē nīn tà wā crē sōn hiē bbiē baá zē dē bbiē.

çie⁵³ tçʰye⁵⁵ nĩ⁵⁵ tʰa⁵³ wa⁵⁵ tʂʰɿ⁵⁵ sõ⁵⁵ hie⁵⁵ bie⁵⁵ pa³⁵ zɿ⁵⁵ tə⁵⁵ bie⁵⁵.

给东方尼塔哇赤松神献鲜花。

xieà niē nguēn dā geá bū bbiè baá zé dé bbiè.

çie⁵³ nie⁵⁵ ŋy⁵⁵ ta⁵⁵ ke³⁵ pu⁵⁵ bie⁵³ pa³⁵ zɿ³⁵ tə³⁵ bie⁵³.

给东方夏尼温打嘎布神献鲜花。

原图	解读
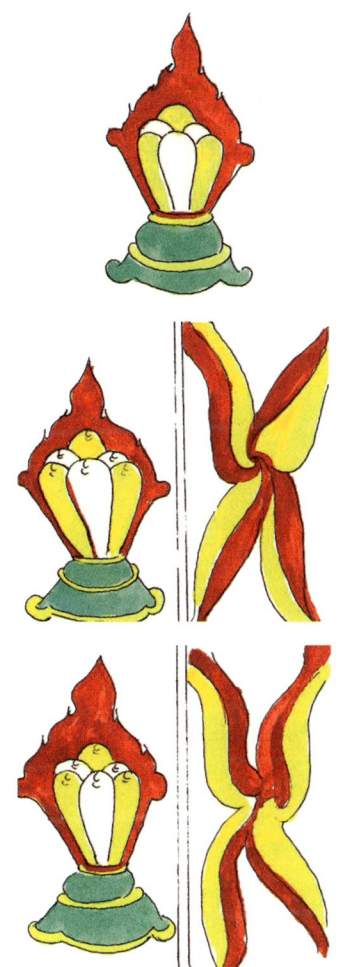	 xieà qüè cōn bbā geā bū hiē bbiē baā zē dē bbiè. çiɛ⁵³ tɕʰye⁵³ tsʰõ⁵⁵ bɑ⁵⁵ kɛ⁵⁵ pu⁵⁵ hie⁵⁵ bie⁵⁵ pa⁵⁵ zɿ⁵⁵ tə⁵⁵ bie⁵³. 给东方拉葱巴格布神献鲜花。 ní sòn níxxī bré bā buuè mē, hiē bbiē lrén bbū qī nōn cū dē bbiē. ni³⁵ sõ⁵³ ni³⁵ʑi⁵⁵ pzə³⁵ pɑ⁵⁵ puɯ⁵³ mə⁵⁵, hie⁵⁵ bie⁵⁵ ɚe³⁵ bu⁵⁵ tɕʰi⁵⁵ nõ⁵⁵ tsʰu⁵⁵ tə⁵⁵ bie⁵⁵. 给春季使法术神献宝贝。 xieà qüè gón prē eù sōn qiēn zrū hiē bbiē lrēn bbū qī nōn cū dè bbiè. çiɛ⁵³ tɕʰye⁵³ kõ³⁵ pʰzə⁵⁵ əu⁵³ sõ⁵⁵ tɕʰie⁵⁵ tʂu⁵⁵ hie⁵⁵ bie⁵⁵ ɚe⁵⁵ bu⁵⁵ tɕʰi⁵⁵ nõ⁵⁵ tsʰu⁵⁵ tə⁵³ bie⁵³. 给东方贡乌松恰主神献宝贝。

原图	解读
	[Tibetan script text] qòn què llà qiēn bbū geā dī ggā hiē bbiē lrén bbū qī dē bbiè. tɕʰõ⁵³ tɕʰue⁵³ ɬa⁵³ tɕʰie⁵⁵ bu⁵⁵ kɛ⁵⁵ ti⁵⁵ ga⁵⁵ hie⁵⁵ bie⁵³ ɚe³⁵ bu⁵⁵ tɕʰi⁵⁵ tə⁵⁵ bie⁵³. 给北方拉青布嘎地格神献宝贝。 zòn sōn zòn xxī bré bā buuè mē hiē bbiē lrén bbū qī dē bbiè. zõ⁵³ sõ⁵⁵ zõ⁵³ ʑi⁵⁵ pzə̣³⁵ pa⁵⁵ puu⁵³ mə⁵⁵ hie⁵⁵ bie⁵⁵ ɚe⁵⁵ bu⁵⁵ tɕʰi⁵⁵ tə⁵⁵ bie⁵³. 给冬季使法术神献宝贝。 qòn quē bbiē yeá miē dō qiēn jjī hiē bbiē lrén bbū qī dē bbiē. tɕʰõ⁵³ tɕʰue⁵⁵ bie⁵⁵ jɛ³⁵ mie⁵⁵ to⁵⁵ tɕʰie⁵⁵ dʑi⁵⁵ hie⁵⁵ bie⁵⁵ ɚe³⁵ bu⁵⁵ tɕʰi⁵⁵ tə⁵⁵ bie⁵⁵. 给北方永米多青基麻神献宝贝。

续表

原图	解读

༄༅། །ཨོཾ་ཨཱཿཧཱུྃ། །

niò qüē llà qiēn má hā ddà wā hiē bbiē lrén bbū qī dē bbiē.

nio⁵³ tɕʰye⁵⁵ ɬa⁵³ tɕʰie⁵⁵ ma³⁵ ha⁵⁵ da⁵³ wa⁵⁵ hie⁵⁵ bie⁵⁵ ɚe³⁵ bu⁵⁵ tɕʰi⁵⁵ tə⁵⁵ bie⁵⁵.

给南方拉青麻哈达哇神献宝贝。

niò qüē llaà qiè jjiō hiē bbiē lrén bbū qī dē bbiē.

nio⁵³ tɕʰye⁵⁵ ɬa⁵³ tɕʰie⁵³ dʑio⁵⁵ hie⁵⁵ bie⁵⁵ ɚe³⁵ bu⁵⁵ tɕʰi⁵⁵ tə⁵⁵ bie⁵⁵.

给南方拉清千觉神献宝贝。

zá sòn zá xxī brē bā buuē mē hiē bbiē lrén bbū qī dē bbiē.

za³⁵ sõ⁵³ za³⁵ ʑi⁵⁵ pʐə⁵⁵ pa⁵⁵ puɯ⁵⁵ mə⁵⁵ hie⁵⁵ bie⁵⁵ ɚe³⁵ bu⁵⁵ tɕʰi⁵⁵ tə⁵⁵ bie⁵⁵.

给冬季使法术神献宝贝。

原图	解读
	bbién zzà ddā sì lri gà hòn piè. bie³⁵ dza⁵³ da⁵⁵ si⁵³ ɚi ka⁵³ hõ⁵³ pʰie⁵³. 别杂达生芮嘎吽撇。（以下均为献鲜花的经文）
	eōn mū bbién zà geā yeā shēi piē sò hà. ə̃õ⁵⁵ mu⁵⁵ bie³⁵ za⁵³ ke⁵⁵ je⁵⁵ ʃei⁵⁵ pʰie⁵⁵ so⁵³ ha⁵³. 嗡哞兵杂嘎夹谁撇嗦哈。
	eōn mū bbién zzà geā yeā shèi sò hà. ə̃õ⁵⁵ mu⁵⁵ bie³⁵ dza⁵³ ke⁵⁵ je⁵⁵ ʃei⁵³ so⁵³ ha⁵³. 嗡哞兵杂嘎夹谁嗦哈。
	eōn mū lraá naā luù lrō dā hòn piè. ə̃õ⁵⁵ mu⁵⁵ ɚa³⁵ na⁵⁵ luə⁵³ ɚo⁵⁵ tɑ⁵⁵ hõ⁵³ pʰie⁵³. 哦哞尔难鲁若达吽撇。
	eōn mū bbién zzà ddā zēn zraà hòn piè. ə̃õ⁵⁵ mu⁵⁵ bie³⁵ dza⁵³ da⁵⁵ ze⁵⁵ tʂa⁵³ hõ⁵³ pʰie⁵³. 哦哞兵杂达增扎吽撇。

续表

原图	解读
	eōn mū bbién zzà ddī zēn zraà hòn piè. ə̃õ⁵⁵ mu⁵⁵ bie³⁵ dza⁵³ di⁵⁵ ze⁵⁵ tʂa⁵³ hõ⁵³ pʰie⁵³. 哦哞兵杂丁增扎吽撇。
	eōn mū biēn mā ggú lrū zraā hòn piè. ə̃õ⁵⁵ mu⁵⁵ pie⁵⁵ ma⁵⁵ gu³⁵ ʐu⁵⁵ tʂa⁵⁵ hõ⁵³ pʰie⁵³. 哦哞边玛古汝扎吽撇。
	eōn mū bbién zzà ddā zēn zraà hòn piè. ə̃õ⁵⁵ mu⁵⁵ bie³⁵ dza⁵³ da⁵⁵ ze⁵⁵ tʂa⁵³ hõ⁵³ pʰie⁵³. 哦哞兵杂达增扎吽撇。
	eōn mū bbién zzà ddī zēn zraà hòn piè. ə̃õ⁵⁵ mu⁵⁵ bie³⁵ dza⁵³ di⁵⁵ ze⁵⁵ tʂa⁵³ hõ⁵³ pʰie⁵³. 哦哞兵杂丁增扎吽撇。
	eōn mū bbién zzà ddī zēn zraà hòn piè. ə̃õ⁵⁵ mu⁵⁵ bie³⁵ dza⁵³ di⁵⁵ ze⁵⁵ tʂa⁵³ hõ⁵³ pʰie⁵³. 哦哞兵杂丁增扎吽撇。

原图	解读
	eōn mū bbién zzà hòn piè sò hà. ə̃õ⁵⁵ mu⁵⁵ bie³⁵ dza⁵³ hõ⁵³ pʰie⁵³ so⁵³ ha⁵³. 哦哞兵杂吽撇嗦哈。
	eōn mū geā mā ggú lrú zraà hòn piè. ə̃õ⁵⁵ mu⁵⁵ kɛ⁵⁵ ma⁵⁵ gu³⁵ ʑu³⁵ tṣa⁵³ hõ⁵³ pʰie⁵³. 哦哞嘎玛古汝扎吽撇。
	eōn mū bbién zzà hrè xī nē sò hà. ə̃õ⁵⁵ mu⁵⁵ bie³⁵ dza⁵³ hzə̣⁵³ ɕi⁵⁵ nə⁵⁵ so⁵³ ha⁵³. 哦哞兵杂什西尼嗦哈。
	eōn mū geā mā ggú lrú zraà hòn piè. ə̃õ⁵⁵ mu⁵⁵ kɛ⁵⁵ ma⁵⁵ gu³⁵ ʑu³⁵ tṣa⁵³ hõ⁵³ pʰie⁵³. 哦哞嘎玛古汝扎吽撇。
	eōn mū biēn mā ggú lrū zraà hòn piè. ə̃õ⁵⁵ mu⁵⁵ pie⁵⁵ ma⁵⁵ gu³⁵ ʑu⁵⁵ tṣa⁵³ hõ⁵³ pʰie⁵³. 哦哞边玛古汝扎吽撇。

续表

原图	解读
	eōn mū bbién zzà ddā sì lrī gā hòn piè sò hà. ə̃õ⁵⁵ mu⁵⁵ bie³⁵ dza⁵³ da⁵⁵ si⁵³ ʑi⁵⁵ ka⁵⁵ hõ⁵³ pʰie⁵³ so⁵³ ha⁵³. 哦哞兵杂达生尔嘎吽撒嗦哈。
	eōn mū geā mā ggú lrū zraā hòn piè. ə̃õ⁵⁵ mu⁵⁵ kɛ⁵⁵ ma⁵⁵ gu³⁵ ʑu⁵⁵ tʂa⁵⁵ hõ⁵³ pʰie⁵³. 哦哗嘎玛古汝扎吽撒。
	eōn mū biēn zzà geà yeā hrèi piè sò hà. ə̃õ⁵⁵ mu⁵⁵ pie⁵⁵ dza⁵³ kɛ⁵³ jɛ⁵⁵ hʐei⁵³ pʰie⁵³ so⁵³ ha⁵³. 哦哗兵杂嘎亚谁品嗦哈。
	baá zē ggē ddē bbié. pa³⁵ zɿ⁵⁵ gə⁵⁵ də⁵⁵ bie³⁵. 献上鲜花。
	eōn mū bbiēn zzà ggú lrū zraā hòn piè. ə̃õ⁵⁵ mu⁵⁵ bie⁵⁵ dza⁵³ gu³⁵ ʑu⁵⁵ tʂa⁵⁵ hõ⁵³ pʰie⁵³. 哦哗兵杂古汝扎吽撒。

原图	解读
	༄༅། ཨེན་ཀྱང་ཨོ། llà lā miē dō bbiē. ɬa⁵³ la⁵⁵ mie⁵⁵ to⁵⁵ bie⁵⁵. 给神献鲜花。
	༄༅། ཨོཾ་ཀ་མ་གུ་རུ་ཙ་ཧོ་ཕེ། eōn mū geā mā ggú lrū zraā hòn piè. ə̃⁵⁵ mu⁵⁵ ke⁵⁵ ma⁵⁵ gu³⁵ ʂu⁵⁵ tʂa⁵⁵ hõ⁵³ pʰie⁵³. 哦哗嘎玛古汝扎吽撇。
	ཨོཾ་བཛྲ་ཧྲཱི་ནེ་སོ་ཧཱ། eōn mū bbién zzà hrè xī nè sò hà. ə̃⁵⁵ mu⁵⁵ bie³⁵ dza⁵³ hzʐ̩⁵³ ɕi⁵⁵ nə⁵³ so⁵³ ha⁵³. 哦哗兵杂什西尼嗦哈。
	༄༅། ཨོཾ་བཛྲ་ཧོ་ཕེ་སོ་ཧཱ། eōn mū bbiēn zzà hòn piè sò hà. ə̃⁵⁵ mu⁵⁵ bie⁵⁵ dza⁵³ hõ⁵³ pʰie⁵³ so⁵³ ha⁵³. 哦哗兵杂吽撇嗦哈。

第四册　喜不戎别（祭羊仪式）

普米族老人去世后，为什么要举行祭羊仪式？在普米族《习普呆》这部经书中，有如下记载：

远古时代，有一大户人家的祖先，活了两百多岁，每天都睡在火炕边。儿孙没办法，想把他送到山清水秀花草繁盛的地方，于是请了两个大神：鱼达玛尼博赖和荣达巴乌凹玛。两个大神牵来一头犏牛，让老人骑在犏牛背上，送往鲜花盛开的地方。到了一处山岩边，有一只青蛙睡在路中间。鱼达玛尼博赖请它让路，这只青蛙不让；想从它身上跳过，青蛙也不同意。这惹怒了鱼达玛尼博赖，他拔出腰刀，向青蛙头上砍去。青蛙飞向天空，突然狂风大作，暴雨成灾，发生泥石流，把祖先埋在山中。后来这个家庭一直不顺畅，由富变穷，子孙后代也不发达。这家人去请滇巴仙罗大神占卜，结果是因未将祖先尸骨接回举行祭羊仪式，因此造成家庭不顺。主人家又请鱼达玛尼博赖大神和荣达巴乌凹玛大神去寻找祖先遗骨。两个大神骑上马带上贡品去寻找，到一个森林茂盛的地方，休息喝茶吃午饭，生火烧水。有棵树下有个龙洞，水面布满青苔，鱼达玛尼博赖扒开青苔，准备取水，水中突然冒出两条鱼，一条金色，一条绿色。两位大神认为是一个好兆头。鱼达玛尼博赖用水瓢将两条鱼捞出。荣达巴乌凹玛大神说："不要捞出，把它们放回龙洞。"这时候，飞来一只普米语称作"子母不不"的蜂子。这只蜂子落在绿色鱼的背上。两个大神捉住它，把一条绿色丝线系在它的脚上，让它飞去。两位大神紧随其后，到了一个大森林里，两个大神分头寻找这只蜂子待在何处，突然发现在一棵百香树中间有一根绿色丝线。大神把骑的骡拴在树上。这时，滇巴仙罗用法术变成了一只马鹿，惊吓了骡子，骡子一惊，把树根拔了起来，树下发现了祖先的脖颈骨。挖开泥土，又发现了祖先头骨。头骨上长了三棵树，一棵"鲁"，汉名白杉，一棵"恰"，汉名黑杉，一棵"色"，汉名刺柏。四肢生了四棵青松。他们把祖先骨骸接回来举行了祭羊仪式，从此以后这家人家庭富裕，人口兴旺。这就是普米族祭羊仪式的由来。因此普米族老人去世后，先念开路经超度火化，如果困难，就把骨头装在一个小坛内寄放在山上。这座山上的森林不能砍伐，土地不能开垦，植被保护得相当完好。后来其他民族迁入普米地区，把这山称为"罐罐山"，不敢破坏。

普米族祭羊仪式中有两个灵坛必须做，一个名为"仲仙华"，是代表祖先诞生地的灵坛，用白杉、黑杉、刺柏做成，树上挂六十多张图，有神像、花草、野生动物、家畜，反映古代普米族居住的地方是一个鲜花盛开、生态完美的好地方。另一个灵坛插四棵青松，放祖先灵牌，前面挖一个小坑，放三个白石，代表人类起源。

续表

原图	解读

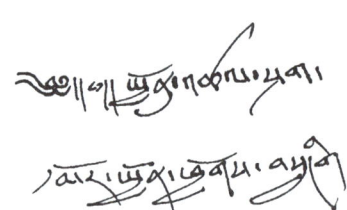

yīn duuē cē dā mrē bbū, yēn qiò sòn.

jĩ̯^{55} tuu^{55} tsʰŋ^{55} ta^{55} mzə̣^{55} bu^{55}, je^{55} tɕʰio^{53} sõ^{53}.

红虎守卫种星树的左方。

yeá bbrāo huēn bbū dī huù quē ddé xxón.

je^{35} bzau̯^{55} xy^{55} bu^{55} ti^{55} xuə^{53} tɕʰue^{55} də^{35} zõ^{35}.

蓝色龙王守卫种星树的南方。

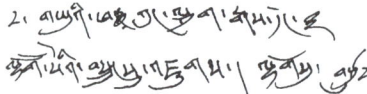

lréi gù bū huù quē ddē ddé xxón.

ʐei^{35} ku^{53} pu^{55} xuə^{53} tɕʰue^{55} də^{55} də^{35} zõ^{35}.

绿色的布谷鸟守卫种星树的南方。（绿色是绿松石的颜色）

lréi lrón zzè bà ba huù què ddé xxón.

ʐei^{35} ʐõ^{35} dzŋ^{53} pa^{53} pa xuə^{53} tɕʰue^{53} də^{35} zõ^{35}.

绿色的蝙蝠守卫种星树的南方。（绿色是绿松石的颜色）

原图	解读
	sà yiē liá mū diēn mā, yōn zzrōn zrón xiēn bbōn gguué xxīn ddé xxón. sa^{53} jie^{55} lia^{35} mu^{55} tie^{55} ma^{55}, jõ^{55} dzõ^{55} tʂõ^{35} ɕie^{55} bõ^{55} guɯ^{35} zĩ^{55} də^{35} zõ^{35}. 土地菩萨守卫种星树的中央。
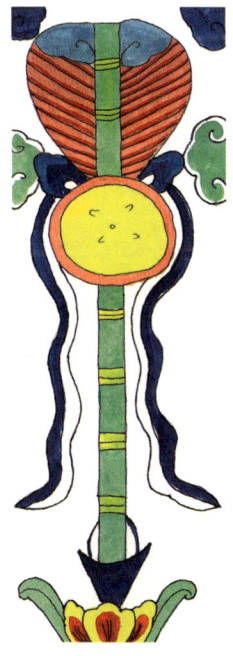	zrón xiēn bbòn kū bié nnié jjū̄ gāi mē, ddá dr mmà bbū nī ddé xxón. tʂõ^{35} ɕie^{55} bõ^{53} kʰu^{55} pie^{35} nie^{35} dʑy^{55} kei^{55} mə^{55}, da^{35} tẓ ma^{53} bu^{55} ni^{55} də^{35} zõ^{35}. 用红色招福旗守卫种星树，以防被寄生。

续表

原图	解读

ཡི་གྱི་ཨ་འབྲོན་གཏེར་ཉེའི།

yī ggieà bbrón prēn nieā, zrón xiēn bbòn qòn què ddé xxón.

ji⁵⁵ giɛ⁵³ bzõ³⁵ pʰzᴇ⁵⁵ niɛ⁵⁵, tʂõ³⁵ ɕiɛ⁵⁵ bõ⁵³ tɕʰõ⁵³ tɕʰue⁵³ də³⁵ zõ³⁵.

白色神牦牛守卫种星树的北方。（白色是白海螺的颜色）

ངའི་གྱུའ་ཟི་ཉི།

ngāi ggueá zì nī qòn què ddé xxón.

ŋei⁵⁵ guɛ³⁵ zi⁵³ ni⁵⁵ tɕʰõ⁵³ tɕʰue⁵³ də³⁵ zõ³⁵.

金鸟守卫种星树的北方。

ངའི་ལྲོན་རྫེ་པ་བ་ཉི།

ngāi lrón zzè bà ba nī qòn quē ddé xxón.

ŋei⁵⁵ ʂõ³⁵ dzŋ⁵³ pa⁵³ pɑ ni⁵⁵ tɕʰõ⁵³ tɕʰue⁵⁵ də³⁵ zõ³⁵.

金蝙蝠守卫种星树的北方。

| 原图 | 解读 |

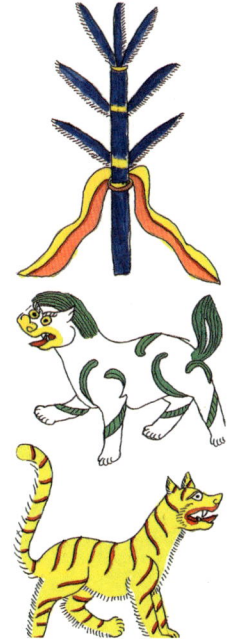

ཀྱི༷ གྱི་ཕུ་ཨ་ནོམ་ཨ་སྒལུམོ༔
ཨུ་བསྲུང་ཨུ་འཇིང་བྱུ་ཀྲིཏག

dduuè bbā buuè nī, zrón xiēn bbōn preà gāi mē dduuè xiō ddién bā nī ddé xxón.

duɯ⁵³ ba⁵⁵ puɯ⁵³ ni⁵⁵, tʂõ³⁵ ɕie⁵⁵ bõ⁵⁵ pʰzɛ⁵³ kɛi⁵⁵ mə⁵⁵ duɯ⁵³ ɕio⁵⁵ die³⁵ pɑ⁵⁵ ni⁵⁵ də³⁵ zõ³⁵.

都学丁巴守卫种星树，以防它被魔王举斧砍伐。

ཀྱི༷ ཆོ་གི་སྟག་གི་ཨོམ༔
སྒལུམོ༔ གལཱི་ཏི་ཨོམ༔
ཊན༷ ཨ་འཇིང་བྱུ་ཀྲིཏག༔

zrón xiēn bbòn dò yeá nán bbrén nieā, zrē gāi mē sèn ggī nón hhó niē nī ddē xxón.

tʂõ³⁵ ɕie⁵⁵ bõ⁵³ to⁵³ jɛ³⁵ nan³⁵ bzɛ³⁵ nie⁵⁵, tʂʅ⁵⁵ kɛi⁵⁵ mə⁵⁵ se⁵³ gi⁵⁵ nõ³⁵ ɣo³⁵ nie⁵⁵ ni⁵⁵ də⁵⁵ zõ³⁵.

狮子与老虎守卫种星树，以防它被藤条缠伤。

ཀྱི༷ ཉི་ཟ་ཀྲི་ཀྱི་པུ་བུ༔
ཊཀྱི༷ གྱུ་ཨོམ་ཨ་ནོ་སྒསཔ༔

pā lā dón qōn ggeā bū, zrón xiēn bbōn ggē ddé xxón.

pʰɑ⁵⁵ la⁵⁵ tõ³⁵ tɕʰõ⁵⁵ gɛ⁵⁵ pu⁵⁵, tʂõ³⁵ ɕie⁵⁵ bõ⁵⁵ gə⁵⁵ də³⁵ zõ³⁵.

神鹰神守卫种星树。（人手鹰嘴鹰脚的神）

续表

原图	解读
	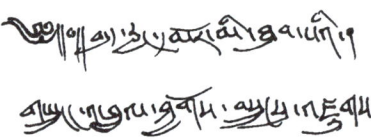

dduuè bbà bbuuè ggò niē nī, zrón xiēn bbòn bbrón bō lrón mè, ngai mí lōn nī ddé xxón.

duɯ⁵³ ba⁵³ buɯ⁵³ go⁵³ nie⁵⁵ ni⁵⁵, tʂõ³⁵ ɕie⁵⁵ bõ⁵³ bzpʰn³⁵ po⁵⁵ ʂõ³⁵ mə⁵³, ŋei mi³⁵ lõ⁵⁵ ni⁵⁵ də³⁵ ʐõ³⁵.

照妖镜守卫种星树的树根，以防它被魔王的蚂蚁蛀伤。

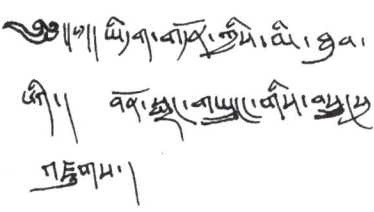

dduuè bbā mè hò nieà, hhá lré gū zzrón gieá mē, yōn zzrón prè xiò nī ddé xxón.

duɯ⁵³ ba⁵⁵ mə⁵³ xo⁵³ nie⁵³, ɣa³⁵ ʂʂ³⁵ ku⁵⁵ dzõ³⁵ kiɛ³⁵ mə⁵⁵, jõ⁵⁵ dzõ⁵⁵ pʰzə⁵³ ɕio⁵³ ni⁵⁵ də³⁵ ʐõ³⁵.

永忠怕肖守卫种星树，以防它被魔王用旋风卷伤。 |
|  | yí dà nieà ggieà bà buuē gai mè, hhán gguī yōn zzrón hiē nieā ddē xxón.

ji³⁵ tɑ⁵³ niɛ⁵³ giɛ⁵³ pa⁵³ puɯ⁵⁵ kei mə⁵³, ɣan³⁵ gui⁵⁵ jõ⁵⁵ dzõ⁵⁵ xie⁵⁵ nie⁵⁵ də⁵⁵ ʐõ³⁵.

恶鬼无限的欲望，由韩规永忠神来守卫。 |
|  |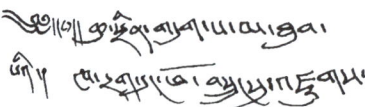

chuù sèn dduuè bā nieà ggieā bā buuē gāi mē, kaà zraà dón pū nī ddé xxón.

tʃʰuə⁵³ se⁵³ duɯ⁵³ pa⁵⁵ nie⁵³ giɛ⁵⁵ pa⁵⁵ puɯ⁵⁵ kei⁵⁵ mə⁵⁵, kʰa⁵³ tʂa⁵³ tõ³⁵ pʰu⁵⁵ ni⁵⁵ də³⁵ ʐõ³⁵.

鳄鱼无限的欲望，由白海螺来守卫。 |

续表

原图	解读
	༄༅། རྒྱལ་གྱི་ཡི་དགོ། དྲི་རྒྱལ་འདོད་ཡོན། གཏུགས། luuè sēn dduuè bā nieā, ggieā bā buuē gāi mē, teá hhó niē nī ddé xxón. luɯ⁵³ se⁵⁵ duɯ⁵³ pɑ⁵⁵ niɛ⁵⁵, giɛ⁵⁵ pɑ⁵⁵ puɯ⁵⁵ kei⁵⁵ mə⁵⁵, tʰe³⁵ ɣo³⁵ niɛ⁵⁵ ni⁵⁵ də³⁵ ʐõ³⁵. 龙鬼无限的欲望，由红虎来守卫。
	༄༅།ཡི་ཉིད་གྱུར་པྲེན་གཏུགས། yí ggieà zzrú prēn nieā zrón xiēn bbōn xieà quē ddé xxón. ji³⁵ giɛ⁵³ dzu³⁵ pʰʐe⁵⁵ niɛ⁵⁵ tʂõ³⁵ ɕiɛ⁵⁵ bõ⁵⁵ ɕiɛ⁵³ tɕʰuɛ⁵⁵ də³⁵ ʐõ³⁵. 白色的大雁守卫种星树的东方。（白色白海螺的颜色）
	ཡི་ཉིད་ལརོན་གཏུགས་བ། yí ggieà lrón zzè bà ba nieā xxón. ji³⁵ giɛ⁵³ əõ³⁵ dzɻ⁵³ pɑ⁵³ pɑ niɛ⁵⁵ tʂõ³⁵ ɕiɛ⁵⁵ bõ⁵⁵ ɕiɛ⁵³ tɕʰuɛ⁵⁵ də³⁵ ʐõ³⁵. 白色的蝙蝠来守卫种星树东方。（白色是白海螺的颜色）
	ཡི་ཉིད་དོན་གོན་གེཨ་བུ་ནི། yí ggieà dón qōn geā bū nī. tɕʰuɛ⁵³ də³⁵ ʐõ³⁵. 白色的神鹰守卫种星树东方。（白色是白海螺的颜色）

原图	解读
	yón zzrón hiē ddièn wū, lréi wū diēn bbā xiēn lrō ggé neá zzōn. jõ³⁵ dzo̠³⁵ xie⁵⁵ die⁵³ wu⁵⁵, ʐei³⁵ wu⁵⁵ tie⁵⁵ ba⁵⁵ ɕie⁵⁵ ʐo⁵⁵ gə³⁵ nɛ³⁵ dzõ⁵⁵. 永忠神地上，丁巴什罗在传教佛法。
	yeá bbón prēn nieā, zrón xiēn bbōn re què ddé xxón. jɛ³⁵ bõ³⁵ pʰze⁵⁵ niɛ⁵⁵, tʂõ³⁵ ɕie⁵⁵ bõ⁵⁵ ʐə tɕʰue⁵³ də³⁵ zõ³⁵. 白色的神牦牛来守卫种星树右方。（白色是白海螺的颜色）

续表

原图	解读

ཡྀག།གསྲོན་པུ་བོང་ཏོ་ཁེ། ཡེན་ཀོན་ཝུ་བདྡེ།

xìn bbū sē bān tō kē, yēn kōn wū ddē xxón.

ɕĩ⁵³ bu⁵⁵ sɿ⁵⁵ pan⁵⁵ tʰo⁵⁵ kʰə⁵⁵, je⁵⁵ kʰõ⁵⁵ wu⁵⁵ də⁵⁵ ʐõ³⁵.

星布思班托克神，守卫法祀场地。

ཡྀག།གསྲོན་ནོན་བོང་སྲེ་གུ་ནི། ཡེན་ཀོན་ཝུ་བདྡེ།

xīn bbū non bān sē ggū nī yēn kòn wú ddē xxón.

ɕĩ⁵⁵ bu⁵⁵ nõ pan⁵⁵ sɿ⁵⁵ gu⁵⁵ ni⁵⁵ je⁵⁵ kʰõ⁵³ wu³⁵ də⁵⁵ ʐõ³⁵.

星布奴班思古神，守卫法祀场地。

原图	解读

xīn bbū bbreā ddiēn nōn bbā nī yēn kon wū ddé xxón.

ɕĩ⁵⁵ bu⁵⁵ bzɛ⁵⁵ die⁵⁵ nõ⁵⁵ bɑ⁵⁵ ni⁵⁵ je⁵⁵ kʰõ wu⁵⁵ də³⁵ zõ³⁵.

星布玻甸挪巴神，守卫法祀场地。

ngāi baà ddiē nieā yēn kòn wū ddé xxón.

ŋei⁵⁵ pa⁵³ die⁵⁵ nie⁵⁵ je⁵⁵ kʰõ⁵³ wu⁵⁵ də³⁵ zõ³⁵.

金蛙守卫法祀场地。

jión xxī prēn mē nieā, zrón xīn bbòn bbrán bò, ddé zzè ggé ggieá gieá.

tɕiõ³⁵ zi⁵⁵ pʰzɛ⁵⁵ mə⁵⁵ nie⁵⁵, tʂõ³⁵ ɕĩ⁵⁵ bõ⁵³ bzan³⁵ po⁵³, də³⁵ dzɻ⁵³ gə³⁵ giɛ³⁵ kiɛ³⁵.

白色水牛把种星树的根部修整得美观。

原图	解读
	༄༅།།འོད་ཟེར་སྔོན་པོ་རྒྱུད་ཉི་ཤར་ཡུལ།།
	jón xxí lueà pō jiēn mè, zrón xiēn bbòn niò quē ddé xxón.
	tɕõ³⁵ ʑi³⁵ luɛ⁵³ pʰo⁵⁵ tɕie⁵⁵ mə⁵³, tʂõ³⁵ ɕie⁵⁵ bõ⁵³ nio⁵³ tɕʰue⁵⁵ də³⁵ ʐõ³⁵.
	灰色水牛守卫种星树的西方。
	༄༅།།ཚན་རྒྱས་རོང་རྫ་པ་པ་ཉེ་ཟྲོན་ཤེན་ཡུལ།།
	chán ggieà lrón zzè bà bā nieà zrón xiēn niò quē ddé xxón.
	tʂʰan³⁵ gie⁵³ ɝõ³⁵ dzŋ⁵³ pa⁵³ pa⁵⁵ nie⁵³ tʂõ³⁵ ɕie⁵⁵ nio⁵³ tɕʰue⁵⁵ də³⁵ ʐõ³⁵.
	玛瑙色蝙蝠守卫种星树的西方。
	༄༅།།ཚན་རྒྱས་གུས་ཟི་ཉི། ཟྲོན་ཤེན་བྷོན།།
	chán ggieà ggueá zì nī, zrón xiēn bbōn niò quē ddé xxón.
	tʂʰan³⁵ gie⁵³ gue³⁵ zi⁵³ ni⁵⁵, tʂõ³⁵ ɕie⁵⁵ bõ⁵⁵ nio⁵³ tɕʰue⁵⁵ də³⁵ ʐõ³⁵.
	玛瑙色的鸟来守卫种星树的西方。

原图	解读
	zrón xiēn bbōn kuú dō, tién lrōn maà zuì ré gāi mē, dón qón geā bū nī ddē xxón. tʂõ³⁵ ɕie⁵⁵ bõ⁵⁵ kʰuə³⁵ to⁵⁵, tʰie³⁵ ɚõ⁵⁵ ma⁵³ zui⁵³ ʐə³⁵ kɛi⁵⁵ mə⁵⁵, tõ³⁵ tɕʰõ³⁵ kɛ⁵⁵ pu⁵⁵ ni⁵⁵ də⁵⁵ zõ³⁵. 白色神鹰守卫种星树尖，使它不遭受雷劈。
	sōn jjiē chuuē ddiēn wū, lí wū xieà jieā tō bā, neá zzōn. sõ⁵⁵ dʑie⁵⁵ tʂʰuɯ⁵⁵ die⁵⁵ wu⁵⁵, li³⁵ wu⁵⁵ ɕie⁵³ tɕie⁵⁵ tʰo⁵⁵ pɑ⁵⁵, nɛ³⁵ dzõ⁵⁵. 佛教圣地上，释迦牟尼坐镇。

续表

原图	解读

ཨོཾ༎ གཞན་འོན་གང་སེ་ཅོ་ག། ཇུ་ཅི་ཡིན༎

xīn bbuū nōn bān sē ggù niē, zrón xiēn bbōn gguué xxièn ddé xxón.

ɕĩ⁵⁵ buə⁵⁵ nõ⁵⁵ pɑn⁵⁵ sɿ⁵⁵ gu⁵³ nie⁵⁵，tʂõ³⁵ ɕie⁵⁵ bõ⁵⁵ guɯ³⁵ ʑie⁵³ də³⁵ zõ³⁵.

星布奴班思古神，守卫种星树中央。

ཨོཾ༎ དོན་ཆོན་གྱ་བུ་ནི། ཇུ་ཅི་ཡིན༎

dón qōn geā bū nī, zrón xiēn bbòn gguué xxīn ddé xxón.

tõ³⁵ tɕʰõ⁵⁵ kɛ⁵⁵ pu⁵⁵ ni⁵⁵, tʂõ³⁵ ɕie⁵⁵ bõ⁵³ guɯ³⁵ zĩ⁵⁵ də³⁵ zõ³⁵.

白色神鹰守卫种星树中央。

ཨོཾ༎ ནོན་ཆི་གོན་ཇུ་ཡིན༎ ཇུ་ཅི་ཡིན༎

nōn qī gón jjieā nī zrón xiēn bbòn gguué xxīn ddé xxón.

nõ⁵⁵ tɕʰi⁵⁵ kõ³⁵ dzie⁵⁵ ni⁵⁵ tʂõ³⁵ ɕie⁵⁵ bõ⁵³ guɯ³⁵ zĩ⁵⁵ də³⁵ zõ³⁵.

野鸡守卫种星树中央。

二 普米画册：艺术与信仰的力量

——清华园里的公众号：普米纪行

2017年的8月，暑热难耐；同时在清华园还有一个热度点——"你可曾听说过普米？2017-08-10 普米纪行"公众号，引起了大家关注。

这是一个总人口仅数万的民族，没有自己的文字，却在几千年的历史长河中生生不息，以口耳相传的形式传播知识、传承文明。

这是一个热爱自然的民族，生活在云贵高原绵延的群山之间，纯净无瑕的泸沽湖是点缀她的一颗明珠，护林爱水的责任感深入每一位族人的内心。

这是一个具有朴素宗教信仰的民族，浩瀚的口诵经记录着韩规教敬神仪式的方方面面，丰富多彩的祭祀文化是我国非物质文化的瑰宝。

这个民族叫普米，国际音标为$p^hz\tilde{e}^{55}mi^{53}$，口唇张合之间跳跃着两个悦耳的音。

接下来的十天中，我们就在这里，与神秘动听的经文邂逅，为精致迷人的图画着迷；我们就在这里，倾听了老人们的文化之旅，让感动与震撼一次次溢满心间。我们是谁？

黄凯莉，宁蒗普米族口诵历史调研支队支队长，工业工程系；赵芃，工业工程系；刘礼剑，工业工程系；马一文，美术学院；王浩宇，社科学院/人文学院；邢成博，人文学院；武欣楠，人文学院。

普米族千年绵延不绝的文化传承留下了大量的经文经典，仅目前收集到的就有韩规古籍经典约1100部，韩规口诵经"喀尔沙"330部，可谓卷帙浩繁。由于普米族没有自己的文字，这些经文在过去大多以口诵的形式代代相传。

不幸的是，在上世纪的"文化大革命"中韩规教的传承遭到了破坏，改革开放后虽然获得了党和政府的大力扶持，但外来文化的冲击也大大减缓了恢复工作的进度。随着老一辈的普米文化传承人年事渐高，保护和抢救口诵经典已是刻不容缓。

口诵经"喀尔沙"是韩规教的文化经典，涵盖了族人日常生活的方方面面。从信仰神灵来看，有天神、山神、龙神、战神、财神、福气神等；从敬拜形式来看，有烧天香、祭锅庄、做面偶、献油灯等；从祭祀内容上看，又包括婚丧嫁娶、祈福除秽、顺风调雨等。普米口诵经内涵深邃、包罗万象，既是宗教，也是一套维系社会生活运转的道德准则和行为规范，因而是了解普米族传统文化习俗的宝贵资料，对于韩规教的研究也具有重要意义。

宁蒗普米族口诵历史调研支队的一部分工作，就是帮助宁蒗当地的普米族文化保护协会对口诵经进行整理、记录、注音、翻译，以便及时保存和研究普米经典。经过与协会中几位老师的沟通，我们的口诵经工作主要包括以下几项内容：

1.先是将经文以电子形式保存，以便后续排版及分类保存。为了用书面的形式保护经文，韩规经师曾经引入藏文来记录口诵经文的内容，但并不完整。协会开设的韩规培训班中的学生需要学习这些藏文书写的韩规经文，并做到熟记于心。虽然支队成员们并不认识藏文，但我们也了解并学习了它在经文书写中的断句和断篇标记，以及频繁出现的若干语句。用移动设备上的扫描软件，我们将这些小心保存的经文以扫描照片的方式录入电脑中，以便后续排版对应。（图1）

由于经文的数量极为庞大，且纸质版目前仍为孤本，我们特地请偏初里老师（一位当地富有声望的韩规）为我们安排和校对经文的先后顺序，最终实现了电子版经文的准确分类。

2.接下来是有关记音方面的工作。口诵经文原本是没有文字记录的，仅有一小部分借用藏文记录了下来，但其内容也多有疏漏之处。要想完整记录口诵经，就需要对每一个发音进行精确的记录。只要能够建立一套全面统一的注音系统，将来的韩规就可以直接根据整理成册的注音学习浩瀚的经文，大幅度缓解从前韩规代代直授的困境。

协会的和学明老师、马红升老师、香港大学的丁思志教授与"印象丽江"的郭建东老师等人用了十年时间，创造了一套针对普米语的拼音化方案，已经将前四部口诵经实现了转化。然而，拼音化方案虽然较为简单易学，但仍有一些瑕疵。根据国际上通用的语言学研究方法，支队指导老师赵丽明教授决定采用国际音标（International Phonetic Alphabet，简称IPA）进行记音。

图1 支队成员赵芃扫描口诵经

普米族的恢弘文化千年来绵延不绝，但令人遗憾的是他们没有形成自己民族的独有文字，因此口诵经和图画成了文化传承的重要载体。韩规图画，就以传承文化为目的诞生了。

韩规图画是与口诵历史经典配套的。经典中所描述的每一个神话传说、天神妖魔、吉凶征兆、气候节日等，往往都能在画册上找到具体的形象。图画均由大韩规偏初里老师及其弟子创作，风格偏于写意，色彩鲜艳；物象多取于自然，透露着淳朴的民族气息，展现出普米族人丰富的想象力，和他们与自然和谐相处的美好祈愿。

旧版的韩规书画册已然是图文并茂，每一页的左侧是图画，右侧是藏文草书注解、相应的拉丁拼音注音和简略的汉语释义。它们不仅对于传承民族文化具有重要意义，也为其他民族了解普米族文化打开了一扇窗。经过整理后，这些价值非凡的书画册迅速引起了当地文化保护部门的重视。目前整理成册的韩规书画册有九部，其余卷帙正在由当地的大韩规根据口诵历史经典的内容进行修补和创作。

支队的一部分工作，就是帮助宁蒗当地的普米族文化保护协会对韩规书画册进行整理、注音、翻译和排版，以期能够尽早出版新的、更清晰易读的、面向大众的韩规书画册。

马红升老师为我们释读藏文经文，我们根据他所读，用国际音标记录读音，并修正汉语释义，然后把这些都用电脑记录下来，形成电子版。（图2）

马老师本人年事已高，且不幸身患偏瘫，行动不便，能够来帮助我们进行整理工作实属不易；而我们对国际音标也是初识大体，使用起来并不熟练，因此第一天的工作进展缓慢，困难重重。普米族老师们对汉语并不十分精通，所以原书的汉语释义较为粗略，用词和语序都需要调整、润色。

图2　刘礼剑（左一）听音、记音

同时，记音及排版的工作量也相当大。因此，这些工作听起来简单，实则非常耗时费力。

队员马一文、刘礼剑创造性地整理出普米族拼音方案和国际音标对应的音表，形成一种函数映射的关系，整理到Excel中。（图3）

之后，刘礼剑将书画册上的拉丁字母及罗马数字注音快速录入电脑，然后根据音表进行一一替换。这样一来，就能粗略地将原书中的拼音注音转化为国际音标。但是这样的转换并不准确，有些读音并不能很好地被现有的拼音方案表现出来，因此还需要重新听写和校对。尽管不甚精确，但这种方案既节省了录入的时间，又方便了之后的整理和排版，大大提高了工作效率。（图4）

辅音	齿龈		硬腭	龈-硬腭		齿龈后		卷舌		软腭	
塞音	d=t	t=tʰ								g=k	k=kʰ
	dd=d									gg=g	
塞擦音	z=ts	c=tsʰ		j=tɕ	q=tɕʰ	zh=tʃ	ch=tʃʰ	zr=tʂ	cr=tʂʰ		
	zz=dz			jj=dʑ		zzh=dʒ		zzr=dʐ			
擦音	s=s			x=ɕ		sh=ʃ		sr=ʂ		h=x	
	ss=z			xx=ʑ		r=ʒ（词首 例：re）		r=ʐ（辅音后 例：br）		hh=ɣ	
鼻音	n=n							lr=ə			
	nn=ń									ng=ŋ	
颤音	颤音										
边擦音	l=l										
边音	ll=ɬ										
无擦通音			y=j								

图3 马一文、刘礼剑制作的音表（初版）

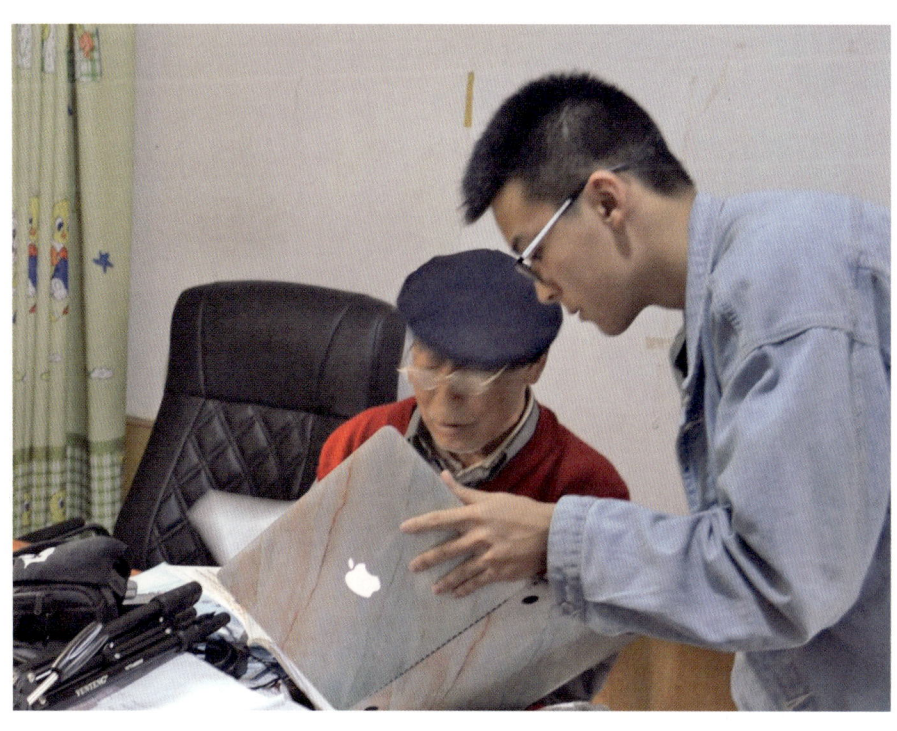

图4 刘礼剑与马老师核对发音

完成拼音的转录后，还需要将图画以及汉语注释逐一扫描到电脑上，并把图画、藏文草书、拼音、国际音标注音和汉语释义重新排版。此部分工作由美术学院的马一文负责，刘礼剑辅助完成。

经过协会老师和支队成员连续十天的辛勤付出和不懈努力，终于完成了普米口诵经第一册（共15章）和第二册（共3章）的记音，以及大部分藏文、拼音文字、汉语释义的记录工作。如此快速的进度远远超出了我们最开始的预期，更给我们带来了由衷的喜悦与满足。

然而随着时间的推移，我们也越发意识到，民族文化的瑰宝无穷无尽，支队当前所完成的不过是普米口诵经的冰山一角，还有更多神妙的经文正在被发掘，正等待保护。唯希望这项事业能薪火相传，直至全部口诵经能以书面的形式，更为直观地展现出古老民族的智慧结晶。

在协会老师的全力支持和队员的辛勤付出和不懈努力下，我们完成了韩规书画册前四册的扫描、整理、记音和排版工作。不仅如此，在清华大学人文学院赵丽明教授的介绍下，清华大学出版社等多家出版社均对普米族书画册表现出浓厚的兴趣。我们相信，经过更为细致的修改和校对，出版清晰易读、面向大众的书画册将指日可待！我们也为自己能够参与这项有重大意义的工作而感到由衷的自豪！

第七章
口述历史

一 为了普米族文化，鞠躬尽瘁

——八旬老干部胡镜明访谈

访谈时间：2012年4月30日

访谈地点：清华大学紫荆公寓18号楼313室

访谈对象：胡镜明（普米族，1931年出生，土改老干部，20世纪50年代初受过中央领导接见，1984年曾参加国庆观礼）

访谈者：张嘉城

整理者：张嘉城、徐丽丽、赵丽明

作为普米族代表，胡镜明、熊建举和韩规偏初里，参加了2011年清华百年校庆"中国西南地区濒危文字展暨研讨会"。国内外学者暨西南地区各民族代表100多人，欢聚清华园。在古香古色的旧图书馆，不仅举办了图片展，而且有来自基层的50多位濒危文字文献传承人，现场展示，并和专家面对面交流、研讨。

2012年五一节期间，为了最后校对《普米韩规原始文字文献调查、解读与研究》，我们请胡镜明老先生和偏初里韩规再次来到清华园，和清华学子工作了一个多月。在此期间我们对胡镜明老先生进行了访谈。

普米韩规教与藏族原始宗教

张嘉城（以下简称"张"）：我觉得特别好奇，因为我原来接触这方面资料很少。请您聊聊：普米族的宗教跟藏族的宗教有什么关联吗？

胡镜明（以下简称"胡"）：有。藏族的宗教分两大派：一个是苯教，一个是佛教。苯教就是韩规教的前身，以前的藏族信奉的基本上都是苯教。现在藏族的宗教主要是佛教。

张：藏传佛教。

胡：这个苯教，它是藏族的原始宗教。它的中心是自然崇拜。

张：那有没有特别崇拜的东西？您所说的这个自然崇拜具体是指什么？

胡：苯教认为万物都是有生命的，整个地球上的任何东西，如草、树、动物等。有生命的东西就值得爱护，需要保护。所以苯教认为"万物有灵"。我们普米族诞生在青藏高原，我们的祖先就是古代的羌族，我们都是羌族的后代。但是从什么朝代开始，我们从羌族分离出来成为普米，现在还没找到确切的记载。但是，在古代，从羌族分离出来的这部分人被称为"西番"。

张："西番"就是指普米族？

胡："西番"是很大的一个群体，很大的一个部落。"西番"这个词，我查阅过《汉书》《新唐书》《旧唐书》，大概在唐代前后出现。好像《汉书》《后汉书》里都还没有"西番"这个词，只有"羌"这个记载，到了唐代也是"羌"，但唐朝时候已经提及"西番"这个词了。

张：那普米族是普遍信仰这个苯教吗？

胡：是。普米族信仰的宗教就是苯教，也有信仰佛教的。大概是在元朝，佛教已经传入普米地区。

张：普米族的宗教信仰是不是强制的？

胡：不是强制的，两种都信，但是绝大部分都是信仰苯教。

普米韩规教仪式与民俗生活

张：韩规教有没有一些特殊的仪式呢？

胡：特殊仪式？最近几年我总结观察，韩规教有这么几个观点：一个是生态保护的生态观，要爱护生态。万物有灵之神嘛，要保护生态，保护生态平衡。古代普米族所在地区的几座高山都被奉为神山。

张：哦，把高山奉为神山。

胡：这些神山都不能破坏，神山上是不能砍伐的。现在我们这个韩规一开始念经，第一个就是除垢，把不干净的东西都除干净，做仪式的时候这个是第一个动作。第二是呼唤神、祖先。每家在做活动时，都要喊神的名字。神的名字喊完以后就开始点灯，点灯仪式就是在神台上举行。点灯以后就献茶，给神献茶，这个仪式不能漏掉，做任何宗教仪式，这一段都要做。

张：先是除垢，然后要呼唤神的名字，然后在神台上点灯，然后给神仙献茶。

胡：这些时候都要喊神的名字。这些完了以后，首先要敬龙神。这个是程序性的，要敬龙神。水，韩规教把水当作生命。水是人的生命，要爱护水。仪式是先把牛奶、茶叶、蜂蜜、醅酒放在一起。

张：醅酒？

胡：一种酒，是我们普米族特有的酒，就类似现在啤酒。醅酒再加上一种稻谷炸的花，就像现在爆米花、玉米花之类的。然后把酒和谷物花装在盆里面，就放在我们普米族每家的房子附近的龙洞里面，储水的龙洞。

张：龙洞？

胡：就是泉水洞。这个龙洞是在村子周边，保护得非常好。谁要吃水就从这里打。然后就这样洒（酒和谷物花）。

张：洒在龙洞周围？

胡：洒在龙洞中，这个事情在祭祀活动中非做不可。然后就是开始烧天香。用柏枝、松枝叶烧天香。也有把这个水洒向松毛，呼唤山的名字，叫山上的神及万物有灵之神。

张：那怎么烧呢？

胡：就烧啊，把它放到一个香炉，专门有个塔。点燃，然后冒烟。把面做的一种神像烧掉，然后念山的名字。面做的神像就是雕刻好、像人一般的面团，有几十种神像。

张：念山的名字？

胡：念山的名字。山上都是神，让神下来。我查了一下，在念的时候有五十五座山，现在叫不来名字。不知道在什么地方。可能是古代普米族迁徙路线上的山，或者山后面还有一些山。

张：这叫烧天香。

胡：嗯，烧天香。这个完了以后才开始念经，开始念今天要做的事情。正式念经。它是一种自然崇拜。现在在四川成都的三星堆，也发现了这种神坛。

张：哦？也发现啦？

胡：啊，发现了这种神坛。现在把它称为祭坛，祭天坛。去年在北京开完会以后，我也到成都去看了。我认为就是古代普米族的天坛。每个普米族（家族），每个家族都有一座山。

张：每个家族有一座山？

胡：都有这么一座山，就是家族山。每年正月十五、五月端午、七月十五。都要到这座山上来祭奠，祭奠山神。

张：五月端午？

胡：端午，我们叫做"吃新节"。因为古代普米族不是种青稞、大麦、小麦吗？这些粮食在四月份不是成熟了？成熟了以后，就家家户户都请客，新粮上市了，大家都来吃。"端午"这个称呼，不是汉族的称号的意思，是兴旺发达、植物繁盛。如果用汉文来解读的话，就是"吃新节"，吃新上市的粮食。这个时候大家都喜欢请客，请客吃些什么呢？就吃新上市的青稞和粑粑做的醅酒，你家请我家，我家请你家，同时也到山上祭拜龙王，祭奠山神。

张：那这个二月十五是为什么要去？

胡：也是祭山神。过年了嘛，年过完之前都要去山上祭山神。年过完了，请山神保佑平安。二月十五到山上做一个大的仪式，叫"平安节"。然后这段时间，家家户户都祭龙神，念两三天经，现在已经变了，有些就是只念两个小时吧。真正把这个龙神经念完一般要两天。

张：只有一位祭师他就不停地念两天啊？

胡：嗯，经师念两天，在家里面念，四面八方都要祭奠。从它念的经、做的仪式来看，它与佛教不同，与基督教也不同。它就是一种民间的特殊文化。

张：咱们这个普米习俗特别有意思，特别不一样。那像结婚啊，有没有什么特别习惯？结婚的时候也把前面这些做一套吗？

胡：结婚时候要念兴旺发达经，上面说的这些仪式都要做。祭祀龙神经啊，这些都要念。这些念完之后，还要念祖先经，给祖先献饭。然后呢，就是要做一套面人，拿盘子装起来，代表吉祥物，就是宝物。

张：这个吉祥物具体长什么样子？

胡：它就是做成一种宝物的形式。一种是这样中间有大点，四周有小点，然后用花贴得非常美丽，装在盘子里面，涂成红色。有这几个内容：一个是要呼唤祖先、呼唤财神。呼唤祖先时说："今天家里有喜事啦，这个祖先，请你回来，来接受儿孙的祭奠。"把神仙从门外头请进来，把宝物端上，然后装上盐、漂亮的服装、茶、米，或者是青稞，一个人端起，穿着很漂亮的服装，普米族衣服或者什么，一个经师拿着五彩福旗。

张：五彩福旗？

胡：然后，大门外头海螺吹起。韩规经师念经，装上盘子，拿上这个五彩福旗，在外呼喊："今天家里面有喜事啦，祖先都回来。福在我家中，幸福在我家里面，喜事在我家里面。请你们回来参加聚会。"从门外面呼唤进来，端着盘子，大家海螺吹起。福气进来以后，把盘子放在神台上。之后就轮到新郎新娘出来了。古时候接了新娘以后不能马上进堂里面跪拜。要先让韩规把经念完，然后家里面的长辈才把新娘扶进来。进来之后，铺上毛褥子，然后点上两盏灯，摆上两杯酒，摆上两杯茶，新郎新娘各拿一只松笔，拿一枝松柴，把这两个拿起来点灯。端起以后，把灯点了以后，每人放一盏灯在神台上，放在神台上以后就开始跪拜。首先是神，然后是祖先，还有财神。这些都拜完了，再给父母跪拜。父母跪拜以后，男方的母亲给儿媳妇取个名字。

张：取个名字？

胡：取一个名字，变成我家的人了，不能再喊你在家的名字了，要取个名字。

张：姓呢？姓变了吗？

胡：没有姓，就是名字。取了名字以后，老婆婆（指男方家中辈分最高的女性）在上边，扶她进来的这个老妈妈，挨着老婆婆最近，就坐在她跟前，然后把送亲来的人请进来坐在右边，家里面的长辈坐左边。男女要根据年龄大小、辈分大小排座，年龄大的、辈分大的坐上边。然后，新郎新娘还要给大家磕个头，感谢大家来参加婚礼。之后把新娘从娘家带的一些食品，其中有一种就像西北那里的馓子，用面炸的，炸好之后摆起来。还有一些糖，自己做的糖果。

张：自己做的啊？

胡：嗯，糖果，还有醋酒都要自己做。然后把东西全部放在锅里面，用火烧，再弄一壶水放在里面，再加点盐巴，然后由两个半大的小姑娘把它舀出来，弄成粑粑。送亲的人，每人给他一小坨。新娘带来的食品，每人都分一点。然后，就摆上吃的东西，招待亲戚，招待以酒、糖果啊。然后，要对歌，老的跟老的对，年轻的跟年轻的对，女的跟女的对，男的跟男的对，外面院子里就是对歌。对完歌之后就是摆酒席，开始请客吃饭，到了晚上要举行篝火晚会。

张：篝火晚会？

胡：篝火晚会。男女老少首先在家里、堂子里跳三圈。跳完三圈后就到外面院子里去跳，跳到什么时候不管，就是跳。客人来的时候还要到很远的地方去接，端上酒，迎接客人。送亲的来的时候，在路上接，接三次，敬三次酒，然后再把他们接到家里面，感谢他们，把送亲人当作贵宾，非常复杂。现在的酒席就非常简单了，就是请客吃饭，对歌的那些歌曲现在会唱的人不多了。我们现在正在收集，失传的话，非常可惜。

张：对，这是一个民族的文化遗产，非常珍贵的。

胡：全部收集下来，估计有个两三百首，现在已经收集了一百多首了。

苯教与藏传佛教

胡：苯教文化是从现在藏族的一些仪式和仪式的名字来看的，苯佛斗争时间相当长。在唐朝以前就已经斗争了两三百年，到了唐王朝，特别是松赞干布这个时期——藏族最兴旺发达的时期，松赞干布主张灭苯亲佛，佛教就开始兴盛了，而苯教就被打压下去了。曾经有很长一段时间，苯教的势力非常强大。佛教从印度传入后，一百多年间，有的时候是苯教兴盛，有的时候是佛教兴盛。但是到了唐朝松赞干布执政以后，他主张政教合一，他掌握政权后，帮佛教把苯教打败了。

张：等于说松赞干布是帮了佛教一把。

胡：之后苯教就起不来了。因为从唐以后，到宋朝、元朝、明朝、清朝，这个苯教都处于一个衰败时期，所以也没有人主动去研究它，专业的研究学者也很少。我们这几年已经开始收集资料，不过还没有到研究阶段，现在还是在抢救。十多年前就是抢救，现在还在抢救，还没做完。到底有多少经书现在还很难说，到底青海有多少、四川有多少现在都还不知道。从现在的情况来看，还有很多。现在有个普米族大师在青海热贡县，是做唐卡的，他是苯教的一个大僧人。去年我从北京回去时去了青海，不过时间很短，没有时间到热贡去，没找到这个大师。之后就去了西藏，回来后又在四川呆了一两天，都没有找到研究苯教的大师。时间太短了，就一两天时间。文献方面就是这个，（拿出一本书）这是从四川买来的，《象雄文萃》。

张：（念作者名）张家·仁真降措。

胡：现在他是好几个大寺的大师，年纪很轻。

胡：这个现在在印度。他是苯教的一个大师，也是大佛，在印度。

张：（念作者称号）雪域智者——阿勇仁波切。

胡：转世活佛，是四川省九龙县一个大寺的转世活佛。他几年前发现我们云南这个地方在做这个传承，他听说了后亲自到了丽江，因为没有人给他介绍，没找到我们就回去了。我准备今年下半年派韩规去拜访他。他汉语水平非常好，这个《象雄文萃》就是他写的，前半部分都是他写的，简单地概述了一下苯教发展史。前面是苯教经书，苯教的祭祀仪式，（翻开书，指着前半本书）是苯教的简史，简单地介绍了苯教的发展。

胡：经书现在我们两个都在收集，掌握到的将近一千种。

张：太不容易了，这工程量非常大的。

胡：现在已经影印将近一百多种，将近有三十部。这次拿来的将近一千来页。这个只是一部

第七章 口述历史 731

分，韩规照了相。还有两三部，也都照了相了，现在人家不卖，借都借不来。现在偏初里韩规所在的那个地方依吉是苯教经书最完整的、保存最好的地方。

那是四川省凉山彝族自治州木里藏族自治县。普米在那边都划归藏族了。四川、青海都划归藏族了，原来的"西番"都划归藏族了。

木里是佛教兴盛的地方，但是那个地方是一个偏远山区，在四川和云南的交界，公路现在也还不通，这些经书都被保留了下来。上次到四川做了考察，看四川有多少，我们估计现在是数量最多的。韩规典籍这个地方保存最多，比较全，而且有几部经书现在的苯教都已经没有了。

张：我看这个经书非常精美啊。

胡：手抄的，都是手抄的。韩规自己手抄的。而且这个书法，我在青海给几个藏族博士看，他们说这个手抄书法水平非常高。

张：简直就像一件艺术品一样，非常美。

（四）普米宗教文化的族内传承和族外相习

胡：（指着经师）他的两个儿子和女婿都是经师。

张：都是经师？

胡：现在是二十五代，传承了二十五代。

张：他们那片地区一共有多少个正统的经师？

胡：经师啊。现在整个普米族来讲，他是第一大经师，超过他的没有。老的都死了，活得不长，我查了一下，最多就活到七十来岁。中间断了一段，初期没有人学这个，断了，断代。现在年纪最大的是偏初里，五十三，他是1959年生的。读了四年小学以后就没有再学汉语了。后来当了一段时间赤脚医生，最后他爷爷和他父亲说还是叫他学经文。当时赶上"大跃进"，这个期间受了点影响，当时都是悄悄把他带到山上教，不敢在家里教，到山上躲起来教他。他爷爷是个大经师，没有来得及全部解读，他爷爷就死了，只解读了一半，没有来得及给他解读。用普米语来解读，只是把经的内容告诉了他，这个经是做什么的、在什么场合念、怎么念都告诉他了，但是意思是什么没有给他解读。现在解读很难，我们想找一个能够解读的藏学家试试。

张：学经文一定要家族内部学吗？是不可以教给外人的吗？

胡：不，他只要愿意学就可以拜师。大部分是家传的，家传的多。

张：那如果不是普米族呢，像一个外族人？

胡：也可以学，像我们那地方，摩梭人，还有纳西族，像纳西东巴他们都是学习了普米经文的。那纳西人为什么反而比我们更有名呢？因为他自己创造了文字，创造了象形文字。他出名就是在这一点。然后他就用象形文字把经记录下来了，加了自己的口授经文，还有一些故事、歌曲。他的出名就出在这里。

张：对对，是，上次请了两位东巴，可能看一个字他传达的意思就非常的多。

胡：纳西象形文字的含义，他们本族人都是很明白的。他们现在已经办了大学了，在云南民族大学已经设了班，教纳西族文字。上次那两个东巴来（参会，那个会）你参加了吗？

张：参加了，他们也是展示了一下他们的文献，东巴文字是象形文字，有的字简直就很像图画。

胡：不是图画。它是从图画发展过来，演变过来的。

张：对对对，还是挺生动、挺有趣的。

胡：我们曾经也尝试过一下。西夏已经创造了文字了，西夏文字，但现在没保存下来（当指西夏文字不被使用），有些文献到了俄罗斯，到底有多少不知道，因为西夏已经灭亡了。实际西夏和普米也有关系。

张：西夏和普米也有关系？

胡：在古代都是一个部族，就是一个大的部落分支出去的。

访谈到这里，基本就结束了，然而我的内心却久久不能平静。这次访谈给我的最大感受有两点：

第一，感受到以胡老先生为代表的人们坚持为保护濒危文字而努力的强大决心。胡老先生今年八十多岁，曾经和胃癌做过艰难的斗争，尽管在治疗中失去了半个胃，但是今天的他依然精神矍铄、目光炯炯，为祖国濒危文字的保护事业奔走呼号。老先生曾提到："我退休了，做这个事情也不为钱、不为名。"就是这样一个淡泊名利的耄耋老人，为了民族和国家的文化事业，奉献着自己人生的余热。我们不仅要向老先生的理想致敬，更要为他身上那种不服输、乐观积极的人生态度而喝彩。

第二，感受到胡老先生的遗憾。从老先生追忆往昔参加观礼、民族代表团全国巡游的盛大场面，我感受得到这位老先生对往事的眷恋和现在一切归于平淡的落寞。然而老先生的遗憾更多地是出于自己民族文化事业保护工作的艰难。他也为资源得不到更好的开发感到焦急；说到纳西族已经在大学中开办了民族班，老先生语气里竟流露出丝丝羡慕，而正是这丝艳羡，让我感到无比的心酸。

访谈结束了，但是保护少数民族文化的工作远远没有停止。在未来的路上，提高公众对濒危文化的保护意识、吸引社会的广泛关注，是发展保护工作、改善现状的良方。

二 普米灵牌、木牌画

——访偏初里韩规、胡镜明老先生

访谈时间：2012年4月26日
访谈地点：清华大学清华紫荆公寓18号楼
访问对象：偏初里、胡镜明
访谈者：侯宁、王颖
整理者：张嘉城、赵丽明

普米灵牌简介：即五彩线，用于祭祀活动，用五种颜色的线绕成，由方形的单体和三角形组成，共有15种组合方式。灵牌单体的线的颜色从外到内依次为黄、绿、红、黑、白。其中黄色代表人体的温度、热量；绿色代表人的气息；红色代表人的血液；黑色代表人的皮肤；白色代表人的骨头。

不同组合的灵牌用于不同的人物祭祀活动：

1.巴乌龙咔，代表战争英雄之类的人物
2.音乐、舞蹈师（艺人）
3.高级韩规经师
4.韩规经师（侧重于变法术、巫术）
5.领袖、有威望的人物等
6.皇帝、封王
7.高级老师
8.佛教最高学位（格西学位）获得者
9.一般的喇嘛
10.医生
11.富豪、发财的人
12.技术人才、工匠（铁匠、木匠……）
13.伙夫、厨师
14.儿孙满堂之人
15.德高望重之人（调解矛盾、善人）

侯宁（以下简称"侯"）：请问老师，这个叫什么？

胡镜明（以下简称"胡"）：普米语把这个（灵牌）叫做龙咔。龙是那个龙，动物；咔是一个"口"字加一个"卡"。

侯：这个呢？什么意思？（指第一个）

胡：这个叫做巴乌龙咔。战争时的英雄。不会死的英雄。打仗的时候相当勇敢。

侯：巴乌龙咔，不会死的英雄，永生的。这个呢？（指第二个）

胡：这个是音乐舞蹈师，就是唱歌唱得相当好的，跳舞跳得相当好的。

侯：那这个代表奏乐的吗？那杂耍、玩杂技的也包括吗？是所有的艺人对吧？

胡：嗯，奏乐、唱歌、舞蹈都会。都包括。对，所有的艺人。

王颖（以下简称"王"）：这个是代表音乐舞蹈师，还是说音乐舞蹈师去世后用这种灵牌？

胡：就这种人去世后用。刚才那个第一张也是，就是像当地英雄去世了就用。

胡：这个（指第三个）是韩规经师，高级的韩规经师。指的是本事很大，什么都会做。

侯：各种祭祀活动他们都会，是吗？

胡：对。

胡：这个（第四个）是韩规祭司，能够施用法术，又叫做巫术，就那种会施法的韩规。例如那个病人，这种韩规能够变法把病人的病治好。

王：哦，就是说这种韩规能够给人治病？

胡：他不但会治病，如果你有个小灾，还能够镇灾。把灾难镇掉、消掉。不仅会施法，还会治病。

侯：那之前讲的那种什么都会做的经师也会做这些吗？

胡：也会做，但是不是最厉害的。

王：那这种祭司也是什么都会的吗？

胡：都会，但是这种祭司是特别擅长，在做法事上面，就是巫术上面，他是最厉害的。

侯：嗯，特别精通。

胡：（第五个）这个是能够当领袖的，能够当得起一城之长。

王：当官的？

胡：是当得起领袖的，不是当官的。他这个领袖，不一定得当官，他在这个群众当中有威信，他就能够成为这个村的领袖，能带领大家。

王：有威望的人。

胡：嗯。

胡：（第六个）这个就是皇帝。

王：只有皇帝？

胡：只有皇帝。封王，统领世界的人之类的，不是一般的当官的人。

侯：那这一种和（灵牌单体的）数量的多少有关系吗？

胡：没有关系，只是代表一种模式。

胡：（第七个）这个是高级老师、教师，很会教学生。

侯：那就是包括一些有智慧的？

胡：嗯，有智慧的。

王：韩规是老师吗？

胡：不一定是老师。（这个）不单单是老师，他的知识相当的全面。能带很多学生，带很多弟子。

胡：（第八个）这个是佛教里面的最高学位——格西，就相当于博士啦。格西学位在佛教里面是最高学位。现在苯教里面也有格西学位。这个非常难考，几千人里面才考出一两个。

胡：（第九个）这个是一般的喇嘛。

王：也是喇嘛？那韩规呢？

胡：不是韩规，就一般的喇嘛。

胡：（第十个）这个是医生。

胡：（第十一个）这个是富豪，发财的人。

胡：（第十二个）这个是铁匠、木匠、石匠。

胡：（第十三个）这个是伙夫。

侯：做饭的。

胡：（第十四个）这个是儿孙满堂的，儿孙特别多的，儿孙兴旺。

胡：（第十五个）这个是很懂道理的人，他口才很好，能说服别人，帮人做事，等于是调解的人。相当于法院的调解的人，律师。非常能说会道，帮人做思想工作，能说服、教育。在普米族当中这种人是威望很高的，家族之间出了什么事都是这种人出来帮忙（调解）。

王：相当于县太爷之类的吗？

胡：他不是官。

王：不是官，就是和县太爷工作差不多的。

胡：他是能够去帮别人，帮人家去说服调解，这其实就是个调解员，司法里面的调解员啦，村里的调解员。农村现在都推广嘛。他还关心人、心地善良。

王：这是一种职业吗？

胡：不是。就是这么一类人，古代就有。到现在我们村乡也有这样的人。他也不是什么官。

王：哦，就是那些德高望重的人。

韩规必须具备这八大功能

胡：韩规教，它有八大内容，就是要懂八个方面的东西。什么舞蹈、做面偶、念口诵经、念这个苯教经文、做神法坛，还有绘画等八大内容。前面那种（祭司）这八大内容都会做，但这一种

（祭司）做法事、做巫术方面是特长。

侯：这八个方面您能再说一遍吗？我们记一下。

胡：嗯。整个韩规文化它分为八大内容。第一，继承苯教书写经文。（苯教书写经文）很多，现在我们发现的有108种。第二，继承普米族民间的口诵经文，就是没有文字记载的，是完全用脑子来记的，就只是念，口述的，没有文字记载。第三呢，他（韩规）要会绘画，会画图。第四呢，他会舞蹈。第五呢，会占卜。第六懂得历法，天文历法。第七还要能做面偶酥油花。用面做的菩萨酥油花。

王：酥油？

胡：就是黄油嘛，现在黄油一般都喊酥油嘛。把酥油做成花贴在面偶上。第八还要会布置各种神坛。

王：会做法事。

胡：就这八大类。不会这八大类就算不了一个高级韩规。韩规就必须具备这八大功能。

灵牌大小、缠线多少，有什么规律吗

王：像这些灵牌都是中间的那个大，周围的较小，这是一种规律吗？

胡：嗯。

王：那这种完整的正方形和这半截的正方形（指正方形的一半）有什么来源吗？为什么一种是完整的，一个是半截的？

胡：这个只是为了区别一下，区别这个灵牌的式样。每个灵牌都有一张像贴在这个中间。

王：头像？

胡：嗯，中间贴一张纸，画人（死者）的头像。它这个灵牌后面是五彩布，用来装饰的。它是一块一块拼接装饰起来的。

王：也就是说中间的那一块大些是为了贴照片？

胡：嗯，不做大点贴不上啊。

王：灵牌上面每种颜色的线绕的根数有讲究吗？

胡：这个没讲究，这个家里面线多，他就多缠一点，家里线少就少缠一点。

灵牌是什么时候出现的，怎么用

侯：灵牌是什么时候出现的？

胡：这个是从韩规诞生就有了，我们要给祖先祭奠。我们从前是牧羊部落，称西戎，戎就是普米语中对羊的称呼，羌族也是牧羊人，我们是牧羊人。我们这个灵牌是祭奠祖先的，根据当时韩规经师的记录来看，当时普米族已经发展到一个相当兴旺发达的阶段。灵牌的制作模式是分等级的、有差别的，比如：皇帝的、土司的、富豪的、技术人员的、普通老百姓的等15个等级。

侯：皇帝的是最大？

胡：嗯，编织方法不同，是羊毛线编织的。

侯：染料是用的纯天然的吗？

胡：染色是根据普米族的信仰。普米族是个生态保护"镇"，"东西南北中，红黄蓝白黑"，这个就代表"金木水火土"，用这种颜色来代表。

侯：这个颜色都是你们的民族色彩的，是吗？

胡：嗯，这是根据信仰的。

侯：这些颜色是固定的、不变的？

胡：嗯，固定不变的。原来是麻线，从山上把不同的颜色的染料找来，蒸煮，然后染色。现在是用羊毛线。

侯：谁制作灵牌？

胡：韩规。还要先念经，才能做。

从前土司是皇帝任命的，后来"改土归流"

胡：这是祭祀时的照片，在山上。

侯：这种祭祀活动现在还做吗？

胡：做，每年都做。

侯：祭祀活动多久一次？

胡：不一定，有不同的祭祀活动。

侯：这个对男女有区别吗？

胡：没有。小孩不做，不满18岁的不做，过了18岁他们就成人了。一般都是为老人做的。

侯：对于做灵牌有什么要求吗？

胡：都是后代为长辈做，包括皇帝，有他的灵牌（样式），但不知道有没有做过，《汉书》《后汉书》中有记载。

侯：关于灵牌有传说、故事吗？

胡：没有传说。

侯：那您知道它为什么像十字架的形吗？

胡：这和十字架不一样。和汉族不同，彝族也有灵牌，是细细的竹丝编的，也是这么大，但就一个模式。纳西族没有。这个是我父亲祭奠的时候做的。祭祀后，大的灵牌要烧掉，小的放在家里的神台上，就像汉族的一样，天地君亲师之神位。右方是土地菩萨、观音、玉皇大帝之神位；左边是姓氏。灵牌两边挂有两条红布黑字，一般是土布、丝绸布，每年写一次，一般是根据他们的生平自己创作的，有些创作非常漂亮，但是能创作的很少，不会写的就只挂两条布来装饰。

侯：你们民族之中有等级观念么？

胡：我们这个民族主张平等，尊老爱幼，我们这里一些集会活动，不管官大官小，长辈坐上边，谁的年纪大、辈分大谁坐上边。

侯：你们当地有什么官？

胡：有土司、火头，土司是最大的，民事调解，家庭纠纷，上边有什么号召，相当于村民委员会的主任，一个村一个火头。我们不称为火头，"火头"是汉族的解释、说法。我们也不知道为什么，找不到根据。我们普米语是"大人"。

侯：一个土司掌管多少火头？

胡：这个不定，有多有少，因为有的村人口多有的村少，有的掌管十多个，有的二十多个，相当于现在管理两三个县，有的只管理一个乡。从前土司是皇帝任命的，后来"改土归流"就是把土司制度改掉，从其他地方派官来管理。我们这里改革开放初期还有土司，现在没有了，土司的后代还有，但制度已经没有了。

平安塔与木牌画

王：这一类的（木牌画）总共就那么多吗？

偏初里（以下简称"偏初"）：这种总共有58张，这个不全。这些全部都是插在平安塔上的。每年每个村做一次，全村都要朝拜三天，祭拜和谐平安神。

王：那什么时候拜呢？

胡：每年的农历二月十二到二月十五。祭拜之前要先准备，村民们会准备祭祀时需要用的、吃的东西，也就是二月十二开始准备筹集东西，接着韩规法师画祭祀需要的东西，再接着就是念经。

王：能详细介绍一下平安塔吗？

胡：这中间是根木头，把它竖起来，13台，一台一台构成13层。（其实所说的"台"就是"层"的意思。）平安塔的顶上，最顶端，是韩规的古代传世人——丁巴什罗。就是一张画像，把他的画像拿个木牌画了上去，再把木牌插放在顶上。

偏初：这类有12张，一尺八到两尺长，东南西北每一边插三片，画的是吉祥宝。下面的也是每一方插三片，这种也共有12张，比那个短一点，每个都一尺五。这种下面画的全部是动物。

侯：动物？像上次一样有麒麟？

偏初：对，有牛、羊、野生动物等，把它画在这下面。

王：吉祥宝是什么？

胡：吉祥就是平安吉祥，宝是宝贝的宝。

侯：上一次不是说这些（木牌画）有分为祭拜自然神、平安神之类的吗？

胡：哦，这个，解释（这些木牌画的）那本书这次没有拿来。

侯：那能大概的解释一下，分一下类吗？

胡：这些（木牌画）是祭奠龙神的。这种（木牌画）总共有9张，现在只有3张。这一种，总共有8张，还缺2张，这都不全。这种8张的是四面八方的。有东西南北和四个角（分别为东南、西南、东北、西北）。这种9张的是代表四季，一年中春夏秋冬四个季节。

侯：那这个是怎么插的？

胡：这个就是做一个灵坛，做一个水井，就是龙洞，祭奠龙神的时候就在这个地方去插，念这个经。

王：四季的那些（木牌画）是插在哪儿的呢？

胡：它都是一块一块的插起的。插一圈儿。

侯：这个也是那种插一圈的吗？

胡：这个四季的也是插一圈儿。

偏初：东西南北各插一块。

王：那那个8张的也是插八个方向的吗？

胡：不是，那是挂起的，挂屋上的。

王：这个9张的是挂在一起的吗？

胡：挂成一排。祭龙神的也是挂的，用绳子挂起，挂在龙洞。

偏初：这个5张的是祭四方神的，祭奠东西南北中的龙神。下面还要做一盘面偶，（木牌画和面偶）该送东方的送东方，该送西方的送西方。

王：面偶是什么东西？

胡：面偶，偶然的偶，是用面来做的。做成供品的形象，印上那个字。

偏初：这是牦牛、绵羊、山羊，这是南方的。这是西方的狮子、虎、豹子。这是藏羚羊，这是獐子，那个是马鹿，这是北方的。

侯：那这些都是什么鸟？

胡：这是鹦鹉，这是画眉，这个是雉鸡。这个是喊哇哇鸡，这是当地的叫法，普通话不知道怎么说，但是它是国家二级保护动物。

胡：这个是布谷鸟。

偏初：这个是大海，大海里面有鱼、青蛙、有蛇。这些都是水生动物。

王：这蓝色的代表海还是湖、河？

偏初：都是海。

偏初：这些是美的。

王：美？是说用来起装饰作用的吗？有几张？

胡：嗯，装饰的，有4张。3张插在周围，一张插在中间。代表两边的门槛。

王：上面提到的5张的祭四方神的和8张的祭八方的有什么区别呢？

胡：普米族把水当做人的生命，把水当做农作物的皇帝，就是生命之源。所以每年春天都要做这个祭祀活动两天，祭水、祭龙神。每家都要念两天，经师会念三天，而且经师画这些画往上送，就是有水来保护这个家庭。水兴旺，我们才兴旺；水发达，我们才发达。

偏初：这些四面八方的是要拿回家的。

王：除了这些还有什么其他的区别吗？

偏初：那个8张的是画在纸上的，那个5张的是画木板上的。

王：这些是插地上的吗？

偏初：这个不插，往头上挂起。5张的是插地上的，最后是要送出去的。

王：送出去，不烧吗？

胡：不烧，往四面八方送出去。送出去以后在山上插起，南方的插在南方，北方的插北方。

偏初：插在树底下，干净的地方，风水好的地方。

胡：这个是山神、自然神。高山上祭奠自然神就把这插上去。

王：这些就不是祭龙神的？

胡：不是，是祭山神的。这共有4张。

胡：木板画不属于韩规的唐卡，属于绘画，祭祀活动的时候用。唐卡有16种画法。原始的唐卡已经没有了，在"文革"的时候都破坏完了。它是5种颜色，有特定的意义。没有标准规格，一般高50公分—70公分，宽也是根据需要。

侯：这是用颜料直接画的吗？

胡：先打个草稿，把式样画出来。

胡：这个代表火，红色的代表火，绿色代表青天，黄色代表土地。

侯：这个是什么花？

胡：大地上会长出非常多的花，你不可能都画出来，这是从大地上长出来的花的一种，土地上长出来的花的意思。丁巴什罗，韩规信仰的祖师爷，他是从波斯，就是现在的伊朗，把这个教传过来，当时带了2件法器，六字真言，木板的背面都有解释文字，都是藏文，藏文草书。

普米的苯教和佛教有什么关系

王：普米的苯教和佛教有什么关系？

胡：古代的藏传苯教。它是佛教的早期。

王：那韩规和喇嘛有什么区别？

胡：就信仰不一样，喇嘛，现在的佛教，他是分成若干派，但韩规保留了原始宗教，崇拜自然，相信自然神，什么山、水、牲畜等都是有生命的，都要爱护，万物有灵。喇嘛呢是以佛为主。

胡：我们这个普米族古代就是羌族的一个分支。

侯：是什么时候分的？

胡：大约，这个分支是在汉以前，大约在夏商周前后就分家了。

三 偏初里韩规访谈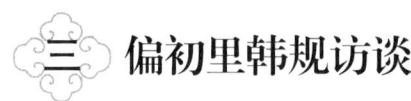

访谈时间：2017年7月2日下午
访谈地点：宁蒗县普米文化保护协会
访问对象：偏初里
访谈者：黄凯莉、赵芃
翻译：偏初里的大弟子
整理者：黄凯莉、赵芃、赵丽明

偏初里，又名麦色偏初里。男，出生于1959年，四川木里县人。1976年开始学习韩规教，其后从事韩规工作，1999年受宁蒗普米文化保护协会邀请，从木里来到宁蒗开设韩规培训班。目前是宁蒗地区普米族的"大韩规"，具有极高的声望。

读过几年书，当过赤脚医生，后来学习传承韩规文化

问：偏初老师您好！请问您以前上学时读过几年书呢？

偏初里（以下简称"偏初"）：我读过四年级，小学四年级。和我一起上学的其他人继续上学去了，我到四年级以后退学回来当赤脚医生。

问：为什么想到去当赤脚医生呢？

偏初：读到四年级以后，我们村里需要一个赤脚医生，我就退学回来去学做赤脚医生。

问：您可以谈一谈您工作的经历吗？

偏初：我1976年开始当赤脚医生，总共当了20年，白天就是去看病，晚上回来学习韩规。

问：那个时候您应该是十几岁，对吧？

偏初：恩，十多岁。（准确年龄为17岁）

问：能不能请您介绍一下，您为什么会参与到抢救普米文化的工作中来？您可以谈一谈最开始是什么原因吗？

偏初：（笑）我家是38代的韩规，一世一代地传下来的。我是为了继承韩规，为了把韩规传下去。所以后来我就选择专心学习韩规，不再继续做赤脚医生。

问：我听说，宁蒗和兰坪在上个世纪末都没有韩规了，那在您的家乡木里那边，是什么样的情

况呢？这中间经历过哪些困难？

偏初：当时我学韩规的时候由于社会上认为这是搞迷信活动，就不允许学，我都是在晚上悄悄地学的。我当时就想，韩规在我们家都已经传下38代了。以前没吃没喝的时候，先辈们都要一代代地传下来。到我那时候又有吃的又有喝的，韩规不传下去是不行的啊。于是我就坚持把韩规学了，也传下来了。

问：前几天好像有族人来请您做过法事对吧，可以请您介绍一下您平时做法事的情况吗？

偏初：法事的种类很多，总共有几百种。比如一个村寨集体在山上做法事，一次要花3天时间，我用线把需要用到的道具编出来就要编一天。不光是我，我的徒弟们也一起去，村里面所有的韩规那一天都要去。村里边的老老少少，凡是能走得动的，也都要到山上去。大家会提前做好祭祀用的面偶，一般是十几斤到二十斤，要蒸三天。还有酥油、猪油和其他的东西，都要带到山上去，这些是全村人一起准备的。祭祀的目的是请求神灵保护山上的生态，同时教导族人不能破坏生态，不能乱砍乱伐，自然中一切有生命的动物都不能乱杀。最后还会说到不能偷别人的东西等等道德规范，还是以教育目的为主。

问：所以主题是人与自然和谐相处？

偏初：嗯是的。

被引进当"教授"，像培养研究生一样，五届弟子

问：我们听其他几位老师简单介绍了他们把您从木里请过来的故事，我想听您讲一讲这个具体的经过到底是怎样的？

偏初：当时普米文化保护协会的主要负责人就是马老师和胡老师，我的事也是这两个人组织的。他们前两次派了一个人来请我，那个人比较喜欢喝酒，到我家后就喝醉了，我有点不相信，就没有来。后来有一次我去他们协会附近的地方做法事，胡老师、马老师受邀也去了。那天见了面以后，我们仔细谈了一下，我心里想，到这边来可以把自己的韩规知识发扬光大，也可以找人把它传下去，于是我就过来了。我开始到宁蒗来教学生是1999年的4月份，开学时间我都记得，是4月8号，我的大弟子就是韩规培训班的第一批学生。

问：那能不能请您介绍一下这个韩规班的基本情况呢，比如一批韩规需要学习多久，以及到目前为止培养了多少批韩规？

偏初：如果加上现在这一批，我已经收了5批学生。前面4批里面，第一批是5个人，5个人中有4个人学成了。第2批是7个人，2个没读成功，学到一半就退学了。第3批是11个人，9个人学成了，2个人读到一半也是辍学了。目前宁蒗这个地方学成的韩规已经有25人了。

问：每一批学生学多少年呢？

偏初：对于韩规来说，完全学好是没有"多少年"之说的，韩规是永远也学不完的。这是一个终身学习的过程，终身都在修炼自己。如果只是我们农村常见的法事，一般3年都能学好。

问：三年一届，像培养研究生（笑）。您刚刚说学成的韩规一共有25个人，那么"学成"的要求是什么呢？

偏初：学成就是指要会做农村所有的基本法事，学完法事之后就要闭关修行，有49天的，也有长达1年、2年甚至3年的，最低要求是49天。

问：闭关的过程中会做什么呢？

偏初：每个韩规都有经堂。这些人学成之后首先要弄个属于自己的经堂，里面有佛像，都是自己信奉的菩萨，韩规就在那里闭关。

问：所以闭关的过程依然还是在学习吗？

偏初：是专门修炼自己的内心，抛开其他一切杂念，一心一意地想菩萨，告诉自己以后出来只能行善，不做坏事。

我还出过两次国，到过两次北京清华，参加国际雍仲苯教联合会

问：我听说您是有过出国经历的，能请您讲一下吗？

偏初：是的。2005年5月5日，我参加了越南国际山地人艺术节，这是我参加的第一次艺术节。第二次是2006年5月份的泰国国际艺术节。

问：在去越南和泰国参加这些国际艺术节的过程中，您有什么见闻或者什么感想吗？

偏初：我在那里看到了一些麻布和古画的展览。我在那边也参加了展示，因为我有画画的才艺嘛。我去参加大会的时候拿了自己的一幅作品，主题是龙玩水。当时主持会议的人看到我的画就想买，我没有卖，直接送给他们了，目的就是为了宣传我们的普米韩规文化。我出国总共就这两次。

2011年，那是我第一次去清华，恰逢清华大学100周年校庆。第二次是2012年4月23日去的，我又在清华待了20多天，帮助整理韩规历书。2014年我到阿坝州参加了国际雍仲苯教联合会议（拿文件袋）。

问：阿坝州是在四川？

偏初：是的，我现在也是国际雍仲苯教会的一个成员。去年他们也邀请我参加，由于我在这边工作，没有时间，我就没有去。

问：这个国际雍仲苯教联合会议是每年举办一次吗？

偏初：是的，每年一次，地点不固定，在有苯教的地方举行。

问：听说您还去过青海和拉萨，是吗？

偏初：嗯，我去过青海。2011年你们清华大学100周年的校庆结束后，我就直接去了青海，之后又到拉萨。

问：去这两个地方是做一些工作吗？

偏初：青海和西藏也有苯教，我去和当地人交流一下。

问：那么这些出国和出省交流的经历给您带来了什么感受呢，对您的想法会有什么改变吗？

偏初：有的，比如泰国寺庙很多，我去那些寺庙参观，心里就想回来以后更要多做一些事情，多收一些徒弟，多发展一些普米的韩规，把自己看到的、见到的传给自己的弟子，也传给普米族的子孙们。

除了教授弟子，再把口诵经、韩规画整理出来我就高兴了

问：在抢救普米文化这方面，您目前取得了怎样的成果呢？

偏初：我已经在宁蒗这边培养了20多个弟子，在我的家乡还有10多个弟子，包括我的两个儿子、我的侄子，还有我的女婿和他父亲，光是我们家的人就接近10个，以后我还可以培养更多的弟子。另外，韩规画册我也只是弄了一部分，还有很多没有画出来。

问：这个画册是依照韩规教的经文画出来的？

偏初：内容都是经书里面的。我用图画来具体说明菩萨头上是怎么戴的，脸是什么样，身上穿的什么，鞋子穿的什么，皮肤什么颜色，手上拿的什么，等等，这些都是经书里面本来就写了的。我仔细看了经书后，根据想象再画出来，还有很多没有画，以后我要把这些经文的内容全部画出来。还有那个口诵经目前也只整理了很小一部分，还有很多没有弄。我要把这些全部整齐。

问：这些画册都是您画的吗？

偏初：全部都是我自己画的，口诵经也是我自己写的。我来宁蒗这边已经19年了嘛，这19年里我一点一点做的。

问：19年写了这么多经文，画了这么多画！实际上一开始这些东西应该是口口相传的，是老师自己记住了再写或者画下来？

偏初：当时有一部分用纸记录，我从老家（木里）带过来很多。这19年里我又去找回来一些，希望能补齐。宁蒗这边以前有纸质的经文，后来就全部没有了。

问：就是在云南宁蒗这边的经文已经丢失了，从四川木里那边再引进来？

偏初：对，全部是我从老家带来的。有一次我在昆明云师大（云南师范大学）的一个老师那里看到他收集了一些经书，包扎成几捆，那是假的。我们的经书只传给韩规和他们的弟子。

问：请问您对保护普米文化有什么期望呢？

偏初：我以后要做三件事。第一是我要把这个口诵经写完；第二是经文对应的绘画我要画完；第三，就是我想把以前我们那里的麻布收集回来（笑），宁蒗这里没有。

问：是纺织麻布的手艺吗？

偏初：手艺和机器吧。以前做麻布用织布机，电视上还有图片。

问：麻布是做衣服用的？

偏初：是的，麻布一般是一卷一卷的。以前村里的人家请我去做法事，做完以后就送一些礼。他们一般不送钱，会送几卷麻布。我的老家那里现在还在做这种布。

问：那这种手艺在其他地方已经失传了？

偏初：很少有地方还有了。

问：您的心愿之一就是把麻布手艺传承下去，是吗？

偏初：是的，这个快要失传啦。以前那些地方交通不好，现在交通变好了，年轻人到外面去打工的多了，慢慢地他们就不愿意学这些传统手艺了，要是有人要送我一块布，他到街上、到城里去买就可以了嘛！所以我要把麻布收集起来，把手艺传给后代。

问：那您做完法事之后主人家送麻布是不是一种惯例，还会送其他东西吗？

偏初：有送麻布的，有送青稞、玉米等粮食的，送什么的都有，这是没有固定的，主人家富足就多给，条件差一些就少给，甚至不给也可以。

问：在您这么多年抢救普米文化的工作过程中，有什么印象特别深刻的事情吗？

偏初：我过来以后教了很多出色的弟子，把自己的韩规文化从四川带到了云南，相当于把它发扬了出去，我心里是很高兴的。同时我又做了一些韩规的经书和画册，等到我把全部的绘画和口诵经都完成了，我会更高兴的，这是我的愿望。

问：那今天我们就到这儿。谢谢老师！祝您早日实现您的愿望！

四　普米韩规教及其传承

——访偏初里韩规

访谈时间：2014年4月

访谈地点：云南宁蒗

访谈对象：偏初里韩规（又名麦色偏初里）

访谈者：胡文明

翻译：胡镜明、马红升

整理者：熊德鼎

一

问：因清华大学课题研究之需，要写一篇反映您的生平及韩规文化传承工作的访谈。您愿意接受采访吗？

答：这几年，通过胡文明老师和胡镜明老人的引荐，我认识了清华大学的赵丽明老师以及好几位学生，并同他们结下了很深的情谊。所以，很乐意接受你们的访谈。

问：您能简单为我们介绍一下您的家庭背景吗？

答：我今年55岁，1959年出生在四川木里县依吉乡机素村，俗名叫迪基偏措。我的家族为普米四大支系中的措匹一支，在当地算是大户人家。据老辈讲，我们家族原来居住在四川省盐源县境内一个叫"卧布"的地方。从那里迁入宁蒗县境内现属拉伯乡的古鲁甸茶布落地区，后来搬迁至加泽泽氏，再后来才迁徙至现在的居住地木里县依吉乡机素村。由于长期生活在高山峡谷中，人们的生活状态近乎与世隔绝。尽管我的父辈们大都是韩规出身，却从未进过现代学校，对汉语一概不通。我本人年少时念过五年左右的小学，后辍学务农，其间还当过几年的乡村赤脚医生，随后就跟父亲学韩规去了。我与妻子成亲后，生有二男一女，由于学校离家有30公里，且不通公路，三个子女都没有进过学校，两个儿子都跟我学韩规。

问：从您往上几代都是韩规，可以说是韩规世家，请您谈一谈韩规传承的历史。

答：历史上，包括机素村在内的木里县依吉乡一带有相当深厚的韩规文化根底，产生过不少闻名遐迩的著名韩规。至今，这个村还保留着浓郁的普米传统文化习俗。我们家族作为韩规世家，从古到今从未间断。从我们家保存下来的家谱里也能看到清晰的传承脉络。这份家谱是用藏文拼音记录的，一共3页，共记有26代：钦钦匹→辇尼宗→齐提苊→希奔披→雍忠披→缙参披→楚乌雍忠→弄喀崩→格崩→噶图披→雍忠缙参→谷玛披→吉格披→甲阿宗→多吉扎西→次宗扎西→雍忠益西→噶宗里→雍忠次仁→伯吉谷玛吉→仁钦次里→木辇次仁→噶宗品措→萨打多吉→仁钦多吉→偏初里。以上26代谱系，既是韩规谱系也是家族谱系。因年代久远，其中有一些业已脱落，据我父亲估算，遗失的族谱应当不下20代。若每代以通常的25年估算，我们家族韩规传承至少也有千余年的历史了。

问：据说您的曾祖父是一位很有名望的大韩规，曾被木里大喇嘛派人请去做过法事。对此，您能详细地描述一下吗？

答：历史上，木里县境长期受木里大喇嘛管辖，喇嘛教在各个方面都有渗透，但也不完全排斥韩规教，这从大喇嘛对待我曾祖父的态度也可看出来。听我父亲及本村老人说，我曾祖父叫嘎宗品措，是一名大韩规。他自小学习藏文，饱读韩规教各类经书，娴熟各种韩规祭祀活动，精通韩规教各种占卜术。所以不仅在当地特别有名，甚至在整个木里县也有一定的声望。木里大喇嘛家每年举行消灾仪式或行大占卜时都会邀请我曾祖父去诵经、预测。据称每次来请，场面都很壮观，在接送的路上，无论经过哪个村子，当地村民都会盛装来迎接我曾祖父。

问：您从学韩规到出师，跟随过哪些师父？

答：由于我们家是韩规世家，对许多韩规法事，我从小就耳濡目染。但真正专心学习韩规是13岁以后的事。之后大概有12年的时间我跟随父亲（名叫泽里）学习韩规经文以及绘画、音乐、舞蹈、雕塑、占卜等技艺。父亲去世后，我又跟随叔父（名叫嘎宗）学习了两年的韩规经书。之后我在一位名叫里宗的经师跟前学习宗教仪规，里宗是一位"直千"（是一种民间少有的高人，通常隐居山林，研读经文，不与外界联系）。他们三位都是对韩规经书造诣很深的老师，在他们的用心指导下，我对韩规经书的掌握日益熟练。后来我从事韩规法事全靠父辈们当时给我打下的基础。

问：您学韩规偏重于哪些方面的知识和技艺？

答：我所学的韩规知识比较全面，主要是掌握各种法事活动的要领，包括各种法事程序和宗教仪规，如书写古藏文，咏诵经典，举行祭祀仪式，跳韩规舞蹈，制作用于仪式的祭品，等等。可以说，各种祭祀仪式必备的知识和技能我都能熟练掌握和运用。当然，有些方面也还不够精通，如韩规书法和绘画方面的技艺，就不如我的堂兄他们精湛。

问：韩规教的法事很多，您的韩规生涯中做过哪些重大祭祀仪式？

答：韩规教的祭祀仪式大大小小有100余种。说到规模较大的祭仪，首先是祭神仪式，即酬谢神灵和祈祷神灵佑助的仪式，主要包括祭拜日增（山神）、日达（土地神）、帕拉（男神）、扎拉（战神）、年达（年神）、萨达鲁依（水神）等，其中祭祀年神的仪式最为复杂。我每年要做四至五场祭祀年神的仪式。其次是丧葬超度仪式，共分四类，其中"释肯戎肯"（祭羊超度）仪式最为隆重，费时七至八天，所消耗的牺牲也最多。此外，禳灾、伏鬼、放赎等祭仪也都较为重要，尤其是"都得"（禳解驱魔）仪式，规模较大，且耗时冗长。诸如此类的仪式，我也做过许多场。

问：据说您在木里老家期间，跟随您学韩规的徒弟也不少，其中成功出师的有多少？

答：屈指算来，我在木里老家期间，先后向我拜师学韩规的有19人，除两人中途退学外，其余都已学成出师。这些学徒大部分系本乡本土的年轻人，也有几位是来自木里县俄亚乡以及宁蒗县拉伯乡的一些普米青少年。

二

问："韩规"是金沙江以北云南宁蒗、永胜等地普米族以及四川盐源、木里、九龙、冕宁等地的普米藏族对传统宗教"韩规教"祭司称谓的音译。这一称谓在韩规经籍中有无记载，其含义又是什么？

答："韩规"是普米民间对苯教祭司的称呼。历史上，普米韩规教与藏区的苯教有着千丝万缕的联系，譬如我们信奉的祖师都是"益西丁巴"。所以，在韩规经书中多有"丁巴""本布"等的记载，很少提及"韩规"一词。所以一般韩规并不知经书中有"韩规"一词，更不知其为何意。其实，对"韩规"这一称谓，我本人也没有做过深究。最近几年，听到各种说法和解释，如胡镜明、马红升等对"韩规"的解读是："韩为法术，规为高。"因此，"韩规"一词应译成"法术高超的祭司或智者"。而毕业于西藏藏医学院的汪扎多吉（现为木里县藏医院院长）则认为，韩吉（韩规）应从藏文作解释，"韩为咒，吉为诵，韩吉即诵咒"。故，韩吉（韩规）为持咒的苯教师。另外，有的藏族学者提出，"韩规"之称谓有可能源于藏文"密咒之王"或"持密咒者"一词。对此，我也不敢断言哪种解释是完全对的。

问：在普米人中除"韩规"之称谓外，尚有一种祭司称"释毕"或者"毕扎"，您能解释一下它们的含义是什么吗？

答：金沙江以北的云南宁蒗、四川木里等地除韩规之外，尚有一种祭司称"释毕"或者"毕扎"。此外，居住在金沙江以南的兰坪、维西等地普米族亦称祭司为"释毕"。一般而言，"韩规"是需要多年的经文学习，且经过严格的出师仪式，方才具备做法事的资格。"释毕""毕扎"则无需这一套繁琐的程序，往往是自学成才的。在普米族中，有一句俗语，"释毕开麻雄，毕扎亚麻雄"，意思是"释毕口不洁，毕扎手不净"。这表明配合"韩规"做法事时，"释毕"的职责为诵读口授经，而"毕扎"的职责更多的是动手制作供物。我觉得作为普米人古老宗教祭司的称谓，"释毕""毕扎"的历史可能比"韩规"要早得多。自从产生了韩规教后，他们的地位和作用才有所减弱。在法事活动中，"释毕""毕扎"常常充当"韩规"助手的角色，其地位自然在"韩规"之下了。

问：据我们所知，宁蒗县的普米韩规通常分为两类，即"崩韩规"和"启韩规"，您所在的木里乡的韩规的情况是否也如此？

答：据说，苯教传承有白、黑、花三种，藏语称苯噶尔、苯纳、苯恰。白苯为最原始的苯教，黑苯为散落在各地单传的苯教，花苯为佛苯参半者。在我们木里县，盛行的只有苯纳，即"崩韩规"，所以我学习和使用的都是"雍仲本布"这一套。后来，我到盐源、宁蒗、永胜等县的普米地区走访时发现，那些地方的韩规通常分为两类，即"崩韩规"和"启韩规"，学者们又称其为"黑韩规"和"白韩规"。由于二者的服饰佩带、经籍使用及祭祀程式等都较为相近，因此，仅从表面上很难看出他们之间的区别。不过，从教规教义上看，"崩韩规"与苯教的关系更密切，而"启韩规"则更接近于藏传佛教。所以，据胡文明老师的分析，两者的区别还是较为明显的，主要表现在：一是崩韩规（苯教化）崇尚咒术，杀牲献祭，而启韩规（佛教化）则放弃杀牲，用象征性的模型实物代替活的生命；二是崩韩规转经时从右至左逆时针方向转动，启韩规则从左至右顺时针方向转动；三是崩韩规用"唵嘛孜牟耶萨来哆"八字真言，启韩规则用"唵嘛呢叭咪弘"的六字真言；四是在"雍仲"符号的使用上崩韩规用"卍"符号，启韩规用"卐"符号，两者所用的"雍仲"正好相反。

问：要成为一个韩规，必须经过哪些程序？

答：过去，普米韩规讲究"艺不轻传"，且通常遵循"传男不传女"的原则，传承方式有父子、舅甥相传和师徒相传等形式。在我们木里一带较为多见的是父子或舅甥传承，这种方式主要是在自己家里教习，无固定的礼仪，父或舅有空便向儿或甥传授经典、祭仪及占卜术，待掌握一定的经书及占卜术能力之后，父或舅便带领儿或甥外出进行法事活动，届时再具体讲授、指导，直到他们能独立主持法事之后，父或舅便改作助祭，让儿或甥充当主祭韩规。至于师徒传承方式，其程序则稍为复杂一些。首先学徒要诚心求得老师的同意，并进行拜师仪式，方可成为正式的学生。经过若干年的学艺，徒弟觉得自己已经达到出师标准后就向师父提出申请，并得到师父首肯后举行出师仪式，方可毕业。

问：既然学韩规首先要拜师，那么，拜师仪式有何讲究？

答：学徒拜师时，不需要缴纳定额学费，但必须向师父敬献一定的礼物。敬献礼物的多少是根据学徒家庭的经济水平高低而定，一般要拿5斤土酒、一圈猪膘肉以及若干饼酥油、茶等物。得到师父的允许后举行拜师仪式。届时，烧一炉香，在神龛上供奉韩规的五佛冠，再供韩规所用的法器。另外，再置一碗牛奶、一碗清水和几个水果祭祀教祖及天地、祖先神灵。随后韩规师父念诵几遍祷祝经，祈请教祖及众神保佑徒弟学习进步，并保佑徒弟延年益寿，不致过早夭折。祝毕，徒弟给神灵和师父磕头行礼即为师徒。徒弟在每年的初一到初三给师父拜年。

问：拜师后，主要学习些什么内容呢？

答：过去，徒弟学艺期间吃住都在师父家中，因此平时要从事生产劳动，为了不耽误劳作，学经一般安排在每天早晚进行，早上要念经请神，晚上要给神汇报，念诵平安经。至于学习内容主要是藏文字母及拼写，然后依次学习韩规经文（包括口授经文）、使用法器、设置法堂、制作面偶等供物以及绘画等。由于遵循"法不妄为"的规矩，无事不可轻易作法，因此，法事活动只能在正规作法过程中才能传授，师父外出作法，徒弟随行观摩，能学多少就要看徒弟的悟性了，完全是一种言传身授式的教育方式。对上述内容基本掌握后便可以跟随师傅参与各种祭典活动，日后进一步熟悉。若有不懂的经书及祭仪，再向当地老韩规或自己的师父请教。至于某些特殊的法术诀窍，如占卜术等，徒弟只能在观摩中心领神会，师父通常不会言传。

问：韩规学成后是否进行考核？

答：韩规学成后，师父还要对其进行严格的考核，譬如诵读经书、请神送神、制作"垛玛"（面偶）等等。尽管考核项目很多，但徒弟并不是每一样都要学会，而是根据本人资质情况有所偏重，一般考核五六关即可出师，如果徒弟有一关没有通过，师父可提出替换一样作为补充，若成功便算合格。就拿诵经来说，因为韩规经文均为古藏文书写，与现代藏文迥异，音调、断句等都有规定，读起来甚难。考核时，师父常常从韩规经卷中随意抽出一叠经书让徒弟念诵，若徒弟能流利地念诵并能作大体上的解释则算过关。另有一些经书，则要求徒弟将经文全部背诵下来才行。总之，师父觉得徒弟学到真才实学之后，方才答应其举行"层增"（出师）仪式的请求。

问：出师仪式的整个程序是怎样安排的？也请您详细介绍一下。

答：学成的韩规徒弟，要想举行"层增"（出师）仪式，首先要请师父确定"层增"日期，然后回家做各项准备工作。其中修建"亨金"（经堂）最为重要。修建一间韩规经堂需花费几千到两三万元不等，一般根据每个学员自身家庭经济条件而定。修完经堂后，里面布置唐卡（有韩规教祖师、本尊神、护法神、山神、龙神、战神等神像）、神龛、敬献用的酒水碗，以及闭关期间念诵的各类经书。随后，出师者就按师父的指示进经堂闭关修炼达四十九天。因为韩规学的是连接天地阴阳之术，所以闭关时必须在隐蔽处进行，即不能见光，回避一切俗人和俗务。当闭关日期已满，出师者的家人便洒扫庭院，使房屋焕然一新，还要准备足够数百人吃喝的酒肉粮饭等。一切准备就绪后，便邀请所有正式韩规和未"层增"的学徒韩规作为见证人参加仪式。仪式在丑时开始，所有韩规齐集经堂内，师父坐上首，出师者坐下首，未"层增"的学徒韩规坐两侧。吹奏海螺三声，师父宣布"层增"仪式开始，然后摆放经书，开始念经，由师父念诵主经，众韩规合念，祈求各路神灵助阵，保佑闭关韩规顺利出师。接下来的"嗡肯"（代神授艺）仪式过程中，徒弟最后一次跪拜师父，师父起身给徒弟穿戴韩规法衣、法帽、佛珠等，每念一样经书就将法器和经书在徒弟头上放一下，这样代表授予他权力，可以请神、驱鬼、招福等。接着所有韩规按照辈分高低依次向出师者表示祝贺，村民们也都来打听考核结果，表示祝贺。仪式毕，出师者大宴宾朋好友。还需补充说明的是，一旦经过"层增"仪式，师徒关系就自动解除，从此徒弟不再称呼其师父为师，两人地位平等。另外，经过"层增"仪式的韩规才能称为真正的韩规。过去，很多学徒虽然学到本领，但是却因为无力支付高额费用无法完成"层增"仪式，所以不能成为韩规外出行艺。

问：在四川木里，解放前有很多人从事韩规教的规范化工作，包括您的叔父嘎宗松玛（护法师）大师，您怎么看待这些大师对韩规教发展的贡献？

答：过去，尽管很多普米家族都有韩规传承，却往往表现出各自为阵、互不统摄的特点。所以，曾出现过自发的规范化尝试，譬如我叔父嘎宗在世时，曾召集十里八乡的韩规们，在一起商量如何取舍和统一有关韩规的教义教规。当时嘎宗叔父提出几点建议：一是统一各地各家族版本不一的经书；二是对韩规教义的解释也要制定一些标准，统一口径；三是韩规法事活动中不再操持施放咒语、制服敌人等法术。正因为有了他的建议和监督，在之后的韩规法事活动中，韩规们就上述三个方面基本达成共识。可惜，这种发展势头在1950年代中断了，不然，我们可以看到韩规文化在民间力量促动下的发展和成熟。

问：在您祖父辈时代，韩规教在教义、教规等方面都达到一个顶峰。之后，韩规教是否还有新的重大进展？未来是否还有取得新的突破的可能？

答：据说，在100多年前的祖辈时代，韩规文化曾有过辉煌时光。当年几乎所有男人都会一些韩规经，之后逐渐走向衰落，特别是1949年之后，韩规逐渐停止了宗教活动，也不再招收徒弟。在历次政治运动中，大量韩规经和韩规法器被破坏，随着老韩规的去世，韩规人数逐渐减少。直到改革开放后，韩规活动方才有所恢复，又有人来学韩规。迄今为止，在我的家乡木里依吉乡一带，每个村都有一个或几个韩规。从今后的发展趋势看，在传统的普米地区，韩规文化会出现一些复兴。但总的来说，现代化的步伐已经渗透到各个角落，年轻人心中守护传统文化的意识已经开始削弱。因此，如何保留现存的包括韩规文化在内的传统文化，是一个需要面对的问题。

问：从整个普米人的宗教信仰状况来看，韩规教处于什么样的地位？您是怎么看待和评价它所具有的意义？

答：韩规教是历史上普米人全民信仰的宗教。虽然韩规教中有相当多的苯教内容，但是，这些内容都已经被普米人所接受，不再有任何排异反应，成为普米传统文化的一部分。至于说到它的作用及影响，我感觉有两点比较明显：一方面，韩规教在普米人中流行时间最长，普米人中信仰韩规教者最多，特别是农村的老幼妇孺，都是韩规教的忠实信徒；另一方面，韩规教对普米社会的影响也最大，特别是乡村中表现得更加突出，几乎所有的生产生活都受到韩规教的深刻影响。

问：您认为未来几十年韩规教会呈现出什么样的发展趋势？

答：长期以来，韩规教处于自生自灭的状态。它之所以能够延续下来，靠的是传统的力量。未来几十年韩规教及其文化能否得到保存和发展，完全取决于普米人自己的选择。因为在外来文化的渗透中，如果我们自己不能做出主动的抵制，甚至于主动放弃了本民族的文化的话，那么韩规教的局面也就可想而知了。

三

问：您是何时与云南省宁蒗县普米族接触的？受聘担任韩规文教师又有何缘起？

答：我最初接触的宁蒗普米族是牛窝子村几个做牛马生意的人，时间大致是上个世纪的80年代末至90年代初。后来我受邀前往宁蒗县拉伯乡托甸村为措匹家族主持祭羊超度仪式，遇到了不少宁蒗籍普米文化人士，其中就包括马红升老人。1998年10月，我从四川老家来到了宁蒗县城，拜会了马红升老人，经他引领又到了胡镜明家，并有机会遇见了时任宁蒗县人大副主任的马光强和从丽江过来的胡文明。他们四人与我亲切交谈，在详细了解我的情况后，正式提出请我到宁蒗县办韩规传习班。当时我没有明确表态，原因在于：第一，我从未出过远门；第二，我家里还有3个徒弟，这些徒弟不得不管；第三，从前我们都是师徒学习，现在集中办班学习，能否成功我心里没有把握。后来，在他们一再诚恳的请求下，我才答应下来的。

问：您是什么时候到宁蒗开展教学的？

答：我下决心到宁蒗，大概是2000年3月份的事。

问：韩规传习班前后一共办了多少期？

答：韩规传习班的具体地点选择在离县城约20公里处的新营盘乡牛窝子村。这是个典型的普米族聚居区，当时有100余户，600多人。考虑到这个村子缺乏通晓韩规文化的人，决定在这个村里物色一批年轻人作为传人培养，目的是想让他们今后成为这个村子韩规文化的传承骨干。于是，我们在这个村寨里前后举办了3期传习班。2000年4月初，举行了第一期传习班，学员仅有格东·古瓦、奔夏·八金、奔夏·茨里、奔夏·阿达、阿噶·德雍等5人。2003年初，又办第二批传习班，共招收学员8人，其中包括奔夏·瓜祖、森·七十一、奔夏·瓜祖代、奔夏·顺宝、杨金才等。最初两年，第一期和第二期分成两个班教学，到了第三年，由于学员减少，只好将两个班合并起来教。2005年初，开办第三期，共计12名学员，其中包括拉伯乡7人，翠玉乡2人，西川乡3人。

问：当时那里的办学条件如何？

答：条件可以说非常一般。开办韩规传习班，首先需要一定的经费来支撑。但办班经费从哪里来，我当时并不完全清楚。后来才了解到，除了新营盘普米族干部、商人、民众的资助外，还得到了翠玉乡、拉伯乡普米族及丽江市、云南省的普米族领导干部、知识分子的大力赞助。但是资金毕竟有限，建不起校舍。最初我们在牛窝子村民阿达家，借用他家的一间木垒房作教室。在那里教了四个月后，由于到了夏季，雨天到处漏水，只好设法搬迁至牛窝子村小学。当时，这所学校里还有读1—3年级的学生，经与学校商量后，将闲置着的两间房用作我们临时的教室和寝室。至第三年（2003年），牛窝子村小合并给新营盘乡中心校，于是，这所村小就全当韩规传习学校及牛窝子村文化室。由于平时村里文化活动不活跃，所以第三批韩规授徒、学习、韩规学员吃住都在这里。就我本人来讲，所吃的蔬菜几乎都是当地村民自愿资助的，生活虽说清贫一些，但心里还是愉快的。

问：作为后学，我们很想知道您是如何指导和教育韩规徒弟的。也请您详细介绍一下。

答：我与胡镜明、马红升等普米族老前辈反复讨论后，决定对韩规文化传人采用传统的方式开展培训，也就是让学生读、写、诵韩规经，读经书时不借助现代录音工具，而是要求学生对所学的韩规经能写、能读、能诵，按传统方式背诵下来。刚开始，由于没有课本，我便用手抄本进行复印，装订成册后作课本。在学习韩规经典时，所学的韩规经按其所属的仪式逐一学习。事实上，我在讲授每一个仪式的过程中，不仅传授仪式所属的经书，还要传授该仪式所要遵循的规程和仪式中所需的各种祭品，以及制作面偶，绘制木牌、纸牌画的相关知识。我与学生朝夕相处，除对学生进行辅导、督促，定期查看学生们的学习情况，定期进行考核之外，还经常深入到学员中间进行沟通交流，遇到问题及时解决。此外，为使学员通过祭祀仪式进一步感悟和体验韩规文化，在学完一些经书和仪式之后，我们又特意地安排学生们不定期地返回家乡，感受村子的生活，参加村里的传统宗教和民俗活动，并在这些场合展示和实践自己所学到的韩规文化知识。

问：您在学员教学管理过程中遇到了哪些困难？您是用什么方法克服这些困难的？

答：由于韩规学员过去都未曾接触过韩规经书及仪式活动，且汉语水平普遍较低，所以遇到的困难不少，但我还是逐渐克服了。首先，针对宁蒗韩规文化失传多年、学生对韩规教的认识模糊、学习目标不甚明确等实情，我耐心地加以开导讲解。令人欣慰的是，大多数学生最终明确了学习目的，端正了态度，并圆满完成了学业。再就是，在授课过程中，因木里与宁蒗的普米语发音有一定差异，遇到了一些语言交流上的障碍，即我所讲的话，学员有时听不懂。为此，我采取了边学边教的方式进行克服。尤其难忘的是，在学习字母拼音阶段，学生发音不准，我只有不厌其烦地教，有时一个音节教了上百遍，乃至上千遍，直到学会为止。

问：据说后来又举办了韩规提高班，请您详细介绍一下办班的情况。

答：自2000年4月1日开办韩规传习班以来，虽然培训出了20多位年轻韩规，但学期短，3年的传习时间，学习名目繁多，初学成的韩规学员大都只能主持一些简单的仪式，在识经、绘画、塑像、跳神等方面的技艺也参差不齐。为了进一步提高他们的韩规学识和能力水平，2012年初，在丽江市普米文化研究会的支持下，宁蒗普米传统文化保护协会在县委党校主办了为期40天的韩规提高班。此次培训班上，由我重点讲授了韩规教的40余类祭仪规程以及相关的"喀尔沙"（口诵经）经典。参训的10位学员，除了小八斤因去广州打工中途停训外，其他人员偶尔家里有事时常请假一两天，断断续续地完成了培训。学习结束时，还进行了考核评比，对学习成绩突出的予以了表彰和奖励。后来的事实证明，参加提高班的几个韩规都已经能独当一面地主持一些难度大的祭祀仪式。

问：您如何看待和评价韩规传习班的成效？

答：在宁蒗县普米韩规文化业已断层的情况下，我到宁蒗后，先后共举办了三期传习班和一期提高班。可以说，这一培训方式取得了较好的成效。从参训人员的情况看，最初以牛窝子为点，然后由点到面，即从新营盘的牛窝子村，辐射至金棉乡、翠玉乡及拉伯乡乃至宁蒗全境普米族地区。尽管中途退学者不少，但毕竟培养出了十几个年轻的韩规。我们所培养的传人不断地被人邀请去主持一些重要的民间祭祀仪式。换句话说，这批年轻韩规基本掌握了韩规文化的基础知识和基本技能，如他们能念诵大部分韩规经书，有的也有绘画、塑像、跳神、占卜等技能。作为韩规文化的主要继承和发展者，他们所掌握的这些传统知识，基本上能满足当地信教群众的法事活动需要。

问：可否介绍一下四川木里一带韩规教传承的现状？他们在哪些方面做得比较突出？

答：我的老家四川木里依吉一带是韩规文化非常浓厚的地区，尽管经过了几十年政治运动的冲击，韩规文化有所收缩，但很幸运的是，在相对封闭的大山中，韩规文化依然保存且未断层。改革开放后，那里的人们学习韩规文化的积极性比较高，譬如那里不需要组织办班学习，而是以自发学习为主，学的人也较多，基本上4至5户就有1人学韩规。而宁蒗等地也曾有过许多大韩规，在50年代都停止了活动。2000年我来到宁蒗的时候，宁蒗已经没有韩规了，但传统的土壤还在，据说有些年轻人想学韩规，所以在各位宁蒗普米老干部和学者的支持下恢复韩规知识的教学。相比较而言，尽管他们对待韩规文化的态度是一致的，但感情投入的程度有所不同。

问：您认为目前宁蒗普米韩规传承应该更多加强哪些方面的工作？

答：现在宁蒗县有很多的韩规教信众，而且在一些大专院校和科研机构都有很多人在学习或研究韩规文化，这也是发展的预兆。不过话又说回来，尽管宁蒗有很多支持韩规教的人，但是他们都是普米族民间人士。我觉得，如果韩规文化想要更好地传承和发展，单靠信众的力量是不够的，还需要靠国家的力量。换句话说，倘若没有各级政府从政策层面上的关心和关注，韩规文化的传承和发展不可能持续下去，相反会逐渐走向衰落。

四

问：近一二十年来，国内外有很多人在研究韩规教及其文化。请问曾向您请教或访谈过的国内外学者有哪些？

答：近年来，有一些国内外的专家学者以及大学生到我们家乡搞韩规文化的调查和研究，我接触到的也不少，他们来自中央民族大学、清华大学、广西师大出版社、西南大学、云南师范大学、云南民族大学等，此外，还有国际上的一些大学和研究机构。但除了赵丽明、黄建明、谭超等几位老师外，其他的人和名字我都已经记不大清楚了。

问：为了搜集、整理和编目韩规经书，您到过哪些普米地方？

答：普米人口不多，居住却十分分散，各个地区在文化上表现出较大的差异，尤其金沙江以南的普米地区，"韩规"的概念已经不复存在。近年来，为了搜集、整理和编目韩规经书，我曾深入调查过木里县的依吉、批一、普茸、花依、后所、达都、哈地、古都、子落等普米古老村落。同时，为了掌握韩规教的历史和现状，我也曾长途跋涉前往四川省的九龙、梅亚、康定、盐源及云南省的玉龙、兰坪、永胜、宁蒗等县的普米聚居区。可以说，所到之处都给我留下了难忘而深刻的印象。

问：到目前为止，您参与过哪些重要的韩规文化课题研究工作，能否请您作个简要介绍？

答：近年来，我先后参与了"丽江普米族韩规古籍调查与研究"（由云南民族大学李国文教授主持的2006年度国家社会科学资助研究项目"云南少数民族古籍文献调查与研究"的子课题之一）、"普米族韩规古籍译注"（由云南师范大学谭超教授主持的2009年—2011年度国家社科基金项目）、"普米韩规文献解读"［由清华大学赵丽明教授、中国社会科学院孙宏开研究员主持的2010年国家社会科学基金重大项目"中国西南地区濒危文字抢救、整理与研究"（编号：10&ZD123）的子课题之一］、"云南省少数民族古籍珍本集成.第16卷：普米族"（云南省民委古籍办课题）等。在这些项目及课题的研究中，我主要负责的是有关韩规经书的翻译和解读。

问：您参与课题研究，主要是进行经书的翻译和解读。您在翻译时遇到了哪些困难？您是采取什么办法加以解决的呢？

答：在翻译经书的过程中，遇到的最大困难是语言障碍。我虽读过几年书，但汉语水平有限，在翻译韩规图经时，通常先将经文意思用普米话讲给胡文明老师和胡镜明、马红升、熊正勇等老人听，然后由他们转译成汉文。为此，只能逐字逐句地进行推敲，慎之又慎，力求做到准确。

问：从2000年到现在，您抄写了很多的韩规经书，特别是韩规口诵经的抄本具有开创性的领先地位，许多晚辈都想知道：是什么样的精神动力催发出您巨大的热情和能量呢？

答：近年来，我一共搜集、抄写了500余册韩规文字经书和80余册"喀尔沙"（口诵经），这些典籍是我克服了生活中遇到的所有困难，年复一年地钻研写下的。我觉得普米人的传统知识虽然掌握在韩规手中，但是并不应该垄断在韩规手中。许多民众和专家学者也有了解这些知识的愿望和需求，而我愿意把这些知识拿出来与大家共享。因为我是韩规文化的传承人，并且得到了云南各级政府和普米同胞们极大的信任和支持，理所当然要为韩规文化的重建贡献一臂之力。

问：在外来文化的碰撞与冲击下，您能谈谈您对普米文化的传承与发展的看法吗？

答：随着公路、电视、学校等现代文化长驱直入到普米传统地区的各个角落，包括韩规文化在内的传统普米文化正日趋衰落。所以保护、传承与发展普米文化的工作迫在眉睫。譬如韩规文化，如果不能在这个民族的下一代中得到延续，得到发展，那么，所有的保护都只能是暂时的。那么，如何使普米韩规文化在年轻一代人的手上，薪火相传，代代不息呢？我觉得这里面最重要的是解决好教育问题。而韩规文化教育的起点是普米语言。语言是文化的载体，如果普米人不会讲普米话，韩规文化将失去存在的根基。所以当务之急，在于撰写并编印诸如《普米母语》和《韩规文化传承》等读本，以供各类普米学生使用，这不失为保存普米传统文化的一种可操作的权宜之策。当然，这只是我个人非常简单化的设想，在具体的实行中，会有更多的问题。

问：您认为云南普米族民间群众性学术团体，包括宁蒗普米族文化保护协会、丽江普米文化研究会、云南普米族研究委员会，对韩规文化的继承和发展发挥了什么作用？

答：我到宁蒗后，发现很多普米族有识之士一直关注本民族文化的传承和发展。尤其是2005年以来，相继成立了云南普米族研究委员会、丽江普米文化研究会、宁蒗普米族文化保护协会，汇聚了一批人才。他们在困难的条件下，集中大量的人力物力抓紧进行韩规文化的整理、挖掘、研究，并取得了可喜的成果。可以说，这一切对普米传统文化的保护和发展发挥了重要的作用。

问：您对韩规文化的继承和发展尤其对韩规经书的搜集、整理和释读，做出了很大的贡献，那么您怎么评价自己的学术成果？

答：我这一生都在从事韩规职业，要说点贡献的话，首先是在韩规教的传承方面，先后培养了一批韩规学徒，包括木里和宁蒗两个县的弟子加起来有40多位，我觉得把文化传给后辈，未来才会慢慢显现其成效；其次，是在韩规经书的搜集、整理及抄写等方面也做了一些力所能及的工作；再次，是对韩规经书的翻译和解读方面也尽了自己一点绵薄之力。我的这些成果大都是应专家学者开展课题研究的需要而进行的，相信对他们还是有帮助的。至于我本人之所以积极主动地配合参与这项工作，并不是为了自己的名望和利益，而是为了民族文化的继承与发展。

问：您来云南宁蒗县教学的这段时间里，很多晚辈都向您请教了很多问题，通过这些问题您对年轻的学者有什么期望？

答：以我个人的感觉，在云南普米族中，年轻一代学者对韩规文化的学习和研究非常投入，成绩很突出。从长远来看，韩规文献资料的挖掘方面可多下些功夫。我们普米人以普米语和古藏文为媒介将韩规教及其文化世代积累、传递和保存下来。作为一种活态传承的文化遗产，其内容之庞杂和数量之可观出乎研究者意料。对这些文献本身，目前在国内外学界仍乏人研究。利用这些原始文献进行普米人早期的历史、宗教、文化等领域的研究还有广阔的空间。

问：感谢老师在百忙之中抽空接受我的采访，祝老师身体健康，扎西德勒！

五 普米文化的领舞者——马红升

访谈时间：2019年7月6日
访谈地点：云南省宁蒗县普米文化保护协会
访谈对象：马红升
整理者：熊建举

马红升，又名马六斤，1954年参加工作，早年毕业于云南民族学院，中专学历，现任宁蒗县普米文化保护协会文化顾问。

1938年秋天，马红升出生在一个民族文化色彩浓郁的普米家庭，自幼年起受传统文化熏陶，养成了对本民族文化的深厚兴趣，产生了与民族文化相伴永远的恒心，这些始终贯穿马红升一生。

马红升通晓八种少数民族语言，极有语言天赋，是名副其实的民族语言大师，语言上的优势，为马红升日后从事各民族文化交流开启了一扇扇大门，他用了二十余年时间，收集整理民间祭祀调"切迪帕"（祭锅庄和烧天香）。马红升注重田野调查，跑遍普米村寨，探访民间遗留古调，录制的录音带有二十余盘，用拼音文字记录、整理和归类，旁征博引，几易其稿，最终让这一濒临失传的古老文化重见天日。

祭锅庄、烧天香是普米族民间传统祭祀活动的一种主要习俗，是平常居家度日，或节庆活动必不可少的一项仪式。近年来，由于诸多因素，这一传统的习俗日趋淡化，词调流失殆尽，各地流传的语辞表述差异性大，内容参差不齐，以范本的形式将普米族珍贵的民间文化遗产彪炳史册，毫无疑义是前无古人的，马红升功莫大焉。

以马红升会长用拼音字母拼写的"切迪帕"为底本，由韩规经师迪基偏初用藏文草书书写的"切迪帕"口诵经文已定稿。"切迪帕"（敬祀调）是口诵经文，无文字记录，面临失传，把它用文字记录下来，具有历史价值，"切迪帕"的中心思想是原始的自然崇拜，主要内容是万物有灵、崇拜自然、崇拜万物、崇拜祖先、崇拜神灵，闪耀着普米先民对宇宙人生的基本观点。

1989年从宁蒗县政协退休后，马红升全身心投入普米族传统文化的保护和传承工作，收集了许多珍贵的经书和民间文物，开办了宁蒗县普米族韩规文化传习学校，创办了普米文化保护协会，并当选为首任会长。

20世纪90年代始，普米族有识之士胡镜明、胡文明、马红升倡导并创办了韩规文化传习班，从四川木里县请来知名韩规迪基偏初，在牛窝子村收徒授业，到2006年为止，共招收学徒22人，这些学员学有所成后，将继承韩规衣钵，复兴这一濒临失传的传统文化。

近年来，宁蒗普米文化保护协会收集到大量韩规经文，现正忙于抄写、复印、翻译这些收集到经文。计划在未来3至5年内完成普米历法的翻译出版和经书目录的释读，韩规古籍经典108种、840余部中的3大类，100部抄写、注音、翻译、整理、出版、宣传，韩规口诵经文40部的抄写、整理、注音、翻译、出版、宣传。共计划出版4本书：祭羊经1本、生态和谐经1本、历史战争经1本、口诵经1本；并进行韩规经典文化传承开发人才培训，为普米族韩规经典文化事业的继承和发展培养后备人才。

数年来，马红升收集整理了大量普米族民间谚语，普米族是个感性幽默的民族，普米语中有大量生动而富有哲理的谚语，由马红升、熊正勇、何学明收集的"冬别"（谚语）已由小韩规熊顺宝记录完毕，即将定稿。

普米族民歌承载着民族历史的兴衰荣辱，是普米古老文明中的一枝常青藤，马红升收集了许多民歌。

2018年，马红升主编的《学说普米语》出版，填补了普米语教材的空白。

马红升还是普米族公益活动和各种学术研究机构的发起人，在他的倡导下，20世纪90年代初，宁蒗县城普米同胞恢复了传统节日——吾昔节。2004年，宁蒗县普米文化保护协会成立，宣告普米族历史文化、艺术、宗教、语言、民间文化等保护、传承和研究工作全方位启动。

马红升将对普米民族的挚爱体现在对民族文化的抢救和保护上，面对危机四伏、难以为继的文化生态，马红升可谓"慨当以慷，忧思难忘"，在很多时候，他是一个沉默的普米族歌者，壁立千仞，无欲则刚，他以佝偻之躯，书写民族文化的千秋基业。

六 宁蒗普米文化保护协会会长熊建举访谈

访谈时间：2017年7月2日下午
访谈地点：宁蒗县普米文化保护协会
访谈对象：熊建举
访谈者：黄凯莉、赵芃
整理者：黄凯莉、赵芃、赵丽明

熊建举，男，出生于1957年，云南省丽江市宁蒗县人，普米族人，普米族姓名为昂吾诺布（音）。1977年毕业于宁蒗一中，高中学历，毕业后在当地担任民办教师。1978年9月通过招工考试考到宁蒗县商业局，工作至今。1990年加入普米文化保护协会并担任理事，2008年起担任副会长，2016年起担任会长。

熊建举

如果再不抢救，可能就要消亡，我们都有这样的责任感

问：熊老师您好！您是1977年高中毕业，那一年国家正好恢复高考，请问您参加了吗？

熊建举（以下简称"熊"）：我一毕业就去高考了，但没有录取上。当时录取率非常低，考上大学很难。

问：您现在是宁蒗普米文化保护协会的会长，那您还在商务局工作吗？

熊：原来我是同时做两边的工作，但我明年就从商业局退休了。

问：您从2008年开始担任副会长，那时候的会长是哪位？您主要负责什么工作呢？

熊：那时候会长是马红升，胡镜明、熊振勇和我是副会长，一共有三个副会长。当时我是在搞好本职工作的前提下，尽力为本民族做点事，主要负责后勤保障，当理事的时候也是做一点力所能及的事。到了2016年，几位老同志岁数渐渐大了，都七八十岁了，他们提出来让我出任会长，我就答应了，到现在也就两年时间。

问：那您为什么想要加入协会，做一些普米文化保护方面的工作呢？

熊：第一，随着我们党民族政策的不断发展，党和政府越来越关心、支持我们少数民族的文化；第二，普米族在全国56个民族里人口太少，而失去的文化太多了！过去我们的文化传承是口传的形式，只要有一位老人家逝世，文化就被带走一部分，最后就没了嘛！到九十年代我们族人醒悟的时候，普米的文化已经流失得差不多了，如果再不进行抢救，可能就要消亡，我们都有抢救的责任。

问：您小时候家里普米文化的状况是什么样子，是从小就在学吗？

熊：从普米文化这个角度来说，我外祖母是韩规世家，对我从小就有一点熏陶。但最主要的是后来，我感到我们再不主动的话，普米文化就要完全流失了，可能连抢救的时间都没有了。

问：那您有没有记忆里比较深刻、比较触动的事情，让您感到文化濒危的状况必须要进行抢救？

熊：以我们川滇交界处居住的普米族为例，从机关到乡一级，再到农村，我们做了2008年到2016年的统计，普米文化消亡的速度相当快。2008年统计的时候，失去母语（普米语）的族人有40%左右，2015年我又花了一个月的时间进行了一次彻底的调查，失去母语的比重达到了60%，基本就相当于我们这个民族没有母语了。你看，就2008年到2015年，就七年左右的时间，比例就上升了20%啊！

2008年的时候我在一个学校调查四年级的普米族小学生，让他们用普米语从1数到100。我抽样了10个人，8个人能数到100。2015年的时候，我又抽样了10个人，还是从1数到100，只有4个人能做到了。所以尽管党的政策已经很好了，我们民族自身还是迫切需要努力啊！如果自身不努力，消亡会很快。

问：那现在普米的村落里，日常生活中韩规文化占的比重大吗？

熊：这个比重是比较大的，但韩规还是太少了。我去年统计了我们宁蒗普米族总人口，是

13860人，村寨一共是4100多户吧，这里面韩规文化可能占一半，另一半是藏传佛教，当然总的来说都是佛教。

问：就是说现在普米族的村寨信仰多元化了？

熊：对，信仰多元化。有的地方既请藏传佛教的大师作法，也请我们韩规作法，两种宗教都信，发生了一部分的文化融合。总体都是佛教嘛，但是像藏传佛教有宁玛派、萨迦派、噶举派、格鲁派、噶当派，我们韩规就是发源自苯教，只有一种。

请大师进宁蒗已经28年了，按规矩培养新韩规，已经出师28位了

问：您这些年一直在协会做文化工作，想问问您具体的体会，比如说请韩规老师过来这个事情。

熊：这个事情，我是参与者之一，主要倡导的人是马红升和胡镜明老先生。我认为这个事情是两位老先生带了个好头，对我们下一代起到一点积极的作用。那个时候我30岁嘛，因为濒危的口诵经被我们抢救回来了。请偏初里大师进宁蒗已经过了28年，现在我们的韩规班有28个传承人，都能独立做法，服务信教群众。其中5个是在川滇交界处，宁蒗这里有23个，这个数字是准确的。

问：从无到有，又从有到独当一面，真的很不容易！当时找到偏初老师肯定也不是一蹴而就的，中间有哪些困难？

熊：这个费的功夫是比较多的，主要是我们两位老人在做工作。我们都是机关干部，工资只能保证基本生活，当时什么经费也没有。起初规模也不是很大，大概是在牛窝子村那里搞起来的，从这里上去24公里。其间经历了挺多的困难，有大家意见不同的时候，但最终意见还是统一的。请进大师以来一直到现在，大的波折没有，大家都是很支持的。真的信教民众是支持和同意的，当然领导有些不同看法，这也很正常，没有不同看法就说明没有前景，我的看法是这样。

问：关于培养新韩规，我们目前知道是要学三年，最后还有一个坐床仪式。想问问这些当时是怎么定下来的，就是培养内容和毕业要求。

熊：毕业要求方面，我们还没有形成书面的文件，但韩规教有它自己的规矩。从单词的声母韵母开始，一直到坐床，都要进行考试的。比如说我们从2010年到2017年一共组织了3次重点的提高培训，成效都很好，我们是比较满意的。采取的办法一是自学，二是通过老师。开始肯定是要通过老师的，然后再自学提高，不断反复。通过实践以后，我们就知道学生们哪里还需要补课，那就重点补。对于新生，就是从一年级开始。

"重视、抢救普米文化和韩规文化"

问：您现在已经担任了两年会长，请问您在任上有没有什么新的规划或者想法？

熊：新的规划有。根据我们宁蒗彝族自治县的"十三五"规划中的文化精神，我起草了普米文化部分的建议书，要求纳入"十三五"规划里，但是这里还没有。因为"十三五"计划就是当下

嘛，所以在政府工作报告里没有列进去，只是提了一句"重视、抢救普米文化和韩规文化"。有这么一句话就挺好，过去没有这句话呢！

有了这句话以后，再结合我们党现行的民族宗教政策和抢救民族文化的精神，这个五年规划的重点就是再办一个20人左右的韩规班。因为从现在我们宁蒗县的需求来讲，四五十个韩规就足够服务和满足信教教徒了，他们也要吃饭，再多了也养活不了嘛。这是我们的第一件大事：培养好后期。

第二个是双语班。我们这个双语班不是英语和汉语，是普米语和汉语。我们已经统筹协商好，在中学招生的时候，每年单独招一个五十人的班，它是符合《中华人民共和国教育法》大纲精神的。然后这些学生读四年级和五年级时，在完成正常教学计划的情况下，每个星期比别人多上三节普米语课，辛苦一点，多学一点，到六年级就不上了，因为要升初中了嘛。所以我们只能采取这种方式。这个是"十三五"期间我们要完成的第二个大的规划。

第三个是抢救口诵经典"喀尔沙"，就是这几天你们整理的那些。"喀尔沙"内容太多了，我们常用的、工具形式的一共是43种，我们目前有36种，基本就够用了。这些我们想出版到民间，让群众们自学。但是有困难，像国际音标，我们就不懂，你们帮我们来做，做了以后学过国际音标的人就能复述。拼音化方案基本上只要能说母语的人都很容易学，不会说母语的可能难度比较大一点。这个也是"十三五"计划中的大事情，要一直搞下去。

最后呢，就是我们的普米文化展示体验馆，我想再给它提升一下，一步一步丰富内容，慢慢来补充、完善、提高。

问：我们参观后都觉得这个文化展览馆办得挺好的。

熊：现在内容其实还是很空洞的，只是我们过去生产、生活的很多实物，需要补充、完善、提高，就集中力量搞这么三点。其他我们没有这个能力，说了也实现不了。

普米保护协会几十年最自豪的是什么

问：您这20多年在协会工作，觉得自己做出来最感到自豪的事情是什么？

熊：比较自豪的是，20年的时间——主要是从副会长到会长这8年时间里，我实实在在地做了几件事。因为过去很多工作都是看不见的嘛，我们现在做的都是看得见摸得着的。首先我们搞了这个双语班，第一个班已经大一了。今年有一个学生也考上大学了，480多分。我们这个地方的学生能考到400多分我还是比较满意的，大部分都是380、390、420左右。但不像你们，整个丽江地区每年考上清华北大的也没有一两个（笑）。

问：情况也确实不一样。

熊：对，从这个基础上来看我还是比较乐观的，这个是第一件办得比较不错的事。第二个就是做光盘，还有切迪帕，所有光盘已经发到每家每户，受到我们广大普米同胞的欢迎，一共4200多户吧，每一户有一个光盘。这个是大事，给普米族人带来很多好处。我们又参与修改了普米志，就是国家牵头搞的那个第二次修订本，领导也比较满意。

我们还参与了普米辞典的收集、整理、定稿和出版，主要的基础是我们四五位老师一起搞的，当然提高的部分是市里的学会做的。他们帮助我们出版，省学会那里也审阅了许多我们这边搜集的资料，因为他们那里层次比较高一些。

问： 那这几年的情况是比之前要好？

熊： 是的。因为我们做的是一些实实在在的东西，可以看得见摸得着，过去就是想得很多、说得很多，没有落到实处。

我自己性格里面，没有"怕""苦"这两个字

问： 那您做了这么多年的工作，肯定也是吃了很多苦的。您曾经有没有什么时候觉得太苦了，坚持不下去了？

熊： 我倒没想过这个。20世纪80年代的时候我也管过宁蒗县最大的企业，当时还是计划经济，我的前任厂长经理连工资都发不下去。我上任后半年间就扭转过来，不但保证职工工资、职工福利，保证上缴税收，还有预留的发展基金。困难我是不怕的，我自己性格里面，没有"怕""苦"这两个字。

当然这几年我们也遇到过这样那样的困难和问题，但是困难和问题没有我的办法多，我坚信这一点。现在虽然缺口资金有290万吧，我也不怕，这件事我看准了我就一定要干完！我昨天还接收了四川的8个学员。我认为只要坚持下去肯定会有出路，你要是后退畏缩，肯定是失败的。

拯救民族文化嘛就是迎着困难上，明知山有虎偏向虎山行。我觉得现在党的政策好得很，习近平总书记说了嘛，"少数民族一个都不能少，一个都不能掉队"。虽然我们眼前已经有我刚才说的资金困难了，但是我是不怕的，我的信心是满的，我相信我们的党，这一点毫无疑问。

让普米韩规文化冲出丽江、走出云南、走向世界

问： 像其他的民族，比如说纳西族、彝族，他们在文化保护方面已经有了不少的经验。纳西族把自己的文化叫做东巴文化，作为一个品牌向外传播，我想问您有没有计划要把韩规文化作为一个品牌来输出呢？

熊： 第一，纳西族在我们云南省26个世居民族当中是接受汉文化最快的民族。中华人民共和国成立初期，它就已经有20000多个高中以上学历的族人了，那个时候我们一个高中生都没有。但他们的起步时间也有20多年到30年吧，现在才搞出了东巴文化，搞得也很好，我们都要向他们学习。

刚才第一点里，我说中华人民共和国成立初期他们就有20000多个高中以上文化水平的人，所以他们的专家学者遍布全国，甚至国外，我们其他少数民族很难有他们这样大的活动范围。接受汉

文化知识快，汉化族人的分布面积大，这是两个原因。

第三，他们有得天独厚的行政话语权，也就是政府资源吧。他们有部级干部，比如上海生化集团的总工程师是纳西族的，中国天然气总公司的总工程师也有纳西族的。部级以下的干部不用说了，数量太多了。然后他们还有纳西族自治县，是在国务院挂号的。

问：他们有自己的行政区。

熊：对，有党和政府支持的优势，他们自身也搞得很好，比如有好几位老先生都是世界文化名人，我们要向他们学习。我们韩规文化的工作内容是抢救、保护、传承，目前主要的任务可能只能是前两者，抢救和保护。我们这几年人才也多了，也有研究生了，各地都有博士了。我们把基础工作搞好以后，在不远的将来，再过20年30年，到2030年左右，那个时候我们也能让韩规文化冲出丽江、走出云南、走向世界。我们也有这个梦想。

问：普米族的文化是非常珍贵的。

熊：我们有特色。再加上这四五年我们已经被一些世人知道了。通过你们清华大学的帮助，官方的也好，民间的也好，至少社会上是知道有一个普米族了。过去他们经常说，普米族是什么啊，没听说过，现在我出去的时候就好多了。

问：情况还是慢慢地在变好。

熊：一口吃成大胖子也不可能，我们还是一步步来，先把文化上的一些东西留下来。从2008年到2016年，我们宁蒗这边基本每年都有30多个人读专科出去，10年就是300个。如果300多个人里面有10个最关心、最支持我们做工作的，也就托福啦，哈哈我希望是这样。

问：您刚才介绍到去年制作那个光盘的事情，之前我们好像没有了解过，麻烦您再介绍一下？

熊：那个光盘我们这里还有，前两天都安排了，走的时候会送给你们当作纪念品。名字叫切迪帕，就是讲敬锅庄、烧天香、招财等祭祀内容。还有一个光盘是民歌十八首，这个我们可能发完了，我等会儿去看一下，如果没有的话，你们去电脑上复制也可以。这个光盘传到了什么地方，我们自己都搞不清楚。谁来都要，四川那边的普米族也要，不久就送完了。还有介绍普米知识的书，主要是课本，就是我们韩规班教学用的课本，你们应该都看过了，这些都是我们自己搞的。

问：第一个光盘是哪年的？

熊：切迪帕是在2012年做的。第二个光盘是"民歌十八首：普米歌声悠悠扬"，是2014年到2015年做的。

普米文化，就是尊崇自然、保护生态

问：我还听说，普米文化特别推崇生态保护？

熊：是的。我们普米文化五大类里面，最主要的就是尊崇自然、保护生态这一块，就是敬龙王。我们有一个祖传的规矩，端午的时候要封山。那一天整个村的村民都到山上的水井旁边去烧香，水井必须是比较好的水源。烧完香就封山了，一直要封到农历七月十五才能开山。五月初五到七月十五这段时间，山上的树木是一刀都不能砍的，如果有人在山上破坏了生态，当地就会有冰雹、泥石流等各种灾害。老天惩罚人类，那个人要负全责，全村人都要责备他、找他算账的。以节庆的形式来保护生态，这是第一点。

第二点就是对于所有的山、水、石，我们都有神山、神树、神水、神石，从敬神的角度出发来保护生态，这样人们就不敢动，要不然就冒犯神灵了。我们普米村落的环境和其他民族、族群，比如汉族、彝族、摩梭人都是不一样的，普米族村寨附近的生态都被保护得很好。这个规矩到现在都保持得相当好，我到地方上去，我说有些规矩你们可以改革、可以提高，但是这条不能改，改了就完蛋了，青山绿水没有了。

问：宁蒗这边的自然生态保护得很好，是因为发展速度比较慢，还是……？

熊：从我们全县的角度，这一点我是很了解的，因为我就是搞这个的嘛。我过去在乡里面也任过职，然后到了安全生产办，那个时候在搞煤矿开发，后来到经委。现在我还在经委，我觉得以破坏生态为代价获得短期经济效益的问题是比较突出的。但是普米族村寨没有其他村寨破坏得那么严重，这是很明确的。刚才我说的以敬神的形式来约束人们的行为，因此乱砍乱伐是不可能的。

对人们的行为有约束是很好的一件事情，但是很明显的也有问题。原来我们靠山吃山就到处开荒嘛，砍树、挖矿都是存在的。如果我是县长，我也没有办法，人民要吃、工资要发、税要上交。国家估算，我们要花23个亿才能够保障全县27万人的生产生活。

问：确实有一些不可调和的矛盾，那我想问人民会对这个问题有什么看法？他们是觉得就算穷一点，神山神水也不能动，还是会因为外面的文化侵蚀，产生一些观念的变化？

熊：是的，你说的这个问题是很严重的。刚才我说的山、水、石等，这些我们是以保护神的形式来保护，但其他方面就没有了，都是随着形势走。首先我的观点是应该与时俱进，把好的东西保留，以前的陋习该淘汰的就要淘汰。必须跟上现代的发展脚步，不走现代化是不行的。如果交通还靠过去的人背马驮，当然是保护生态了；但现代化也不都是毁灭性的，好的东西我们要用起来嘛。像我直接到省里面找省扶贫办，给村里全部整了太阳能，那个就很好了。太阳能又卫生又节约能源，既保护了生态又提高了人们的生活，成本也低。

问：科技的发展其实让一些事情变得更简单了。

熊：绩效提高了嘛！他们都说你这个太阳能是最好的，直接可以供给热水，不用再去烧，哪像过去连洗澡都洗不了。现在我们什么事都用太阳能了，又卫生又低成本，又解放了很多妇女，以前妇女的劳动实在是太重了。还有我们的高压电也到位了，家家户户都电气化，他们就说共产党真好。

问：以前好些事情都是妇女做，现在她们就解放了。

熊：是，很大程度上解放了妇女的生产力，这一点是相当好的。电力和公路，这些对农村实在是太好了，我都引进了。我到处找钱，把路铺进了我们村，高压线也铺进去了，移动基站也有了，大家随时都可以联系。过去难搞的事情现在基本就都搞定了，生活水平是提高了，温饱可以说没有问题的，但是再要提高还有待研究。

从计划经济到市场经济的变化，天翻地覆

问：您刚才提到您是1978年9月份考到宁蒗县商业局，之后您说计划经济时代去管理过厂子，这方面的经历能不能讲一讲？

熊：当时在宁蒗有八九十个高中毕业生，那个时候的高中生相当于现在的大学生了。我是工人出身的，行政经历也很多。高中毕业我去民办学校任过教，1978年到商业局呆了半年以后，他们就把我分配到车队去学技术、培训驾驶，开车开到1982年。1982年到1989年到石油公司当石油经理，当时计划经济的时候叫石油煤建公司，就是管石油和煤建，后来分成了两个公司。

1989年到1991年我在交通局任副局长。当时我负责管理一线工人，大搞工农建设，然后就到宁蒗县最大的企业——宁蒗县运输公司，一直到1996年。这五年时间我成功地扭亏为盈，宁蒗在整个丽江市的交通系统里都走在前面的，那时我才三十一二岁，正是最得意的时候。

1996年政府叫我下到翠玉乡工作，一共干了6年，三年乡长三年书记。2001年我被调到宁蒗县安全生产办当办公室主任。

问：您觉得计划生育政策对普米族人口的影响大吗？

熊：这个变化是这样的，我在普米族村乡任职的时候，地方上有3000多普米族人。我在那个地方待了六年，一个超生的家庭也没有，我们都没处理过那样的情况。当时我们是允许三胎的，但是他们生一胎就完了，所以我们的人口数量变化不大。

新中国成立已经61年了，我跟你们做个人口比较吧。60年前我们普米族总人口有6000多，彝族人口4万多。去年统计了一次，我们13800人，彝族已经达到21万6千人。你看我们几乎没有发展的速度，有些村寨出去工作的多，嫁出去的也多，人口还出现负增长。这一点我是很揪心的。

问：咱们这边应该也是九十年代实行市场经济的，从计划经济到市场经济对于普米族老百姓有什么变化吗，或者说他们是怎么想的？

熊：变化可以说是天翻地覆的，这一点我感受最深。因为过去的"左"倾路线——我们统称为"农村左倾路线"，普米族受到了两次打击。第一次是民主革命的时候，因为大部分普米族人都有土地，成分比较高，他们就把土地全部没收了，这是第一次打击。第二次是"文革"，我们这些老人都被打击过，吃不饱穿不暖的日子都受过的，具体就不讲了。

然后1978年十一届三中全会摘掉了地主和"富反坏右"的帽子。这些帽子摘掉以后，普米族就迎来了一个大解放。有时我开会的时候就说，没有邓小平，我们还得受苦几十年呢。我们这个民族是很勤劳的，只要给一条发展的政策和道路，我们也不需要扶持。现在通过38年的努力，我们就基本上实现了电气化嘛。

治穷必须治育，治育就是拔穷根嘛

熊：教育也是大翻身，只要肯读书，考到专科以上是没有问题的，中途是不会逃学的。很少有

高中学生逃学的,比例太小了。我们对教育很重视,哪怕自己没吃的也要把学生供出来。人说再穷不能穷教育,这一点在我们普米族身上体现得最好,宁蒗其他十一个民族赶不上我们。十一届三中全会以后我们这里的孩子们基本上都是高中、大学的学历,特别是这十年。

问:这一点也是受文化传统影响吗?

熊:传统肯定有的,过去那些孩子要到西藏去读书,一年才回来一次。我们民族的人都很勤劳,天道酬勤这四个字送给我们普米族人是恰如其分,一点也不夸张的,尤其是女同志。

问:那现在乡里面普米族的基础教育情况具体是怎么样的?

熊:党和国家对我们西南边远山区的教育是比较重视的。上级政府的教育部门好,党的政策也好,就看你的本事了,只要你能读书,条件就是好的。现在我们全乡中学全部信息化,都配了电脑,40年前我们读书的时候就是天差地别了。所以国家对少数民族地区的教育投入是特别大的,最优先的事情就是教育。所谓治穷必须治育,治育就是拔穷根嘛,你不治好就要返贫,就拔不掉穷根,这一点是深入人心的。

现在我们必须要多宣传政策,政策基本是到位的。像现在的普米族学生高中以下全免费,连水电费都不收了,政策就体现在这些地方。那可是几万名学生都免费,不是一个两个,每年都免掉几千万的。十二年义务教育全免,这么大的一个数字只有共产党能完成。党带领的还是56个民族,不光光是我们一个普米族啊,这真的是不得了的事情,我们感触都很深的。

问:那我们的采访就结束了,谢谢老师!祝您身体健康,工作顺利!

七 和学明老师访谈

访谈时间:2017年7月4日上午

访谈地点:宁蒗县普米文化保护协会

访谈对象:和学明

访谈者:黄凯莉、赵芃

整理者:黄凯莉、赵芃

和学明,男,1947年出生于宁蒗北部的普米文化世家,小学学历,精通普米文化及多种民族乐器。1964年开始担任民办学校教师,后投身民族文化保护事业。目前在普米文化保护协会参与工作,曾与多位老师一起创造出口诵历史经典的拼音化记音方案,负责记录了前四部口诵经的全部音节。

我出生在宁蒗北部的普米族山寨，读了两年书，后来当了小学校长

问：和老师您好！我想请您谈一下，这些年来您在传承普米族文化方面的主要经历。

和学明（以下简称"和"）：我的普通话说得有些不好，我们还是用方言来谈。

问：哦好的！

和：我出生在宁蒗北部的哇氏搓品家族。我们这个家族很大，在云南的宁蒗北部和四川木里一带都有很多族人。历史上家族的头目到朝廷里见过皇帝，给皇帝唱过歌，是了不起的一个家族。当时我们普米族人居住在一个山寨里，外来的其他民族比较少。而且我生在一个普米文化的世家，我爷爷对普米文化非常精通，当时他是我们当地各种祭祀活动的主持人。我们普米族是极其重视自己家谱的，普米的很多文化又都是传男不传女，因为从小生长在这样的家庭，我很小的时候就跟着爷爷学习普米文化，我从小就喜欢我们的民族文化，家谱也能背能说。

我们这里比外面解放得晚，解放得晚，办学就慢，我们族人聚居的拉伯乡到1959年开始办学。原来我们边远山区各家各户的人都居住在一个个山头上，1958年就全部出来，要改制，一起在合作社劳动，一起在大食堂吃饭，叫"大集中"。1957、1958年，我就帮我们村的合作社放牛。1960年的时候，大食堂分散到各村去了，牛也分配到各村去了，我就有机会进学校学文化课。

我自己学习很刻苦，学知识是用心学习，但读书读得比较少。1960进学校，1961、1962年读了两年书。1962年村里又把各家的牲畜退还给各家。当时我们家有一个老母亲，一个弟弟和一个妹妹，弟弟妹妹都很小。母亲一个人劳动挣工分，养活不了孩子，过得很苦。家里还有16只羊、2头牛、1匹骡子，都是村里分的，需要有人到山上去放，所以我只能去放牧，这样就停学了。

后来生产队让我当会计，我就当了一年会计。以前普米族的孩子没机会去正规学校读书，1964年开始我们党有个政策，山区要办一些民办学校，给少数民族的孩子提供读书的机会。我的老师觉得我这个人比较上进，就推荐我当了民办教师，到一个彝族山寨任教。我自己一边教书一边学习，学了很多知识，也懂了很多道理，同时我知道了共产党对我们普米族的关心，所以我一贯是热爱党、热爱祖国、热爱自己的民族。我本人从事当地教育工作，也一贯是尽心尽力。因为我踏踏实实地教书，所以取得了比较好的成绩。我教的学生在我们乡、我们公社当中名列前茅，好几次都受到表扬。这里我带了自己的一些荣誉证（拿证书）……这两本，一个是云南省优秀教师的荣誉证，另一个是在小凉山从事教育工作三十年的荣誉证。由于我在工作上的出色表现，还担任了十来年的小学校长。

我和偏初里韩规是一个家族的！我成了丽江市民族文化传承人

从16岁起，我就开始研究小时候爷爷教的民族文化。到了1966年，"文化大革命"开始了，这些都属于"四旧"，当时不能搞也不能说，很多文化我们就这样弄丢了。十一届三中全会以后，我们党的政策变好了，我又重新开始研究普米文化。当时有很多老先生先后去世，普米文化面临消失

的危险。我作为一个热爱自己文化的普米族人，认为这件事情很可惜，我就利用自己平时的假期，带上茶叶、烟、酒等一点点礼品去见在世的老人们，当时我们工资很低，很高的报酬也给不了嘛。我就把他们知道的文化用汉字一个一个地写下来。

首先是家谱，我们宁蒗县的家庭和家族中，有些事能说，但有些事不能说。我们当地存有三四本家谱，我都用汉字记下来了。我在协会这边交流的时候才知道，韩规老师（偏初里）和我是一个家族的，虽然他是韩规，但他当时来到宁蒗的时候都没有我们家族的家谱，他经常问我，我们的家谱是怎么样的。后来他在一个老韩规的经书里找到了，比我爷爷口传给我的要长一些。

关于记录汉字呢，汉族有汉字，其他少数民族也有一些自己的文字，而我们普米族使用的是古藏文。这个古藏文很难学，普及不了，只有韩规才懂。我们的口诵经都是口授的，没有文字记载，但是记录是很重要的事情，我懂一点汉文就用汉字来记，用汉字记的问题是发音记不全，那么我就用一些巧妙的办法把音记下来，打上符号，念的时候用普米语来念，这样过了一段时间。

我当时试验后，发现这是一个可行的办法。我记了我们的家谱，祭祀用的口诵经，还有我们普米族很丰富的古歌，有丧事的，有喜事的，有讲我们普米族怎么来的，还有唱自己心情愉快的歌，唱自己心情忧愁的歌。我们这个民族过去是包办婚姻的，不管你愿不愿意，父母亲把你搁哪边就嫁到哪边。这些嫁到他乡的女人心情比较悲伤，这样的歌是很多的。我是一个热爱音乐的人，把这些歌可以说是全记下来了，现在我收集的歌曲有几百首。当时我们家乡改革开放的时候，每家做婚事啊丧事啊，都请我去主持。云南省的民族协会也来采访过我，因为他们的民族学院要做民族音乐。云南省文化厅根据我们1949年以来一些歌曲的记录，拨了专项的资金，做了一套叫"最后的遗产"的项目。这个项目其中有一部分是我们家乡的歌曲，北部宁蒗话、丽江话的歌词完全是我翻译的，他们那年和我签了个协议，版权是属于我的。

普米文化分为南部的新营盘和北部的宁蒗，相隔比较远，一百多公里吧。我们过去只听说过马红升和胡镜明老师，他们是搞行政的，我是在北部专门研究普米文化。我们的起点不一样，他们是之后开始研究的，我是从小时候起就有这样的家庭氛围，1949年以后就研究起来。我们相遇是在九几年吧，县城里一个我家的亲戚去世，葬礼是我主持的。他们感到很稀奇，这么年轻的一个人，竟然能主持这么大的一个祭祀活动。他们很感动，回头就主动地找到我，跟他们交流了很多。我又被丽江东巴谷生态旅游公司聘请，去那边向世界人民展示普米族的建筑、文化和习俗，每天都有几千人在那里旅游参观，当时就得到了好评，到现在已经过了八年。这里也有两张报纸（拿报纸），都是《云南日报》，上面登了我的事迹，一篇叫《普米金窝美酒香》，另一篇是讲普米族的文化遗产。那边有个丽江民族村，是5个民族的院落，我当过普米院的院长。

这样以后，市文化馆把我评为丽江市第一批民族文化传承人（拿证书）。我觉得自己的责任更重大了，要让世界人民都知道我们的民族文化。我在东巴谷的时候，很多游客都说，原来还有普米族这样的一个民族啊？他们觉得很奇怪，也不太懂。其实56个民族当中，我们的人口排在倒数第16位上，比我们少的还有。我跟游客们说，可能你们对民族了解得太少了，普米是一个不得了的少数民族。只是我们的文化一直没有人来刻画、解读。要是被一些学者关注的话，我们这个民族将是不得了的一个民族。文化啊习俗啊等等方面，我们都是很好的一个民族，中华人民共和国成立以后就一直是跟党走、热爱党。我们家乡很少有犯罪的人，坐牢更少，是遵纪守法的一个民族。而且我们很勤劳，要说困难，哪个家庭没有？我们到处去参观就看到，外面虽然是大城市，生活寒酸的人还是不少。我们虽然在边远山区，但自己有土地、有山，养了牛羊、养了鸡，自己就能够富有，物质生活相当丰富。文化方面呢我们都能歌善舞，整个村子的人经常坐在一起交流，很幸福、很和睦，我自己也感到很自豪。

中华人民共和国成立以后，共产党培养少数民族，我们就学习、自强。现在家乡比我小的一代人，能够进入学校读书就能有工作，很大一部分已经搬到城市了。像我的兄弟曾经在昆明修习，他同时也是我的学生和下属，那时候我当校长、他当教员，后来他要去云南艺术学院读书，我就让他去了，之后他就留在了昆明。他是比较出色的，也很热爱民族文化，一直是自己学习、考试，已经得到教授级的荣誉，写了很多书，是普米族的文化权威。你们今后要进一步了解普米文化，可以找他讲。他现在在昆明的省文化馆里，云南的文化工作都是他在管，搞得很好，厅级的干部我们也有一些，这些都是民族自强方面的表现。

这两年参加了协会工作，研究北部普米语拉丁拼音方案

文化方面是有研究的人，但从文字着手的人比较少。我退休了以后就来到宁蒗，胡镜明老人就请了一位在澳大利亚学国际语言学的丁思志教授。他找到我一起研究这个拼音文，他把拼音文的一些技巧教给了我，我们两个对北部的普米语发音做了一个方案。他是福建人，在香港大学任教，去年听说他辞了教职去学佛。他每一年放假都来这里，唯独今年没来，国际音标啊这些都是他介绍的。马老师、胡老师他们两个原来也做过南部的拼音方案，他们是先驱。南部的语言跟我们北部是有差异的，北部的语音比较复杂，你们记音的时候应该也感受到了，很饱满。同时这个又跟教小学生的汉语拼音有冲突，小学生既要学普米的拼音，又要学汉语的拼音，就混淆了。因为我是一个老师，对汉语拼音很了解嘛。老师必须要学汉语拼音，怎么拼法怎么念法，还有普通话，都要考试、要过关，我们对汉语拼音的研究还是比较深入的。

我有个兄弟是丽江玉龙雪山印象旅游文化产业有限公司（简称"印象丽江"）的老总，叫郭建东。他看到我在祭祀的时候写这个拼音方案，韩规看着经文能念、能诵，他感到很惊喜，这也在他研究的范畴里嘛。当时我们出不起书，他就出了点钱，我们两个把丁思志研发出的普米语拼音中跟汉语拼音有冲突的部分都改掉了。

现在使用的拼音方案就是修订后的版本，这个方案和汉语拼音不冲突。如果写法一样，那么读法是一样的；如果写法不一样，读法也就不一样。我们两个制作了教材，还有光碟。原本打算前两年就出版发行，但是由于资金不足没有实现。有资金的话，我们还能把这套方案传到网上，配上音频。这样每个人都能在手机上学习拼音方案，学起来很容易。

我本人身体不好，多病，我有糖尿病、冠心病、高血压，又有痛风。但是我想在自己在世的

时候，能够把我懂的普米文化传授给下一代，也让其他民族了解普米族的文化。我每天都在写、在做。我退休了嘛，时间充裕，只要自己身体条件允许，我每天都和协会的人一起工作。我认为，对于宁蒗当地的普米文化，无论音乐、祭祀、神话传说还是民风民俗，我都是研究得比较透彻的，非常希望将这些传授给下一代。这些年里我做了一些工作，市里面对我的工作是肯定的（拿证书），这是我"优秀传承人"的证书。

现在我们是做了很多工作。首先我们做出了拼音方案，可以很方便地记录普米语，我自己是很满意的，而且下定决心把它传承给下一代。拼音化方案是一个能很好地记录普米语的工具，我之前说学习一个星期就能掌握它，后来我归纳了一下，使学生在3个小时内能学会特殊的声母、韵母的读法。

我们曾经办过三四个普米语学习班。大概是从2004年开始，在党校把村里面的一些普米学生和乡下的老师都集中起来，办了一个星期的培训班。但是我们没有收集回馈，所以不知道他们的掌握情况。我自己在东巴谷工作的时候，为丽江市愿意学习普米语的孩子办了两个普米语扫盲班。

宁蒗县的协会让我写一个教程，是要用来学普米语的。在我们的民族小学有两个班的学生学韩规文普米语，难度比较大，因为藏文不是一天两天就能学好的。亟需要解决的是抢救普米语，一个民族的消亡最早是从语言开始。如果你的族人连自己的语言都不会了，那么你这个普米族也就什么都不是了嘛！我们抢救民族语言就是编教材，马老师和我两个人一起，已经编了3年了。但协会里没有形成一个完整的制度，比如在哪里办学，谁来教书。又写了一年，第二册做出来了，教的人还是没有，学的人也没有。去年在做第三册，做到今年4月份才听说长江三峡集团给了一点文化扶贫款。用这笔钱在县城的贝尔中学（由上海贝尔集团出资兴建）那里办了一个班，有100多个普米族孩子，还培训了一个教师，现在已经在教着了。我希望你们向媒体和国家为我们普米族呼吁一下，说现在有一个办法（双语教学）可以拯救濒危的普米语了。我们也是56个民族里的一朵花，对于人口这么少的一个民族，还是希望国家能更重视、关心一下！

那天，你在那儿看一个本子，写的是满语。我听说满族人很早以前是皇帝，统治整个中国的，现在听说那么大一个民族懂满语的也是寥寥无几了。我们普米族也会走到这样一天，我是很担心的。1956年到现在，城里的孩子已经不懂普米语了，他填表虽然是填普米族，但他不懂普米语，学的是汉语。自己民族的文化，我觉得不能丢了。当然汉文化也必须要学，因为你要学好知识，只有学好汉语才能更好地就业。像我的孙女，从小家庭里就教她普米语，她的母语是学得很好的，学汉语也不影响。我给你介绍过了，我们的普米语很复杂。我这个孙女在读中学的时候，她的英语老师说："我都赶不上。"老师也很佩服她的口语。在丽江我有时候也看到，我们普米族的导游，凡是学过英语的，就能像外国人一样跟他们直接交流。其他民族的导游口语就相当不好，而且比手势多，说得少。我想其他民族都可以来学一下我们的普米语，比如我们两个记了这么几天的口诵经，我认为你的口语水平可能会有所提高的。

现在普米语的教材已经写好了。我们曾经拿汉普词典的那个录音机录过音，里面百分之七十是我的口语，你一放磁带就知道了。我们又收集了1000条以上的普米族谚语，汉族叫谚语、成语，我们普米语叫"东壁"，这些都很形象，可能有些用汉语都解释不出来。我们想把这些东西都出成书。但是一说出书嘛,就牵扯到钱喽。我自己只是一个小学教师,工资那么低,病又那么多,糖尿病、高血压、冠心病、痛风,我的退休工资只能解决我的这些药,现在每天的药费也很高,自己就没有能力出书。我想再收集很多东西,这些打印、打字的事就又要收钱了,但我还是想把它们都打出来。今后协会将会联系一些有钱的老板,能够给我们赞助、帮我们出版。我们的歌曲有几百首,我们的谚语有几千条,可以好好地用国际音标写出来。我自己跟丽江的一些老板联系了,他们可能没有兴趣,所以我还没有联系到人。

我是很热爱音乐的,笛子、二胡、三弦、羊头琴、葫芦笙,这五种乐器我都会的。这些年我忙于写普米的教材、研究普米的文化,这些乐器都吊在那里,灰都这么高了。现在我70岁,自己没有事的时候就想拉拉、弹弹乐器,舒缓一下心情——这个时间都没有了。去年到今年,在协会里今天写这个,明天做那个。你们来之前,我刚刚把"喀尔沙"里的几十种拼音做完,连修改都来不及,你们就来了。这里面有很多打错的、打漏的我们自己还要再改,画册我们也只做到了10册。如果今后我自己身体允许的话,我还想再和你们清华大学一起把这些事情搞下去。

问:嗯嗯,我还有一些问题想要请教老师,您说的羊头琴是指?

和:是我在兰坪学的一种乐器,有四根弦,琴头上做了一个羊头的样子。你们看的那本书里我弹奏的就是羊头琴。

问:哦!还有您孙女杨惠珊给我们分享了几年前介绍各种普米民族乐器的视频,那些是您做的吗?

和:是的,他们找我采访普米乐器。口弦我不会,我会的是笛子、二胡、三弦、羊头琴、葫芦笙。

问:那我们今天访谈就结束了,谢谢老师!祝您身体健康,也祝普米文化能得到更多人的重视,发展得越来越好!

和:以后有时间了,我们可以继续。我年纪大了,希望还能多留下一些东西。

八 清华百年讲坛上的普米声音

——"清华百年——中国西南地区濒危文字文献展暨研讨会"上的发言

时间:2011年5月8日上午

地点:清华大学旧图书馆二楼大厅

主持人:赵丽明

发表者:偏初里、胡文明、胡镜明、徐丽丽

整理者:材料系82级王家煨

（普米族介绍视频播放结束。偏初里韩规展示普米经书、法器等）

胡文明：关于普米族，主要指分布在云南的西番群体，第五次人口普查大概有33610人，第六次接近4万人。这是1961年我们国家所确定的普米族的统计人数。事实上普米这个族群还包括了四川、西藏的相当一部分人群，大概有6万的居民。所以研究普米文化的时候，大的范围主要看河西民族走廊，也叫藏彝走廊地区的西番群体。西番这个族群分布范围比较广，其中称为"普米"的这一部分，大概有10万。现在我们的普米族主要在云南这部分，我们刚刚在片子里看到的，元代忽必烈十万大军南征云南大理时，他们渡过金沙江，到达云南。距今已经有750多年。这是我们对云南这部分普米族的简单说明。

关于韩规文化。我们称祭司为"韩规"，如同纳西东巴教，我们的宗教称为"韩规教"。那么这个具有民族特色的宗教是怎么形成的呢？我个人初步研究调查结果是：这是在藏区较早形成的宗教。实际上这种宗教称不上太原始，它是一个过渡性的宗教。这种宗教有系统的经典，比较繁复的仪式，不完全是一个原始宗教的形态。在普米族当中，韩规教与本地宗教结合起来，在普米族历史中影响时间比较长，影响力也比较大。这种宗教在中华人民共和国成立以后，随社会发展发生很大变迁，对普米族生活的影响几乎停滞。随着改革开放实施以及1982年宪法宗教信仰自由的倡导，这种影响逐渐复苏。国外的一位人类学博士，他在普米族居住区的将近十年时间里，进行了数次田野调查，他观察到韩规教仪式在稳步复苏。他说十多年以前，在深山老林的寨子里面，只能找到几个尚在的老韩规。但是现在的年轻人开始学习这些古老的仪式，成为这个地区的新韩规。甚至附近有一个小规模的学校专门培养新韩规。实际上他说的这个小规模的学校，就是2000年初，在我们宁蒗的几个干部和村里人的支持下创办的韩规文化传习班。

近些年，普米族的父老乡亲迫切希望恢复韩规文化。基于这样的背景，我们几个老干部出面，参与实施培养新韩规的计划。而且在非常困难的情况下，我们从木里请了几个知名的老韩规到宁蒗。我们商定用六年的时间在这个普米村里培养韩规。应该说这个计划已经初步完成了。事实上几位韩规在宁蒗十多年了，我们除了传习韩规文化以外还做了很多文献整理保护的工作。我们主要是为了保护普米文化，保护古老文化。我们说的复苏不是回到"文革"前的状态，而是与时俱进的。

另外是关于韩规古籍以及收藏的情况。从现在的收藏情况看，整个韩规教的经典文献损失严重。让我们欣慰的是个别韩规冒着极大风险把部分经书藏于山洞里，深埋地下。这些经书在改革开放后重见天日。现在总结起来，这些经书一部分是由中国历史博物馆收藏，宋兆麟先生把文献从我们宁蒗地区运到了中国历史博物馆；第二部分是宁蒗地区韩规世家的收藏，这个当中已经有一小部分送到了云南地区的博物馆收藏；第三部分主要是四川木里"藏族韩规"的收藏，这部分收藏量比较大。这是整个的收藏情况。

迄今为止我们参与了三个研究项目，一个是我们的一个国家课题。这个课题已经做完，初步把韩规经典的目录做了出来。第二个是云南师范大学申报的关于韩规古经的翻译的一个课题。这个是国家社会科学基金项目。第三个是我们去年认识了清华大学的赵丽明老师，做的这个课题。关于经书的翻译，云南师范大学已经做了一部分。清华大学这部分我们通过幻灯片做个简单的介绍。时间关系我只说这么多，谢谢。

主持人：谢谢胡文明老师综合性地介绍了普米文化以及传承的一些情况。下面请胡镜明老先生就普米文化、普米语言的传承情况和大家交流。

胡镜明：各位专家学者，大家早上好，我现在把我们的语言抢救工作作一个简单介绍。普米族是古代羌族的后代，古代汉文献记载的是后来的西番。西番历经唐、宋、元、明、清到民国。这个民族最早出现在《白狼歌》的记载当中。普米族这个名称是1960年国家民委到云南省调查，最后签字批准而确定的，此后我们的民族开始称为普米族。所以普米族这个名称在中国出现得很晚，还不到50年。

这几年，关于文化抢救，刚才胡文明同志已经给我们作了大致的介绍了。我们几个老人心中有一个感觉：普米文化的载体是什么？能代表自己民族文化的是什么？最后我们觉得韩规教——这个是普米族几千年来信仰的一个宗教，能够代表我们的民族文化。韩规信仰的是什么呢？主要是自然崇拜。所以1997年，我们决定要把普米族文化传递下去。

经过"文化大革命"，韩规文化在宁蒗地区濒临消亡。韩规文化怎么影响普米族的呢？祭祀、婚丧、出行等，韩规文化深入到普米族生活的方方面面，是我们普米族的精神支柱，不抢救不行，这是人民的需要，所以要想尽办法把它抢救过来。

第一是找老师。从2000年开始，我们就找了韩规祭司，但是他当时还不愿来，他怕做不好。他算了很多次卦，卦象都说"你去吧，到了云南肯定会传承好"，所以他才翻越几座大山来到了我们这里。现在他在我们宁蒗县已经十三年了。他家是几十代的韩规！他的爷爷和他的父亲教会他知识，他现在学识丰富、地位最高。

第二是没有经费。第三是学员从哪个地方招。韩规世家是很特殊的。在这里小学毕业升不上初中，初中毕业升不上高中的学生之中我们培养了十二个自愿学习韩规的学员，中途四个退学了，剩下的这八个就培养成了韩规。2003年开始，我们又招了第二批的学员，全县大概五个乡共招到了十四个，除去几个退学的，培养了九个。现在我们在宁蒗地区培养了十七个学员，这十七个学员都能够独立地进行宗教活动。

第四是考虑到语言将要失传。我们宁蒗县大概有13000户村民，有60%的人已经不会讲宁蒗话，大概只有40%的人能讲本地话，但是掺杂了很多的汉语、摩梭话等语言在里面，很不纯正。语言保存得比较好的地方就是韩规所在的地方，这个地方比较封闭。因此我们就想办法把语言传承下去。当时马红升老师搞拼音普米语工作十多年。后来有个福建人在澳大利亚取得博士学位后来到我们这个地方，花了有十年的时间，做了拼音字母。但是它很难学，字数很多，记不下来，非常地麻烦，可见文字的传承很难。

用什么办法来记录普米语呢？我们觉得要想一个办法。2009年中央民族大学的王老师，到了我们那里考察，他看到很多经文是用藏文的草书书写的。我这次开会看到纳木依、尔苏、木雅都一样，都是用的藏文的草书写了很多经文。

韩规教是古代的苯教，根据古代藏文文献的记载，我们知道古代苯教的兴衰始末；但是它已经在藏族周边地区进行了传播，比如现在的青海等地。普米人古代就住在青海。传承了普米语，韩规经也不会失传，韩规文化也不会失传。所以我们用四年的时间，编写了3300句普米语。全部用韩规文字把它记录下来。为什么普米语言濒临失传，就是因为没有文字的记录，口传必然要消失。

第五是这个学校怎么建。我儿媳妇认识一个在西部支教的香港老师，姓许，已经认识十多年了。2009年，他来我儿子家，吃饭的时候，我冒昧地提了个想法，我说许老师，我现在想把普米的语言传承下去，能不能帮我个忙？他回到香港以后，多方努力奔走，找了一些赞助。在2009年的8月份，他给我儿子打了个电话，说请我主持。现在我们就把学校办起来了。我们招了50个学生，写了报告，请政府批准，编了课本，正式开始传承，每个礼拜上四节课。这个学期拼音字母已经学完了，下个学期开始学语言了。这样子我们的语言终于得到了传承。这次我们能够到清华大学这个平台上，能够表达自己的心声。感谢中国共产党、政府，给了我们新生。在普米语言快要失传的时候，能够召开这么一个对语言文字进行抢救的会议，我深深地表示感谢！

主持人： 非常感谢胡镜明老先生给我们介绍了普米文化、普米语言的抢救以及传承情况，现在请徐丽丽博士和大家交流，介绍她如何翻译整理普米文献的。

徐丽丽： 今年3月底，我接受赵老师的委派去了丽江，跟偏初里韩规、胡镜明老师一起做经书的翻译。普米族的历书叫"夏多吉吉"。（指向幻灯片）这里是这本历书的前十二页的翻译，它一共有三十页。这个就是经书的原文，原貌就是这个样子的。我的方法就是把它分解。经书的每个月前面有一个概括一样的文字说明，我把它做了一一对应。

第一部分是它的韩规文，原文是藏文，是用普米语记录的，然后下面是对应的国际音标，最后是直译和意译，四行对照。这个部分就是它所有经书的前言，是每个月的总体介绍。下面这部分，第一行是日期，然后是普米语的国际音标和它的意思。第二部分是七曜。第三部分是他们的图符"提哩"，这个就是按照他们的说法的解释。第四部分是星宿，第五部分是方位。这五个部分一一分解给它做了四个对应。前十二页是前十二个月，它是以生肖作为开头的。第一个月是虎月，第二个月是兔月，第三个月是龙月，第四个月是蛇月，然后是马月。其他月份的做法都是一样的。

胡文明： 这个"提哩"类似插图。这十二个月，每一月每一天，有些天就没有绘画，它这里表示这个插图。要把这个插图的读音和意思一一注明还是比较困难的。但是每一个都有名称，可它现在是不是个文字我也不敢说，因为它确实表达了对这个月中每一天的预测（或者每一天天象吉凶的程度）是有帮助说明作用的。具体说这个有没有一个完整的音、义，现在我们还没有研究。

徐丽丽： 历书后面的十八页就是对前面的十二个月的解释。比如每个曜日能做什么，不能做什么；到了星宿日能做什么，不能做什么。然后是属相日、方位。关于"提哩"，就是到了这一天如果遇到这个"提哩"，会有什么吉祥或者不吉祥的事情。它可能就是一个指示性的符号。

第八章

川滇归来

一 学术与民生

——2016暑期川滇调查与爱心公益行

徐焰

本次"游学"，我们一行12人在清华大学赵丽明教授的带领下，对普米文化、纳西文化、东巴文化、摩梭文化等多种文化进行了走访和了解。除了探秘文化的目的之外，我们还带着一种公益的善心去到那里。由于目的地对我们来说充满着神秘感，所以我们在出发之前并不知道当地人需要什么，如何帮助他们。虽然我们的团队中有两三位是非常专业的公益人士，但是，对她们来说此行如何做公益也是未知数。有时候，一切都是最好的安排，8天探访下来，我们真的很棒，这是一次很理性的公益行，我们用自己的善心，从各种不同角度开展了公益行动，主要有以下几种形式：

文化公益

此行是由清华大学赵丽明教授发起的一次"文化游学"，经过这次"游学"，我们认为清华大学赵丽明教授10年来一直做的就是文化公益。去往机素组、争伍村的崎岖难行甚至危险的山路，70多岁的她，在过去的10年里，走了不下10次。而且她有严重的腰间盘突出，每一次颠簸都要扶好拐杖做好准备，我们从后面看到赵老师那坚忍不拔的身躯，看到她拄着拐杖攀爬山路，无不为之震撼！作为中国西南濒危文化研究中心主任的她，就是凭着一股学术精神，去抢救一个个濒临灭绝的文化。她是新时代文化界的长征者，堪称勇者、健者、智者和善者。而文化公益正是她贡献给国

清华大学赵丽明教授

家、社会和当地老百姓的一种大善举。同行的还有两位广西师范大学出版社的老师，他们也是用文化公益的善心和行动来抢救普米文化的人。

设计公益

我们此行有两位建筑设计师，崔曦老师和张梅老师，她们用设计的智慧来帮助当地的居民。设计是一种实用的艺术，首先需要解决使用功能的问题，然后要考虑造价，再考虑美观。在遥远的山区，一味讲究所谓的城市美观，这样会本末倒置，浪费金钱。关于机素组反映的厕所问题，我们认为：第一，要从功能入手，解决通风、采光、日常清洁的问题；第二，考虑用当地石头和木材作为主要材料，既环保生态又美观，而且成本还低；第三，屋顶瓦和水管这些辅材可以考虑购买。所以，我们的设计师手绘了厕所图纸，同时也建议机素组学习仁青斯保组建造厕所的方式。另外，还画了一张女菩萨家的新建佛堂二楼平台漏水修补方式图纸。感谢设计师张梅和崔曦的设计！

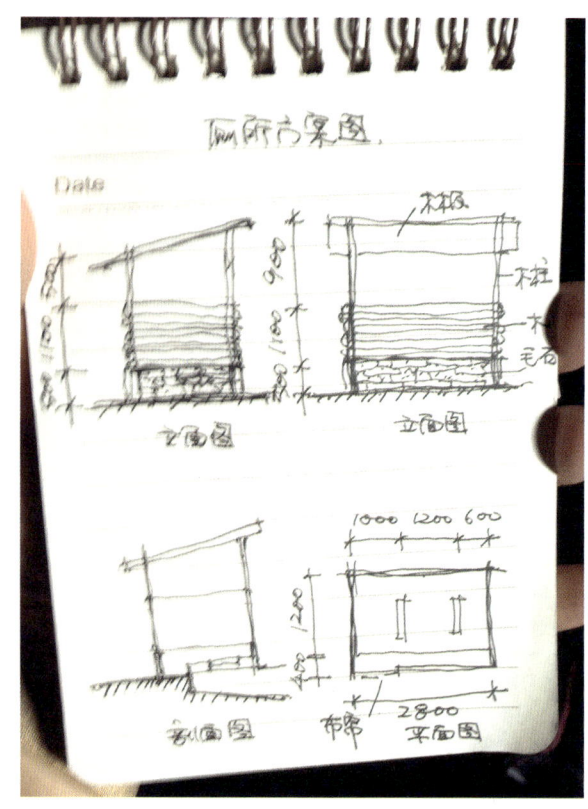

厕所设计

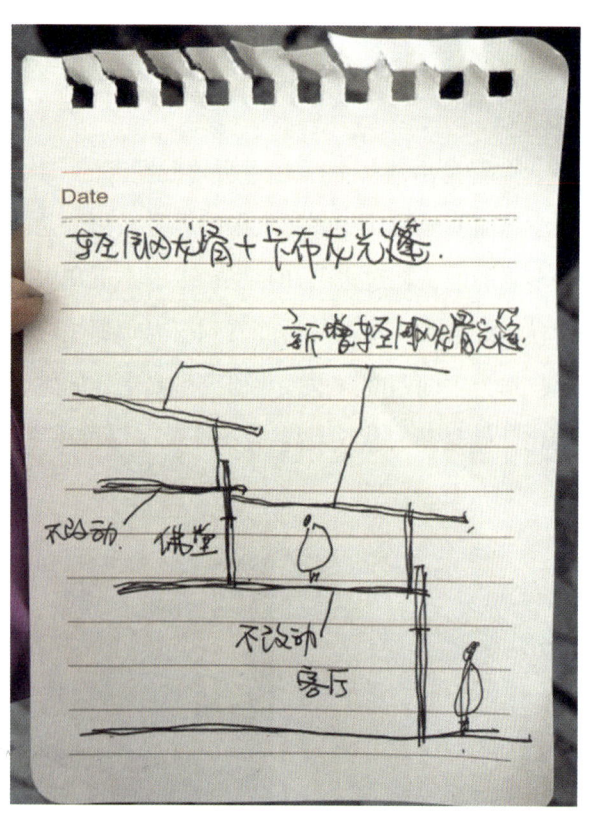

机素村女菩萨家修缮建议

医疗卫生公益

此次随行的有一位清华大学校医院的医生郭晓青,喜爱户外运动的她这一次行李中最多的就是药品。从我们经过的乡村,她给至少100位乡亲看病治疗和宣讲卫生常识。甚至在行车的路上也有乡亲拦住我们,要让郭医生看病。特别是妇女、儿童,由于就医较难,她们的卫生健康还存在比较大的问题。我们此行所带药品太少,可谓是杯水车薪,希望政府能够给予高度的重视,能够派遣体检人员和流动医疗站为偏远地区的乡亲们进行诊断和简单的救治。

乡亲追赶我们求医问药

郭晓青医生为妇女们宣讲卫生常识

当地妇女们围着郭晓青医生询问健康卫生问题

郭晓青医生为妇女们宣讲卫生常识

教育公益

教育同样是我们此行特别关注的问题。我们去探访学校,给孩子们带去了一些运动用品和文具。回来之后,崔曦老师又给争伍小学和麦洛小学寄了笔记本、铅笔、本子、尺子、信封、信纸、铅笔、橡皮、转笔刀、2本认物大宝典、6个益智拼版、多次水写布、鞋、新毛巾、20多个雨披、筷子、饭盒、水杯、自拍杆、指甲刀等剪子的小组合等学习用品和生活用具。除此之外,崔曦老师还通过机素组的用中组长提供的贫困学生资料，发动了她的朋友们进行了一对一捐赠。以下为受捐赠对象及个人情况：

姓名：次尔拉姆

家庭住址：四川省凉山州木里藏族自治县依吉乡麦洛村机素组

学校：木里县中学

家庭成员：6口人，爸爸、妈妈、两个姐姐、妹妹

学费情况：生活费2500元左右，学杂费2000元左右。

家庭情况：花椒可以卖得500元左右，核桃卖得2000元，年收入4000元左右。家中无机器用具。爸爸由于学费问题很辛苦，但因患风湿常年身体不适，不能干重活，又不能去打工。妈妈年老，体弱多病。两个姐姐已嫁人，妹妹由于家庭贫困在家中帮父母。

这个孩子由崔曦老师的前同事张琦峰资助。

姓名：用中

家庭住址：四川省凉山州木里藏族自治县依吉乡麦洛村机素组12号

家庭成员：8口人

学费情况：每学期大概要3000元的生活费及路费。学校收的学费很高，学费及生活费全靠哥哥一个人在外打工赚取。哥哥读的是大专，做苦工。

家庭情况：收入很低，妈妈有风湿病及高血压。爸爸要照顾妈妈无法出去打工。

这个孩子由崔曦的朋友张晶资助。

姓名：杜基玛

家庭住址：四川省凉山州木里藏族自治县依吉乡麦洛村机素组29号

家庭成员：9口人

学费情况：每个学期的学杂费和伙食费需要3000元。家庭情况：家庭情况不好，除了妹妹和他，其他都是文盲。爸爸为了赚学费一直在外面打工，很辛苦。家里每年的收入不到5000元。

这个孩子由崔曦的甲方李雪梅资助。

姓名：阿子拉

民族：藏族

学校：丽江市玉龙县职业高级中学

家庭成员：5口人

学费情况：2500元左右。

家庭情况：爸爸因患有风湿病，所以不能外出打工，家里的收入来源于卖出去的一些鸡和一

些花椒，每年的收入仅一两千元。弟弟在读初中，他在读职高，这一两千元不仅仅要维持家里的生活，而且要供他和弟弟上学，家里经济负担很重。家里为了让他和弟弟读书，已经欠下了很多债。这个孩子由崔曦的前同事邓建平支助。

姓名：拥忠拉姆
学校：木里县中学
家庭住址：四川省凉山州木里藏族自治县依吉乡麦洛村机素组
家庭成员：5口人，爸爸、妈妈、弟弟、姐姐（已经出嫁）
学费情况：每学期伙食费要2500元，学杂费1500元左右
家庭情况：花椒可以卖得1000元，核桃可以卖得1000元，共2000元。家里的开支全靠爸爸一个人打工维持，经济很困难。又因为爸爸没有上过学，不识字，更不懂技术，打工只靠体力，因此很辛苦，也很难找到工作。但由于生计所逼，爸爸不得不央求别人给他找活做，但还是很难支付上学所需要的费用。妈妈身体也不好，一个人不能做很多农活，但是没有钱来给她治病，所以妈妈一直病着。

姓名：布上
学校：木里县中学
家庭住址：四川省凉山州木里藏族自治县依吉乡麦洛村机素组11号
家庭成员：9口人，爸爸、妈妈、三位姐姐、一位姐夫、两位妹妹
学费情况：布上本人的生活费以及学费为5000元左右
家庭情况：年收入7000元左右。因家庭经济情况困难，又有3个孩子读书，家人无法提供如此多的生活费以及学费，所以希望能够得到爱心人士的帮助，实现他们的的梦想。

姓名：格夸玛
学校：木里县中学
家庭住址：四川省木里藏族自治县依吉乡麦洛村机素组11号
家庭成员：9口人，爸爸、妈妈、四位姐姐、一位姐夫、一位妹妹
学费情况：格夸玛本人的生活费及学费为5000多，家庭情况：年收入为7000左右，因家庭经济情况困难，又有3个孩子读书，家人无法提供如此多的生活费以及学费，所以希望能够得到爱心人士的帮助，能让他们实现自己的梦想。

以上3个孩子由崔曦老师重庆八中的初中同学集体资助。布上和格夸玛是姐妹。

方案为集体定向资助三个孩子：拥忠拉姆、布上、格夸玛，费用／每学期14000（4000＋5000＋5000），平摊给原一班21位参与同学的费用为668元／学期。助学公益爱心接力名单：王征、蒋茵、程良骏、刘弋、张渝红、简红英、曾渝红、李硕军、蹇成伟、罗宁、王京、龙

蓓、王新宇、卢东、谭兵、王海、周剑、文彬、李柠、刘建波、郑晓虎。

感恩对教育充满爱心的崔曦老师和她的朋友们！

另外郭晓青医生单独以自己的名义救助了两个孩子。汇款三次共2400元（分别是400元、400元、1600元，通过仁青偏初的微信转账转给两个孩子），另外又汇了2000元给仁青偏初作为修路的资助费用。郭晓青医生共捐助4400元。

我们此次的"游学"，是一次非常具有挑战性的公益行。有很多不确定因素，条件又很艰苦，同时，要做的任务又很多，而且绝大多数的成员彼此完全不认识。在此情况之下，是文化和爱心使大家聚在一起，同心协力走完了8天的行程。我们深入探访了很多家庭的妇女，希望与她们交流，在体会她们幸福生活的同时也关怀她们的健康、教育和生活状况，捐助探访家庭总共5150元。另外，"心基金"负责人李碧琪女士为贫困家庭儿童治病捐款1000元。赵阿平、崔曦、章燕君、本人和李碧琪女士又给两位重要人物捐款近10000元：第一位是偏初老师，我们捐献给他5000元，感谢他多年来为普米文化所做的工作和努力；另一位是仁青老师，我们捐献给他5000元，感谢他一直在为老人治疗眼疾，并且联系支教公益组织，支援当地儿童教育。因为被偏初老师为普米文化做出的巨大贡献所感动，我们也支付了机素组偏初老师家5000元（包含食宿费用2500和资助2500元）。一路上的这些爱心伙伴们分别是赵丽明、赵阿平、刘隆进、李碧琪、王铭雨、陈青、张梅、章燕君、崔曦、郭晓青等。

此行8天，最让我们感觉到震撼的是，在繁荣富强的中国大地上，居然还有这么偏远贫穷的小村庄，这里的人们依然过着没有电灯的生活。此行结束之后，我跟原争伍小学的尼玛扎西老师联系，得知他已经带着他的学生们从争伍小学搬到依吉乡中心校。当了解到孩子们下午为了借用阳光自习，不得不将课桌椅搬到操场上的时候，我内心非常难过。如果在临近冬季的时候，能让孩子们在灯光下读书该多好！于是，我购买了太阳能和手动发电的台灯和手电，备了42套，发往依吉乡中心校，希望在冬季，为孩子们点亮一盏灯！这一部分的爱心捐赠金额为1659元。

虽然此行只有8天，但是在这8天时间里，我们跟随赵丽明老师跋山涉水，体验当地丰富多元的

我们深入到麦洛组、斯保组、机素组等家庭去看望60个家庭的妇女

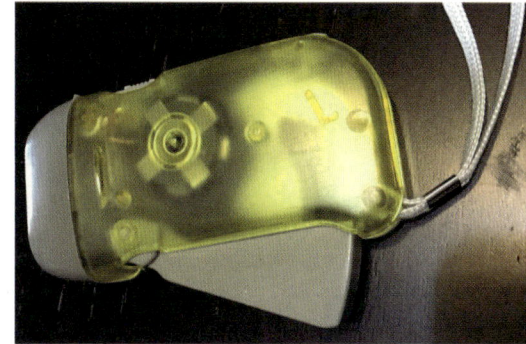

寄去依吉乡中心校的太阳能台灯和手电

少数民族文化和家庭生活，每个人也都奉献了自己的公益爱心。感谢一路走来政府和乡亲们的热情接待和真诚朴实的交流！感谢同行伙伴们的齐心协力！希望我们能记住彼此，并有机会再继续交流沟通。

我会永远记住这个圆满的旅程！感谢赵教授！感谢伙伴们！感谢那些美好的人们。

附件：川滇归来"文化游学公益行"爱心捐赠汇总表

编号	受捐赠方	金额	用途	捐赠方	捐赠时间
1	偏初里	5000	资助修厕所和淋浴房	徐焰、李碧琪、崔曦、赵阿平、章燕君	2016/9/9
2	公秋仁青偏初	5000	公益	徐焰、李碧琪、崔曦、赵阿平、章燕君	2016/9/12
3	公秋仁青偏初	2000	修路	郭晓青	2016/9/12
4	次尔拉姆	5000	学费	张琦峰（崔曦原同事）	2016/7/28
5	杜基玛	3000	学费	李雪梅（崔曦原甲方）	2016/8/1
6	阿拉仁青玛	2400	学费	郭晓青	2016/7/11
7	呷若扎西次尔		学费		2016/7/12
8	阿子拉	5000	学费	邓建平（崔曦原同事）	2016/8/30
9	用中	3000	学费	张晶（崔曦朋友）	2016/8/8

续表

编号	受捐赠方	金额	用途	捐赠方	捐赠时间
10	拥忠拉姆	4000	学费	崔曦重庆八中的21位初中同学集体资助（668元/学期/人）	2016/8/30
11	布上	5000	学费		2016/8/30
12	格夸玛	5000	学费		2016/8/30
13	杜基扎西	2000	学费	高强（崔曦大学校友）	2016/9/12
14	机仙松朗偏初	3700	学费	张健媛、张继红、田文（崔曦高中同学）	2016/9/5
15	格龙	3500	学费	刘璐璐（崔曦朋友）	2016/9/3
16	金关降初	4000	学费	张晶（崔曦朋友）、李艳（崔曦朋友）	2016/9/5
17	贫困家庭	1000	贫困家庭儿童治病	李碧琪	2016/7/2
18	争伍小学 麦洛小学	500	运动用品、文具	崔曦、李雪梅、蔡平	2016/7/19
19	依吉乡中心校 尼玛扎西老师班级	1659	太阳能灯、手电筒	徐焰	2016/11/14
20	争伍小学	500	文具、体育用品若干	郭晓青等	游学期间（2016/6/28—2016/7/5）
21	调研扶贫家庭	5150	慰问和探访	赵丽明、赵阿平、刘隆进、李碧琪、王铭雨、陈青、徐焰、张梅、章燕君、崔曦、郭晓青	游学期间（2016/6/28—2016/7/5）
22	偏初里老师家庭	2500	食宿费用2500、资助费用2500	赵丽明、赵阿平、刘隆进、李碧琪、王铭雨、陈青、徐焰、张梅、章燕君、崔曦、郭晓青	游学期间（2016/6/28—2016/7/5）
	爱心捐赠公益合计				72509

云南"走心公益行"捐赠表（2016.09）

编号	受捐赠方	金额	手续费	物品	捐赠方	捐赠时间
1	偏初里	5000	5		徐焰、李碧琪、崔曦、赵阿平、章燕君	2016/9/9
2	公秋仁青偏初	5000	5		徐焰、李碧琪、崔曦、赵阿平、章燕君	2016/9/12
3	公秋仁青偏初	2000			郭晓青	2016/9/12
4	次尔拉姆（高二）	5000		书	张琦峰（大连亿达）	2016/7/28
5	杜基玛（高二）	3000			李雪梅（山东东营胜宏房地产公司）	2016/8/1
6	阿拉仁青玛	2400			郭晓青	2016/7/11
7	呷若扎西次尔					2016/7/12
8	阿子拉	2500×2（两学期）			邓建平（华控地产）	2016/8/30

续表

编号	受捐赠方	金额	手续费	物品	捐赠方	捐赠时间
9	用中（已参军）	3000			张晶（崔曦朋友）	2016/8/8
10	拥忠拉姆（高三）	4000			崔曦重庆八中的21位初中同学集体资助（668元/学期/人）	2016/8/30
11	布上（高三）	5000				2016/8/30
12	格夸玛（高二）	5000				2016/8/30
13	杜基扎西（职业技术学校高二）	2000			高强（汉能集团）	2016/9/12
14	机仙松朗偏初（高一）	3700			张健媛、张继红、田文（崔曦高中同学）	2016/9/5
15	格龙（三河职业技术学院大一）	3500			刘璐璐（华夏幸福）	2016/9/3
16	金关降初（眉山职业技术学院大一）	2000＋2000			张晶（崔曦朋友）、李艳（崔曦朋友）	2016/9/5
17	贫困学生	100/月			刘隆进	三年计划
18	争伍小学、麦洛小学			运动用品、文具	崔曦、李雪梅、蔡平	
19	依吉乡			太阳能灯、手电筒	徐焰	
20	调研扶贫家庭	5150			赵丽明、赵阿平、刘隆进、李碧琪、王铭雨、陈青、徐焰、张梅、章燕君、崔曦、郭晓青	游学期间（2016/6/28—2016/7/5）

附注：在游学期间，郭晓青给争伍小学带去网球拍及球网组合，徐焰、李碧琪、崔曦、赵阿平、张梅等人还带去文具若干，赠送给当地孩子。

云南"走心公益行"捐赠表（2017.03）

编号	受捐赠方	金额	捐赠方	捐赠时间
1	次尔拉姆（高二）	5000	张琦峰（大连亿达）	2017/1/25
2	杜基玛（高二）	1500＋2000	张晶（崔曦朋友）、范曙光（远洋地产）	2017/2/1
3	阿子拉（职业高中）	4000	邓建平（华控地产）	2017/2/1
4	用中（已参军）			2016/8/8
5	拥忠拉姆（高三）	4000	崔曦重庆八中的21位初中同学（程良骏、王征、龙蓓、蹇成伟、刘弋、文彬、谭兵、王新宇、王海、罗宁、蒋茵、曾渝红、李硕军、李柠、周剑、刘建波、王京、张渝红、简红英、卢东、郑晓虎）集体资助（668元/学期/人）	2017/1/26
6	布上（高三）	5000		2017/1/26

续表

编号	受捐赠方	金额	捐赠方	捐赠时间
7	格夸玛（高二）	5000		2017/1/26
8	杜基扎西（职业技术学校高二）	2000+1400	高强（汉能集团）、曹荆芸（中国航天天津）	2017/2/1
9	机仙松朗偏初（高一）	3700	张健媛、张继红、田文（崔曦高中同学）	2017/2/1
10	格龙（三河职业技术学院大一）	3500+500（过年费）	刘璐璐（华夏幸福）	2017/1/22
11	金关降初（眉山职业技术学院大一）	2000+2000	张晶（崔曦朋友）、李艳（崔曦朋友）	2017/2/1
12	扎西次尔（攀枝花建筑工程学校）	3000	黄剑（AECOM）和双胞胎女儿	2017/3/1
13	麦洛小学（苏朗偏初的妹妹祝玛娜姆）	6000	邓建平（华控地产）	2017/1/27

云南"走心公益行"捐赠表（2017.09）

编号	受捐赠方	金额	捐赠方	捐赠时间
1	次尔拉姆（高三）	5000	张琦峰（大连亿达）	2017/8
2	杜基玛（高三）	1500+2000	李雪梅（山东东营胜宏房地产公司）、范曙光（远洋地产）	2017/8
3	拥忠拉姆（攀枝花大学艺术学院 大一）	5000	崔曦重庆八中的23位初中同学（程良骏、王征、龙蓓、寨成伟、刘弋、文彬、谭兵、王新宇、王海、罗宁、蒋茵、曾渝红、李硕军、李柠、周剑、刘建波、王京、张渝红、简红英、卢东、郑晓虎、叶宏）集体支助（636.36元/学期/人）	2017/8
4	布上（四川艺术职业学院 大一）	4000		2017/8
5	格夸玛（高三）	5000		2017/8
6	杜基扎西（职业技术学校 高三）	2000+2000	高强（汉能集团）、曹荆芸（中国航天天津）	2017/8
7	机仙松朗偏初（高二）	3000+500+200	张健媛、张继红、田文（崔曦高中同学）	2017/8
8	格龙（三河职业技术学院 大二）	3500+500（零花钱）	刘璐璐（华夏幸福）	2017/8
9	金关降初（眉山职业技术学院工程测量专业大二）	2000+2000	张晶（崔曦朋友）、李艳（崔曦朋友）	2017/8
10	扎西次尔（攀枝花建筑工程学校 中专二年级）	3000	黄剑（AECOM）和双胞胎女儿	2017/8
11	扎西玛（高一）	3500	金洁（北京市建筑设计院BIAD）和女儿	2017/8
12	扎拉（四川天一学院 大一）	2000	邱莉玲（崔曦朋友）	2017/9

云南"走心公益行"助学捐赠表（2018.02）

编号	受捐赠方	金额	捐赠方	捐赠时间
1	次尔拉姆（高三）	5000	张琦峰（大连亿达）	2018/2
2	杜基玛（高三）	2000+1500	李雪梅（山东东营胜宏房地产公司）、范曙光（远洋地产）	2018/2
3	拥忠拉姆（攀枝花大学艺术学院大一）	5000	崔曦重庆八中的22位初中同学（程良骏、王征、龙蓓、寒成伟、刘弋、文彬、谭兵、王新宇、王海、罗宁、蒋茵、曾渝红、李硕军、李柠、周剑、刘建波、王京、张渝红、简红英、卢东、郑晓虎、叶宏）集体资助（636.36元/学期/人）	2018/2
4	布上（四川艺术职业学院大一）	4000		2018/2
5	格夸玛（高三）	5000		2018/2
6	杜基扎西（职业技术学校高三）	3000+4700	高强（汉能集团）、曹荆云（中国航天天津）	2018/2
7	机仙松朗偏初（高二）	3700	张健媛（崔曦高中同学）	2018/2
8	格龙（三河职业技术学院大二）	4000+1000（春节）	刘璐璐（华夏幸福）	2018/2
9	金关降初（眉山职业技术学院工程测量专业大二）	2000+2000	杨金玲（佛山碧桂园集团）、李艳（崔曦朋友）	2018/2
10	扎西次尔（攀枝花建筑工程学校 中专二年级）	3000	黄剑（AECOM）和双胞胎女儿	2018/2
11	扎西玛（高一）	3000	金洁（北京市建筑设计院BIAD）和女儿	2018/2
12	扎拉（四川天一学院大一）	2000+2000+1000	邱莉玲（崔曦朋友）、杨廷海（索福恩）、黄琦（纽约大学上海分校）	2018/2
13	木里县依吉乡麦洛村小学		黄剑（AECOM）和双胞胎女儿	2018/3

云南"走心公益行"助学捐赠表（2018.08）

编号	受捐赠方	金额	捐赠方	捐赠时间
1	次尔拉姆（西昌民族幼儿师范高等专科学校小学教育专业大一）	4000	张琦峰（大连亿达）	2018/8
2	杜基玛（泸州 三河职业技术学院学前教育大专三年大一）	2000+2000	李雪梅（胜宏集团，崔曦朋友）、李艳（崔曦朋友）	2018/8
3	拥忠拉姆（攀枝花大学艺术学院大二）	5000	崔曦重庆八中的23位初中同学（程良骏、王征、龙蓓、寒成伟、刘弋、文彬、谭兵、王新宇、王海、罗宁、蒋茵、曾渝红、李硕军、李柠、周剑、刘建波、王京、张渝红、简红英、卢东、郑晓虎、叶宏、崔曦）集体支助（652元/学期/人）	2018/8

续表

编号	受捐赠方	金额	捐赠方	捐赠时间
4	布上（四川艺术职业学院大二）	4000		2018/8
5	格夸玛（四川民族学院少数民族预科大一）	4000		2018/8
6	斯达玛（成都铁路卫生学校中专一年级）	2000		
7	杜基扎西（泸州三河职业技术学院行政管理 大专三年大一）	2000+1000	曹荆云（崔曦亲戚）、杨金玲（崔曦大学同学）	2018/8
8	机仙松朗偏初（高三）	3700	张健媛（崔曦高中同学）	2018/8
9	格龙（三河职业技术学院行政管理专业大三）	3000	刘璐璐（崔曦朋友）	2018/8
10	金关降初（眉山职业技术学院工程测量专业大三）			
11	扎西次尔（攀枝花建筑工程学校中专三年级）	3500	黄剑和双胞胎女儿（AECOM总监，崔曦师妹）	2018/8
12	扎西玛（高二）	2500+1000	邓建平（崔曦原同事）、金洁（崔曦同事）	2018/8
13	扎拉（四川天一学院大二）	2000+2000	邱莉玲（崔曦朋友）、杨廷海（崔曦朋友）	2018/8
	爱心捐赠公益合计	43700		

以上全部捐赠完全是此次公益"游学"团成员自愿发起。感恩大家的爱心！感谢赵丽明、赵阿平、刘隆进、李碧琪、王铭雨、陈青、张梅、章燕君、崔曦、郭晓青！感谢偏初老师全家、仁青偏初里老师、麦洛村村长全家、争伍村领导团队、依吉乡政府还有我们的两位司机朋友以及沿路所有的乡亲朋友！我们会记住你们的笑容和热情！

二 大山里的女人

郭晓青

2016年6月28日，我荣幸地以一名医生的身份，跟随清华大学人文学院赵丽明教授组织的调查团，前往四川省木里藏族自治县依吉乡麦洛组以及屋脚蒙古族乡等少数民族地区，了解那里的生活状况，以及当地的婚姻形式。

木里位于四川省西南边缘的高山峡谷之中。这里居住着藏、彝、汉、蒙古、回、苗、纳西、布依等22个民族。我接触的十几个家庭分别为藏族、蒙古族、普米族、纳西族及摩梭人。

走进依吉乡麦洛村的机素、斯保

机素组和争伍村位于川滇交界的横断大山里，非常偏僻，至今没有通公路。水是山泉水，电是各家的不稳定的小水电或太阳能，几乎没有手机信号，有网络信号更是奢望。这个季节耕种的是玉米、青稞、核桃等，每家仍在食用青稞或玉米制作的糌粑，饮用酥油茶。家里多数饲养鸡、羊、马、牛。如果不外出打工，每个家庭的年收入大约是4000—5000元人民币。孩子们能在较近的村子中念书到小学2年级，3—6年级要到较远的村子读，初中以上往往要坐一天以上的车才能到学校，所以大多数读书的孩子一学期回家一次。凡是进过学校的孩子，都能讲普通话，没有进过学校的女孩子，基本不能讲也听不懂普通话，我们走访的每个家庭的女主人，都不能听懂普通话。

这些村子均位于川滇交界的横断大山里，非常偏僻。机素组距离依吉乡政府约有20多公里，卡车走在颠簸的山路上，需要4—5小时的车程，遇到山体滑坡、落石，司机还是修路工人，这里的路真是靠他们轧出来的。斯保组距离麦洛村委会步行要2小时，都是山路，还要涉河。摩托车在这种适合自行车速降运动的"特级道路"上飞来飞去，非常刺激。虽然有些时候，还是要下来步行到稍平坦的道路上，但它可以大大缩短行走时间。

赵丽明教授今年67岁，患有严重的腰椎间盘突出症，椎管狭窄，双膝重度骨关节炎。对她来讲，坐摩托的风险很高，上山步行两小时完全不可能。对于老师的佩服也源于这里，她居然在向导、翻译及驾驶员公秋仁青偏初的保护下，乘坐摩托，徒步过独木桥，顺利地到达了斯保。这里的自然风光没得说，有青山、山泉水，烟雾缭绕，炊烟袅袅，让人陶醉。村里的很多人都是很近的亲戚关系。

公秋任青偏初是斯保组的组长，根据他的介绍，这里户均年收入5年前（2011年）是2000元人民币，现在通过嫁接核桃、外出打工等补助，一年基本达到5000—10000元。走访的所有妇女几乎不懂普通话，没有读过书，除非看病，基本没有出过村子。

大山里的女人更需要关心、爱护

我们此行的一项调查内容是大山里的女人的心理和生理情况，如果有个懂得汉语的女同志做翻译会比较方便。幸运的是，在斯保组，我们在村口遇到了放羊的母女，通过打招呼，我们惊喜地发现，其中17岁女儿布尺居然可以说汉语。

她是任青偏初的外甥女，因贪玩只只念到小学二年级，所以可以讲汉语。在斯保，大凡这样的女孩子都到外面打工去了，到泸沽湖等地的餐厅当服务员的比较多。她的姐姐已经出嫁，哥哥自费在外地上高二，每年要花费14000元，父亲在外打工挣钱，仍欠下不少债。她如果再外出挣钱，母亲一人在家未免太过孤独。想找个上门女婿，但年龄尚小，无法结婚，而且太早结婚又面临着过早生子，需要更大家庭开销的问题。

布尺清纯可人，长期住在村里，对各家情况了如指掌，作为向导绰绰有余。但年龄太小，生活经验较少，在这个她熟悉的社会行走采访，对一些私密问题询问翻译有很大障碍。所以，虽然所得情况出自被访人之口，经过"中介"，还是打了折扣。

在斯保，布尺一蹦一跳，能一边背着任青2岁的儿子，一边在泥泞的山路上飞奔。比我这个长跑运动员速度快1倍，比赵老师快10倍！总看到她迅速掠过了山路，立在那里，边等我们，边哄着弟弟。在任青和她的带领下，我们走访了思达卓玛、拉姆、机怪里拉初、克米一、克米二、次儿拉姆。这6个女人均未读过书，基本不懂得汉语，最小的23岁，最大的62岁，有2人的丈夫是亲兄弟。她们的活动范围仅限娘家和婆家，仅有的一两次外出都是去看病。按当时计划生育政策，她们都各自生育3个孩子，都在第三胎产后到县里做绝育手术。

由于这里没有自来水，没有热水器，没有厕所，女人的妇科病比较常见。她们有的到医院看过，有的没有，小腹经常疼痛。对于分泌物，她们也不知道何为正常。由于大部分年长的妇女穿长裙，没穿过内裤，经期没有用过卫生巾，这也能理解她们裙子的颜色常常较深且盖住鞋子的苦衷。年长的多不记得初潮的年龄，记得的大约在17岁，年轻的女孩多穿牛仔裤，使用卫生巾，大约13岁出现初潮。每到一家，主人都用酥油茶和糌粑款待我们。糌粑有青稞做的也有玉米做的。任青让我们少喝点儿略带咸味的酥油茶，说他喝多了肚子涨的很。是呀，大白天的，户户挨得那么近，没有厕所很不方便。让我"敬佩"的是一早出来，赵老师居然也在下午4点才跟我一起去方便了一下。

任青听说我们此行有基金会的同志，又带我们走访了4个贫困户，2户是由于打工的人太少，念书的孩子太多，每年花费大约是12000元，打工挣的不足以支撑。另外两户是因病致贫，一个是大儿子为了让弟弟念书，自己去打工，弟弟大学期间得了乙型肝炎，目前在保肝和吃抗病毒的药，还要念书，每年花销太大；一个是上高中的儿子刚刚发现得了白血病，母亲不停落泪。

普及卫生知识，医疗条件亟待改善

由于听说我是医生，一路上总有老乡希望看病，我只拿了腕式血压计，仅凭问病史、物理检查，我这个外科大夫对很多疾病实在无法判断。当接诊一位四肢无力半年、被爸爸抱进来的9岁男孩时，我彻底绝望了。他在医院做了CT、腰穿等检查，没见到异常。可他萎缩的四肢肌肉、III-IV级的肌力，预示着他可能得了罕见病，仅物理检查是无法判断的，至少需要核磁共振和自身免疫疾病方面的特殊检查，在诊断上最少就得花费1万左右。这对于连每年130元新农合保险都交不起的一家人来说，基本就算判了"死刑"。孩子双眼中流露出对生命的渴望，但愿基金会的碧琪老师能帮到他。

机素组里没有医院，没有医生，没有护士。人畜没有分道，没有卫生间，没有淋浴设备，蚊蝇、跳蚤伤人，卫生条件非常令人担忧。女人们没去过外面，很多没见过电视。她们一方面表示满意现状，一方面又都表示希望能走出大山，到外面看看。很多女人最大的希望是孩子高兴，孩子健康，家里的病人病情好转、痊愈。

7月2日下午，连续4天的密集阵雨终于暂别我们。告别机素组的组长、韩规偏初老师，我们仍旧在央中、苏朗两个小伙子的卡车中聚齐，历时2小时，奔赴争伍组。路途中再次出现坠石挡路，大家下车步行，终于见到争伍依山而建的土掌房，与俄亚大村的土掌房相仿，这些房屋紧密相连，村间的小路非常窄小、陡峭。连续的阴雨和大量动物粪便，使得蜿蜒的村间小路更加泥泞。与偏初老师家所处的机素组水资源丰富不同，这里虽有自来水，但每天只供应1小时。电线杆拉线竖立8年，没有一丝要通电的迹象。这里居住着40余户纳西族同胞。妇女没有一人可以讲汉语，我们的小翻译是一个13岁、6年级刚刚毕业的小男孩，也叫仁青，这里叫仁青、拉初、偏初、次尔、卓玛的特别多，稍不留意就弄混了。这个小仁青机灵尽责，但一个小学男生，是根本无法去询问同村熟悉的女性敏感问题，如月经、怀孕、生产、结扎等情况的。在语言沟通困难的情况下，我们的调查不能深入她们的内心世界，甚至不一定准确。

 普米印象

郭熙凤

2017年6月22日至27日，我们清华大学出版社第八事业部的部分编辑，跟随清华大学赵丽明老师，进入川滇边界的宁蒗和木里。同行的有清华大学校医院的万国华大夫、《国家地理》杂志摄影师沈云遥以及我们部门的五人。赵老师多次深入藏区考察，对当地文化有较深的研究；万大夫医术精湛，曾为首长看病，而且曾到独龙江做过志愿者；摄影师沈云遥，1989年生，但已经深入藏区多次，是个"藏痴"，他对当地文化多有了解。所以，一路上三位老师给我们普及了许多知识，短短几天，行万里路胜读万卷书，受益匪浅。

川滇交界的宁蒗、永宁

1917年，永宁土府、蒗渠土司合并设立宁蒗分县，属永北县。"宁蒗"一词由元时永宁府、蒗蕖州二名各一字而得名。

宁蒗彝族自治县是云南省丽江市下辖县之一，俗称"小凉山"，位于云南省西北部，距丽江有3小时车程。宁蒗是一个多民族的山区内陆县，以彝族为主，居住有彝、汉、普米、傈僳、纳西、藏、白、壮、傣、苗、回11个民族和摩梭人，民俗民风淳朴、独特。宁蒗彝族自治县有泸沽湖、永宁温泉、青龙海、扎美寺等旅游景点。

永宁乡位于云南省宁蒗彝族自治县北部，是川、滇两省三县的交汇处，是一个以摩梭人为主，汉、彝、普米、壮、纳西、藏等民族杂居的高原乡镇。西南与红桥乡、翠玉乡、拉伯乡相连，东与四川省盐源县泸沽湖镇及前所乡毗邻，北与四川木里县屋脚乡、依吉乡接壤。文物古迹有省级文物

保护单位扎美喇嘛寺，县级文物保护单位土司衙署、忽必烈南征遗址日月和、怎波达迦林寺等。景点有泸沽湖、永宁坝、格姆女神山、高原温泉、茂密的原始森林、古老典雅的摩梭村落。其中，扎美寺位于永宁乡皮匠街西北的古尔山脚下，现为云南省重点文物保护单位。扎美寺始建于明代嘉靖三十五年（1556），为藏传佛教格鲁派喇嘛寺。我们远望格姆女神山和扎美寺，恰巧有片莲花云飘在山顶上，甚是奇异。路过皮匠街时，街道冷冷清清，完全不见昔日的繁华。据说街上只剩下一家皮匠店。这里土地丰裕，种植水稻、小麦，大量的滇马在河边自在地吃草。优越的自然条件，延续了昔日的辉煌。

普米族"五彩福旗"

初见普米族文化

一说普米族祖先为西番人先民；一说为《白狼歌》的主人。

普米族没有文字，他们曾用藏文字母来拼记普米语，用以记载本民族的历史传说、故事和歌谣等，但流传不广。从四川邀请"韩规"（类似喇嘛）培训学生，注重文化传承。普米族前辈，将《口述经》重新记录下来，以待后人查阅。这种文化自觉和自救活动，让人很震撼。

四 浴火涅槃，未必遗憾

石成琳

2017年6月22日至27日，我有幸追随清华大学赵丽明老师，自丽江始，穿宁蒗，过泸沽湖，至木里依吉，探访山中村落。感悟颇多，归纳起来，大概有三点：

首先当然是美景。对比北京，川滇地区，天空简直蓝得骇人。云卷云舒，一目了然，令人赞叹。蓝天，草地，牛羊。上次见到这种景象应该还是在坝上，但毕竟所处环境不同，山地与草原总是有很多差别，要付出更大的辛劳来维护这份安静与纯洁。

其次当属美食。一路上，正宗的本地食物吃了几次，印象最深的当属鸡肉。虽然几次所吃鸡肉均为汤锅，明显并非是一家秘方，但餐餐均十分有嚼劲，入口弹牙，令人念念不忘。除了鸡肉，当地的土豆与玉米也分外香甜，不知是否与土质有关。水果方面，唯一留下深刻印象的是李子，小且青，甜美异常。当地人介绍为李子，但搜索当地的一些论坛，人们大多称之为"青梅"，不知这种水果和曹孟德的"青梅煮酒"中的青梅是否为一物。另有一种味极美的猪肉，肥瘦相间，入口稍显油腻，但配以辣料，入口留香，咀嚼起来令人回味无穷。总结起来，一路吃食除川菜外，大多贴近自然，料少，味质朴、平淡，平淡之中方显自然。

以上两点基本属于游客共识。美景与美食相得益彰，应该也没有什么可以多作描述的。最重要的应该是最后一点，也是给我们印象最深刻的一点，也就是传承。详细来说，应该是少数民族——没有彻底融入现代社会的人口较少民族，在现在这个时代如何传承本民族文化的问题。

一路上接触了很多之前没有听说过的民族，一方面愧于自己知识有限，另一方面也深感中国的地大物博。几天行程，与很多少数民族的朋友都有过很友善的沟通，内容大多与其生活环境及民族风俗等相关，这些大都可以在网上搜索到，不再赘述。但有一句话，令我印象深刻，久久不能释怀。这句话，是在宁蒗县当地扶贫办听到一位工作人员午餐中不知是有意还是无意说的："我们不可能一直传承下去，因为要发展，就一定要融入社会。"

其实当时心情很复杂，不知道是该为他们正在融入社会而开心，还是为他们要丧失一些传统而难过。事实上，至少到目前为止，这些民族还在"自我而质朴"地令自己的民族文化之花绽放，并在最灿烂的一刻用各种社会化的手段记录下来。仿佛已经窥得，这朵花的每一次绽放都预示着凋落的来临，或许这种记录也是为将来的凭吊多加重彩浓墨的几笔，证明它们曾存在。

民族文字的寻根与编排，民族传说的收集与整理，一个个民族的博物馆大都在这个过程中兴

起，供游览之余，大概也是想让游客从中汲取些什么，理解些什么，感悟些什么。一如那组泸沽湖畔隐藏在深巷中的博物馆里新近挂出的老村照片中，由丰收转向衰败的突兀转折，一方面是展示村子的习俗，另一方面也该是隐喻村子的未来吧。

为什么我们应该保护他们的文化？因为一种文化不应该在悄无声息中消亡。

一个根本不了解他们的人，在接触之后就会对他们的文化产生兴趣，并愿意为之宣传，这难道不能代表民族文化的吸引力吗？可是为什么社会上言之者寥寥，知之者寥寥？因为这些民族在接触现代社会的路上稍显踌躇，在传统与现代的纠葛中稍显迷茫吗？所以，明明如此有吸引力的文化为什么不曾被人们热议？是因为他们的传承不够吗？应该不是吧。

所以，他们必须选择融入社会，不计代价地，哪怕是抛弃很多他们曾经珍视的东西——传统，也要义无反顾地、坚定地融入社会，融入这个时代。只有这样，他们也许才能摆脱民族传承在他们身上所附着的"宿命"，才有可能向那些他们曾经珍视的，或许为了融入社会不得不抛弃曾经的传统中，重新注入生命力，再次鲜活地呈现在世人面前。而这一次，不会只令我为之，还会令千千万万的人投身其中。因为他们已然融入了这个社会，会更容易将他们的一切诉求转达给其他人。

所以，我宁愿相信，少数民族的文化保护是一个破而后立的过程，破旧习以入世，入世后乃传承。如同凤凰涅槃，抛弃之前的一切未必是遗憾，因为总会有美好的未来。

斩断传统的痛是会有的，然而抱残守缺不应该是我们所称道的。如果在痛的一瞬间注定是要失去很多，那么我们就应该明白，失去未必是遗憾，烈火炼过才能现出真金。

入世，取精华去糟粕，大抵是目前困境中的民族自救的不二法门。

以上种种，均是个人浅见，语出至诚，注定会困于个人阅历。如有太多偏差，随时欢迎大家指正。

 木里县依吉乡麦洛村韩规经书调查笔记

李加凯

时间：2011年7月19日—20日

地点：四川省木里县依吉乡麦洛村达都组

乘车翻越海拔4000米的加泽大山，然后在向导杨宝荣的带领下，我们徒步前往依吉乡麦洛村。7月18日中午到达麦洛村机素组偏初里韩规家。女主人现打的酥油茶，地道又解渴。午饭后，观看并拍摄韩规给村民做法事。村子里家家都是木楞房，屋前屋后栽满了核桃或花椒，青青的核桃挂满枝头，红红的花椒一簇一簇，丰收在望。妇女们一律长发盘顶，穿着鲜艳的长褶裙，依然保持着民族特色；男士们基本是着普通便装，出门习惯腰挂短剑。

当晚，赵丽明教授便调查韩规经书的收藏情况。韩规告知，他的经书有些是新抄的或复印的，旧的借出了几捆，而收藏旧经书最多的是他的大徒弟马若扎西，在达都组。于是赵教授安排何沛然、李加凯、杨宝荣明日起程去达都。韩规的麦瑟央中负责带路和介绍。

第二天，穿越一片片树林，赶到马若扎西家，已是午后。等扎西先生做法事回来，央中和宝荣

即向他讲明来意。通过宝荣的翻译，扎西与沛然作了一番交流，考虑再三之后，答应让我们拍摄经书。但他坚持认为拍完不大可能。他先上经堂焚香诵经，然后让我们进去。里面干净整洁，唐卡神像庄严肃穆，酥油灯火长明，经书摆满供桌，一共26捆。个人收藏如此大量的古本，实属罕见。扎西先生捧出最厚也是最重要的一捆经书——《凶死经》。虽然天已黑，我们还是立即展开工作。起先是沛然一人拍，其余的人包括扎西及其闻讯而来的徒弟，各有分工，排顺序、量尺寸、翻页、放条码、按页角、拍照，有条不紊地进行。小小的屋子里，明亮的白炽灯下，6个人围着一捆经书忙得不亦乐乎。

扎西先生见我们很有耐心地拍照，大加赞赏。至晚上10点多钟，这捆经书的第一部拍完了。大伙都很累，于是休息。

至第三天中午，方拍完《凶死经》余下的两部。大伙有些疲倦了。照此速度，26捆经书至少得15天才能拍完。这对于刚开始做调查的我们来说，真有些难以想象，不敢保证一定能坚持下来。扎西先生表示拍完太难了，说不定哪天有法事，他得出门，而他不在家是不让任何人动经书的。

于是我们想到借走经书，到城里去扫描。但根据当地的习俗，全部经书外借需做大法事，得宰牛，还要挑个黄道吉日。此事非同小可，扎西先生特意请人占了一卦。卦称经书外借不利，拍照亦不利。几经商谈，多方劝说都失败。打电话请其师偏初里韩规说情，亦无用。

21日早饭后，我们一行4人告别扎西先生一家返回机素组，继续开展调查。

麦洛村达都组《凶死经》统计

第一部

卷次	长宽（厘米）	页码	备注
一	31×10.5	31	
二	31×10.5	29	
三	31×10.5	20	
四	31×10.5	13	
五	31×10.5	20	
六	31×10.5	8	
七	31×10.5	12	
八	31×10.5	35	
九	31×10.5	15	
十	31×10.5	7	
十一	31×10.5	11	
十二	31×10.5	5	
十三	31×10.5	13	
十四	31×10.5	11	

续表

卷次	长宽（厘米）	页码	备注
十五	31×10.5	17	
十六	31×10.5	5	
十七	31×9.2	17	
十八	31×10.5	13	
十九	31×10.5	12	
二十	31×10.5	24	
二十一	31×10.5	4	
菩萨像	25.5×9.4	12	

第二部

卷次	长宽（厘米）	页码	备注
一	27.4×8.3	5	
二	28.4×9.8	6	
三	32.6×10.2	7	
四	29.5×10	6	
五	32.8×11	40	
六	29.8×9.9	16	
菩萨像	28.1×9.9	24	

第三部

卷次	长宽（厘米）	页码	备注
一	26.5×9.3	20	
二	26.5×9.3	34	
三	26.9×9.3	20	
四	26.5×9.3	16	
五	26.9×9.1	26	
六	26.3×9.5	14	
七	26.5×9.4	121	
菩萨像	21.5×7	14	
菩萨像	14×9.8	42	三部都必备的菩萨像
护身符	65×38		由16个符组成的韩规纸，用于诸多法事，保平安，求顺利

六 川滇公益行在继续

2016年夏天的川滇爱心公益行,产生了持续性效应。北京市建筑设计院的高级工程师崔曦回京后,发动她的大学、中学同学和同事、朋友,纷纷加入爱心团队。而且一直坚持一对一帮助大山里的孩子们,从高中升入大学,并且建立了深厚的感情。孩子们每学期向资助他们的阿姨叔叔写信,汇报自己的学习、生活情况。爱心人士带着全家去大山里看望那里的孩子。例如黄剑带着双胞胎女儿来到资助的村子机素,崔曦重庆八中的同学文彬到攀枝花大学看望考上大学的学生,了解他的学习情况。山里山外成了亲人。

下面是爱心公益志愿者和受资助孩子们的部分微信往来。

他们惦记着孩子们的学习、生活

扎西玛:金洁老师,我上学期在你们的资助下快乐地度过高一。在学校里,我每天都学习地非常充实。我在这学期里学习了文科,学习也比高一上学期更忙了,任务也更加重了,成绩也有一点点进步。虽然现在成绩还不是很理想,但我一定会尽最大的努力去学习。我在学校里是住校的,你们的资助,帮助我解决了学费、生活费的问题,我非常感谢你们的资助。我在学校里生活得很好,感谢你们的帮助,谢谢。

刘璐璐:资助的格龙告诉我,说今天回学校,由于下雨没有路了,走路去。希望你们工作顺利,万事如意!扎西德勒。我问他走路要走多长时间,他说走一整天。

格龙:璐璐姐你好,崔老师好,我是格龙。我们明天期末考试考完就可以离校了。这学期我不只学了专业知识,也报了个驾校。假期我打算去打暑假工,挣点钱给家里分担压力。谢谢你们一直以来给我的帮助!希望崔老师和我的资助者工作顺利,家庭美满!谢谢!现在没有能力报答你们。如果你们有空,欢迎来我们家乡玩。我做导游,带你们游览我的家乡!

程良骏:关于高考,作为一个过来人,很想跟孩子们说,决定进阶与否的考分固然重要,应该全力以赴,也不妨从更广阔的角度去看待。相信孩子们多年以后会领悟到,参加高考是最好的成人礼,在过程当中应该心怀感恩,深怀敬意并充满自豪。成长的每一个重要阶段都应该值得自我提点和奖励,以这样的心境步入考场,也许能够多一份放松和专注,少一些忐忑与杂念。

崔曦:各位,今年参加高考的孩子们的分数已陆续出来。我的初中同学资助的格夸玛高考成绩425,二本分数线458分,加民族加分是上了。但是她还不知道报什么志愿,正在选择,有些迷茫,也想向哥哥姐姐们咨询呢,程良骏等同学也给出了一些意见。大家也可以给一些建议。

杜基玛:资助老师以及崔曦老师,你们好!我的高考成绩出来了,总分是375+50分(四川省认可的贫困区加分），但是家人一直反对我读书。妈妈说她没钱，不能供我读大学，只允许我和妹妹其中一个人读。但是妹妹学习成绩好，也只有一年就读高中了，我想让她读。可是我也想去读大学，我不知道该怎么办了。自从爸爸去世了以后家人一直反对我去读书，19号的那天早上我和朋友们说好了一起去学校（在县城）看成绩，然后填志愿，天亮了，我本来很开心的，但是妈妈又不同意我去。我的朋友们都先走了，我好伤心，我哭了好久，但是也没人管我，我真希望爸爸还在。现在我不知道该怎么办，听到同学都问我要填什么专业，我好伤心。虽然没有考好，但我还是很想去读书。

崔曦：杜基扎西今年高考没有上线，他说让你们失望了，对不起！不过没事！接下来的日子他都会再接再厉，勇往直前的。我也鼓励了他，并让他定下之后的打算告诉我们。

央宗：大家好，我叫央宗，家住四川省凉山州木里县依吉乡蚕多村，藏族，在木里县就读高三。家里有五个人，哥哥在读大学，我因疾病不能读书。2017年的8月份在藏医院做的检查，当时医生说是低位髌骨，所以到攀枝花去做手术。可是到了攀枝花住院治疗一段时间后，医生建议出院，无需做手术，说是腰椎间盘突出。治病用光了家里所有的钱，而病情却不见好转。到了开学时间家里人坚持要我去治病，可我明白高三的复习时间多么的重要，所以忍痛来到学校上课。走出大山一直都是引领我走向成功的动力，高考对于大山里的孩子多么重要啊，这不仅仅是向父母和自己证明这十二年没白读的机会，更是为走出大山的最后一次拼搏。因病情一点点地加重，我找过土医生，吃过中药，可都不见好转。可我害怕家里人知道实情后会不让我读书，所以一直都是忍痛。无数个夜里因疼痛而醒来，无数次希望自己能一觉醒来时发现原来发生的这一切都是一场梦。等待的日子总是漫长的，坚持了三个多月后，我没等到病情的好转，更没办法再坚持等待高考。在2017年的11月份，残忍的病魔让我无法走路，最害怕的这一天还是来了。我只能打电话给家里，本想着回家吃药治疗，可在家的第二天我就晕倒了，而偏僻的山村里只有我堂哥读过一点书，他带着我来到华西医院。做了全方面的检查后得知我的病是骨肉瘤（恶性肿瘤），要做手术，术后还要做九个疗程，而每个疗程却还要花两万多。面对几十万元的治疗费，亲戚朋友能借的都借了，家里欠下了巨债，可我和哥哥还要读书啊，后面还要那么多的钱去治疗。所以我希望好心人士能够帮帮我，让我重新站起来，重新回到学校。祝好人一生平安！

扎西次尔：我们期末考试已经结束，我打算假期在家里度过。下学期面临升学问题，我在学习方面还可以，升学没有太大的压力。在生活方面过得很充实，基本不用担心其他，可以认真地学习，没有包袱地在学校度过每一天。谢谢我的资助者和她的家人。

考上大学的孩子经常向他们汇报学习生活情况

扎拉：各位资助者和崔曦老师，上学期经过你们的帮忙加平时找点兼职，我顺利完成大一的课程，也减少了父母的负担，是你们给了我们希望。感谢你们给了我们山村里的孩子走出大山的希望！感谢社会上所有爱心人士！祝愿好人一生平安！扎西德勒！感谢一路有你们！

拥忠拉姆：亲爱的爱心人士们，你们好！我是一个藏族小姑娘，叫拥忠拉姆。首先，特别感谢你们一直以来对我的帮助，让我不用为学费发愁，给我一个可以静下心来读书的机会！其次呢，我刚刚上大学，一学期结束了，有很多想和你们分享的东西。

初到大学，我觉得一切都好新鲜呀！开学那天，穿着绿色志愿服的学长学姐们很热情地帮我们拿东西、带路！开学我是自己一个人去的，因为爸爸没读过书，我害怕如果我们俩一起去的话，爸爸回家自己一个人就找不到路了，他不识字，我担心他坐错车走丢了！妈妈汉语都不会讲，肯定不可能送我的！所以我自己一个人格外地小心，东西都带的少，就一个小包带起来很轻便，所以那位帮我搬行李的学长很轻松地拎着包，一路上很热情地给我们介绍攀枝花学院的各处风景，顺便带我到领床具的地方帮我领了床具，办好了入住手续！我很是感激！

报了名之后，学校给我们这些新生进行军训，期间也抽时间给我们进行新生入学教育。给我们开讲座的那些人中有我很是佩服的几个老教授，从他们那里我也渐渐地对攀枝花学院有了进一步的认识！

九月份的攀枝花好热好热，坐在阴凉处也会不停地流汗！我当时穿的是一身比较暖和的衣服，因为我家乡是比较冷的，到了那里，我才发现这身衣服太热了，我得去买一套比较薄的衣服！我发现周围的女生穿的基本上都是短裙，可我从小没有穿过裙子，不好意思穿，于是就去市中心买了一条很宽松的运动裤和一件小衬衫！这一套衣服我一直没换，一穿就穿到了11月中旬，就是到了天气转凉的时候，嘿嘿，这个就不谈了。

我发现大学里真的好忙好忙，原来高中老师说的"大学里你想怎么样就怎么样"这句话是忽悠我们的！但是我也明白这是善意的谎言啦，对以后的小学弟学妹们，我们也应该继续这个谎言！！！我现在想跟你们分享一个我为什么觉得"大学里忙"这个问题了。

军训期间，除了军训和新生入学教育，休息时间各类社团的招新也开始进行了！其实最开始我不知道自己应该进入什么样的社团！但是只要有时间，我都会去参加所谓的"社团招新面试"。因为我发现以前一直在小县城里的我什么都不懂，不懂红绿灯，不懂怎么坐公交（县城里以前是没有这些的，到我读高三了，听说县城里有公交了，可是我没坐过，因为高三我基本没出过校门，就是出去买东西，也是到校门口商店买），语言表达能力较差。于是去参加一个社团招新的面试，看到别的同学怎么说，我记住后，去另一个社团招新面试的时候就模仿着说……这样下来，我发现蛮有用的，至少我不会站在台上发抖、不知道应该怎么说！对了，期间有个很有趣的事件哦。事情是这样的：当时同寝室有同学去参加合唱团，我也跟着去"见见世面"了，可没想到合唱团团长对我这个藏族小同学这么感兴趣，匪夷所思。她看了报名册后直接点名让我上台跳藏舞或者唱首藏族歌曲！我当时就懵了！因为我从小虽然很喜欢唱歌跳舞，可是在这种贫困山区是没有条件去学的，尽管长大了也保留着这种兴趣，偶尔自己哼几曲，可是不会跳舞呀！而且我原先准备唱的是《胭脂泪》……在犹豫了几秒钟之后，我很"淡定、从容"地向大家说明了我不会说"西藏语"，只会说"藏族一个小分支的语言"，所以献唱一首韩红的《天路》，当时内心好紧张好紧张，可是脸上强装淡定！终于，那位学长点了一下头！当时嗓子也是蛮"给力"的，对着话筒高音一点儿也不卡，嘻嘻。

招新面试结束之后，我通过了好几个社团考核，但是我只选择了校学生会外联部和社团联合会这两个校级组织。因为这里平台比较大，有很多学习进步的机会。比如说，这学期我以校学生会外联部干事身份，去听了南开大学纪亚光教授的讲座、韩国釜庆大学教授一行来攀枝花学院艺术学院的交流讲座、留学英国的攀枝花学院校友在外国语学院进行的全英文讲座，并与巴基斯坦留学生进行友好交流等，从中真的学到了很多很多！还有，每次校学生会主席王琪学姐的演讲也会让我学到很多很多，现在记得最清楚的就是她教我们做人要"高标准，低姿态"！在社团联合会开办的"魅力达人秀"和一些活动中，我认识了很多人，很多很努力、很优秀的人，我们都成为了好朋友！还有很多很多啦，我在这里就不一一列举了，因为下午我又要去找猪草，还要砍柴，没时间写了！抱歉抱歉！但我很期待能和你们面对面详细分享，嘿嘿！

我发现大学期末考其实难度不是很大，只要平时按时上课，老师讲的题都会做，期末根本不用担心会挂科啦！计算机课是我觉得最难的一科。室友们都觉得计算机课最简单，可是以前我一直没有机会碰电脑，所以这学期这科让我费了不少劲呢！其他的都还好！

从2017年8月下旬离开家到这学期结束，我发现生活真的好充实，一直处于"有事做"状态。其实到了大学没有了"周末"，但是这种生活让我很开心，只要一有空，我也会去参加志愿活动和英语口语角。志愿活动让我对人性的善良有了进一步的体会，在英语口语角活动中，我的英语口语也有了进一步的提高，很感谢Sara和Kobe的指导！

这学期考了英语四级，也不知道考过没有。我打算英语考到八级，再考个口译证，还有教师资格证。计算机最差也要考到二级，图书馆四楼的书我也要看完，专业课不能落下，社团工作我也希望可以做好……这些都是我现在最想做的事情啦！对了，我也想考研，很多我认识的，我认为很优秀的学长学姐们都考研了，可是我想到毕业后要早点找个工作帮家里分担负担，我又犹豫了……哎呀，不说了，越说越觉得说不完。

我觉得这学期过得很充实，尽管物质上我比别人差很多，可是有追求的生活让我觉得很开心很开心！现在，我得去下地了，家里很多农活我都没做完，最近妈妈病了，爸爸和弟弟又总要去帮村里人修房子，家里所有的农活都要我去做！虽然时间比较紧，没能够把我大学里的所有事情都说完，但是我很期待下次还能够和你们分享一些我的想法！

最后，谢谢你们一直以来对我的关心和帮助，再次感谢！衷心地感谢！

拥忠拉姆：各位老师、崔老师，你们好！我们考完试了，这学期也结束了，因为这学期刚转了专业，转到了临床医学本科班，最开始挺难跟上去的，所以，这学期的生活基本上都是在图书馆、上课、吃饭，手机很少玩，所以没能够阶段性地跟你们讲讲我的学习生活！很是抱歉！所幸没有挂科！

这个暑假学校要求我们医学院的所有大一临床医学生拿着学校的见习推荐信自己找医院见习两周，我打算去成都华西见习，见习之后直接留在成都和同学打暑假工，就是到农家乐帮忙的那种！然后到了9月份我就回攀枝花报到上课！

以上就是我这学期的学习生活及这个暑假安排的简单概述了！

最后，很感谢你们大家对我一直以来的支持与帮助！发自内心地感激！

布上：崔阿姨，我们从6号开始考试，今天下午考完了，就放假了，在这里我应让你们知晓我近期的情况。在此又麻烦崔阿姨帮我转发给其他叔叔阿姨们，感谢！

我一切都很好，准备明天回去，假期原本打算在这边打暑假工的，但是因两个妹妹都毕业了，要办理的手续也有点多，如贷款等。她们刚毕业，办这些事还需要我帮忙一起解决。还有想到母亲身体也不怎么好，父母都上了年纪，暑假在家里要做的农活也很多，自己出来上学后半学年才能见到他们，我还是挺想念他们的，很想回去见他们，回老家去做点农活帮他们分担点事做。所以我已经买好了明天成都到西昌的火车票，大概13号左右到老家哟。

叔叔阿姨们真的辛苦你们了！也万分地感谢你们对我们姐妹的帮助，感谢你们！如果时间允许的话欢迎叔叔阿姨们来大山里到我们家玩哦。最后祝叔叔阿姨们身体健康，工作顺利，也祝自己假期愉快，尽快见到阿爸阿妈。

崔曦：拥忠拉姆和布上都是在我初中班同学的资助下考上大学的。布上在四川艺术职业学院学公共文化服务与管理；拥忠拉姆更是一个"传奇"人物，她报的攀枝花学院艺术学院的汽车服务工程专业，大一上学期完申请转到医学专业，并且转成功了。

金关降初：崔老师你好，由于在家信号不好，所以没能及时回复你的消息。我们学校第三年实习，所以在学校的生活就结束了。因为我从小就有当兵梦，所以我准备今年入伍。在五六月份我们进行了体检，八月份还要进行一次复查。到时候我会给老师们说我的情况。谢谢老师们一直以来的支持！祝你们身体健康，工作顺利！请崔老师帮忙转达给我的资助者。谢谢！金关降初

拥忠拉姆：各位老师你们好呀！转眼间又到八月中旬啦！离开学也越来越近啦！嘿嘿，暑假生活也将近尾声了！

为了迎接各位可爱的小"萌新"们，我们很多同学都要到学校报到了。我也准备8月21号就回学校了。也就是说后天就回学校啦！这次参加迎新活动，我想我会很兴奋的，去年我还是个对什么东西都充满好奇的小姑娘，自己一个人带着憧憬又胆怯的心情去攀枝花学院艺术学院。转眼间一年结束了，我对学校环境及大学生活也比较熟悉了，终于变成了在小"萌新"口中大二年级医学生学姐级别的"老人"了。岁月如梭呀！哈哈！

这个假期我过得也是很开心的，在医院见习期间见到了很多病人，学会了很多对于病人的治疗措施，亲眼见证了医生与病人之间的真情，体会到了当医生应该具有的那种担当感……学到了很多！收获很多！在做暑假工时，我觉得做暑假工跟做农村里的那些活相比，简直太轻松了。但是值得一提的是，在这期间，遇到很多同龄人，和他们交流时我也学到了很多！总而言之，我觉得这个暑假过得很充实！

到了学校又将会有很多东西需要去忙了，所以，等迎新工作结束，考完CET和计算机等级考试，再搞定专业课和解剖实验课后，我再跟各位老师讲讲我的学习生活，好不好呀？

最后，很感谢各位老师一直以来对我的关心和帮助，我一定会好好努力，对得起自己的付出，

对得起大家的关心和支持!

金关降初:老师好!我前几天在集训,有幸加入了江苏徐州71军特战旅。刚坐火车到徐州。今天就去军营了,就开始了军旅生涯。请麻烦老师帮我转告给我的资助人,谢谢一直以来的支持与帮助!希望自己可以在军旅生活中有所作为,不辜负老师们的期望。祝老师们工作顺利,身体健康。

崔曦:以下分享给大家的,是我的初中同学一起资助的格夸玛进入大学之后的小感想——《新学校,我的大学》。

开始很期待自己的大学生活,期待自己的新学校四川民族学院。都说康定是"溜溜的情歌"之地,是繁华的旅游之地。但我们的学校民院并不在繁华的城市里,原来是我没有搞清楚学校的地理环境,最先到达这里的时候我们是从西昌过来的,别人都说到了大学就可以去大城市读书了,就可以去看看外面繁华的世界,而我感觉我在往山里走,有点小失望。

但是经过几天之后,我发现自己越来越喜欢民院,这里的确是求学的圣地,是没有喧嚣的自我修行圣地。巍峨的山峰隔绝了外面的喧嚣,校园旁的涛涛大渡河承载着几千学子的梦想。

校园风景也很好,有AB两个校区,我在B校区,这里有一个数一数二的图书馆,这里是知识的堡垒,我能够成为这里的学子是我最荣幸的事。

这里还有我的几个老同学,有民院、有他们我很快乐。

各位叔叔阿姨你们好。

我现在在学校很好,我八月二十四号进入了这美丽而陌生的学校,二十四号下午到九月二号我们进行了军训,在这短短的八天里我懂得了"坚持",我发现只要坚持就没有达不到的终点。从九月四号开始我们正式上课了,时间飞快,已经过去了两个月,在这两个月里我学到了很多新的东西,我也很喜欢我的这个专业。

在十一月九号那天我们学校进行了期中考试,总共考了两门课,在十一月十二号下午我们成绩出来了,我分别考了81分和86分。

接下来我也给自己定下了新的目标,就是要更加努力地去迎接期末。我刚进校时也给自己定了个远而大的目标:三年后考到护士资格证。

这一切都很感谢崔阿姨以及所有帮助我们的爱心人!真的非常感谢你们!今后我也会更加努力去学习,希望不让你们失望!谢谢!

最后祝崔阿姨以及所有爱心人士工作顺利,身体健康!

布上:亲爱的叔叔阿姨们,新年到了,喜迎猪年,在此祝愿你们猪年快乐,诸事顺利,身体健康,吉祥如意,心想事成,新年快乐,好运平安!

其次感恩在求学之路有你们,也非常非常感谢你们的相助,感恩你们为我们所做的一切!

假期都已经过了一大半了,在这边兼职都一个月了,虽然做的兼职只是服务员,但这也是我的一段成长之路,在这短短的一个月里,我感悟到了很多东西。眼看就要过年了,在工作特别累的时候,看到别人一家家的来酒店吃团圆饭,自己也还是挺想家的,不过坚持就是胜利,也收到了崔阿姨和谭老师的祝福,谢谢你们在百忙之中还能记得想我们!关心我们,谢谢你们!

他们带着孩子去大山里看望那里的孩子

黄剑：昨天去了麦洛村，见到了祝玛娜姆老师，了解一下学校的情况。路况很不好，很多塌方，进村的路也塌了，我们是翻山走马道进去的，苏朗偏初开摩托带我们进村。

另一方面当地人也是习惯了贫困落后局面，其实村里人如果能够更勤快些，加强公德意识，可以把学校做得更好，改善公共的道路和绿化。

孩子们提了很多好的建议，比如当地现在主要靠核桃经济，还可以卖梨，卖青稞酒，搞多种经营，可以通过网络加强宣传，可以送去质检评分或者组织十里八乡的特产比赛，广开门路。

谢谢赵老师，我觉得对孩子来说是很好的体验，让她们知道生活不易，教育的机会要珍惜。

黄子洛和魏子涵：尊敬的降初乡长，您好！我们是北京实验一小的五年级学生魏子涵和黄子洛。过去的两年我们和妈妈一起资助麦洛村的扎西次尔哥哥上学。今年国庆假期我们全家一起到麦洛村拜访了祝玛娜姆老师，还给这里的小朋友带了很多书和练习本。我们从泸沽湖出发，路上遇到好几处塌方，清早出发，下午2点多才到麦洛村。

村里的叔叔阿姨们都很热情，苏朗偏初叔叔和另一个穿红色T恤的叔叔骑摩托车带我们进村，把我们接到祝玛娜姆老师家里。祝玛老师热情地接待我们，给我们端茶倒水，还给我们吃了核桃和梨。梨的个头很大，核桃特别香，很好吃！中午祝玛老师给我们做了午饭，

炖土鸡汤和土豆丝很美味，我爸爸和司机师傅特别夸奖祝玛老师家里的大麦酒品质非常好，又甜又香还不上头，应该卖到永宁和泸沽湖去。

我们还想给麦洛村提一些建议。祝玛老师带我们参观了学校，通往学校的路很不平整，而且泥粪遍地，苍蝇很多。学校不大，四间房只有一间是教室，摆了三张桌子就很挤了，老师说一个人要上厕所，所有人都得站起来让他。学校里没有电也没有水，喝水得去老师家。冬天和雨天恐怕光线不好，会影响小朋友的视力，而且冬天会很冷。学校的屋顶漏了好几处，据说下雨天地板也会渗水，需要及时修补。图书室有不少大家捐来的书，但没有看书用的桌子和椅子，老师说已经反映了好几次但还没有得到妥善解决。学校的院子里阳光很好，如果有棵树就更好了。

听叔叔们说村里经济主要靠卖核桃，但是只卖10块一斤，有时候遇到收成不好或者收购价格太便宜就更糟糕了。我们觉得当地的核桃非常好吃，营养也肯定很丰富，或许可以联合好几个乡镇一起搞评比，找出优势，通过网络加强宣传，争取卖的更多，增加大家的收入。如果我们在旅行的时候看到10家卖核桃的，但是有一家的核桃有优质鉴定书，或者有评级证书，我们肯定会愿意买这个更好的。

另外当地的梨个头很大，应该也可以发展果园经济。我们的妈妈是景观设计师，她建议梨园可以多种方式套种，比如在幼龄梨树行间套种土豆，也可以种中草药比如半夏和防风。还可以把种植和养殖结合起来，种梨结合养鸡养兔，而且不用化肥，实现有机经济。祝玛老师家可以教大家酿酒，只要品质好口碑好，就可以卖到更多的地方去。泸沽湖地区有很多餐馆卖烤乳猪和土鸡汤，这是当地特色美食，很多游客都会去品尝。村里满地跑的鸡和猪如果能科学管理，扩大产量，应该也

可以带来更多收入。

村里的路况不好，我们进村是走的马道，有的地方很危险，路上也经常踩到泥坑和粪便，下雨就更不好走了。院子里通常都比较干净，但是公共空间就没人关心了，猪狗鸡羊随便在路上甚至门前拉屎，招来很多苍蝇。这些苍蝇再飞到屋里落在食物和水果上，非常容易传染疾病。村里的公共环境既不安全也不卫生，但是家里院里就干净很多。

我们看到村里很多人都光着脚，特别是小朋友，更需要安全卫生的生活环境。如果能够像城市里的商店实行门前三包那样，请每家每户都把自己的房前屋后的公共空间都收拾整洁，种花种草美化环境，然后把牲畜圈养在一定范围内，一定能让乡村更美好。我们班里就规定每人都要负责保持自己座位周围空间的整洁，这样值日生就不会太辛苦。如果村里首先有几个模范家庭能做起来，就能带动大家更积极地响应，这样也有利于政府管理，发展基础设施的建设。

我们衷心祝愿麦洛村变得更美丽！

大山里的孩子在成长

拥忠拉姆： 可爱的叔叔阿姨们，你们好！我是拥忠拉姆，现在是医学院临床医学本科班大二的学生啦，很感谢你们一直以来对我的帮助和关心！

这学期过得蛮快的，期末考试结束之后我们都放假了，然后我就和同学一起见习，见习的时候租了房子，房租和平时的费用都是见习之余到饭馆帮忙洗碗赚到的。那种抓紧分分秒秒时间的充实感蛮棒！不过自己又晒得特黑，估计回学校室友又要调侃我了。不过没关系！她们说我黑，我只能损她们吃胖了（日常互损）。

见习结束之后，我回家了，最近在家里，因为前段时间一直搞得挺忙的，所以现在才得空给大家拜年，嘿嘿！

希望叔叔阿姨们新年快乐，万事大吉，扎西德勒啦！

杜基扎西： 上个学期刚进入大学，刚开始还是有点不适应大学的作息时间，可是经过军训的苦练很快就适应了，不但适应了大学生活而且学到了很多东西。我选的专业是行政管理，主要有职场语言、管理学基础、思想道德修养与法律基础这几门课程，所以教会了我很多在职业场所应当遵循的职场礼仪，还有很多管理方面的知识。

因为自己是少数民族，语言表达能力比不上别人，为了锻炼一下自己，竞选了班长，没选上班长，可是选上了纪律委员，现担任本班的纪律委员，当了一个学期纪律委员，我还是学到很多实际的东西。

在学习方面，我努力地把自己的专业知识学好。我的背后还有很多支持我、当我无助时给我拥抱的人，我不能辜负他们对我的那番期望。他们一直默默地帮助，为我无私地付出，我今天一半的温暖是你们给予我的，永志不忘，我会用我的行动证明我的感恩。

非常惭愧的是，你们帮助我那么多、那么久，却从未见过恩人。

这个寒假，没有回家，挺想家的，但还是留下来打寒假工了，为了减轻父母的负担。并且回去回来车费又贵，这样可以把路费节省下来。而且老家在下雪，一旦下雪了，家乡的山路经常封路。所以由于种种原因，我就选择留下来了。

我在一个电子厂里上班，平时上班都是整理治具，就是手机外壳，芯片之类的。上的是夜班，上11个小时，一个小时12元。现在刚刚回来，非常困，平时上班还是挺累的，但这个累对我来说不算什么辛苦了。

发一个我上个学期获得的小小的荣誉证书。这个学期，我会多拿几个荣誉证书回来的。

拥忠拉姆：：崔老师呀，您最近好吗？我这边都蛮好的哦，就是课程太多。这学期一共14门课，而且平时只要有空就去做兼职，再加上加入了一个社团当学生干部，所以有点儿吃不消了，晚上也总失眠，有点儿累。就算早上5点30起来，晚上熬到1点才睡，还是感觉时间不够用，感觉临床专业蛮难搞定的。以前总感觉高中好累，现在我反而觉得高中的那点压力简直就是小菜一碟了。

昨天文彬老师来看我了，很开心，当时我还在社团搞活动呢，就是猜灯谜送礼品什么的，文彬老师就去那找我了，当时蛮开心的啦，嘻嘻！然后我们一起吃了饭，还去了商场，感觉那些东西都可贵了，可是老师还是给我买了！感觉昨天花了老师很多钱！都有点儿过意不去了！我们聊了很多，我感觉从中受到了一些很有用的启迪，最近很久没有收录新鲜东西的脑细胞终于活过来了！对啦，崔老师，我悄悄告诉你哦，我感觉文彬老师跟他名字一样，是一位文质彬彬的，又很慈祥的老师，他来看我，我蛮感动的，哈哈，虽然形容词有点儿不准确，不过现在我还想不到更准确的词，就先这样表达一下啦，嘿嘿！

因为现在还在上实验课，中午我要去发传单，下午满课，晚上社团搞活动我要去当主持人，害怕想和崔老师分享的东西忘记发了，就趁着现在做完实验的那会儿空分享一下，嘻嘻！

最后，希望关心过我的人都开开心心的，快快乐乐的，在自己感觉学习、生活都很艰难，感觉好累好累、有点儿无能为力了的时候，谢谢你们带给我的温暖！

下课了，崔老师，下次得空我再跟您倾诉倾诉我学习上的麻烦，好不好呀？嘿嘿！

叔叔阿姨你们好！真不好意思，刚刚下课后，去报成都市文化馆志愿者了，所以没看到消息，回复得比较晚了。时间过得真快，转眼间半学期又过去了。首先很抱歉我没有主动向你们汇报我的近况。这学期一开学就意味着我们的在校时间又短了，感觉很多事情都没做，于是心中就有一种紧迫感。不过学校里的课程比大一少了很多，学校没进行半期考试之类的，总的来说，近况都还好。近期我在10月20日—21日参加了专升本（第二学位）考试（考了前三科过了两科，总共是十二科），目前还在准备下次考试科目，下次考试在1月份。11月8日参加普通话考试了，目前成绩还没出来。

随着时间的流逝，我们也渐渐地面临毕业了，我现在的目标是在校期间必须拿到第二学位证书和小学教师资格证，多个证书就多条路，我觉得对于我自己来说这两个证书比较重要，学位高的考试机会就多一些，所以我会再接再厉地向着目标努力的！非常感谢叔叔阿姨们的问候和关心，让我在这严冬里收到了最温暖的礼物，感谢你们的支持和鼓励！因为有了你们的支持与鼓励，我们三姐妹才这么快乐幸福地在追梦的路上奔跑，感恩这一路有你们！

天气冷了，与我隔着千山万水的叔叔阿姨们记得多穿点衣服哦！祝你们身体健康，工作顺利！

大山的孩子们也学会从另一种角度看待问题

扎西次尔：这学期的学习生活结束了，我就回到老家，去帮忙修房子。

最开始还觉得蛮新鲜的，后来才知道原来时间久了体力会不支，身体感觉可以被透支，好累好累哇！每天搬砖、搅拌沙子和水泥、抬钢筋，砌墙的砖头一篮一篮地运……到现在为止两周多了，总感觉很累！对未来也很迷茫。

今天下午，做完工，自己一个人很颓废地坐在那个才修到一半的房子后，表哥也来三姨家帮忙修房子，看到我独自一个人，就紧挨着我坐下，跟我聊天。当我说出我总感觉生活很累，未来很迷茫时，他说了一些激励我的话！让我感受到从另一种角度看问题，会发现不一样的世界！

他说："谁没个茫然时候啊！不成功，也有，站在十字路口发呆，满眼冒星星，同时也需要人帮啦！但目标一定要实事求是，要现实啊！自己要镇定，要让自己赶快清醒！就算遇到糗事也尽量保持乐观！一个人时，或是天气不好就会自己想很多，希望不会那么孤单、无助、渺小。但越是那样积极地遐想，倒会想一些不好的回忆。其实，有时自己也不知咋回事，也许人的内心都很孤独吧！活在世界中，就会有烦恼、郁闷、伤心……反之，开心、幸福也会为这些所牵绊。毕竟人是感性的，而且感情细腻抛弃这些是不可能的，如果人都那样，不烦，不闷，不孤单……哎，天下没准就歌舞升平了，那怎么体会幸福与开心哪！大人物有大人物的紧箍咒，小把戏也有小把戏的棒棒糖。角度与观察方位不同，描绘的画就不同，况且思维也各异啊！医生也不是万能的，一样哭、笑、生病，也难过嘛，就需要你释放、清一下缓存嘛！哈哈！只要记住你是最棒的，独一无二，天下无双！大小人物都是一俗人！做事拿出自信来！自信的人最美丽！自信、快乐使人散发出的光彩是最美最耀眼的，维纳斯也不及哎！先试着让自己脆弱、躁动不安的心平静一会儿！哎呦！受到伤害了吧！很难过、悲伤、郁闷！不要为难自己啦！你何苦啊！太累啦！人活着就很累啦！伤心难过终会过去，时间会冲淡一切，学着让自己真正开心些吧！开心也是一天，不开心也是一天！你想想，你一生中只有一个今天，一年中也只有一个今天，一个月只有一个今天，一周也只有一个今天，所以今天很重要，更应珍惜！说这么多，就说要告诉你：今天比昨天更重要！凡事要向前看，向后看只是无尽的回忆与无奈！好时光都该被宝贝，因为比较有限，要学着不去担心的太远，不计划太多反而会勇敢些，丰富地过每一天，快乐地看每一天！有伤心的事找个人诉说。不和亲人朋友说，那就找个网友，或找个熟悉的陌生网友说，发泄一下！人都比自己想象的要强大百倍！没有过不去的火焰山！迷途的小羊，总会回家！奥特曼也有失败的时候！开开心心地去过每一天才是最重要的！路还很长！哈哈！生活会好的！"

等他说完后，我有了一种前所未有的明白感！是的，每个人活在世上，难免有各种负能量，看开后继续努力，真的蛮好的！

拥忠拉姆：崔老师和资助者老师们，其实想跟你们说的有很多很多呢！

自从转到临床医学专业，每天都感觉很累，有背不完的知识，做不完的实验，感觉又回到了高三。不过虽然累，可是这种生活感觉很充实！想考雅思，也想考普通话证书，还有口译证、驾照什么的，可是费用都蛮贵的，不过这些大学里我一定要考完，所以平时我会做好几份兼职！

不过大部分兼职得到的报酬都用在学费上了！我想在暑假寒假的见习之余多做几份工，我想在大学期间把这些证书考到！这个假期我也准备不回家，打暑假工，顺便找医院见习！

这学期我有两份固定的兼职：家教和促销员，偶尔也会去勤工俭学之类的，做些其他的兼职。所以有些时候我坐公交呀，或者体育课学习太极什么的时候会偷偷背医学知识或者记单词，或者去实验室做相关实验，看标本记忆！这学期也留任了学生干部，所以社团里的事情我基本都是在晚上处理，比如赶策划书，或者中午跟他们开例会！而且在偶尔有空的情况下，我喜欢参加英语角，通过跟留学生或者外教对话来提高自己的口语，顺便去了解不同的文化！这是一件很有趣的、很享受的事情！比看电影什么的有趣多了！室友却都认为我很疯狂，似乎都不需要睡觉了！其实不是不需要睡觉，而是因为我跟其他同学比起来有很多方面不足，我想多提高我自己而已啦！

这学期的上门家教让我学到了很多！其实感触最多的就是城里的孩子，或者说城市里的那些同学，得到的教育资源真的很棒！是我们这些山区的孩子们远远不及的！教育是很不公平的！那么多的孩子们，同属一片蓝天下，在分配如此不均的教育资源下，却需要在同等的标准下被筛选，是一件很残忍的事情，因为我们连竞争的机会都没有！

对于今后的计划，如果可能的话，我想考研，不过万一得不到政府奖学金或者学校的相关政策帮助的话，我会先去工作，精力允许的情况下可以在职考研，因为进入大学，我深深体会到没有学费，没有生活费，其实是一件很无奈的事情！很多事情其实我感觉不要太逞能了，真的很无奈的！人只有在解决了温饱之后，才有力气追求其他的！不过，我虽然这样讲，可是一点消极情绪都没有的哦，嘿嘿，只是感觉到了大学很多东西很难吧！其实我最近反而有了越挫越勇的趋势哦，哈哈，这也许是生活对我的一个考验吧。从山区出来，从不会坐公交到会，从不敢去逛超市到知道怎么买东西，虽然起步很低，不过总算学会了一些东西的！对于以后，我还是先走一步看一步吧，因为需要考虑的因素很多，而且一个人在外面，有时候真的好累！不过大致而言，还是想考研，因为这样可以走得更远，医术可以更精湛，以后可以救治更多的人！

我想最终我还是会回家乡去，帮助更多的孩子走出大山！毕竟自己跟山区里的有些孩子相比，是幸运的，因为在中学的时候就遇到你们，得到你们的帮助，有机会走进大学，有机会走出大山！

其实，感觉命运从来不会舍弃任何一个努力的人，除非出现了纰漏，不小心遗漏了那么一两个！感谢崔老师和你们的帮助！往后的生活，我将继续咬牙走下去，不辜负自己，也不让你们失望！

扎西次尔：尊敬的资助者、尊敬的叔叔阿姨们，你们好！我三年的"9+3"学习生活在今年6月份结束啦，谢谢你们一直以来对我的帮助，真的很感谢！过几天就可以拿到毕业证了。我一直想去体会当大学生的感觉，一直想能走多远就走多远，所以在学校的时候一直专心看书，一直向我们的老师请教问题,之后去参加了单独招生考试,很开心被四川交通职业技术学院的道路桥梁工程专业录取了,真的好兴奋,录取通知书过几天就可以拿到了,今年的9月5号左右我们就开学了,也就是说今年9月份开始,我就是一名四川交通职业技术学院的学生了,在那里,我可以读3年书,得到大专学历,谢谢你们一直以来的帮助,在以后的3年大专学习生活中,我将再接再厉,继续努力下去,谢谢你们,让我不用为生活费担心,可以全身心投入学习!谢谢您们!

扎西德勒!

千张:尊敬的资助者,你好,由于这几天在家比较忙,没有时间给你汇报情况,真的很抱歉。现在我已经高中毕业了,即将进入大学,三年来,都是你帮助我,减轻了家庭负担,我真的很感谢你。如今,我已毕业,马上进入大学,虽然,我的录取通知书还没来,但是,我现在对未来充满希望。在进入大学后,我一定会更加努力,不会让你失望的,我再一次感谢你对我的帮助,谢谢。等录取通知书来了,我会第一时间通知你。

斯达玛(斯达玛是布上和格夸玛的妹妹,在成都铁路卫生学校读中专一年级):先向资助者和崔老师说声抱歉,我前几天就看到您的消息,因为考试等种种原因没能向您及时汇报情况。一年过去的太快了,在学校我也学到了很多东西,也感觉到自己越来越喜欢这个专业了。我到家已经两天了,暑假我有个小小的打算,我想度过最充实、最美好的两个月,多帮帮家人,也想好好看看自己的专业书和向姐姐请教数学、英语。还有让我高兴的是,我们姐妹总算团聚了,已经一两年没有在家团聚,以前要么她们打工不回来,要么我们补课不回来。然后,非常感谢资助者们和崔老师一直以来对我们的关心和支持,特别感谢璐璐姐对我的帮助。祝你们身体健康,事业顺利!

崔曦:斯达玛初中升高中了,我鼓励她读。我们资助的出发点,就是助学——特别是资助完成国家九年义务教育之后有能力上高中但经济条件不允许的。我看过国外的一个研究,高中教育的普及对一个国家产业升级具有重要意义,而女孩子读高中对后代的教育培养也具有重大意义。

自我读高二那学期开始我真的很幸运遇见了你们,是你们让我明白原来这世界也有很多种爱会让我们从黑暗的世界里走出来,以前的我悲观自卑,没有家庭背景更没有依靠,父亲患有神经症状,家里只靠妈妈养一些牲口来维持,从小生长在小山村每天除了放羊就没有什么惊喜,唯有读书这条路可以让我开心快乐,也可以让我走出大山,看看外面的世界。

我一直都很喜欢读书,曾经因为贫困,家里负担太重,妈妈一直劝我放弃学业,从小学到初中的过度期,我甚至和家人吵过架,假期里面我自己偷偷地到山上去挖山药,那时候我才十三岁,连离我们最近的那个小镇也没去过,我很渴望去外面的世界看一看,我很羡慕村里的那些去外面读书的哥哥姐姐,所以我从未放弃过这个梦想。

曾经为了挖山药淋过很多次雨,受过很多次伤,磨破过很多次手,但我从未放弃过,每次假期要结束的时候我会把那些山药晒干,然后请村里要去小镇的叔叔阿姨帮我卖,不管他们能不能拿,东西多不多,他们从来没有拒绝过,也许是觉得我这么小的姑娘很可怜吧!如果那个假期钱挣到五百多块钱我就会奖励自己买一把伞或者是一个书包,这就是我的童年。

也许你们会很疑惑既然很喜欢读书为什么成绩还是那么不理想,连一个本科学校也没考上,那么我就想分享一下我的经历，说实话站在你们的角度可能会想成绩差的学生就喜欢找借口，也有可能会理解我们贫困地区的处境。

我在小学三年级的时候才学会说汉语，我很喜欢看书但是我的理解能力和反应能力都很慢，所以很多时候都是死记硬背才考及格，小学只有语文和数学两门课，但是我的数学很难及格。

要读初中的时候妈妈又不让我去读，那时候爸爸的病稍微有了一点好转，至少他可以和我们正常说话，因为那个乡镇上的中学离我们家很远，路又不好，公路上也难得见一辆车，所以爸妈都不同意我去读，但是我不知道为什么就是不想放弃，于是在我一天天的哭闹之下，他们终于同意了。

初中开学那天也是我一个人去的学校，那是我第一次坐车，也是第一次去那个我期待很久的小镇，虽然内心有些害怕，有些孤独，但是我依然还是快乐的，因为我没有放弃自己的梦想。

初中三年我还是很努力地学习，虽然成绩不理想，但是我依然过得很充实，初二那年是我读书以来最开心的，因为那一年我通过自己的努力拿了一次200元的奖学金，当我拿到那个奖学金时，第一反应就是完完整整地拿回家告诉父母，给他们证明我一直在努力。

虽然高中时代很艰辛，但那段时间我过得很充实，每天三点一线的生活除了学习还是学习。

感谢一路走来有你们的支持和帮助，我会努力地吸收更多的知识，当一名未来的人民教师，传播更多的知识和爱心来回报社会。

我现在在凉山民族师范学校，我的专业是小学教育，我会珍惜在校的时间，努力学习，做一名优秀的人民教师。

七 爱的薪火

崔曦

2016年7月，黑龙江大学满族语言文化研究中心赵阿平教授、KXA建筑师事务所徐焰、中国妇女发展基金会心基金李碧琪、清华大学校医郭晓青、清华大学出版社张立红、广州的张梅、杭州的章燕君和我，还有广西师范大学出版社编辑，跟随国家社科基金重大项目"中国西南地区濒危文字抢救、整理与研究"首席专家、清华大学中文系教授赵丽明一起，去到了木里县依吉乡麦洛村。

依吉乡位于木里县西南边缘，东接屋脚蒙古族乡、西临俄亚纳西族乡、南邻云南省宁蒗彝族自治县、北靠宁朗乡，居住着藏族、蒙古族、纳西族、汉族、彝族等多个民族。我们从永宁县开车到麦洛村要花整整一天时间，而且山路难走，需2—3辆车结伴同行，如若一辆车陷入泥坑，另外的车可以帮着拉出来。

赵教授不仅研究文字学，还研究人类学、妇女学等方面课题，而且经常深入偏远乡镇进行田野调查。我们继2015年跟随赵教授去到女书的"家乡"江永之后，2016年又跟随赵教授来到木里县，分别在依吉乡和屋角乡进行入户调查，以及对乡政府开展访谈。

在依吉乡，我们就住在麦洛村机素组组长央中家里。我们各自带了睡袋，也不给老乡添过多麻烦。

白天，我们去村里进行入户调查；晚上，就在饭桌上就着忽明忽暗的灯光，看央中父亲——普米大韩归偏初老师的经书。经书里的人物、事件和画面线条简洁拙朴、色彩单纯漂亮，还有我们看不懂但值得赵教授去研究的文字。

麦洛村的两个组——机素组和麦洛组，分别在两座山上，从一个组去到另一个组要走很远的路。路上我们看到了穿着漂亮民族服装的村民、村民们种的红花椒、他们在山里放的马，以及那些在云雾中若隐若现的庄稼和房子，还有在小小溪流上用土法发电的装置。没有电，不仅不能照明，也没有手机信号。

麦洛村风景优美，但当年真是贫穷落后。不仅没有家庭卫生间，缺少公共厕所，连硬化的小路都没有。下雨时节，小路上的泥泞与猪羊牛马的粪便混合在一起，真是让人无处下脚。

除了入户访谈和田野调查外，我们还和村民及村领导座谈，给他们提了包括用当地石头硬化小路、人和牲口分道而行（就像机动车道、非机动车道和人行道一样）、建设公厕及每家每户装太阳能卫生间等建议。

在我们完成工作和考察之后，机素组组长央中问我："还能怎么帮助一下贫困的老乡？"

爱的薪火就这样被点燃，资助的事开始萌芽。

我的思路一下子跳到了教育上。我们做入户调查时了解麦洛村教育的现状基本以九年义务教育为主，有些孩子有能力考上了高中，但也因为家庭的贫困而没有钱去读，回到家成为劳动力，然后早早地结婚成家、娶妻生子。我以前看过一篇国外的文献，是分析高中教育对一个国家国力的影响，还记得主要观点有二：1.高中教育对国家的产业转型意义重大，在国家经济发展面临产业转型时，高中毕业生比初中毕业生有更强的学习能力，能够快速掌握转型产业或提升产业的工作技能；2.高中教育，特别是女孩子的高中教育，对其后代的家庭教育极为重要。于是，我把资助对象聚焦到村里完成九年义务教育之后、有能力考上高中的同学身上。

思路确定之后，我一方面请央中把村里符合这种情况的同学名单给我，并且让他们写了自己的家庭情况、读几年级及学费生活费需求，包括身份证及联系方式等。另一方面，我就开始在我的家庭群、同学群、朋友群里宣传助学这件事。

回来之后的第一学期，即2016年8月，我们资助了次尔拉姆、杜基玛、阿子拉、用中、拥忠拉姆、布上、格夸玛、杜基扎西、机仙松朗偏初、格龙、金关降初，共11位同学。这里面又分多对多或多对一共同资助、一对一资助等几种情况：拥忠拉姆、布上、格夸玛是由我重庆八中初中一班21位同学集体资助；机仙松朗偏初以我的高中同学张健媛为主资助，张继红、田文辅助资助；金关降初由朋友张晶、李艳共同资助（张晶不仅资助了金关降初，还资助了用中）；次尔拉姆、杜基玛、阿子拉、杜基扎西、格龙则分别由我以前的同事、甲方、朋友等一对一资助，他们是张琦峰、李雪梅、邓建平、高强、刘璐璐。这些孩子，多数是高一至高三的学生，但也有两位是考上了大学家里

风景优美的四川凉山州木里县依吉乡

风景优美的四川凉山州木里县依吉乡

没有钱读的。照理说到大学之后我们不应该再管了,他们可以申请助学贷款、也可以去打暑期工挣钱,该自己想办法了,在欧美国家很多孩子上大学都是贷款,工作十几年还在还。然而这两个孩子考上了,家里实在太困难不让读,所以我们还是决定资助一点学费,生活费靠自己打工挣。

至今(2019秋季学期),我们已经资助到第八个学期。

这期间,每学期也有一些变化在发生。被资助孩子的人数有增减,每学期保持在11—13个。格龙毕业了,用中、金关降初参军了,阿子拉由于父亲生病家里需要劳动力因而退学了,后来又增加了扎西次尔、斯达玛、扎西玛、扎拉几个孩子需要资助。有的孩子高中毕业考上了大学,我们看到了资助的成果,同时觉得来之不易,决定继续资助。资助者又增加了邱莉玲、索福恩公司总经理杨廷海、北京市建筑设计研究院有限公司的金洁和她女儿、中国航天天津公司的曹荆云丁向东夫妇、远洋地产的范曙光、纽约大学上海分校的黄琦、AECOM总监黄剑和她双胞胎女儿,以及黄剑的朋友王晶、王文秀,还有就职于规划建筑设计行业、地产行业的我的大学同学杨金玲、丁素红、徐红、滕怡、顾新、孟晓鹏、彭雁、周立坤、郑开群。重庆八中初中一班的集体资助者也从21个增加到24个,他们是程良骏、王征、蒋茵、文彬、谭兵、龙蓓、罗宁、刘弋、寒成伟、王新宇、王海、曾渝红、李硕军、李柠、周剑、刘建波、王京、张渝红、简红英、卢东、郑晓虎、叶宏、郝涛,还有我。根据每学期的统计,平均一学期资助款约为5万元,8个学期下来,已经资助了麦洛村特别是机素组的孩子40余万元助学金。

这期间,我给孩子们建了群,给资助者也建了群。所有孩子的情况,我都会在群里和资助者们分享。有的资助者和孩子也建立了一对一联系,比如张琦峰和次尔拉姆、李雪梅和杜基玛、黄剑与扎西次尔建立了通讯联系并带女儿去过依吉乡麦洛村。资助者和被资助者之间建立了深厚的感情,

赵丽明教授在和老乡攀谈

刚从田间劳作归来的仁青的婶婶——我们的田野调查对象之一

黄剑带双胞胎女儿去到依吉乡麦洛村

资助者不仅给他们提供助学金，还成为他们的朋友或人生导师。重庆八中初中一班的文彬、谭兵，也与共同资助的孩子建立了联系，逢年过节给孩子们发红包或压岁钱；文彬经常在攀枝花居住工作，还去学校看望过在攀枝花读书的拥忠拉姆，请她吃饭并给她买了衣服和水果。

这期间，我们也看到了孩子们的成长。

拥忠拉姆，是其中一个比较突出的孩子。她是一个藏族小姑娘，我们从高中开始资助，高中毕业考上了攀枝花学院汽车服务工程专业，后又转医学系临床医学专业。

小姑娘每个假期都很乐意分享她一学期的学习生活，有时候妈妈病了，爸爸出去帮别人修房子，她只能砍好柴、喂好了猪和马，还要把第二天的猪草找好了再给我写信。那时候她们在县城读高中时每天在学校里备战高考，她甚至不会坐公共汽车，也不会去超市买东西。因为爸爸不识字，妈妈不会讲汉语，大学入学的时候，她只身背个小包就去学校了。在学长的带领下，她迅速融入学校生活，并参加了好几个社团的招新活动，最后选择了校学生会外联部和社团联合会这两个校级组织，因为这里平台比较大，有很多学习进步的机会。她发现大学里其实好忙好忙，尽管物质上她比别人差很多，但她过得很充实，一直处于"有事做"状态，根本没有"周末"。这种生活让她开心。

转眼到了第二年，通过向学院提交"转专业申请报告"及与学校的沟通和努力，她顺利转入医学系读临床医学。第二年，她开始参加迎新活动迎接新入学的"小萌新们"，并且在一个社团当学生干部；她感觉时间更加不够用，两学期一共14门课程，平时只要有空还要去做兼职。上门当家教也让她思考了很多，感触最深的就是城里的孩子得到的教育资源真的很棒，是她们这些山区的孩子们远远不及的！教育很不公平，那么多的孩子同属一片蓝天下，在分配如此不均的教育资源下，却需要在同等的标准下被筛选，有时候他们甚至连竞争的机会都没有！可是她并没有一点消极的情绪，知道了很多的困难，反而有了越挫越勇的勇气，她说其实没有一种事情是轻松的，没有一个人可以很轻松就得到自己想要的，我们都需要很努力，附加一个积极的态度，这样行动起来才会觉得没有那么吃力，才精气神十足，才会活得更精彩！

和拥忠拉姆一样学医的，还有在泸州三河职业技术学院学护理专业的杜基玛，和在成都铁路卫生学校读中专的斯达玛。

布上、格夸玛、斯达玛三姐妹还给我们分享了藏历年和山里的情况。当她们分享在山里拾菌子、摘花椒、打核桃的情况时，我也想帮她们打开一些销路，就会问她们诸如"菌子晒不干，花椒晒得干吗？""核桃是怎么去掉青皮的？"这些问题，她们的回答经常让我茅塞顿开："花椒可以凉干，比如下雨的时候收了，晴天又晒回去；而菌子之类的如果一天没能晒干又下雨了，收回去的话会变黑、腐烂，然后就不好吃了。""核桃去皮是这样的，有些核桃在树上会自己脱壳，而有些不会，没有脱的青果，堆放在艾草里两三天后自己就爆开，然后就可以脱壳了。"是不是充满劳动人民的智慧？三姐妹也有很好的对文字的感觉，比如布上描述藏历年和她思乡的心情："12月年关要到了，家乡的话题很多；12月的家乡，雪，开始洋洋洒洒地飘舞，地上的麦子同老人的目光一起疯长。一年一度的藏历新年也就在12月。夜很漫长，思乡的情绪也正在滋长，我没有任何一丝睡

文彬去攀枝花学院看望拥忠拉姆

布上、格夸玛、斯达玛三姐妹

在山里捡菌子

打核桃

意，在翻动朋友圈里的一张张照片，在照片中的人群里找父母的身影。我的思绪会去追逐家乡亘古灿烂的太阳，泪水悄然而逝。我想家了。"还有格夸玛形容时间的流逝："大渡河从大变小，树叶从绿变黄，时间就这样悄悄地流走了。有时候看着大渡河平静下来了，心里却很慌。" 是不是很有画面感？

还有由我们资助的金关降初，在眉山职业技术学院工程测量专业读到大三，后来参了军，在73071部队海沙特战旅。他说，入伍一年以来，从刚开始的不适到现在的习惯，虽然很不容易，流了很多汗，吃了很多苦，但他觉得很值得。也学会了很多，比如武装泅渡、跳伞、射击等很多社会上没办法接触的技能，但更多的是思想上的洗礼。他想在部队多服役几年，下一步还会努力加入党组织，成为一名优秀的共产党员。他说，他今天的所有都离不开各位资助老师的帮助与支持，今后他会加倍努力，不负众望，尽自己的最大努力去回报社会。由于近期新型冠状病毒的蔓延，他很担心各位资助老师们，希望老师们以及家人都能平安无事、健健康康！

除了对个人的资助，邓建平、徐焰、黄剑、李雪梅、蔡平和我还给麦洛小学捐过钱和衣物，买过大量课外书和学生读物，还有太阳能灯和手电筒。另外，郭晓青等也分别联系公秋仁青偏初和争伍小学的尼玛老师，对阿拉仁青玛、呷若扎西次尔、依夏美等学生进行了资助，在这里我就不细述了。

爱的薪火就这样传递出去，散播开来。这，就是关于我们资助木里县依吉乡麦洛村的那些点滴。

第九章

普米韩规文化文献研究

为了帮助读者学习和理解普米韩规教及其文献，在此选编了有关研究普米韩规教及其文化的几篇论文。其中，云南社会科学院宗教研究所原所长、云南省宗教学会会长杨学政研究员的《普米族的韩规教》《苯教对普米族韩规教的影响》对普米韩规教的产生缘由、信仰状况及特征进行了开创式的学术解读，着重分析了韩规教与苯教和藏传佛教在仪式、经典、教义、神鬼体系等方面的密切联系。挪威的科恩·威伦斯（Koen Wellens）的《中国西南地区的宗教、社区与人类学的真实性》，立足于普日米人（Premi）的"韩规"仪式和实践，讨论了普米信仰体系中佛教与韩规教共存的现象，并且分析了普米社区中不同的宗教观念之间的差异及其原因。胡文明的《普米韩规古籍调研报告》，以调查报告的形式对韩规古籍的留存情况作出了论述，并首次对韩规古籍进行了分类。可以说，这几篇论文资料丰富，反映出近二十年来学术界研究韩规教及其文献的最新成果和趋势。还应该说明的是，因篇幅的关系，其他一些值得参考的论文无法一并编入本书，只得割爱。

一 普米族的韩规教[1]

杨学政

普米族主要居住在云南省宁蒗、兰坪、丽江、维西、永胜等县，约25000人。各地普米族都有自己的称谓，如宁蒗的普米族自称"普日咪"或"拍咪"，兰坪、丽江一带的普米族自称"普英咪"（均为白人之意）。从前的汉族文献称普米族为"西番"或"巴苴"。普米族有用于宗教的文字，类似藏文，名为韩规文。韩规文在民间也有使用，但范围不广。

中华人民共和国成立前普米族已进入以农业经济为主的封建社会，但各地区所处的历史条件和受周围民族的经济文化影响程度不同，因而各地普米族社会发展水平也很不平衡，在文化生活、社会习俗等方面也有地区性的差异。

在漫长的历史进程中，普米族的宗教对普米族人的精神生活和社会习俗有着极为重要的影响，普米族的宗教长期支配着他们的精神世界，至今还不同程度地影响着他们的思想。

（一）韩规教的巫师和经典

普米语称巫师为韩规（或"韩讳""韩几"）。普米语"韩"指鹦鹉，"规"含有善于辞令之意。

韩规之下，尚有两种小巫，一种名"哈师毕"，一种名"毕扎"。此名称为纳西语（摩梭

---

[1] 原载宋恩常编《中国少数民族宗教（初编）》，云南人民出版社，1985，第280—289页。

话），意为"鬼使神差"。韩规主持重大祭祀活动时，必须由哈师毕和毕扎两种小巫配合。因毕扎没有法衣、法器，一般不能主持重大的祭祀活动，但在没有韩规和喇嘛的地区，他们也可为人主持丧葬及消灾祛殃的祭神撵鬼活动。

毕扎的主要职责是主持祭祀本氏族的祖先及为本氏族本村落的成员亡灵归宗引路，即为死者灵魂"开路"。毕扎祭祀祖先都是祭祀民族始祖，多为父系氏族始祖，亦有母系氏族始祖。普米族历来聚族而居且多以氏族聚族居住，因此，只有本氏族或本村落的毕扎才熟悉本氏族本村落氏族祖先的名称及该氏族迁徙的路线，故而本氏族本村落成员死亡，只有延请该氏族或该村落的毕扎方能主持丧葬活动。

普米族在元代已进入阶级社会，元、明以后，普米族中已普遍设有土司政权的"伙头"[1]一职，并受纳西族土司管辖。在这以前，藏族喇嘛教传入普米族中，元代尤为盛行。元代在宁蒗县永宁等地均建造宏大的喇嘛教经堂，有很多喇嘛僧侣是普米族人。据统计资料，中华人民共和国成立前普米族成年男子中约有2/5是喇嘛僧侣。藏族的喇嘛教一直影响着普米族的毕扎原始巫教。毕扎原始巫教那时开始吸收喇嘛教的基本教义、经典、祭祀活动的内容以及法衣、法器的形制，并由此形成了本民族的韩规教。但普米人同时也信仰藏族的喇嘛教，直到现在仍然如此。

就其经典、教义、神鬼体系及祭祀活动来说，韩规教已不同于一般的原始巫教，它发展到了较高级的阶段，具有喇嘛教派的一些特点。

普米族的韩规传说韩规教的教祖神是益史丁巴什罗。韩规一致崇信"益史丁巴什罗"能保佑他们，神通广大，法术灵验。他们认为，由于益史丁巴什罗的保佑，他们才能延请诸神、驱逐众鬼，并使鬼邪不敢缠身，无灾无难，寿延不减。韩规教有赞颂益史丁巴什罗的韩规文经典。益史丁巴什罗的具体形象表现在韩规们戴的五佛冠法帽上。韩规使用的五佛冠上的神像，实际是五幅相同的神像，都为益史丁巴什罗，其画面形象为中年男人面貌，穿戴喇嘛教神的服饰，呈红、黄、白、绿色，色彩鲜艳，表现出一个典型的喇嘛教神的形象。从中可以看出普米族的韩规教和藏族喇嘛教在历史上的亲缘关系，并能辅助说明普米族宗教的历史发展。

普米族使用的文字是藏文，主要是韩规使用。韩规教经典是用藏文书写的，但韩规用普米语拼读，使文字的音、义与藏文有别，故称之为"韩规文"。川、滇喇嘛教使用的经典有三种：一名"杂依"，二名"社依"，三名"冬依"。喇嘛教白教派使用的经典是"社依"，韩规教使用的经典与白教派使用的"社依"经典相近。韩规教有丰富系统的经典，其中一部分是师徒世代相传的口诵经。韩规教经典主要是对于自然诸神、动植物诸神和祖先的颂歌以及驱鬼的咒语，其中也有一部分是关于天文地理、生产知识、医学、美术、舞蹈、神话故事、民间文学方面的记录。

韩规经典现已收集到60部，但尚未搜集齐全，不能下定论。从内容上大致可分为三大类：第一类对自然诸神和动物诸神的颂歌，第二类对祖先的颂歌，第三类对病魔、恶神、自然灾害、兽害、宿敌暗害的巫术咒语及祈求氏族繁荣、事业发达、家庭幸福、健康长寿等的祷词。

韩规教经典的产生和形成有悠久的历史，它是在毕扎原始巫教的基础上发展形成的。毕扎原始

---

[1] "伙头"，相当于氏族族长。

巫教的口诵经是源，现存的韩规文字经典是流，可以说它起源于原始氏族社会。我们知道，在原始氏族社会，在没有文字的时代，无论是正确的认识或错误的认识都往往以简短的口诵经的形式记录下来，流传后代。随着生产力的提高，社会的发展，人们能够创造文字或借用文字了，宗教的经典也就从口诵经发展为文字经典。普米族韩规教经典的发展历史，就是由简单的原始口诵经发展为现存的浩瀚的韩规文字经典。

（二）韩规教的教义

普米族的宗教，自身并未形成系统的教义，但在其后期的发展中，吸收了喇嘛教的一些内容，由此形成了自己的一些基本教义，同时又有了它的特点。韩规教的特点是宣扬转世回生说。其经典里虽无明确的天堂、冥界、地狱，但认为有因果报应，即人生前行善有善报，作恶有恶报。有的患者在弥留之际常要回忆自己一生的行为，若有违反本民族传统伦理德道的行为，就要悔恨不已，认为自己的亡灵在返祖途中必遭劫难。患者家属则必延请韩规或喇嘛诵经、做道场来为其赎罪。在丧葬风俗上，也反映出因果报应和转世回生观念的影响。各地普米族的丧葬虽然有棺葬和火葬之分，但其祭典是完全相同的。聚居的普米族都行火葬，延请韩规诵经送魂，举行杀羊或杀鸡为灵魂开路的仪式。骨灰由家属装殓，在烧后第二天清晨去烧尸场收捡骨灰，选取一点骨骼残骸装入小麻袋，再装入陶罐埋葬于本氏族的公共墓地（洞内或树下）。在收捡骨灰之前，由韩规察看骨灰上的痕迹，如有飞禽走兽踏过的痕迹，则认为主吉，这也表示死者生前行善，死者亡灵已返"本"转世回生于某家。如骨灰上有被风吹落留下的枯枝败叶，则认为主凶，也表示死者生前为恶，其亡灵已变为树木，永世不能转生为人。

韩规教一般都宣扬禁止偷盗、奸淫、斗殴、凶杀，要人们诵经拜神以求消灾祛殃、归守返本、达到普度众生的目的。

韩规在某些祭祀活动中，要严守一些教规。如祭泉水神时，要沐浴，戒杀生，戒食荤。然而这些教规跟他们实际的祭祀活动要杀生（大则数头牛，小则一只鸡），即无牺牲不成祭典的观念又有矛盾。只有从这些具体的矛盾现象中，我们才能探寻出普米族的宗教与喇嘛教之间的联系和各自的特点。

（三）韩规教中的自然崇拜因素及鬼神

普米族原聚居青藏高原，是青海和甘肃、四川边缘一带的游牧部落。畜牧业在他们的经济中占重要地位，因而对自然力量的崇拜也重点反映在畜牧业中。在畜牧业中，山林、水草是重要的先决条件。因此，普米族特别崇拜山神及泉水神（俗称"龙潭神"）。韩规教经典中，有很大部分是赞颂山神及泉水神的，祭祀这些神的活动也很隆重。普米族有每年两次全氏族或全村落的公祭山神及泉水神的活动。届时，男女老少携带各种祭物，到本氏族山林及泉水处焚香、叩头、杀生献祭，祈求山神及泉水神保佑本氏族或本村落人畜兴旺、五谷丰登，为人们消灾祛殃。普米族中，还施行传统的宗教习惯法，就是不论本族或外族人，在封山季节都不能砍伐氏族公有林的一草一木，否则发生旱、涝、雹、风、虫灾，肇事者必须赔偿经济损失。凡是普米族聚居的地区，有山就有山神，有水就有泉水神。村寨的岔道隘口都有用石头砌的"麻尼"堆，过往行人到此要小憩，须丢置一物或一石在"麻尼"堆上，表示对此山神及泉水神的虔诚，以求得到山神和泉水神的保佑而顺利翻越山岭。普米族认为山神和泉水神主宰着人畜常见病，凡皮肤病和被荆棘、石尖戳伤，就认为是触犯了山神及泉水神，为此要到山林和泉水处焚香、叩头，并延请韩规或喇嘛诵经祭祀，祈祷山神和泉水神消除病患。可见，普米族对山神和泉水神的崇拜信仰是因为他们在生产和自然科学认识水平十分低下的情况下，常常意识到自然力量的不可抗拒，对自然力量惶恐而产生的。

普米族除对山林和泉水特别崇拜外，对火的崇拜在其宗教活动中亦占重要地位。他们对地界诸神中重点歌颂的是火神，他们把火当做光明和财富的象征，他们每日三餐之前都要祭祀"藏巴喇"火神。如火塘里火焰旺盛、火星迸溅，就象征吉祥兴旺，并预兆贵客来临或财富丰裕；火焰忽明忽暗，则象征晦气，令人懊恼。韩规教经典有专门赞颂火神的经文及口诵经。韩规在所谓为人消灾祛殃、驱逐鬼邪时，也要借助火神的威力，认为鬼邪畏惧光明。尤其是在巫师驱逐全氏族或全村落性的瘟疫鬼时，必定要手执火把、舞刀、撒沙，以便驱逐鬼邪。

在丧葬形式上，他们认为火葬是把死者的灵魂送入光明境界的方式，故火葬者必须是正常死亡的人。凡摔死、吊死、患瘟疫死、溺死以及幼童、产妇等均不能火葬，而要土葬，表示埋入地下，其灵魂永世不能转生，以绝其对人们的危害。

普米族的宗教是多神崇拜，它有一个较庞杂的神鬼体系。俗称韩规教有800种神，3000种鬼。其中多数神鬼是记载在韩规教经典中，少数则流传在民间。多数神鬼名称和职能比较稳定，少数则变化很大。这些神鬼绝大多数都未形成具体的形象，故无所谓固定的偶像。在全部神鬼中，属于本民族创造的神鬼不超过1500个，其他族创造的神鬼中，以藏族创造的神鬼居多。

普米族的韩规教虽然保有浓厚的原始巫教的残余，但它发展到后期阶段，在其经典及神鬼系统中已出现主神观念的端倪，如"木西布斯咕鲁梭"为天界主神，它司管天神33个；"甸西诺恶诺徐"为地界主神，它司管地神28个；"约遮沙务扎"为龙潭主神，它司管四方70个龙王神；"吕布呷布措娜儿迁"为山林主神，它司管四方八面的90个山神。此外"撒迁诺瓦窝丁"为司管外夷亡灵的主鬼；"冬颂棍拉高布"为司管本族亡灵的主鬼；"提冬宗加捉举"为司管战争亡灵的主鬼；等等，不胜枚举。另外还出现了"崩日载"（首领神，即氏族酋长或奴隶主神）、"诅日载"（百神神）、"拐日载"（奴隶神）等。

多神思想向主神思想过渡，是有着深刻的社会、经济原因的。普米族宗教的主神思想大约出现在原始公社逐步瓦解、阶级社会逐步形成的时期。由于公社内部出现了私有财产制度，出现了有财产者和无财产者、奴隶主与奴隶，因而在韩规教神鬼系统中也出现了主神与一般神，本部族神与外族异己神了。

（四）祖先崇拜和女神崇拜的遗存

普米族的祖先崇拜在他们的宗教中占有重要地位，每年都要举行隆重的祭祖仪式。各地普米族的祭祖时间和仪式不尽相同，但大都祭祀父系祖先。传说他们最初的氏族祖先是"喔娘孜戛公"（黑虎祖先）、"棍娘却拍"（黑熊祖先）、"脏"（草祖先）。

和祖先崇拜相关联，普米族有图腾崇拜的遗迹，其图腾主要是蛙、虎，另外对熊、草、狗也有一些图腾崇拜的遗迹，但不太明显。以蛙为图腾崇拜的表现是：普米族称蛙为"波底阿扣"，按普米语"波底"为蛙，"阿扣"为舅，由此可见以蛙为图腾源于原始母系氏族社会。至今在他们的传统观念里，仍然是舅舅亲于父且重于父。每年黄梅时节，如有青蛙、蟾蜍偶尔爬进木垛房内火塘边，他们即虔诚地洒数滴牛奶祭祀，以象征吉祥。普米族严禁捕捉蛙类动物，见外族人捕捉亦严词制止。有时在锄地时遇到青蛙，也要用板锄轻轻铲起置于地头，并恭敬地说："波底阿扣，请居上位！"普米族崇拜虎，认为虎是"根根（祖先）"。他们不仅把"虎"作为始祖的姓名，而且把虎看作是一种特殊的神。普米族的古老传统禁止猎虎。正如拉法格所说："野蛮人甚至可以饿死也不去触动他们的部落奉为图腾的植物和动物，就是他们认为自己所由发源的祖先。"[1]1949年前，普米族的"伙头"禁止捕虎，谁若误伤虎，不能自行处理，必须把虎献给伙头。这时，统治者如丧考妣，向虎磕头，猎人也要受鞭笞。此外，生子之日若属虎日，则象征吉祥。与外族战争也选在虎日，表示具有虎威，能克敌制胜。

宁蒗一带的普米族祭祖，一般先呼最初三位氏族祖先的名称，祭毕全家族分享祭物，每人一份，表示得到祖灵庇佑，可保全家清吉平安。有的地区的普米族，代表祖先神灵的是正屋中央的"擎天柱"和铁质三脚架。普米族除年节外，平时也有祭祀祖先的习俗。每天饮食之前，行简单祭奠，即将少许饭食放在火塘三脚架上，饮茶时也洒数滴于火塘上，表示敬献祖先，然后家人才用餐。

普米族祭祀的祖先是父系祖先，少数地区的普米族也有祭祀母系祖先的习俗。崇拜祖先时，并无具体偶像。他们每每以山林、山石、树枝、木牌代表祖先，认为祖先是无形的，只崇拜祖先神灵而不是偶像。例如托甸普米族把村寨附近西北面的"没多说给"山视为"舅祖山"，祭祀祖先时呼其山名，顶礼膜拜。普米人还认为祖先神灵随时都附居在火塘边，饮食之前，能呼之即来。可见这种祖先亡灵崇拜是一种早期的形式，以后把祖先的灵魂形象化，对祖先偶像崇拜，则是祖先崇拜发展到一定阶段的形式了。

普米族还盛行女神崇拜。普米族的女神名"巴丁喇木"，普米语义为"西番地上的女神"。巴丁喇木是普米族、纳西族（摩梭人）和藏族共同崇拜信仰的女神，被供在今四川省木里藏族自治县境西的喇孜山腰的一个洞穴里。该洞称"乌角尼可"，即乌角神洞的意思。所谓巴丁喇木女神，窈然藏在洞穴里，是一尊自然化石，形状酷肖女性。巴丁喇木还为有画的偶像，白衣白裙，跣足披

---

[1] 拉法格：《思想起源论》，王子野译，生活·读书·新知三联书店，1963，第86页。

发，骑白骡。南宋年间，山下建造了一座巴丁喇木女神寺院，现在寺院只存断瓦颓垣，但壁画上的女神形象犹清晰可辨。

普米族祭祀朝拜女神无固定日期，随时可去供献祭品，祈求生育。普米族认为巴丁喇木女神是他们妇女的最高庇护神，她主宰妇女的生育，也司管牲畜的繁殖，因而每户要添丁进口，繁殖牲畜，都要去祭祀朝拜巴丁喇木女神。祭祀者多是不育妇女，她们身着盛装，备供物，到达乌角尼可后，点燃火把，依次入洞。入洞后供献麻布、丝线、银元以及糌粑、牛奶等祭祀物，继而往岩石孔内注油点灯、焚香。最后长跪于石像前，闭目合掌祷告。祷告内容因人而异，但都是祈求生育健儿和消除妇科病。祈毕，在洞内幽泉里舀一碗泉水饮，此泉水象征"产子"，说是能消除污秽，达到生育的目的。

普米族还把巴丁喇木女神之名作为妇女之名。现在，普米妇女还习惯冠名"喇木"。他们认为巴丁喇木女神保佑的姑娘最漂亮、最能干，因而对女神的崇拜至今不衰。马克思指出："女神的地位，乃是关于妇女以前更自由和更有势力的地位的回忆。"[1] 上述普米族对女神的崇拜，正是普米族现还保有某些母系制残余的反映。

二 苯教对普米族韩规教的影响[2]

杨学政

普米族约25000人，多数分布在云南省西北部的维西、宁蒗、兰坪、丽江等县，少数分布在四川省木里县和盐源县。语言属汉藏语系，藏缅语族，羌语支。

普米族与藏族、纳西族、彝族都同源于我国远古的氐羌族群。据民族学者研究认为，我国汉代称为"笮都夷"的便是现今普米族的先民，并包含现今部分藏族的先民。方国瑜在《彝族史稿》中说："邛都为彝族先民，徙笮为西番人（今称普米族或藏族）先民，冉駹为羌族先民，各族在很长时期是有区别的。"[3] 此外，任乃强在《羌族源流探索》中说："所谓笮都夷，自称为'白狼'。他们创造的斜张两岸溜索，往来渡江的办法，汉人称之为笮。……今称普米族的便是。"唐代，普米族先后归属吐蕃和南诏，唐王朝也曾管辖过一段时期。在我国汉文献中，通常称普米族为"西番"，《宋史》中有"入西番求马以中市"的记载。这些西番是指分布在今四川越西、冕宁、汉源、石棉及九龙等广大地区的西番族，其中也包含有藏族的先民吐蕃，因为西番与吐蕃在同一地域内参错杂居，所以常将西番与吐蕃混称为"诸番"或"蕃族"。这种情况一直沿袭到中华人民共和国建立时为止。现今，在川滇交界的木里、宁蒗、中甸等地的藏族仍与不少普米族杂居。

---

[1] 马克思：《摩尔根〈古代社会〉一书摘要》，人民出版社，1965，第39页。
[2] 原载杨学政《藏族、纳西族、普米族的藏传佛教》，云南人民出版社，1994，第49—66页。
[3] 方国瑜：《彝族史稿》，四川民族出版社，1984，第381页。

在漫长的历史过程中，藏族与普米族经过不断地分化和融合，使得他们两族的物质文化和精神文化有着历史的同源亲属关系，又具有各自的民族特色。

普米族有本民族固有的原始宗教，但深受苯教和藏传佛教的影响，他们的原始宗教中含有丰富的苯教和藏传佛教内容。换言之，他们的原始宗教是在苯教的影响下发展形成的，具有苯教普米化的显著特点。

普米族原始宗教的巫师名"韩规"或"汗几"，普米语"韩"指鹦鹉，"几"意为能说会道，用鹦鹉指代巫师，其意思大约与巫师的巧于辞令和善于说唱有关。[1]

云南宁蒗、中甸、维西等地的普米族韩规称他们的祖师为"益史丁巴什罗"，这是苯教祖师"丹巴喜饶"的转音。关于益史丁巴什罗的传说与丽江纳西族丁巴什罗的传说大致相同。传说益史丁巴什罗是一个精通法术的大师，他法力无边，能呼风唤雨、禳解自然灾害、咒杀仇敌等。

普米族的韩规使用的法器有大鼓、摇铃、海螺、长刀、弓箭等，与苯教徒的法器相同。韩规的法帽为"五佛冠"（五佛实际是苯教的五位护法神），法衣为蓝布长袍。

普米族韩规使用藏文，在祭祀活动中多用普米语转读藏文经典，因而称之为"韩规文"。据笔者实地调查，宁蒗、木里一带普米族的韩规教兼有原始宗教和苯教的两种形态特征。原始宗教的特征是韩规教信奉万物有灵和多神崇拜，主要形态是自然崇拜，崇拜天神、山神和泉水神，这类祭祀活动最普遍。此外，有图腾崇拜遗迹、动植物崇拜、鬼魂崇拜和祖先崇拜等内容。韩规教的韩规没有宗教组织，没有固定的宗教活动场所或寺庙等，没有等级之分，不脱离生产劳动，没有戒律和宗教生活。传承方式为舅甥传承和师徒传承。根据这些形态特征，韩规教属于原始宗教。

但是，韩规教又有苯教的特征，韩规教奉"益史丁巴什罗"（即苯教祖师丹巴喜饶）为祖师，韩规主持丧葬仪式时，念诵的是苯教的《开路图经》。韩规教的许多仪式实际是苯教的仪式，许多经典是苯教经典。

据笔者对宁蒗、盐源、木里三县的普米族韩规的调查，普米族的韩规教应分为三种，传说这是渊源于第一代韩规三兄弟，他们拜师于益史丁巴什罗（即苯教祖师丹巴喜饶）的弟子达汝给赤学习苯教，地点在"木抖石乌"（据说是现今青海的某个地方）。三兄弟中的长兄名给木，二弟名跨巴，三弟名印曲。他们学成后，分别到各地普米族中传教，并自成一派。长兄给木专行善业法事，即只在年节、婚娶、生育、破土、收割新粮、建造新居时主持喜庆仪式，或祭山神、水神、寨神、氏族保护神，为族人祈福，给木只懂禳福经，不懂禳灾驱邪咒语及咒杀巫术，所用法器只是一根柏香棍。

二弟跨巴专事恶业法事，即专事驱邪禳灾活动，如为村寨举行禳除雹灾、虫灾、瘟疫疾病，为摔死、溺死、吊死、毒死的成年死者和难产死、婴幼儿死时等非正常死者举行超度仪式。跨巴深谙咒杀咒术，会大量咒语，能舌舔烧红的镰刀、斧头、铧口，沸水捞石，赤足踩刀刃，等等，并协助氏族首领和村寨头人举行神明裁判，维持本族的社会秩序。跨巴所用的法器有大鼓、板铃、长刀、弓箭等。

---

[1] 详见杨学政《普米族的韩规教》，载宋恩常编《中国少数民族宗教（初编）》，云南人民出版社，1985，第280—289页。

三弟印曲兼行善业法事和恶业法事，即既从事祭神祈福活动，又从事禳灾驱邪活动。印曲熟悉年节、喜庆活动中念诵的对诸神歌功颂德的经典和为人驱邪禳灾的咒语。印曲所用的法器有神鬼棒（一根刻有神鬼模型的短木棒）、大鼓、板铃、长刀、弓箭等。

现今宁蒗、盐源、木里等地的普米族韩规分别属于给木、跨巴、印曲三兄弟传授的三支派系。笔者于1976年在宁蒗县叭尔桥乡喇夸村调查普米族的韩规教，本村普米族韩规曹诺汝和曹二千背诵的普米族韩规谱系如下（含三支谱系）：

角鲁哈刺沽（第1代师）

咕瓦达戛（第2代师）

抓瓦达戛（第3代师）

戛达抓丫（第4代师）

达丫达汝（第5代师）

达汝给赤（第6代师）

达汝给木（第7代师）

给木给冬（第8代师）

给木恰巴（第9代师）

给木跨巴（第10代师）

跨巴木给（第11代师）

给巴丁巴（第12代师）

丁巴给龙（第13代师）

给龙儿迁（第14代师）

儿迁波底（第15代师）

波底印曲（第16代师）

印曲茨汝（第17代师）

波底戛波（第18代师）

喳咀（第19代师）

喳咀斯给塔（第20代师）

斯给塔诺尔波（第21代师）

塔诺尔（第22代师）

尔诺（第23代师）

崩戛（第24代师）

茨汝（第25代师）

撞汝（第26代师）

底戛（第27代师）

色尼（第28代师）

木抖（第29代师）

湿乌（第30代师）

给木汝（第31代师）

跨巴汝（第32代师）

印曲汝（第33代师）

巴拉雅（第34代师）

色祖（第35代师）

波咪（第36代师）

泽阶（第37代师）

安苴（第38代师）

给米（第39代师）

喃结答（第40代师）

热措匹（第41代师）

诺汝赤哩（第42代师）

据曹诺汝和曹二千两位韩规说，这42代韩规祖师中，有的是藏族人，有的是摩梭人，有的是普米族人。历代祖师的居住地很复杂，某几代在青海，某几代在西藏，某几代在四川或云南。宁蒗县叭尔桥乡喇夸村普米族是从四川木里县迁来的，据说已有10代的历史，以一代25年计，已有250年的历史，而韩规教的总谱系则有42代，约有千余年的传承历史。由于普米族韩规教无文字历史记载，只能以调查资料记述，以供研究者参考。

普米族的韩规教受藏族苯教的影响极为深刻和广泛，表现在多方面。首先，韩规教奉苯教祖师益史丁巴什罗（即丹巴喜饶）为祖师，并说韩规教的第一代祖师学教于丹巴喜饶的弟子角鲁哈刺沽，传承至今有42代，说明韩规教同苯教是一脉相承的。此外，苯教巫师也有不同的职能，他们以祭祀职能的不同而分为天苯波、地苯波等，而韩规也以从事的活动不同而分为给木派韩规（善业法事）、跨巴派韩规（恶业法事）、印曲派韩规（善恶两法事兼行），这是源于苯教的佐证。

普米族的韩规教特别注重祭天仪式，其次是祭山神和祭泉水神，这也是受苯教的影响。苯教有专门的祭天仪式，故而有"天苯波"之称，吐蕃王朝时期，凡举行会盟大典必须举行祭祀天地山川仪式。《旧唐书·吐蕃传》载："（赞普）与其臣下一年一小盟，刑羊、狗、猕猴，先折其足而杀之，继裂其肠而屠之，令巫者告于天地、山川、日月星辰之神云：'若心迁变，怀奸反复，神明鉴之，同于羊狗。'三年一大盟，夜于坛埠之上与众陈设肴馔，杀犬马牛驴以为牲，咒曰：'尔等咸须同心戮力共保我家，惟天地神祇共知尔志，有负此盟，使尔身体屠裂，同于此牲。'"有的史料提到，祭祀天地山川时，便以松柏枝叶燃浓烟，以为烟雾把天和地连在一起，对一切人都有利。韩规教称祭天为"诺提"，而"诺"则是藏语的"天"，"诺提"意为祭天，此词便是藏语，也是苯教的祭天名词。

普米族的祭天仪式有大小之分，大的祭天仪式每三年举行一次，由几个相邻的村寨共同举行，具有部落或社区祭奠的特点。牺牲和供品由各家分摊。日期一般在农历三月或十月的初五日或十五日，祭祀仪式由经验丰富的大韩规主持。举行仪式前，在数个村寨的中心地点，建造一座祭天坛，用木料搭成的三层楼阁。第三层内供绘有日月星辰、风雨雷电的木牌，奉为天神，第二层内供花草、鸟兽和人的面偶，第一层内供宰杀的牛羊头、蹄、心、肝、肚、肠。祭坛周围烧49堆松柏香。届时众韩规围坐祭台周围，在大韩规的主持下念诵《诺提》经。《诺提》祭天经的内容是赞颂自然诸神抚育万物的恩德，其余是诅咒自然鬼邪作祟人畜的咒语。在韩规念诵《诺提》经时，其助手哈司毕和毕扎两种小巫，在鼓、铃、铙声中，手持刀、弓舞蹈。哈司毕和毕扎按祭仪和经文的要求起舞，突出表现诸神威风，时而腾空跳跃，时而咆哮怒吼。村人在祭坛下叩头，祈祷自然神保佑人畜平安、风调雨顺、谷物丰产。祭仪结束，便把祭坛上的神牌、面偶和祭品送入深山岩穴里，并用石块砌成堡状。

　　普米族的韩规教除了祭天外，还重视祭山神和泉水神，这与苯教亦相似。普米语称为"日则崩"，祭祀仪式有大小之分，日期亦不统一，村社性的公祭山神，必须在祭祀前一年就选定一头花牛或白牛做牺牲，并在这头牛上标以记号，或截去尾巴，或割去一只耳朵。届时全寨人携带酒、粑粑等祭品，进入本寨公有山中祭祀。由韩规主持祭祀，毕扎事前用竹篾编制一具马鹿，另削十二块木牌，每个木牌代表一个月，在木牌上用彩色绘画自然物图形，如代表正月的木牌上，绘一太阳，太阳下有数人在放牧或耕地。代表二、三月的木牌上绘草木抽芽，代表四、五月的木牌上绘刮风下雨，代表七、八月的木牌上绘果树、谷物长满果实等。宁蒗普米族在其认定的神山神树下供奉石块雕刻的山像、泥塑的山神像，有的神山上还建有山神庙。石雕山神像多为虎、豹、鹿等野兽；泥塑的山神多为一男一女，亦代表祖先神。山神偶像化显然是受苯教和后期藏传佛教的影响，一般的原始宗教山崇拜和水崇拜都无偶像，只以自然物为其象征。祭祀时，毕扎宰杀神牛做牺牲，并献上各家的祭品，韩规念诵《直喳几几》祭山神经，众人向山神磕头祈祷，祈求山神赐给风调雨顺、水草丰茂、谷物丰产、人畜安康。韩规念毕祭山神经，由几名哈司毕和毕扎假扮猎狗，叼着神牛的肚、肠、心、肝各一块，往神林中跑去，几名猎人假装发现猎物急忙去追赶。继而，由几名毕扎取出神牛的膀胱，注入神牛血，捆在竹编的鹿背上，由两名哈司毕抬着竹鹿绕着神树跑，韩规手执弓箭随后追赶。追逐三圈后，韩规射出一箭，正中竹鹿背上装满鲜血的牛膀胱，使之鲜血迸溅，两名哈司毕伴作山鬼应声倒下。此仪式表示山鬼已被巫师射杀，当年山鬼不能再危害人畜。这时，韩规便诵口诵经，经云："你是从山神管制下逃跑的山鬼，你伤害人畜，违犯山神戒规，我追了你九十九座山，九十九道河，今天才追着你这山鬼。你今天中箭而亡，是罪有应得。我是奉山神的命令来射杀你的，使你再也不能出逃危害人畜。"念毕口诵经，韩规便把十二块代表月份的神牌插在竹编的鹿背上，象征山神和巫师战胜了山鬼，来年将会水草丰茂、人畜安康。最后，全寨人在神树下共食"神牛"肉，并留些神牛肉分给在家的老幼，以示得到山神的保佑，来年身体健康。

　　普米族的韩规教还盛行"龙潭"崇拜。所谓龙潭便是山中的幽泉或村寨附近的深水潭，所谓龙便是潜伏在潭里的神灵，形状似蛇非蛇，头上长角，脚上长爪，能腾云驾雾，变化无穷。原始宗教中一般无龙的概念，亦无龙神崇拜，而普米族的韩规教、纳西族的东巴教和摩梭人的达巴教盛行龙神崇拜，这是受苯教龙神崇拜影响的特征。

普米族的韩规教笃信龙神不仅能主宰气候变化和旱涝灾情，还会危害人畜。举凡人们生疮化脓、皮肤溃疡等疾病，均认为是触犯了泉水神，即龙神。普米族传统的氏族公有山林和村落公有山林里都有各自认定的龙潭（山泉或水塘），祭龙潭仪式亦很隆重。一般在三月或七月十五日举行。祭祀前用松树枝搭一个祭坛，上插一根标竿，普米语称之为"尼达"。竿尖上挂七个用箐鸡毛或鹦鹉毛扎成的六角形斗架，作为龙神的住所。祭祀时将酥里玛酒、牛奶、酥油、乳饼、茶叶、鸡蛋、水果等祭品供于祭坛上。韩规披戴法衣、法帽，登坛念经作法，赞颂龙神的恩德，祈求龙神保佑风调雨顺，人畜兴旺。然后，将鱼、蛇、蛙面偶投入水潭中，以示龙神已享用。祭仪结束后，全村青年人露宿在龙潭附近，杀鸡宰羊，饮酒食肉。在篝火旁，巫师和老人向年轻人说唱龙神的神话故事和本民族的创世纪古歌"直呆木喃"，普米语意为"茫茫的洪水时代"。[1]

普米族韩规教有一套繁琐的葬仪，不论从形式上或内容上看，都与苯教的葬仪相似，但又具有本民族的特色。据有关资料记载，苯教的葬仪中有以人和动物殉葬和向死者讲故事的内容。《旧唐书·吐蕃传》载："其赞普死，以人殉葬，衣服珍玩及尝所乘马、弓剑之类，皆悉埋之，仍于墓上起大室，立土堆，插杂木为祠祭之所。"《通典》亦谓："人死杀牛马以殉，取牛马（头）积累于墓上。其墓正方，累石为之，状若平头屋。"讲故事是为死者举行葬仪的一项重要的宗教活动，多由巫师、族长、老者给部落成员讲述相传的本部落英雄人物的动人事迹，本民族的创世纪神话故事，或者诉说死者生前的好言善事，以之告慰亡灵。普米族的葬仪中都有这些内容。

苯教的葬仪中有为死者亡灵开路仪式，如四川冕宁有苯教连环画《开路图经》。而普米族韩规教的葬仪中有"杀羊开路仪式"，普米族称之为《史布融比》。其仪式是：丧家用一只白羊，若死者是男人用一只白母羊，死者是女人则用一只白公羊，这只羊代表死者的伴侣，伴随死者亡灵一起跋山涉水返回祖先发源的地方。将死尸用白布捆成蹲踞状，装殓于一个绘有飞禽走兽图案的方形木柜中，停在丧家院中心，韩规念《史布融比》开路经。念毕，把白羊拉来，在羊的耳朵里撒一撮糌粑，洒数滴酒，若羊摇头摆尾，则表示死者亡灵喜欢，家人也将清吉平安。反之，则表示死者亡灵不顺心，有所牵挂，这样往后家人也会发生灾难。之后，死者家属向羊磕头辞行，祈求羊沿途做死者亡灵的伴侣，保护死者亡灵平安返回祖先居住的地方。祈祝之后，韩规含一口净水向羊喷去，接着一刀刺入羊胸，把羊心掏出放在灵桌上，若羊心颤抖，表示死者亡灵喜悦。继而，韩规念诵死者亡灵返回祖先居住地的路线。

据笔者实地调查，现今云南宁蒗县红桥乡喇夸村曹姓普米族的送魂路线是：喇夸——狗钻洞——泸沽湖——竹地丫口——永宁坝——开基桥——永宁温泉——木里县乌角——通天河——喇孜山——乡城宁婼——稻城——木抖湿乌。

四川盐源县左所乡布尔角村胡姓普米族的送魂路线是：布尔角——多奢——达孜——一前所——永宁温泉——木里乌角——通天河——喇孜大山——木抖湿乌。

---

[1] 详见杨学政《普米族的韩规教》，原载宋恩常编《中国少数民族宗教（初编）》，云南人民出版社，1985，第280—289页。

云南宁蒗、四川木里、盐源等县的普米族虽然有各自的送魂路线，具体地名不尽相同，但终点都是"木抖湿乌"这个地方，但木抖湿乌的确切地点今人已不知晓。木抖湿乌最邻近的一个地点是四川省木里县境内的喇孜大山，这座山的摩梭话名"纳喇孜"，意为黑虎山，这与普米族、彝族、摩梭人的虎图腾名称相符。纳喇山脉是绵亘四川、青海、云南、西藏四省区边境的大山，与金沙江相邻，为藏族、普米族、纳西族及摩梭人的世居地区。据此推测，木抖湿乌可能是这片地区的古代普米语地名。

韩规念完送魂开路经后，即吹螺鸣枪，村人抬着棺柜出殡，前面有一队开路先锋，十余个男人身穿铠甲，肩挂长刀，肘缠藤圈，膝裹革筒，头戴尖帽，顶插雉尾，腰系牦牛尾巴，臀挂一串大响铃，左手执一小白旗，右手挥舞大长刀，互相怒目而视，时而上前三步，时而后退三步，时而原地旋转，或呐喊，或长歌，直至引到烧尸场为止，棺柜抬到烧尸场后，置于预先备好的松柴堆上焚烧。韩规念《史布融比》超度亡灵经。死者亲属叩头哭泣，环绕烧尸场向死者告别，死者系男人绕九圈，系女人则绕七圈，反映出男性比女性尊贵的观念。

尸体焚化后，家属要在第二天拂晓去捡骨灰。捡骨灰要请韩规去看骨灰上的痕迹，以测死者来生转世的去向。韩规观测骨灰的方法是：骨灰上留有枯枝落叶的痕迹，则认为变成了植物，永世不能转生人间，命运可悲，家属因而潸然泪下；若留有动物脚印，便认为死者已变成动物，命运可喜，家属也因之高兴（普米族的宗教观念认为，人是动物转生的）；若留有人的脚印，要看去向，若去向为东方，则认为东方近日内会有人降生，原死者灵魂要借托东方新生儿转生，其命运为中平，因为投生远方的亡灵是不会与家庭有任何联系的，既不会给家人福佑，也不会作祟家人。普米族的死者亡灵转生说显然是受苯教和藏传佛教的影响，藏传佛教宣扬轮回转世说，韩规教也有灵魂转世投生的观念，而一般的原始宗教有灵魂不灭观念和万物有灵观念，但没有轮回转世观念，这是区别苯教、藏传佛教与原始宗教灵魂观的标准。

普米族的韩规教在丧葬仪式方面也受苯教和藏传佛教因果论的影响。普米族的葬仪分为为正常死亡者和非正常死亡者举行的两种葬仪。凡十三岁以下死亡的或摔死、吊死、烧死、溺死、毒死、患瘟疫死者均为非正常死亡，这类丧葬仪式只能在村外的草坪和树林里举行，用杨柳木和白杉木搭一个棚，棚里放一堆有毒的玛桑柴、一个铧口、一把镰刀以及死者的衣物。韩规在神鬼棒上压制几个面偶（若是摔死者，就压制几个牛头人身的面偶；若溺死者，就压制几个鱼、蛇、虾之类的动物偶），与尸体一起架在玛桑柴堆上烧焚。在烧尸场边焚三堆松枝香，韩规身披铠甲，手舞铁刀，诵经诅咒，作驱逐死者灵魂状。另外，还要由几名男人或持长刀、或握木棒，绕棚七圈，一边舞打，一边诅咒，最后砍倒木棚焚尸。次日拂晓，死者家属要砍一丛蒺藜用土块压在骨灰上。他们认为，非正常死亡者是因为前世作孽或生前作了恶业的缘故，他们的灵魂将会变成恶鬼，作祟本村族人及其家属，因而要使其灵魂永远埋在地下，不能危害人畜。

而正常死亡者则要举行前述的开路送魂仪式，即"史布融比""杀羊开路"仪式，葬仪隆重。尸体焚化后还要举行葬骨灰罐仪式。死者家属将死者各部位的骨灰捡一点装入罐中，再送到本氏族共同存放骨灰罐的山洞里，按辈数排列放置。在存放骨灰罐附近的树上挂招魂经幡，风吹经幡，哗哗作响。据说，风吹经幡的意义如同念经，经幡响动一次，等于人念经一遍，有功德于死者亡灵，使之早脱冥界，转生天界或地界。存放骨灰罐时，死者村寨的各户须带一点简单祭品，如一碗饭、一碗酒、一个猪肝、一个羊肝及几枚鸡蛋，供献在自家祖先的骨灰罐前，磕头祝祷说："托××死者带给您一些衣物，请收用。平时请别回家，年节时我们再来祭奠，请您保佑全家人畜安康。"祭毕，将各种祭品夹一点放在火上焚烧，其余拿回家食用。

韩规教认为，正常死亡者是因为前世或生前作了善业，积有善德，因而亡灵能早脱冥界，免遭六道轮回之苦，或转世为人，或转世成仙。显而易见，韩规教关于正常死亡和非正常死亡的观念及不同葬仪，是受后期苯教和藏传佛教善恶因果论的影响而形成的。现今，滇、川、藏交界地区的普米族仍保持着这种葬仪，并作为他们传统的风俗习惯而加以推崇。

普米族韩规教保存有大量巫术及丰富的经典，其中夹杂着许多苯教的巫术成分及苯教的经典。据有关史料记载，苯教在其形成初期，即恰苯教派的宗教活动主要是占卜凶吉，祈福禳灾，崇尚法术，驱役鬼神。《土观宗教源流》记载："当藏王止贡赞普时期，有凶煞，祝夏（brusha，即勃律）、象雄等地请来三位苯教徒为之消除凶煞。其一人能行使巫觋之术，修火神法，骑于鼓人游行虚空，开取秘藏，鸟羽截铁，示现诸神法力。其一人则以色线、神旨、牲血等而为占卜，以决祸福休咎。其一人则善为死者除煞、镇压严厉，精通各种巫觋之术。"《新唐书·吐蕃传》亦记载："其俗重鬼右巫。"可知崇尚巫术是苯教的主要特点。

普米族的韩规教有丰富的巫术内容，其形式及神鬼名称都与苯教巫术颇为相似，表现出受苯教影响的明显痕迹。兹举几例，以资比较。

"毕祖"是治肺结核病的巫术。韩规将八根木棍用麻线扎成一个两台祭屋，上台供奉用面团在神鬼模型棒上压制而成的七个狮头人面偶，在这七个面偶鬼上插入矛、箭状的竹签。这七个面偶鬼名"夺楞"，象征作祟人畜的瘟鬼。下台供奉湿沙、青稞粒各七碗，酥油灯七盏，台顶上插一小旗。旗上绘有太阳、月亮和星星图。韩规一边念《夺楞几几》经，一边摇铃、击鼓。念完经咒，患者向七个面偶吐七口唾沫，表示疾病已被瘟鬼收回，患者便可病愈。待夕阳西下时，韩规擒患者家的一只鸡（意为放赎物），同七个面偶鬼一起抛到村外的荆棘丛中。这项巫术至此结束。

《夺楞几几》经大意云：

"直喳咪茨木"（你是司管瘟疫的鬼），

"生格士玛措泽儿"（你放出的瘟鬼使人发烧咳嗽），

"达戛木几迁哩务"（使人像枯柴般慢慢地死），

"底戛哼孜纳"（请你别放出瘟疫鬼），

"咪空束加都柱纳"（请你收回瘟疫鬼），

"哼露给处介笼"（使他们早日恢复健康）。

"乔盖"是驱中风鬼的巫术。韩规在布上画一幅九头鹰像，再用湿面团捏一具九头鹰面偶，然后在铁勺里烧花椒面，用呛人的气味熏九头鹰鬼。普米语称九头鹰鬼为"刹"，专指害人中风瘫痪的凶鬼。这项巫术需七名韩规做法事，他们事先必须用刺柏香熏身，表示除尽秽气，才能请来天神，驱逐九头鹰鬼。韩规先诵《乔盖》经，后击鼓吹螺，舞刀撒沙，作驱逐鬼邪状。法事毕，韩规将九头鹰画像烧掉，把九头鹰面偶弃于野外。最后削九根杨花木桩，钉在患者的铺下，表示已把九头鹰鬼钉于地下，使它再不能危害人。

《乔盖》经大意云：

"夏巴咪咚纳日"（你很少降临人间），
"刹称尼鲁木尼角"（人畜最怕你的惩罚），
"乔盖尼夫杂尼玛"（人间没有你需求的）。

"咚嫩"是驱淫鬼的巫术。一般为肾虚、遗精、腰痛、阳萎等病施行的巫术。韩规用湿面团捏十二具女人面偶，涂以红、绿、紫等色，头上缠以妇女头发。女人面偶代表淫鬼，意为腰酸背痛等疾病是因沉溺色情之故，因而需驱逐淫鬼。祭物要一束丝线，一块银元，或手镯、珠串等妇女所佩带之物，以及几盘水果。韩规念诵《咚嫩》经，然后把面偶往患者身上象征性地擦一遍，并叫患者在面偶上吐一口唾沫，表示病已被淫鬼带走，患者即可恢复健康。面偶必须由患者在夜深人静时抛于野外，途中不能让人看见，否则淫鬼又将返回患者身上，若有人看见患者深夜送面偶，则要吐唾沫和诅咒，认为遇到不吉之事。

《咚嫩》经大意云：

"几依纳提玛纳孜"（东方来的汉族女鬼），
"别布纳提玛纳孜"（南方来的彝族女鬼），
"角给纳提玛纳孜"（北方来的藏族女鬼），
"给托纳提玛纳孜"（西方来的摩梭女鬼），
"夏夏纳提直咬西"（你们弹着口弦回去吧）！
"尼懒东布波扎西"（你们随着笛声到跳舞坪子去吧）！

"逗夏"（亦名"母哩擦"）。这是消除是非口舌和神明裁判的巫术。当村寨里发生吵架斗殴时，当事者一方请巫师作法诅咒对方。方法：巫师扎一具草人，代表被诅咒的人，取鸡血或狗血涂在草人上。韩规念"逗夏"咒语，然后把草人悬挂在屋檐下烧毁，并在灰烬上钉七根杨花木签。杨花木为有毒之木，意为用毒木签把仇人钉在地下，使他永受危难。这类巫术还有一种做法：韩规用树根削一具人的木偶，再将一枝竹劈成两叉，把木偶夹住，架在火上烤。韩规念"逗夏"咒语，直到把木偶烤得冒烟，然后抛入河中。他们认为这样做，被诅咒的一方就会患疾病死去。

"咪约"是招魂巫术。韩规教认为人有灵魂，活着的人若是丢失了灵魂就会患病，甚至死亡。

失魂的原因很多，有的人是由于惊恐而失魂，有的人是在梦中被鬼勾去魂，有的人是被所爱的人牵走魂，等等。他们认为失魂的症状表现为神志不清、嗜睡、梦呓等。韩规施行招魂术时取一只小猪或一只鸡、数枚蛋和几盘水果。韩规念《咪约》经，然后带患者到其家族存放骨灰的山洞里，韩规在山洞里烧一堆松枝香，献上猪鸡牺牲，祈求专勾活人灵魂的鬼把患者的灵魂放回来，最后撒一些零碎祭品在洞口，以供游离在山洞外的灵魂享用。在归途中，韩规手执一束燃香，并摇铃喊魂归来："××啊！你别迷恋这些地方，这里不是你生活的住所，你要回家去，回到亲人们中间，家里的亲人在焦急地盼望你归来。"倘若患者病重不能随韩规到山洞祭奠招魂，则由韩规携带一件患者的衣物，作为患者的替身。韩规招魂到患者家门口时，高声问："××回家了吗？"患者便应声回答："我平安回家了！"

"扎梯"是为治妇女疾病的巫术。这项巫术要两名巫师配合作法。韩规用树根制一具女人木偶，若要为患者治不孕症，则在木偶腹部裹一枚鸡蛋，缠成鼓腹状。若治妇女经血不调症，则在木偶腹部涂以鸡血，木偶头上束一缕患者头发，然后把木偶藏于患者家的某个角落。一名韩规击鼓念经，一名韩规挥舞长刀，随着鼓点起舞。韩规舞罢立定，厉声说："女神说，不孕鬼藏在你家某处，快去搜出撵走！"另一韩规急忙把原先藏在某处的木偶找出来，出示患者家人，然后把代表鬼的木偶抛于村外林中。他们认为施此巫术，便可治愈妇女不孕症以及其他病症。

普米族的巫术种类还有很多，从上述几种巫术的内容和形式看，这已不是一般的原始宗教的巫术，而是具有苯教法术的某些特点。例如上述巫术的名称、仪式、神鬼体系跟苯教颇相似，放赎物、烧天香、击鼓、摇铃、挂经幡、贴咒符、杀生血祭等，都是韩规教吸收苯教的内容形式。此外，韩规教经典有"社依"和"杂依"两种，社依经典主要是苯教经典，杂依经典主要是藏传佛教噶举派的经典。普米族的韩规，即巫师中大多数能识读藏传佛教经典，这类韩规又称为"哈巴"。可见苯教、韩规教和藏传佛教在仪式、经典、教义、神鬼体系等方面都是有密切联系的。

三 中国西南地区的宗教、社区与人类学的真实性[1]

[挪威]科恩·威伦斯[2]（Koen Wellens）/著　张　宇[3]/译　彭文斌[4]/校

引言

本文采用"行为者为中心"的方法来研究中国西南少数民族社区成员的地方性宗教与仪式观念。讨论的焦点在于将"宗教"作为一种分析性观念来加以评析。民族志的重点则在于普日米人（Premi）[5]的"韩规"仪式和实践，及其与宗教和族群认同话语的关系。普日米人现已被国家识别为云南的普米族和四川的藏族。本文认为在同样广泛的社会领域里，不同处境的行为者也许会对究竟什么是普米宗教的问题有不同，但却具同等效力的答案。一些答案可能会相互重叠，但另一些似乎又自相矛盾。虽然当地的学者和佛教僧侣侧重于"正统性"和政治的正确性的思考，村民们关心的则是致富与稳定。居住在县城里的普米上层人士将宗教用来作为族群标记，力图构建起跨区域的普日米人（普米族）社区，当地的农民则通过共同的宗教仪式来强化以家庭为基础的社群关系。此外，本文认为受过西方专业训练的人类学家将理论框架的批评性自我评估方法带到田野中，也能对多维的人类学真实性的探讨作出贡献。毕竟，设计出问题让当地不同的行为者来回答的，也正是外来的、有预设前提的行为者——人类学家自己。

（一）改革时代的宗教研究

中国西南地区宗教、族群认同以及国家在其中的角色是本文的讨论范围。我的研究聚焦于普日米人仪式实践的复苏。普日米人是滇川边界一带操藏缅语的一个人口较少的族群，在云南的普日米人被识别为普米族，在四川的则被识别为藏族。普米现大约有7万人，现主要居住在四川木里藏族

---

[1] 本文为科恩·威伦斯（Koen Wellens）博士2007年7月在云南大理召开的"跨越边界与范式——中国西南人类学的再思考"国际学术研讨会上的发言稿，经作者修改后授权《西南民族大学学报》"中国人类学·西南研究"专栏发表，载《西南民族大学学报（人文社科版）》2008年第8期。

[2] 科恩·威伦斯，人类学博士，挪威奥斯陆大学中国项目研究员，研究方向为中国西南少数民族的宗教与族群认同。

[3] 张宇，西南民族大学2006级民族学硕士研究生。

[4] 彭文斌，加拿大不列颠哥伦比亚大学亚洲研究所（UBC-IAR）、中央民族大学民族学人类学理论与方法研究中心特聘研究员。

[5] 译者注：普米族的一种自称。云南省兰坪、丽江、永胜的普米族自称"普英米"；云南宁蒗、四川木里一带的普米族自称"普日米"或"培米"。民族识别后云南一带的统称普米族，四川木里的被识别为藏族。

自治县和云南的宁蒗、丽江和兰坪。他们大多信奉藏传佛教，与此同时，当地有一种叫"韩规"或"韩季"的宗教实践，"韩规"这一称谓又被用来指主持仪式的宗教人士。虽然"文革"后该地区的藏传佛教起初看上去恢复很快，但最近几年却处于停滞的状态。韩规教的情形明显大不相同。我在近10年里通过定期访问和数次长期的田野调查，观察到韩规仪式的稳步复苏和振兴。10多年前，在距木里县很远的深山老林的几个寨子里才能找到零星健在的、尚在行业的老韩规，现在越来越多的年轻人开始学习这些古老的仪式，成为相隔多年以后寨子里的第一个韩规。甚至在一个寨子里就有7个韩规，在宁蒗县城附近有一所小规模的学校专门培养新的韩规。

（二）韩规仪式的多元认识

为了描述韩规仪式的复苏，或者更广泛地讨论普米宗教的构成，有必要考察其产生的社会背景。我认为，这个社会背景在宗教复苏这一相同的领域里，对于不同处境的社会行为者也有差别。宗教首先在有不同社会地位、与国家和官方话语有不同关系的普米人生活中产生不同的作用。这方面明显体现在他们对韩规仪式的不同看法上，看法的分歧涉及韩规实践与佛教之间的一种预设的宗教二元论观点。

具体说来，我的研究实际上源于我在几个村寨里的观察——韩规和佛教俗家法师的仪式常常是同步进行的。为何村民们既送他们的孩子到当地藏传佛教寺庙学习，又请韩规法师杀鸡以安抚森林里的邪神——佛教的教义明确反对祭牲——而且，从宇宙观来看，村民们如何将祖先崇拜和转世的观念糅合？普米人中不少人相信人死后，"灵魂"会以一种非物质的形态继续影响在世的亲属。这一信仰似乎与藏传佛教今生行善、来世享福的教义背道而驰。这至少是我从对云南、四川藏缅语系少数民族当地社区宗教活动和信仰的观察中所得出的印象，这种情况不局限于普米，还包括如纳、日科、续弥和纳木依这些现在被中国政府识别为纳西族、蒙古族、普米族和藏族的群体。

不同的行为者怎样来解释这一明显的矛盾现象？政府职员和当地村民对宗教和仪式活动的看法并不一致，这并不令人惊奇，有点出乎意料的是，在地方宗教实践的规范问题上，国家干部、当地文化精英和佛教僧侣的观点并行不悖——他们对"正统"和政治正确性的问题在观点上是一致的。在汉藏文历史书写中所呈现出的这些观点，与我所谓的乡村视野截然不同。乡村视野是通过当地宇宙观的阐释、社会组织和宗教仪式等形式来表达的。村民们并不在意官方或僧侣们对宗教仪式会有什么样的看法，他们所关心的是这些仪式在保障经济繁荣和生活稳定方面是否灵验。

"官方"版本关于木里的介绍会讲到该地区以前是半封闭的寺院辖区，隶属于藏传佛教的格鲁派。从17世纪中叶以后受当地的一个家族统治，大寺的主持或大喇嘛的职位由该家族的一个成员出任。拉萨地方政府曾授以这些大喇嘛"甲波"（王）的称号，中国皇帝也将其授封为世袭土司。后来，木里的居民都皈依为佛教徒，如，每个家庭的第三个儿子要进入当地一所寺庙出家。这大体上是20世纪中期的新政权进入该地时所获悉的，而且后来也接受了这一现实。1950年，通过对当地的统治家族的说服工作，木里和平解放。在当地上层人士的配合下，木里藏族自治县成立，这些上层人士也在新政权的安排下，参加了地方政府的工作。1952年，木里的54000居民总体上被划分为三个民族：藏族人口约占三分之一，汉族人口三分之一，其他的为彝族。在"文革"中，所有宗教的活动都消失了，或至少在表面上不复存在。"文革"后，藏传佛教被恢复，寺院也重新建立起来。1990年，藏族人口居多地区的学校推行了藏语教学。

这即是新出版的县志中所描述的"官方"叙事，也是当地的知识分子、官员和大寺里的僧侣们讲述和认可的观点。这一叙事也和1735年编写的一则有关当地的藏族历史文献有类似的地方。该文献着重记叙了1580—1735年之间木里寺院的历史。诸如此类的记叙，尽管事实性偏差不大，但倾向性大，换句话说，是不完整的叙事。比如，如果说木里以前是、现在也是一个以藏传佛教为主的地区，为何木里寺现今仅有40名僧侣，而以前该寺的僧侣超过了600名？因此，我们可以先暂且不谈佛教，而是从其他方向来研究这个问题：

> 木里南部的右所乡（化名）有3000名居民，分属三个不同的藏缅语系的族群，即普米、纳（纳西）和日科，他们之间彼此通婚，但在诸如语言和一些继嗣观念上，仍保留一些文化上的差异。在右所乡，社会生活围绕父系氏族和命名的房屋展开。右所的房屋不仅仅给人们提供一个居所，也是维系经济和宗教的单位。房有名，家中所有成员都以房名而不是以姓氏为其名字的一部分。右所乡无寺庙，但是每家房子就构成了一个信仰的中心。在每家的火塘里都有一个做饭用的铁三脚架，后边是一块圣石，这是家庭的仪式中心。每天早上和特别的日子，家庭成员饭前要先在三脚架和圣石上放些食物来祭祖敬神。宗教仪式的核心是祖先崇拜：除了日常的供奉，在某人过世并将火葬时，祖先崇拜的仪式特征尤为明显。在这一仪式中，几个韩规会连续念好几天的经。所念的经文部分是用普米语口头传承的，经文中呈现出一幅引领亡灵回到祖居地的图。这些经文由韩规来念，他们从父辈或村里的其他人那里学习经文，不仅能够念经，还能背谱系、打卦、驱邪和做其他的宗教仪式。火葬仪式中也会有一至两位佛教的俗家法师用藏传佛教的经文来做祈祷。

在分析佛教俗家法师和韩规之间的差别之前，我们必须先弄清楚当地人对通常所称的"超自然"观念的理解。在右所人的宇宙观里，除了人类和动物外，还存在着一系列的神、恶鬼。恶鬼致人和动物生病和死亡。其中一种恶鬼是祖先灵魂，它们因未能得到妥善供奉而会纠缠后世子孙。山神和水神在村民的生活中起着基本的作用，因为它们能够帮助人们驱鬼避邪。另一方面，如果没有得到妥善的祭祀，它们也能招致疾病和自然灾害，对生活在土地资源贫瘠地区的农民来说，这是一个很关键的问题。于是传统的韩规和佛教俗家法师就成了村民控制恶鬼影响和妥当祭祀神祇和祖先灵魂的媒介。

但是为何两种不同的法师，看起来却是由相同的人、相同的原因请来，做的也是相近的仪式？而且我们又应该如何解释这两方面的差异，即官方的观点将木里看作是一个藏传佛教为主的地区，而村子里却明显存在着与佛教无关的宗教行为？实际上，对此我本人也未找到一个确切的答案。不过，与其说答案是复杂、复合和多元的，我倒主张各种答案并存，都有一定的依据，这取决于提供答案的人是学者、党政干部，还是佛教僧侣、传统宗教人士、教师或当地的村民。

首先，让我们简单回顾一下人类学文献中有关佛教与地方性非佛教活动共存现象的一些解释，大致有两种可行的方法来解释不同宗教传统共存的原因：

第一种情况指的是一种不稳定的状态，我们可以从中观察到世界上不少地区所发生的历史进程，即理性化成分较高的宗教体系——在本文的例子中为佛教——逐渐取代克利福德·格尔兹（Clifford Geertz）所称的"氏族、部落、村庄或民间的小型宗教"。马克斯·韦伯（Max Webe）将世界史上的宗教分为两种理想的对立模式，即"传统宗教"和"理性宗教"。韦伯从历史的讨论中发现了一个理性化的进程——模糊性强的传统宗教会逐步向理性宗教发展或为其发展进程让路，因为理性宗教具有"更广泛的概念归纳性、更严密的形式整合和更加清晰的教义"。[1]

第二种情况所指的是，并非一种宗教逐步取代另一种宗教，而是两种宗教传统并存，各自满足不同的宗教需求。佛教与土著的宗教共存是已知的事实，并且佛教的这种特点在其他地方也有体现，梅尔维尔·斯皮罗（Melvil Spiro）关于缅甸的"奈特"（Nat）信仰的研究即为例证。牛津大学人类学家大卫·盖尔纳（David Gellner）以宗教作为社会实践区分出七个层面，比如宗教为家庭或家族提供合法性和表述方式，宗教给年轻人提供社会化的契机和道德规范，宗教提供除恶救赎的方法，等等。[2]有些宗教，比如基督教，涵盖了这七个方面的所有特性，但是其他宗教，如佛教，只具备某些特性，因而和其他能够弥补佛教功能不足的宗教体系共处。

以此来看，木里的佛教或正在逐步取代当地传统宗教实践，或与这种地方性仪式处于一种稳定的共居状态，各自满足不同的宗教需求。我对人类学理论所提供的解释并不完全满意，于是决定将宗教二元论的相关问题带到田野点进行调查。不同的社会行为者怎样去解释佛教的俗家法师和僧侣以及当地传统宗教人士所代表的仪式活动之间的区别？

解释佛教和韩规教之差异的一个角度源于右所乡村民自己的观点。当我问村民们二者有何区别时，他们回答说没有。如果他们想做一个法事，他们会请能够找得到的法师来做；或者，如果第一次请到的法师没能解决问题，他们会另外再请一个。但如果坚持要问区别的话，他们会说两种法师因与超自然物的关系不同，做法事的方法也不同。如韩规法师会杀牲祭祀和用暴力手段驱鬼，而佛教的俗家法师或以前出过家的人则会耐心劝导恶鬼离开房子，不要伤害屋里居住的人。在方法上不是恐吓和威胁，而是将一些食品放在门外，希望能以此来将鬼引出去。对村民们来说，两类法师没有本质的区别，实际上只有一种宗教的存在。

有趣的是，木里除汉、彝族之外的人中多认为当地仅存在一种宗教，这种观点可以代表另一

---

[1] Clifford Geertz, *The interpretation of cultures: selected essays*（New York: Basic Books, 1973）, pp.171-175.

[2] David N. Gellner, "For syncretism: The position of Buddhism in Nepal and Japan compared", *Social Anthropology*, 5.3（1997）: 277-291.

个角度。持这种观点的人主要是现今木里寺的僧侣、当地的知识分子（如乡办学校的教师）以及县城里的党政干部。在他们看来，传统仪式和地方信仰的内容不过是因村民们缺乏对佛教的了解而创制出来的变本。官方用"迷信"来称呼这些宗教活动。乡村的宗教实践也给管理者带来些问题。既然木里过去的上层精英人士是凭借其在寺庙中的地位获得权力，后来也通过木里藏族自治县的设置，被纳入到现行的体制之中，一种权宜的方法就是认可木里县的居民主体为藏族，且大多信奉藏传佛教。

（三）结束语

综上，对于藏区边缘两种明显不同的宗教传统并存的现象，我们很难找到一个清晰明了的答案。我也赞同这种说法，如果对该问题不能作出解答，也许我们一开始就问错了问题，在某种程度上，这是对的。但是，如果我们尝试对错的问题进行清楚的解答，也足以产生一些有价值的经验和看法。作为一种方法论的手段，这也是可行的。我们从中习得的最重要的经验就是——当我们将既定的观念，比如那些宗教二元论的看法带进田野考察时，我们也许很容易接受那些符合自己设想的地方性观点，我们也许也会很容易忽视这样的事实——我们面对的是不同的社会行为者，尽管他们处于宗教复苏的相同领域里，但每一个行为者与宗教、国家以及国家话语的关系都是不同的。

四 普米韩规古籍调研报告[1]

胡文明

分布于滇、川、藏交界区域的普米族及其韩规古籍文献，较有特色，但学界公布的材料少。笔者在多年开展普米地区田野调查的基础上，进行了初步的研究。发现普米韩规古籍是由口传经典和手缮典籍两个部分构成。其中，韩规书面古籍从内容到形式和风格，均受到藏族的深刻影响。从其保存的情况来看，云南宁蒗、永胜等县境内"普米族"民间所藏韩规古籍（旧抄本）不超过100册。此外，四川木里、盐源和九龙等县境内"普米藏族"民间私藏韩规经典则较多，仅木里依吉乡一带所见约在5000册以上。上述普米韩规古籍，经过初步整理编目去掉重复本，约有1000册。作为一个庞大系统，韩规古籍无疑是一份底蕴深厚、内涵深邃的文化遗产，因而也是认识了解普米族社会历史和传统文化的重要资料。然而，各种因素曾严重威胁这类古籍的长期保存和正常流通与利

---

[1] 本文原名《普米韩规教及其经典概论》，改题后，先刊于《普米研究》（内刊）2008年12月；后载入黄建民等主编《首届中国少数民族古籍文献国际学术研讨会论文集》，民族出版社，2012。

用。现在各种对韩规古籍的自然威胁和人为损坏等不利因素仍然存在。目前迫切需要做的是，对这部分韩规古籍进行全面完整的标音翻译和出版工作，使之真正应用于学术研究和文化交流。

（一）韩规教概述

普米人信奉韩规教，关于它的发展源流和各种文化因素是一个需要认真探索的课题[1]。首先值得强调的是，尽管韩规文化的属性根本就不属于封建社会，然而，我们应该如实地承认，相当长的时期以来，人们把"韩规教"当成"封建迷信"予以批判，从根本上否定这一宗教存在的合理性，更谈不上正确地、如实地反映它。在这一领域，我国学者以往几乎未曾涉猎问津，基本上是一片空白。自20世纪80年代初以来，有关韩规文化的研究才逐渐受到国内外学术界的关注，一些宗教学、人类学的学者开始着手对韩规教进行观察和描述，有的还发表了很有价值的调研文章。不过，总体说来，韩规教的研究刚刚起步，既没有坚实的理论准备，也没有充分的资料基础，真可谓是名副其实的"一穷二白"。因此，有关韩规教的性质、内容构成、形成年代及传承情况等这样一些最基本的问题仍未得到科学的阐释和说明。考虑到上述情况，本报告中我们首先尝试对这些问题作扼要的分析。

1. 韩规教的性质和特点

普米族有自己的原始宗教，即释毕或雅毕，它们是集多神教、萨满教、祖先崇拜和民间文学为一体的宗教。然而，由于长期与周边文化进行互动，尤其与藏族的持久交往，普米人的宗教生活在很大程度上已经被藏区传来的宗教所改变。换句话说，早在吐蕃时代，藏族中盛行的两种宗教，即苯教和藏传佛教相继传入普米地区，与尚处于原始状态的普米族原始巫教（释毕或雅毕）接触、碰撞。或许在面临多种文化的选择中，普米族原始巫教吸收、融合了藏区的苯教和早期佛教，杂糅发展，终于形成了一种独特的民族宗教——韩规教。

韩规教的性质问题始终是韩规文化研究中的关键点之一，自20世纪80年代以来，陆续有学者发表过一些见解，各种观点亦极不一致。如早在1983年，云南省社科院宗教研究所原所长杨学政先生就明确指出："普米族有本民族固有的原始宗教，但深受苯教和藏传佛教的影响，他们的原始宗教中有丰富的苯教和藏传佛教内容。换言之，他们的原始宗教是在苯教的影响下发展形成的。"[2] 1985年，严汝娴、陈久金在《普米族》一书中进一步介绍说："普米族的巫师过去又称

---

[1] 关于"韩规"一词的含义，目前有多种解释，其中较有代表性的意见有三种：一，云南省社科院宗教研究所原所长杨学政先生做田野调查后解释："韩"指鹦鹉、"规"为美丽，全义为美丽的鹦鹉。并分析说"韩规善于辞令，在文道场诵经唱唱，恰似鹦鹉学舌；在舞蹈场披红挂绿、宛如羽翼美丽的鹦鹉。"二，近年从事韩规文化传承工作的胡镜明、马红升等对"韩规"解作："韩为法术，规为高。"因此，"韩规"一词应译成"法术高超的祭司或智者"。三，毕业于西藏藏医学院现为木里县藏医院院长的汪扎多吉则认为，韩吉（韩规）应从藏文作解释，"韩为咒，吉为诵，韩吉即诵咒"。故，韩吉（韩规）为持咒的苯教师。

[2] 杨学政：《藏族、纳西族、普米族的藏传佛教》，云南人民出版社，1994，第50页。

'丁巴',故他们信奉的原始宗教称为'丁巴教'。但后来不用'丁巴'这个名称,而改称巫师为'韩规'或'师毕'。丁巴教也称之为'韩规教'。名称虽异,内容仍同。"[1] 1987年秋末,为了完成博士论文的田野调查,就读于美国斯坦福大学的人类学博士施传刚先生第一次来到永宁地区。在21年后出版的书中,他说:明显存在于永宁地区的宗教有三种,即摩梭人的达巴教、藏族的喇嘛教和普米族的哈巴教(Hobbism)。对于哈巴教,他的记录是:"哈巴教是邻近的普米族的原始宗教,它基本上是一种萨满教,主要特点是信仰世间万物皆有灵魂(spirits),有的灵魂善良,有的邪恶。人们所有的好运都是神或善灵(good spirits)所赐,厄运是因鬼或恶灵(evil spirits)作祟。所有这些灵魂都只对萨满有响应。萨满被普米族称为'韩规',被摩梭人称为'哈巴'。"[2] 我们以为,有关韩规教性质的探讨,既是一个理论问题,更是涉及宗教政策的实践问题,因而本文的目标并不在于得出了哪些绝对性的结论,而是追求一种较为合理的新解释。

的确,我们的调查结果大致证实了人类学、宗教学学者们那些关于鲜为人知的普米韩规教仪式和实践的描述。那么,我们能据此而得出韩规教是一种类似于萨满教的原始宗教的结论么?回答显然是否定的。若以苯教信仰与本土巫文化的结合而论,则普米族地区的韩规教兼有原始宗教和苯教的两种形态特征。

韩规教具有信奉万物有灵和多神崇拜(主要形态是自然崇拜、祖先崇拜,同时还有图腾崇拜遗迹、动植物崇拜、鬼魂崇拜和重占卜等)氐羌族群原始宗教的内容及特征。此外,韩规教没有严密的宗教组织,也没有固定的宗教活动场所(没有专门的寺院庙宇);韩规没有等级之分,不脱离生产劳动,没有形成严格的戒律和固定的宗教生活;其传承方式为父子或师徒相承,也就是说,韩规教的活动主要通过祭司韩规来进行,这类祭司的主要社会职能是"下方作镇压鬼怪,上方作供祀天神,中间作兴旺人家的法事"[3],因而它反映的是一种人类早期的原始宗教形态。

根据上述特征,韩规教属于原始宗教范畴是不言而喻的。然而,韩规教不同于一般的原始宗教,它又有苯教化的显著特征。盛行于藏区的苯教一般被分为两类,即斯巴苯教与雍仲苯教,它们是在原始信仰基础上逐渐丰富和发展起来的一种民间信仰活动。作为一种传统的信仰文化,直到佛教传入之前,苯教几乎独占了整个藏区的古老祭坛。以往不少国内学者将上述苯教皆划归"原始宗教"类,但近年来,一些学者在其著作和文章中提出异议,认为在历史上,苯教作为一种宗教的名称出现时,其已形成系统性的宗教体系,所以我们不能将之列为原始宗教。[4] 而我们又知道,苯教在川、滇交界区域的普米族中间的影响也根深蒂固,甚至在佛教成为主流信仰的四川木里、盐源和云南宁蒗等县,仍可明显见到苯教的遗存。事实上,从这些地区普米韩规的宗教活动来看,无论崇拜的神,还是教义和仪式,基本与藏区早期苯教相同。换句话说,统观整个韩规教的仪式和实践,其受藏族苯教的影响极为深刻和广泛,集中体现在:(1)祖师源于同一人(韩规教的教祖

---

[1] 严汝娴、陈久金:《普米族》,民族出版社,1986,第71页。
[2] [美]施传刚:《永宁摩梭》,刘永青译,云南大学出版社,2008,第150页。
[3] 参见土观·罗桑却季尼玛《土观宗派源流》,刘立千译注,西藏人民出版社,1984,第194页。
[4] 参见孙林《试论苯教的宗教性质及与藏区民间宗教的关系》,《西藏研究》2006年第4期。

为"颠巴辛饶",是雍仲苯教的祖师"辛饶米沃齐",即"登巴辛饶");(2)神系观念受到苯教的影响(韩规教和苯教一样奉行多神崇拜,即非常信仰和崇敬天神、地神、山神、战神和龙神等);(3)韩规教书面经书几乎全部属于苯教经典(韩规教直接借用了古藏文);(4)韩规教的很多神灵源于苯教和藏传佛教;(5)韩规教中有大量的占卜等巫术,其中夹杂着许多苯教的巫术成分;(6)韩规教保存有丰富的绘画、雕塑、舞蹈等艺术,其中融进了大量的苯教及藏传佛教的文化因素;(7)韩规教所用的法衣、法帽及主要法器,也与苯教相同;(8)韩规教有整套繁琐的仪式体系,不论从形式上还是内容上,都与苯教的相同。

在普米族地区,苯教已经存在若干世纪了。然而,它毕竟是外来者。在我看来,"本土"与"外来"无论如何都不一致,文化的涵化需要一个特定的过程。我一直留意着这个问题,并访谈过一些老韩规,值得注意的是,他们都告诉我,苯教最初从"天国"传入时,普米人就接受了它。时至今日,普米族在大多数情况下并不想对真正的本土观念与受苯教影响而发生改变的观念进行区分。其实,在一个已经存在了几个世纪的多元文化环境中,要区分出哪个文化习语是本土的,哪个是外来的,来自哪里,这可不是件容易的事。或许我们永远也无法完全弄清楚这两种文化融合过程的详细情况。但是,考虑到各种间接证据,我们便尝试着给出一种解释,概括而言就是:苯教从藏地传入普米族地区以后,其本身还具有许多原始宗教的内容,而这些内容又十分接近普米族地区本土原始宗教信仰和崇拜以及祭祀方式,逐渐走上了二者融合的道路。毋庸说,二者融合后的韩规教宗教属性已不再是原始宗教,而是一个由原始宗教向人文宗教过渡的宗教。

由此不难看出,吐蕃苯教对以韩规教为代表的川西南和滇西北本土宗教和文化的深远影响。事实上,唐时,随着吐蕃的崛起,其势力达金沙江雅砻江流域,苯教在这一地区的传播。这除了政治上西蕃附属于吐蕃的因素之外,确实还与两族在种族、文化以及地理上的亲近有关。因此,普米族的韩规教早已不是本来意义上的原始宗教。

2. 韩规教的形成和发展

如前所述,韩规教并不是从天上降临人世间的,而是普米先民在本土民间信仰的基础上接受藏族苯教,并改造本土民间信仰而创立的。试看韩规教徒如何描述苯教最初传入普米族地区的历史,是很有意思的。

多年前,当我在家乡——金棉王家沟村进行韩规文化调查时,有一位声望颇高的韩规曾偶然告诉我,普米族韩规口授经中有一段专门讲述韩规教祖师"登巴辛饶"是如何被迎请到普米族地区的诵词:

> 蒙吾依思孤儿啊,你天上行了几日?你地上走了几日?你爬过几座山?你越过几条河?
>
> 蒙吾依思孤儿啊,你天上行了三年三月,你地上走了三年三月,你爬过九十九座山,越过了九十九条河。

蒙吾依思孤儿啊，你走进西边天堂，到达颠巴善喃[1]脚下，她不仅馈赠予你柏、竹种籽，且告诉你：柏树根旁撒竹种，月亮上弦不宜来迎，月亮下弦来接时辰好。

蒙吾依思孤儿啊，你却忘记了颠巴的谆谆告诫，等不到月尾，月头便去接。颠巴善喃匆忙出发，竟遗忘了虎、豹、熊皮坐垫，只携带些橄榄型柏树叶下凡人世间。

蒙吾依思孤儿啊，祭羊仪式开始前，颠巴善喃叫你去砍伐小松树。你到三十三条沟壑边砍，你到九十九座山坡上伐，砍来的青松颠巴善喃却都不满意。沟边长的不要，坡上长的不要，选来择去，最终在背阴凹陷处砍倒一棵，它直又圆、翠又绿，颠巴方才接纳。

蒙吾依思孤儿啊，你为父"祭羊"超度的仪式，顺利完成。你良好的愿望也得以圆满实现。

后来，又有一位当地的民间老艺人讲述了这一动人故事。近些年我的田野调查证明，尽管这个传说在普米族民间还有不同的版本，但整个故事的梗概大致如下：

不知哪朝哪代，有一户普米人家，为了寻找弹羊毛用的竹片，父子俩长途跋涉，来到南方热带的某地。发现那里的竹子不仅茂盛，且很粗大，够几人合抱，它昼开夜合。同时发现那里气候炎热，以至于"骡子（疑是大象）不长毛，蚊子如斑鸠一般大"。当夜幕降临时，儿子趁竹子合拢之前，钻进了竹筒躲蚊虫，父亲却不肯。深夜，儿子先期听见父亲在打蚊子的"叭叭"声响，渐渐声音变弱，最终消失在茫茫黑夜之中。次日清晨，当阳光洒落在这片竹林时，所有竹筒都争先恐后地打开，儿子便从中跳出，四处张望，却见父亲在不远处被蚊子咬得只剩一具骷髅。悲伤之极，他奔赴而去。在一番撕心裂肺的痛哭之后，掩埋好父亲的尸骨，遂四处飘泊游荡。成为孤儿的他走啊走，有一天终于到达了西边的天界，碰巧赶上雍仲苯教祖师"登巴辛饶"正在那里隆重地替人做"祭羊"超度仪式。可怜的孤儿置身此情此景，不由得想起了惨死于南方的慈父，遂潸然泪下，恳请登巴辛饶下凡人间为其父主持"祭羊"超度仪式。仁厚的登巴大师当场允诺，并送其竹、柏等种子，要他回乡好好播种、管护，待这些植物长大成林时来西边天界迎接自己。这位孤儿按照登巴大师的吩咐，日夜兼程返回故乡，及时栽种柏、竹。若干年后，竹柏终于成林，他便迫不及待地前往西边天界迎请登巴大师，然后又从南方驮回父亲的骸骨，举行了三天三夜的"祭羊"超度仪式，以了却心愿。从此，普米族地区就开始普遍兴起了为祖先行"祭羊"超度的仪式，信奉颠巴教（即韩规教）的人也越来越多了。[2]

这一传说表达了很多东西，但其中一点尤为重要，即韩规教的祖师——登巴辛饶，原居天国，即异域，是普米族人主动请来在该族群中传播教义理论，开展为死者送葬安魂等宗教活动的。这说

---

[1] 这里的"颠巴善喃"，指的就是苯教祖师"登巴辛饶"。
[2] 该传说故事，时至今日，仍普遍流传于川、滇普米人地区，且有不同的版本。此一份记述材料是根据宁蒗县西川、金棉、翠依等地普米老韩规的讲述，由胡文明整理而成。

明在登巴辛饶传教之前，苯教在这一地区仍然不为人所知。虽然传说不能作为史据，但对普米人来说，上述的传说已经成为了他们文化信仰的一部分。况且这一传说与近人考证出的唐宋以前苯教向川滇普米地区传播的历史情况是相符的。因此我们推测正是这一时期，苯教的万物有灵、万物有神的朴素理论，为生者消灾招福、为死者送葬安魂和为人们祛病除邪、求得平安如意的做法，符合普米先民对世界的认识水平，满足了他们精神信仰的需求。

正如藏区苯教是由两部分构成，即非佛教的原生形态的早期苯教和受佛教影响后形成的次生形态的晚期苯教。[1]同样，普米韩规教也是由"苯韩规"（苯教韩规）和"启韩规"（佛教韩规）两部分构成。苯韩规与启韩规在经典教义及祭祀仪式等方面，均为世代一脉相承。尽管从表面上很难看出二者之间有何不同，但仔细观察，两者的区别还是明显的：一是前者崇尚咒术，呼风唤雨，杀牲献祭，后者已放弃杀牲，用象征性的模型实物代替活的生命；二是前者转经时从右至左逆时针方向转动，后者则从左至右顺时针方向转动；三是前者用"嗡嘛孜牟耶萨来哆"（ao mu dru mu ye sa le vdu）八字真言，后者则用"埯嘛呢叭咪件"的六字真言；四是两者所用"雍仲"符号方向也相反。从以上基本的事实中，可以看到韩规文化脱胎于本民族的巫术信仰，是普米族民间文化升华和提炼的结果。毫无疑义，在其形成过程中，曾受到过藏族苯教的浸润以及藏传佛教的洗礼。

毋庸说，苯韩规与启韩规一起，成为构成古代普米宗教文化面貌的两种势力。时至今日，尽管因资料不足，我们无法具体描述普米古老的原始宗教是怎样和后来传入的苯教与佛教融合成为苯韩规及启韩规的，但是从韩规教的演变和发展情况来看，大体上它源于自发的普米原始巫教，隋末唐初受藏族苯教的影响深刻，即普米社会中的原有巫教与藏族苯教相结合，产生了"苯韩规"，后来又受到藏传佛教文化的渗透而出现了"启韩规"，从而形成了一种独具特色的民族宗教——韩规教。

3. 韩规教的传承和影响

一般而言，韩规教的传承方式为父子或师徒相承。具体说来，韩规一职通常是在家户里的男子间代代相传。不过，有的韩规偶尔也会在家户外招收徒弟。我曾访谈过不少韩规，根据受访人的描述，当韩规必须拜师学习，学期无具体年限规定，即修业期限要看每个人的勤奋程度和智慧而定，有的3—5年，有的长达10年。事实上，修行时间很长的原因还在于，此种学习多半属于半工半读，拜师学习的弟子通常服劳役，即白天为导师家庭承担一定的体力劳动，如耕种、放牧、砍柴、做饭等，夜晚攻读经书及从事绘画、雕塑、舞蹈等方面的学习。另外，韩规学习注重从实践中来获取知识和本领，即当导师替人念经祈福消灾、超度亡灵、占卜决疑、求雨防雹等时，弟子跟随导师，充当助手，有许多知识正是通过直接参与各种仪式等一系列实践活动而学到手的。

我的受访人无一例外地告诉我，凡从事韩规职业者，必须经过严格的考试方能进行。"白卒"（学徒）经过长期按部就班地学习各种经典及仪式后，还须参加特定的受戒仪式——"层赠"，即相当于接受毕业考试。考试前，由家人邀请业师及众韩规在试期莅临，其考试方法是口试，主要为

---

[1] 参见格勒：《藏族早期历史与文化》，商务印书馆，2006。

背经。考试时，考生坐于秘室，在众韩规的监视下，诵读"坐床出师经"，并熟读各种仪式的经典（已学完的、未学完的经都在此时补齐），不用说，这正是对其各方面素质的检验。此外，还进行一次占卜术的考试。方法是：杀一牛后由众韩规将牛首藏起来，由考生行线卜后指出藏匿处。倘若占卜灵验，按其所指寻找到牛首，便算圆满通过考试了。在场的所有村邻亲友一同向受戒者祝福，馈赠礼品，最后由司仪者训诫，此后仪式结束。举行过"层赠"仪式的韩规被称作"白玛"，即取得了正式韩规的资格，方可独立从事韩规职业。

显然，普米人在当时还没有多少世俗正规学校的境况下，学韩规不能不说是学习知识的重要途径。因为在韩规教的经典里，那百科全书式的条目几乎囊括了传统普米族关心的每一件事情。就其专门的术语和分类而言，这些条目所涉及的知识内容广泛、无所不包，或许在受过训练的学者看来，这些知识完全可以归入语言学、宗教学、人类学、民族学、民俗学、社会学、史学、伦理学、哲学、美学、神话学、文学、绘画、舞蹈、音乐以及天文地理、植物动物、农牧医学等领域。

如前所述，在普米族民间韩规被尊称为"白玛"，意为"导师"（相应地，称学徒为"白卒"，意为学生）。他们是集多种知识于一身的祭司，是普米族古老韩规文化的创造者、继承者和传播者。也正因为如此，韩规教在普米族历史中流行时间最长，信仰人数最多，影响也最大。特别在金沙江以北的普米族乡村社区表现得最为突出，几乎所有的社会生产生活都受到韩规教的深刻影响。

譬如在宁蒗普米族地区，韩规教早已成为一种强大势力。据20世纪50年代初的统计，全县健在的知名韩规就有60余人，约占全县普米族人口的1.5%。据称，当时居住在该县境内的普米族，村村有韩规，寨寨有经堂。通常村寨上方有集体活动场地"塔瓦"（煨桑塔），村寨下方有"麻尼堆"，家家房前有"松塔"，每天早晨香烟浓浓升空，到处听到念经声。尤其每年正月（春节）间，户户屋顶上各色各样的"甲才此木"（经幡），焕然一新，迎风飘扬。这是全民信仰韩规教的象征，也是普米族村寨的显著标志。人人尊敬韩规，保护经堂、经书和法器，即使是发生冤家复仇械斗，也不会破坏神物和法器等。在这样一个全民信教的社会里，韩规教的盛行事实上改变了社会生活的各个方面，即韩规教在普米族人民的实际生活和精神生活中到处存在，举凡个人或家庭的婚丧嫁娶、生老病死等一切大事，小到占卜、打卦，大到召集众人举行隆重的仪式，都要通过韩规来主持和操办。换句话说，一个人从生到死都离不开韩规的帮助，子女生下来要请韩规命名，子女长大结婚须请韩规择算，平时患病请韩规占卜医治，出门办事也要请韩规占卜预测，人死后更需韩规指路超度。在日常生产中求雨、防雹、祈祷丰收等更是韩规的神圣职务，至于一年四季各种各样的节庆盛典同样离不开韩规的主持。社会上的各种纠纷无法调解时靠韩规来裁定，韩规由此得到社会的尊敬。

4. 韩规教的停滞与复苏

中华人民共和国成立后，普米族地区政治、经济、社会和教育等领域发生了变革，韩规教对现代普米族社会的影响日趋削弱，几乎处于停滞的状态。在"文化大革命"中韩规教遭到破坏。先是进行"破除迷信"，缴毁了大量的经书和宗教文物。韩规受到了批判，被管制劳动，经堂因无人管理而报废。接着开展"破四旧、立四新",更把韩规当作"牛鬼蛇神""横扫"对象,毁尽了私人收藏的经书、神具、法器等宝贵文物,全民停止韩规教信仰活动。

韩规教的复苏,很大程度上源于1978年党的十一届三中全会和1982年宪法的修正案中对宗教信仰自由的强调。近年来的一些人类学研究充分表明,宗教在中国的复苏不局限于诸如佛教、伊斯兰教和基督教这样的世界性宗教,也涉及传统的地方信仰与实践。有意思的是,有些研究者在描述民族宗教复苏的具体个案时,将视野转向普米人的韩规教。譬如挪威奥斯陆大学中国项目研究员、人类学博士科恩·威伦斯(Koen Wellens)就在近十年里通过定期访问和数次长期的田野调查,观察到韩规仪式的稳步复苏和振兴。他说:"10多年前,在很远的深山老林的几个寨子里才能找到零星健在的、尚在行业的老韩规,现在越来越多的年轻人开始学习这些古老的仪式,成为相隔多年以后寨子里的第一个韩规。甚至在一个寨子里就有7个韩规,在宁蒗县城附近有一所小规模的学校专门培养新的韩规。"[1]

正如科恩·威伦斯博士所言,在宁蒗普米族地区,近年来,各乡村的父老乡亲迫切希望恢复韩规文化活动。值此背景,我与族内有影响力的老干部胡镜明、马红升等出面倡导和实施培养新韩规的计划。并于2000年初,在宁蒗县籍的普米族干部与村民支持下创办了普米族韩规文化传习班。我们从滇、川交界的木里县依吉乡请来一位知名的韩规——措皮·迪吉偏初,与之商定用6年的时间驻扎在新营盘乡牛窝子村悉心传授韩规文化。迄今业已招收3期传习班学员,共计22人参加培训,其中年纪最小的15岁,最大的35岁,均为普米族,且祖上多为韩规。措皮·迪吉偏初给每期学员制订了3年的学习计划:第一年为藏文识字阶段,学会拼读字母并朗诵经文;第二年学做一般的道场仪式、捏面偶、习诵经书;第三年为跳神、坐经、受戒、出师(通过七七四十九天面壁,不见天日方能出师),主持大的道场,方可毕业。迄今为止,这一计划业已初步完成。

为了描述韩规仪式的复苏,科恩·威伦斯还讨论了普米族信仰体系中佛教与韩规教共存的现象,并且分析了普米社区中不同的宗教观念之间的差异及其原因。佛教与韩规教共存是已知的事实,至少在泸沽湖周边地区,我们今天还可以看到,韩规教和藏传佛教通常以一种互补的形式同时出现在每个普米人家户中。在民间,虽然普通百姓就他们是否是佛教徒或韩规教徒分得比较清楚,可是我们在调查中也常常发现,一位自称信仰佛教的信徒和一位自称信仰韩规教的信徒的日常宗教行为都带有相似性,普通的韩规教徒在面对佛教神灵和佛像时,通常会表现出敬仰的态度,佛教徒同样如此。而且普通老百姓表现的"见山就拜,见水就敬"的行为,其隐含的内在宗教心理可以说既呈现出亦苯亦佛的特性,同时又是非苯非佛的,对此,我们还有必要进一步认真分析和研究。此外,宗教仪式的复苏也并非是回到"文革"前的状态,而是与时俱进,适应社会变化的。而我们之所以在宁蒗等地传承韩规文化,很大程度上只是为了抢救和保护这一古老文化。普米族韩规文化传习班的创办是我们采取的一种必要的手段罢了。

---

[1] 参见本章第三节《中国西南地区的宗教、社区与人类学的真实性》。

（二）韩规古籍及其收藏

与赫赫有名的纳西东巴及彝族毕摩藏书相比，普米族韩规的藏书几乎鲜为人知。直至今日在有关普米族文化的研究文献资料中几乎没有关于韩规文化的记述与研究。实际上，与东巴、毕摩一样，韩规也有大量的藏书，规模与东巴、毕摩相比，似乎也难分伯仲。

在普米族群内，韩规向来以珍藏有丰富的经卷而著称。但是，世人对韩规如此丰富的藏书知之甚少，主要有两个原因：一是前人对普米韩规教及其文化鲜有记载；二是缺乏专门机构及人员对韩规古籍进行整理编目，以提供查阅。

正如前述，普米韩规古籍在历次劫难中损失惨重，不过，令人欣慰的是，个别韩规世家冒着极大的风险，将部分经书要籍或藏于洞穴之中或深埋地下，这些经书终于在改革开放之后陆续重见天日。尤其与宁蒗毗邻的木里依吉、宁朗一带，由于地处偏僻，交通闭塞，历史上受外界（包括藏传佛教）的影响相对薄弱，还为我们保留了相当一部分韩规经卷，包括各种孤本。这是不幸中的万幸。本报告试就这部分韩规古籍的收藏情况、内容分类、形式与风格及保护情况评估等方面加以记述。

1. 收藏情况

目前幸存的普米韩规古籍主要由三部分组成：

第一部分为中国历史博物馆收藏。早在20世纪60年代初，在中国历史博物馆工作的宋兆麟先生等就曾赴泸沽湖地区，搜集了大量民族文物，其中包括相当一部分韩规古籍。对此，他在《世纪之交的民族文物》一文中还谈到："我去金沙江边托甸乡，搜集到成驮的东巴经、汉规（普米族巫师）经……最后我们雇了四十头骡子，才把文物运出泸沽湖。"[1]这里所谓的"汉规经"，即韩规经。历史上，金沙江边托甸乡普米韩规藏书种类丰富，宋先生算是国内学界最早一位韩规古籍收集者。遗憾的是，迄今不曾闻见有人对这些文献做过分类、编目，更谈不上翻译了。宋先生本人也因种种原因，转向案头工作，虽出版了《泸沽湖畔的普米人》等书，却"只好把文物闲置起来"。当年他搜集到的成驮的韩规经，应该还藏在中国历史博物馆，但其内容一直鲜为人知。

第二部分为云南省宁蒗、永胜等县普米族韩规世家私人收藏。据我们初步调查的结果，历史上，宁蒗、永胜等地区韩规古籍的数目是甚为庞大的。目前这一地区韩规经典所存不多，除宁蒗县新营盘乡东风村白玛（汉名为马金荣）家所珍藏的部分经书外，其余皆散布在外面。其中，一部分经由木基元、邱文发等先生收集，现藏于云南省民族博物馆（主要为宁蒗县跑马坪乡二村及永胜县松坪乡一农户收藏的若干册谱牒类旧抄本）；此外，近年由胡镜明、马红升等进行收集复制并加以收藏了一部分。

第三部分为与宁蒗县毗邻的四川省木里、盐源等县普米韩规所私藏。与宁蒗县毗邻的木里、盐

---

[1] 参见宋兆麟《世纪之交的民族文物》，《云南民族学院学报（哲学社会科学版）》1995年第5期。

源高地是普米人的世居地。这一地区至今还分布有不少自称"Prnvmi"的藏族，他们既保留了完整的普米母语，又保留了传统的普米文化，尤其是韩规教还保留在那些偏僻的村寨里。也就是说今日的云南普米族中已经濒临消失的韩规文化在四川"普米藏族"中却能找到它的完备存在。最难能可贵的是木里县依吉乡一带的普米韩规家族不仅世传了韩规书面经典文献，而且口授经典也一代一代传承下来，使得我们可以通过这批古籍文献的释读，了解普米韩规文化的大致面貌。目前，这批经书均私藏于当地民间，即保存在若干普米韩规私人家中，没有确切的统计数字。

2. 内容分类

韩规古籍是应用于韩规教各种仪式上的典籍。大体上讲，普米韩规古籍是由两个部分构成：一是书面经典，系普米人用藏文字母书写而成的韩规教典籍，即以"社依"（行书）和"杂依"（草书）两种书法，抄写了卷帙浩繁的苯教经典。这一类经典很可能是最原始的苯教经典，它的内容宏丰而多彩，我们若拿来详细排比研究，苯教文化的研究将会从这类经典中得到很好的资料。二是口授经典，即普米韩规口头咏诵的祭辞及咒语。这一类是普米古老原始宗教的典籍，因而，其中的蕴积无限，为我们提供了一份研究原始文化的珍贵资料。我们本次调查及编目的重点是韩规书面经籍，至于韩规口授经典则十分珍罕，需要另立一类以做整理、编目及研究。

目前，这批珍藏在民间的韩规古籍还未作出详细的内容分类，其主题内容亦难以用简单的篇幅加以概括，但可以肯定一点，它包括了普米族整个发展历程的政治、经济、社会、文化等诸方面的内容。可称之为"普米族的百科全书"。

3. 形式与风格

我们所接触到的韩规古籍全为手抄本，经文以竹笔从左至右横写，自上而下成篇。除用黑墨外，也有用红墨写成的。据说，过去在木里依吉、宁朗、水洛一带普米人的极其珍贵的韩规经抄本中，还有用金粉汁等抄写的经卷。其字形有9世纪初第二次藏文改革前的特征。字体多为草书体，也有正楷体，以及介于上述两种书体之间的行书体。每册书的封面由长方形边框和经名两部分组成，正文为双面书写（每页为6行左右）。所用纸张一般为本色构皮纸，它质硬而坚韧，具有经久耐用的特性。形制长条（一般古籍长约30厘米、宽约10厘米）。

根据我们的初步调查与分析，韩规的写本典籍，从形制、制作、装帧等各方面均受到藏族的影响。为了对书起保护作用，韩规古籍采用梵夹本及线装本两种形式。所谓"梵夹本"，即把抄有文字的活页依次重叠起来，不进行装订，在上下加上两张木板作为前后封面[1]。据称此种横长条散页的装帧形式，是从印度梵文贝叶经形式演化而来的，故称之为"梵夹装"。这种装帧形式无论是阅读还是驮运携带均适宜于特定的普米族地区。我的受访人称，普米韩规素有屈膝盘腿而坐于毯垫之上的习惯，他们诵经时常将长条形散页书平放于膝上，便于翻页阅读，出门远行将书用布包起来

---

[1] 压经板用整块木板雕成，长一般在50厘米以内，宽约30厘米，厚3至4厘米。

横背在后也很便利。至于线装本，即每册在上端用线缝订，从下往上翻页。据说，其版本的大小是因所抄经书内容多少而定，并没有统一的标准。

在这里应该再补充说明一点：韩规古籍形成于何时，即川、滇普米族地区，何时传入藏文书写的苯教典籍并且得到应用，因缺乏翔实的资料而无法考证。不过，梵夹本是过去藏文古籍的主要特征。据专家考证，其时间可追溯到一千多年前的吐蕃王朝时代，迄今在敦煌莫高窟，还保存着用墨写在厚夹纸上的藏文佛经。或许早在吐蕃时代普米人就已经知道并运用这一类著述。原因很简单，普米人生活的川西南及滇西北地区，在地理位置上与西藏地区毗邻，在文化、民族上有着十分亲密的关系。

4. 保护情况评估

（1）背景情况

普米韩规古籍都出自韩规祭司之手，根据多年调查与分析，我们估计，云南宁蒗、永胜等县境内民间所藏韩规古籍（旧抄本）不超过100册，四川境内，仅木里依吉乡一带民间私藏韩规经典则在5000册以上。此外，20世纪60年代初宋兆麟等国内学者就有意识地进行收集和保护。宁蒗普米族在21世纪初举办韩规文化传习班，收集复印了300册左右。2004年后，云南民族学会普米族研究委员会及宁蒗县普米文化传习协会相继成立，两会顾问胡镜明等又收集复制近500册。上述普米韩规古籍，经过初步整理编目去掉重复本，约有1000册。

（2）危险评估

作为一个庞大系统，韩规古籍无疑是一份底蕴深厚、内涵深邃的文化遗产，因而也是认识了解普米族社会历史和传统文化的重要资料。然而，各种因素曾严重威胁这类古籍的长期保存和正常流通与利用。现在各种对韩规古籍的自然威胁和人为损坏等不利因素仍然存在。

首先，对普米韩规古籍的自然威胁有地震和火灾。现收藏韩规古籍的地点为滇、川、藏交界区域。我们所见到的韩规古籍多由乡村韩规私人家庭所收藏，这一特殊地区虽地处地震频发地带，但普米民居建筑多为木楞房，有较强的抗震性，地震对其威胁较小。火灾对其的威胁则很大。韩规古籍属纸质古典文献，大多存放在木屋及木板制作的柜子里，又没有安装火警和灭火系统，一旦发生火灾，后果不堪设想。

其次，因年代久远而自然损坏的情况非常严重。韩规古籍原件多系旧抄本，书写在自制的构皮纸上，自然老化难以避免，导致许多经典载体残损情况非常严重，如有的经卷已破损，成为残篇；有的局部字迹泯灭，无法辨认；等等。

再次，因保管不善而残损等情况也非常突出。因韩规们大多生活在偏僻山村，尽管在实践中摸索出一些较为有效的经书管护方法，但毕竟环境条件差，防护手段落后（如没有环境监控制度等），总体上说，对各类经籍还缺乏科学的方法加以保护。从目前民间韩规私藏古籍部分的情况来看，除了火灾、被盗等显性的损坏现象之外，因温湿度不稳定而被微生物、光线、灰尘侵蚀等隐性损害现象也很突出。此外，近年来因学术研究和文化交流的需要，反复地翻阅和复印也将影响到古籍原件的使用寿命。

上述韩规古籍从内容到形式和风格，都具有超越本民族文化的突出的社会、文化或精神价值。某种意义上讲，它不仅全面展示了普米族古籍文献的风貌，而且还为我们了解当时的川、滇、藏交界区域民族文化取向、民族的社会需求以及各民族之间的文化交流与影响也有着重要的参考价值。有鉴于此，若再不采取有效的抢救手段与保护措施，各类韩规古籍仍然难于摆脱继续破损和亡佚的危险。因此，目前迫切需要做的是，对这部分韩规古籍进行全面完整的标音翻译和出版工作，使之真正应用于学术研究和文化交流。

（三）普米韩规古籍名录

1. 几点说明

在陈列韩规古籍简目之前，首先须作如下说明：

（1）川、滇交界区域的宁蒗、永胜、木里、盐源等县普米聚居区所藏韩规经籍颇丰，卷帙浩繁。但由于这一带特殊的地理位置（滇、川、藏交界区域的万山丛中，交通闭塞），不曾闻见有关机构及人员到那里作过任何形式的普查与记录，因此，这批韩规古籍的具体册数及内容一直是难以说明清楚的。近年来，为了完成韩规经典的编目，我们委托深悉韩规经典内容的迪吉偏初在他的家乡——木里县依吉乡一带做调查。当地的普米韩规，对于祖上世传下来的古籍，并不肯轻易示人，因此，在调查过程中，迪吉偏初首先将自己常用或重要的经典重新加以疏理和记录，再尽可能利用熟人和亲朋好友的关系先后深入到机素、达杜、后所、花依、朴助等村寨，找到一些祖上有名的韩规家庭寻访。难能可贵的是他以一个韩规的眼光特别汇集了夭基扎拉、白玛基嘎、达都折使、南卡多吉、东龙阿巴等世传韩规家族的经书，尽管记录还不甚详尽（只是其中的一部分），但这些摘抄，已经蔚为大观，足以给我们提供进一步调查思考的线索。

（2）根据韩规迪吉偏初所提供的统计表，我们大体上知道了该区域韩规人数及其藏书情况，即该区域韩规私人家庭收藏有数千卷韩规经籍，除复本外，有100多种，1000余册。显然，这个统计，只是大概。因为我们现在看到的经书，只是极通常而又极常用的经典。至于古老而冷僻不常用的经籍，所收来的恐只有原来的1/2还不到。这些经书均系旧抄本，佚名撰。多为墨书，间有墨、朱混书。本色构皮纸。页面宽为10—12厘米。页面长分长、中、短不同的规格。最长的有33厘米左右。现在最常见的是中等长的书，即28—30厘米长的书。这部分经典均以夹板捆装。最后一种是短的，长约20厘米，多为线钉册叶装。除部分经卷略有残损（其中一小部分经页受损，已残缺不全）外，其余基本保存完整。

（3）上述秘籍是韩规世代相传下来的，到现在还分别应用于韩规教各种仪式，其真实性毋庸置疑。不过，这些经籍目前唯有少数几位大韩规能释读，由于韩规们的汉文水平较低，甚至根本不识汉字，汉语表达普遍困难，所以要把这批文献更为具体的内容搞清楚，并编制成一套细密可用的新目录是需要些时日的。目前为使学术界对整个普米韩规藏书的大致情况有一个了解，我们根据本次调研结果及迪吉偏初多年的走访及记录情况，拟将韩规古籍初步整理出一个简目，普米韩规经典的概况，可以从中窥见一斑。

（4）本文中对各类经典册数的统计，因实地做法应用时多寡不一而记录不全，且只录欠缺的，不记重复的。因此，删除了许许多多的重复的本子。从文献的角度看，重复的本子不但不是废物，而且正是非常有用的资料。某种意义上，重复的本子越多，便越能使我们知道经典原文的完整形式。我们相信，若时间宽裕，浏览仔细的话，这项工作的质量还可以提高。

（5）本报告中韩规古籍目录均作了国际音标注音（记音人系云南师范大学2006级文字学硕士研究生杨俊伟先生），所采用的汉字注音在其中只起辅助作用，因而一切注音首先以国际音标为准。另外，韩规经典之藏文名称均由迪吉偏初韩规加以重新抄写过，这次付梓时，因不宜排版，只好割爱作罢了。

2. 韩规经简目

为方便统计，根据接触的资料与现存可见书目，按韩规修行及其仪式类别，我们将韩规古籍相应分作八类：（1）密法修持类。（2）坐床出师类。（3）供祀神灵类。（4）兴旺人家类。（5）镇压鬼怪类。（6）送葬安魂类。（7）祛病除邪类。（8）占卜类。

（1）密法修持类［k'ɤ^{31}tyn^{55}］（克颠）

A. 习诵经：

k'ɛ^{33}suɑ^{21}（开算）：修持习诵经。1卷，5册，55页。

B. 通用经：

a. tɔ^{31}tɕ'iuŋ^{53}（多穷）：洁净经。1册，5页。

b. sə^{31}ɕiuŋ^{53}（萨雄）：迎请松玛护法神经。1册，5页。

c. ji^{31}ʐɔ^{53}（日罗）：向都、增、赞诸神点灯经。1册，4页。

d. kɤ^{55}tɔ^{31}（嘎朵）：迎请日增、日达诸神经。1册，5页。

e. sə^{31}luŋ^{53}（萨隆）：迎请萨达希龙神（王）经。1册，5页。

f. ɕio^{55}suŋ^{31}tsɯ^{31}uɑ^{31}（消松卓瓦）：迎请本尊神降坛经。1册，26页。

g. kji^{31}tɚ^{53}（给得尔）：祭送退口舌是非经。1册，4页。

h. ts'uŋ^{55}tɕyɛ^{31}（葱诀）：驱鬼逐魔经。1册，8页。

i. tsuŋ^{31}li^{55}suŋ^{31}（综里松）：向大地诸神煨桑经。1册，18页。

以上各册均属于吉祥经典一类，故置于其他各经之首。

（2）坐床出师类［ts'ɛn^{31}tsuŋ^{53}］（层宗）

a. ts'ɛn^{31}p'r̃n^{55}tsuŋ^{53}（层普宗）：小坐床经，为七日坐床诵经。7册，65页。

b. ts'ɛn³¹tɛi⁵⁵tsuŋ⁵³（层代宗）：大坐床经，为四十九日坐床诵经。23册，304页。

c. ts'ɛn³¹niɛ³¹tsuŋ⁵³（层喃宗）：黑坐床经，为半年或一年左右坐床诵经。33册，页码不详。

（3）供祀神灵类 [jɑ³¹tɕio⁵³]（亚脚）

A. jɑ³¹tɕio⁵³ɕio⁵³（亚脚消）

a. ji³¹tɑ⁵³ʒɛn³¹ɕiəu⁵³（日达峡消）：祭日达神经。3册，其中1册页数不详，余2册，20页。

b. ɕĩn⁵⁵ʒo⁵³niɛ⁵⁵tɑ³¹（兴罗年达）：祭献年神经。13册，125页。

c. kuŋ⁵⁵tɕio³¹（空角）：小祭龙神经。30册，311页。

d. luŋ⁵⁵sɚ⁵⁵ɕio⁵⁵uɑ⁵³tɕ'iɛn⁵⁵pu³¹（弄斯尔席瓦千布）：消灾经。16册，174页。

e. ji³¹tɑ⁵³ ts'ɛ⁵⁵ t'ɚ⁵³（日达层塔尔）：向日达神放生（公鸡）经。2册，页数不详。

f. ɑ⁵⁵ts'ɛ⁵³ t'ɚ⁵³（峡层特尔）：山羊放生经。1册，5页。

g. ts'ɛ⁵³ t'ɚ⁵³（呀罗层特尔）：牦牛、绵羊放生经。1册，5页。

h. tɕiɑ²¹ji³¹ ts'ɛ⁵⁵ t'ɚ⁵³（甲译层特尔）：鸡放生经。1册，7页。

i. sɿ⁵⁵tɑ⁵⁵tsei³¹（斯打赠）：祭献龙神经。34册，页数不详。

j. lu⁵³ji³¹ ts'ɛ⁵⁵ t'ɚ⁵³（鲁移层特尔）：向龙神放生（母鸡）经。5册，页数不详。

k. ti²¹tɕiɛ⁵³（得甲）：祭献都、赞、增、直、尔紧等诸神经。29册，页数不详。

l. kuŋ⁵⁵su⁵⁵tuŋ³¹（公苏冬）：礼祀壹冬、松玛、日赠、鲁移甲布诸神经。1卷，14册，141页。

B. kuɛ²¹ɕio⁵³（块消）

a. ti²¹tɕiɛ⁵³tɑ⁵³tɕiɛ⁵³（得甲打甲）：祭献增、赞、都诸神经。39册，其中6册页数不详，余33册，209页。

b. ʐɿ³¹ŋɑ⁵⁵ts'ɛ⁵³t'ɚ⁵³（赞层特尔）：向赞神放生经。4册，其中1册页数不详，余3册，19页。

c. tsɛn⁵⁵tɕio³¹（增确）：祭献增神经。13册，其中7册页数不详，余6册，19页。

d. ts'u⁵⁵tʃu⁵⁵tɑ³¹tɕio³¹（撑注得觉）：延寿经。5册，其中2册页数不详，余3册，25页。

e. tsuŋ²¹pɑ⁵⁵lɑ³¹ suŋ⁵⁵tuŋ³¹（宗巴拉松冬）：向宗巴拉神煨桑经。4册，30页。

f. ts'ɛn³³tʃɯ³¹（撑注）：长寿经。7册，页数不详。

g. iuŋ⁵³lĩn⁵³zuŋ³¹ty³³（永岭宗叠）：祈福经。4册，60页。

h. nuŋ⁵⁵t'i⁵⁵kɤ³¹pu³¹（隆提嘎布）：为孕妇祈祷经。5册，其中2册页数不详，余3册，17页。

i. tɕĩn²¹pɑ⁵⁵tɕ'iuŋ³¹lɯ³¹（吉巴穷鲁）：为婴孩祈祷经。3册，21页。

j. tɕĩn²¹pɑ⁵⁵t'ɑ³¹ju³¹（吉巴太约）：祈求婴孩延寿经。7册，其中3册页数不详，余4册，19页。

k. lɯ⁵⁵puŋ⁵³（绿崩）：祭献龙（王）神经。11册，其中8册页数不详，余3册，30页。

l. sãŋ²¹tɑ⁵⁵ɕiɛ⁵³puŋ³¹（萨达夏崩）：祭献龙（王）神经。3册，其中2册页数不详，余1册，14页。

m. sɛn⁵⁵k'ɚ⁵³lɑ³¹tsɿ³³（森克拉咱）：迎请增神降坛经。3册，其中2册页数不详，余1册，6页。

（4）兴旺人家类［tiɛn⁵⁵ʐɔ⁵³］（颠罗）

a. tʃɑ²¹lɑ⁵⁵suŋ⁵⁵tuŋ³¹（扎拉松冬）：向扎拉神煨桑经。5册，51页。

b. t'ɑ²¹tsɛi⁵³（踏赠）：求子嗣经。6册，41页。

c. ʒɛi³¹tsɛi⁵⁵ts'o⁵³（忍载措）：祭献韩规神灵经。6册，页数不详。

d. tʃɑ⁵⁵ɕi⁵⁵juŋ³¹lĩn³¹（折史永利）：祈祥求福经。7册，32页。

e. tʃɑ³¹lɑ⁵⁵juŋ³¹ni⁵³（扎拉雍尼）：祭献祖灵经。51册，其中10册页数不详，余41册，467页。

f. uŋ⁵⁵tʃĩn⁵⁵ts'o³¹（哦鉴措）：祭献莲花生大师经。2册，页数不详。

g. tʃɑ²¹lɑ⁵⁵tsɛn⁵⁵suɛi⁵³（扎拉增损）：祭献扎拉、增神经。9册，33页。

h. tʃɑ²¹lɑ⁵⁵ts'ɛn⁵⁵t'ɚ⁵³（扎拉撑特尔）：向扎拉神放生（公鸡）经。4册，页数不详。

i. sʅ⁵⁵tɑ⁵⁵tsɛ³¹（斯打赠）：大祭龙王经。28册，页数不详。

j. tʃɑ²¹lɑ⁵⁵jɛ³¹puŋ⁵³（扎拉热崩）：祭祖灵经。28册，页数不详。

k. ʒɛi³¹ɕio⁵³pi⁵³（崃消匹）：祭献山神经。5册，页数不详。

l. k'uŋ⁵⁵tɕio³¹（空脚）：祭龙王经。20册，页数不详。

m. ʒɛi³¹ɕio⁵³t'ɑ³¹tsɛi⁵³（崃消踏赠）：向山神求子嗣经。8册，页数不详。

（5）镇压鬼怪类［nju³¹ji²¹ɕio³¹］（牛日消）

a. tu³¹tʃ'u⁵³kɑ⁵⁵nɛ⁵⁵tʃ'ɑ³¹suŋ³¹（督处甘南插松）：大祭风经。69册，其中29册页数不详，余40册，269页。

b. pɚ⁵⁵pa³¹（普巴）：祭凶死者之魂经。51册，408页。

c. tʃɛ³¹pu⁵⁵tɕĩn²¹sɚ⁵⁵（扎布鉴思尔）：诅咒妖魔鬼怪经。17册，其中8册页数不详，余9册，42页。

d. pɚ⁵⁵k'uŋ⁵⁵mi³¹nɛ⁵³（宝空明南）：大放替身经。66册，其中7册页数不详，余59册，358页。

e. mi³¹t'iɛ⁵⁵tu⁵³to³¹（木开都多）：退口舌是非经。10册，页数不详。

f. tʃuŋ²¹k'ĩn⁵⁵（仲肯）：迎请仲肯神镇妖经。19册，122页。

g. tʃɛ³¹tɕ'iu⁵³（折求）：小祭风经。22册，其中5册页数不详，余17册，142页。

h. uɛi⁵⁵sɛ⁵⁵（歪萨）：迎请壹冬歪萨神镇妖经。39册，其中10册页数不详，余29册，216页。

i. kjɛ³¹k'uɛ⁵⁵（给块）：驱逐鬼魔经。19册，其中10册页数不详，余9册，112页。

j. ti³¹tʃiɛ⁵⁵ti⁵³tʃu⁵³（得甲叠注）：诅咒鬼怪经。44册，其中10册页数不详，余34册，309页。

（6）送葬安魂类［kjɛ³¹uɑ³¹k'ĩn⁵³］（给瓦肯）

a. kjɛ³¹uɑ³¹（给瓦）：安灵经。12册，其中5册页数不详，余7册，48页。

b. ɕi³¹k'ĩn²¹³（释肯）：大超度经。84册，其中12册页数不详，余72册，379页。

c. ʒɯ³¹tɕiu⁵³（鲁久）：寄骨经。7册，页数不详。

d. ɕiɛ³¹p'ɑ³¹k'ɛn⁵⁵（释帕肯）：小超度经。51册，页数不详。

e. ma³¹ni⁵⁵ta³¹tɕio⁵⁵（嘛呢得脚）：向亡者献插嘛呢经幡经。8册58页。

f. ma³¹ni⁵⁵tuŋ²¹pu⁵³（嘛呢冬布）：向亡者献嘛呢堆经。9册，页数不详。

g. mu²¹³ɕi³¹kʻɛn⁵⁵（木释肯）：向亡者尸体献帛经。30册，页数不详。

h. ma³¹ni⁵⁵tuŋ²¹ku⁵⁵pu⁵³（嘛呢冬古布）：向祖灵献经文经。6册，页数不详。

（7）祛病除邪类［niɛ⁵⁵ɕiu⁵³］（拈消）

a. tɕia³¹pu⁵³tʃĩn⁵⁵tuɛi⁵³（甲布降叠）：祭魔王经。32册，其中9册页数不详，余23册，161页。

b. piɛ³¹tʻi⁵⁵tso³¹suŋ³¹（别提作松）：祭女妖水魔经。17册，其中6册页数不详，余11册，67页。

c. mi³¹tuɛi³¹（米吨）：给患疯病者送鬼经。6册，页数不详。

d. za³¹tuɛi³¹（赞吨）：给病痛者送赞神经。4册，页数不详。

e. tʃʻɤ⁵³suɛi⁵³（持损）：给食不净之物致病者洗礼经。2册，10页。

f. sã⁵³ta⁵³ɕiɛ³¹puŋ³¹（萨达夏崩）：为病痛者祭祀龙王经。6册，页数不详。

g. la⁵³ku⁵³（拉果）：喊（招）魂经。2册，11页。

h. tʃə³¹tuɛi⁵³（直端）：送凶死鬼经。3册，13页。

i. tɕʻiu³¹kjɛ⁵³（乔干）：送走冲犯经。2册，6页。

j. niɛ⁵⁵mɯ³¹tsuŋ⁵⁵lɯ⁵³（喃木宗鲁）：小替身经。2册，8页。

k. mĩn³¹sɚ⁵⁵tuŋ³¹（迷思尔冬）：送走野鬼孤魂经。2册，页数不详。

l. mu³¹tʃɛn⁵⁵tuɛi⁵³（木蒸端）：送难产鬼经。7册，页数不详。

m. kɤ³¹ni⁵⁵kuŋ⁵⁵pa³¹（更尼贡巴）：送韩规、喇嘛之鬼魂经。7册，页数不详。

n. ta³¹tɕiɛ⁵⁵kə³¹pu³¹（打甲嘎布）：小祭增神经。15册，其中7册页数不详，余9册，28页。

o. lɯ⁵⁵suŋ⁵⁵tuŋ³¹（鲁松冬）：小祭龙王经。5册，页数不详。

p. ta³¹tɕiɛ⁵⁵tɕia³¹pu⁵³tʃĩn⁵⁵tuɛi⁵³（达嘉甲布鉴叠）：祭都赠赞米神及祖灵经。60册，页数不详。

q. ʃən⁵⁵ji⁵⁵tsʻuŋ³¹lu³¹（申依丛罗）：给老者求延年益寿经。50册，页数不详。

r. ta³¹tɕiɛ⁵⁵（得甲）：祭赞、都、增、直、仁、给尼、米、牙阴、摆阴等诸神祇经。38册，页数不详。

s. tʃʅ³¹tuɛi⁵⁵ɕio⁵³（直叠消）：镇压凶死鬼经。6册，页数不详。

t. sɯ⁵⁵tɯ⁵⁵pɯ³¹（思都布）：小祭龙神。19册，页数不详。

u. prɛ³¹pu⁵⁵tɕiɛ³¹mɚ⁵⁵（伴注恰没尔）：送瘟神经。2册，12页。

v. kuŋ⁵⁵kɚ⁵³（公嘎尔）：驱瘟疫经。1册，12页。

w. jɛ⁵⁵lo⁵⁵ʐɛ³¹suŋ⁵⁵（呀罗崃松）：牦牛、绵羊、山羊放生经。5册，页数不详。

x. kʻãŋ²¹tʃɯ⁵⁵la⁵³ko⁵³（抗注老果）：招魂经。1册，5页。

（8）占卜类［pa⁵⁵ʐo³¹］（巴捞）

A. 星占［ɕiɛn³¹zɛ⁵⁵tsɛi³¹］（夏赞赠）

a. tʃʅ³¹ɕiɛ²¹zɛ⁵⁵u³¹pra⁵⁵kʻuŋ⁵³ta⁵⁵tɕʻio⁵luŋ³¹ua³¹tɔ⁵³（直夏、赞、吾、摆空、打确龙瓦多）：占二十八星宿、赞、十二属相及牵引牲畜之书。1册，20页。

b. pro³¹tʃɛ⁵³pro³¹tɚ⁵⁵la⁵⁵suɛi⁵⁵（标占标得尔·拉损）：测雷鸣与庄稼收割时辰及礼祀神灵的日子的书。1册，7页。

c. niɛ³¹tsɛi³¹（尼赠）：测日月食之书。1册，2页。

d. tʃa⁵⁵jɤ⁵⁵tsɛi³¹（站热赠）：算剃头日子的书。1册，2页。

e. kʻuɛn⁵⁵ma⁵⁵tsɛi³¹（滚玛赠）：占盗贼之书。1册，2页。

f. tuɛn⁵⁵tsʅ⁵⁵tsɛi³¹（突紫赠）：占精灵附物的书。1册，6页。

g. lɯ⁵⁵ti⁵⁵tsɛi³¹（鲁体赠）：算祭龙神日子之书。1册，2页。

h. tʃuã²¹luŋ⁵⁵tsɛi³¹（壮隆赠）：占出行之书。

i. xa⁵⁵tɕʻiɛn⁵⁵tsɛi³¹（哈千赠）：测方位神的书。1册，3页。

j. mi⁵³luŋ⁵³tsɛi³¹（鸣隆赠）：占梦之书。

k. tuɛn⁵⁵tɔ⁵⁵tsɛi³¹（天多赠）：测不祥之兆的书。1册，5页。

l. la⁵⁵niɛ⁵⁵tsɛi³¹（捞喃赠）：测人体放血日子之书。1册，2页。

m. luŋ⁵⁵ta⁵⁵tsɛi³¹（弄打赠）：占财运之书。1册，2页。

B. 测运［tsɛi⁵⁵ʐo⁵⁵ʎa³¹tsɛi³¹］（茨罗崍赠）

a. tsɛi⁵⁵ʐo⁵⁵ʎa³¹tsɛi³¹（茨罗崍赠）：测一生命运的书。1册，10页。

b. lu³¹kin⁵⁵tʃu³¹tɕy⁵⁵（罗更注居）：占五行之书。1册，12页。

c. uŋ⁵⁵tʻuŋ⁵⁵tsɛi³¹（哦通赠）：测官运之书。1册，8页。

d. mi⁵⁵ua⁵⁵kɯ⁵³ji³¹tsɛi³¹（鸣瓦古依赠）：算婚嫁之书。1册，12页。

e. pa³¹luŋ⁵⁵tsɛi³¹（抱隆赠）：算娶女日子的书。1册，8页。

f. tɕʻiuŋ⁵⁵tsɛi³¹（穷赠）：测婴孩诞生后前程命运的书。1册，12页。

g. la³¹mɯ⁵⁵tɕĩ⁵⁵kɚ⁵⁵tsɛi³¹（拉姆接嘎尔赠）：测病期之书。1册，4页。

h. pra⁵⁵kʻuŋ⁵⁵tuã²¹zuŋ⁵⁵tsɛi³¹（宝空端宗赠）：占致病方位及原因的书。1册，4页。

i. tu³¹tsʻɯ⁵⁵ko⁵⁵nɤ⁵⁵tsɛi³¹（督楚居尼端宗赠）：占得病时辰及原因的书。1册，4页。

j. ɕi⁵⁵luŋ³¹tsɛi³¹（希隆赠）：测亡灵之路的书。1册，12页。

k. tso²¹la⁵⁵tsɛi³¹prɛ⁵³ʎɯ¹tu⁵³（左拉茨伴良都）：测风调雨顺否的书。1册，8页。

l. tso²¹la⁵⁵tsɛi³¹ nuŋ⁵⁵tɕĩ⁵⁵sa³¹tɕĩ⁵⁵tsɛi³¹（左拉赠·浓鉴塞鉴赠）：测山崩地裂否的书。1册，16页。

m. ɕĩ⁵⁵ʐɛn⁵⁵tsɛi³¹pa³¹ʒɯ³¹（见崍赠巴拐）：观音菩萨卜（占用23颗粒）书。1册，16页。

n. tso²¹la⁵⁵mɯ³¹la⁵⁵（左拉木拉）：迎请佐拉占卜神经。1册，5页。

o. tso²¹la⁵⁵ɕyɛ⁵⁵（左拉鲜）：释左拉卦书。1册，18页。

p. tuŋ²¹tsɛi⁵⁵pa⁵⁵ʒɯ³¹（懂层巴拐）：懂层卜（占用13粒）书。1册，6页。

五 普米族口述历史保护与传承项目可行性研究报告书

清华大学人文学院暑期支队

2017年7月于宁蒗普米文化保护协会

《普米族口述历史保护与传承项目可行性研究报告书》编委

主　编：赵丽明　　清华大学人文学院教授
副主编：邢成博　　清华大学人文学院学生
　　　　武欣楠　　清华大学人文学院学生
　　　　胡镜明　　宁蒗县普米文化保护协会文化顾问
　　　　熊建举　　宁蒗县普米文化保护协会会长
成　员：胡学军　　宁蒗县普米文化保护协会副会长
　　　　马　尪　　宁蒗县普米文化保护协会副会长
　　　　熊德鼎　　宁蒗县普米文化保护协会秘书长
　　　　马复礼　　宁蒗县普米文化保护协会常务理事
　　　　马红升　　宁蒗县普米文化保护协会文化顾问
　　　　和学明　　宁蒗县普米文化保护协会文化顾问
　　　　偏初里　　宁蒗县普米文化保护协会文化顾问
　　　　永忠次里　宁蒗县普米文化保护协会秘书
撰　稿：邢成博　武欣楠

前言

2017年7月，受云南省丽江市宁蒗县普米文化保护协会的委托，清华大学宁蒗普米族口述历史调研支队队员邢成博、武欣楠，协助普米文化保护协会撰写《普米族口述历史保护与传承项目可行性研究报告书》。清华大学宁蒗普米族口述历史调研支队由清华大学人文学院教授赵丽明指导，调研宁蒗县普米文化口述历史保护与传承现状，并协助当地进行保护工作。

普米文化由于自然、历史条件和经济条件等多方面的原因，保护与传承的状况堪忧，尤其是普米族口述历史（喀尔沙）已经濒危，开展保护工作迫在眉睫，亟需得到国家及相关部门的大力支持。因此，我们在深入调研了普米文化保护现状及已有成果、口述历史濒危现状以及宁蒗县普米文化保护协会实施保护与传承工作的相关条件后，撰写了这一可行性研究报告。

由于撰写者经验及学术水平的不足，报告编制中难免出现疏漏，恳请各位领导和专家补正。

目录

第一章　项目概况

（一）普米族简介

（二）普米族口述历史简介

（三）口述历史保护与传承项目概述

第二章　项目背景及建设必要性

（一）普米族口述历史濒危现状

（二）口述历史保护与传承项目的必要性

第三章　可行性分析

（一）相似民族口述历史保护与传承案例分析

（二）项目开展有利条件

（三）项目面临的困境

第四章　项目建设任务

第五章　实施步骤

第六章　项目投资预算及资金筹措

（一）估算依据

（二）投资估算

（三）资金筹措方案

第七章　组织机构及保障措施

（一）建立健全组织机构

（二）加强项目管理

第八章　效益分析

（一）社会效益

（二）经济效益

（三）生态效益

第九章　结论及建议

（一）结论

（二）建议

第一章 项目概况

（一）普米族简介

普米族是我国人口较少民族之一，现主要居住在云南省西北部的怒江傈僳族自治州兰坪白族普米族自治县，丽江市宁蒗彝族自治县、玉龙纳西族自治县、永胜县和迪庆藏族自治州维西傈僳族自治县等地；另外，在四川省西南部的木里、盐源、九龙等县也有一些分布，但这部分普米人已被划归为藏族。至2011年末，云南省普米族总人口约4万人。

普米族属于中国西北游牧民族氏羌支系，其先民系青藏高原甘肃、青海一带的游牧部族。约在公元前7世纪以前，普米人从高寒地带沿横断山脉逐渐南移，13世纪后陆续迁入并定居在现在分布的地方。

普米族的语言属于汉藏语系藏缅语族羌语支。普米族韩规使用藏文草书，主要用于抄写韩规经典。

普米族文化在文学艺术、音乐舞蹈、建筑工艺、卜卦历法等诸多领域都留下了鲜活的印记，较为完整地保存了古羌文化特征。其中，韩规文化是普米族最有代表性的文化，涵盖了古籍经典、口述历史、绘画、音乐、舞蹈、工艺、造型、卜卦历法等形式内容。韩规文化属于原始文化范畴，中心思想是原始的自然崇拜，信奉万物有灵，崇拜自然、崇拜神灵、崇拜祖先；"韩规"在普米语中意为高级祭司或智者，是韩规文化的执行者和传承人。韩规文化在普米族人民的日常及精神生活中占有极为重要的地位。

（二）普米族口述历史简介

普米族口述历史在本族的称谓为"喀尔沙"。韩规文化活动在民间的执行由职业韩规与民间文化人"释毕"相配合而完成，喀尔沙由释毕进行口诵，是韩规文化活动必不可少的程序；在没有韩规的场合，则由释毕独立完成。

口述历史喀尔沙与苯教文化有密切的渊源关系，有五千余年的传承历史。喀尔沙以释毕为载体，经过长期传播、交融、规范，形成了一套独立完善的文化体系。作为普米族传统悠久的口述历史，喀尔沙的内容丰富，涵盖广泛：初步统计有286部，对普米族社会生活的各方面（如地理、文学、习俗、礼仪、历法、工艺等）均有涉及。韩规文化的几个主要方面，如自然观、幸福观、鬼神观、英雄观、生死观等，在喀尔沙中也得到了充分体现。其中，对自然神的信仰所带来的对自然的敬重与保护，对人与人、人与社会及自然之间和谐关系的关注，以及社会关系中的伦理道德等理念，在今天仍然有着积极的现实意义。喀尔沙如同一盏明灯，持续地照亮普米族人民的信仰天空，在中华民族文化中闪耀着独特而灿烂的光芒。

（三）口述历史保护与传承项目概述

项目名称：普米族口述历史保护与传承；

承担单位：云南省普米文化研究会、丽江市普米文化研究会、宁蒗县普米文化保护协会、兰坪县普米文化研究会、宁蒗县普米文化保护协会，邀请四川木里普米藏族藏学会、盐源普米藏族藏学会、九龙普米藏族藏学会、冕宁普米藏族藏学会协助完成；

主管单位：怒江州人民政府、丽江市人民政府；

建设地点：宁蒗县；

建设性质：新建；

建设期限：5年（2017年7月至2021年6月）；

建设内容及规模：收集、整理、注音、释读、翻译、出版口述历史经典100部；

投资估算及资金筹措：项目计划总投资1000万元；

资金来源：自筹75万元，申请财政补助资金925万元。

第二章 项目背景及建设必要性

（一）普米族口述历史濒危现状

历史上，普米族口述历史的载体——释毕，在普米族聚居村普遍存在，每个家族都有释毕。从日常生活、节日节庆、婚丧嫁娶到高层次的精神信仰需求各种活动场合全部由释毕主持、主导，由释毕演绎的口述历史成为普米族文化生活不可或缺的一部分。释毕是普米社会中普通的一员，由释毕传承的口述历史成为普米族的大众文化，这使得普米族口述历史传承、传播的广度和深度得以持续性发展。作为普米族古代社会文化的百科全书，口述历史（喀尔沙）是普米族人民在几千年历史发展进程中创造的重要文明成果，具有丰富的内涵，是中华民族传统文化的重要组成部分。但口述历史目前的濒危现状却令人担忧，由于历史、传承方式以及无书写文字记录等因素的制约，喀尔沙已经面临着失传的危险，表现在：

1.喀尔沙的口头传承后继乏力，人才严重匮乏

与有形的物质文化遗产不同，绝大多数非物质文化遗产都是靠口传心授的方式代代相传，存在着"人在艺在，人亡艺亡，艺在人身，艺随人走"的传承现象。喀尔沙是普米族的口述历史，由释毕以世代口传的方式传承，这种传承方式到了现代，已经表现出后继乏力的境况。

20世纪50年代后，普米族地区的政治、经济、文化状况发生了深刻改变，作为传统文化一部分的喀尔沙在现代化发展的潮流下受到了严重冲击。而"文革"时期，"破四旧、立四新"，更是把韩规、释毕等普米文化主要传承人当作"牛鬼蛇神"，全面停止了普米文化信仰活动，口述历史也随之停止了传承。直到党的十一届三中全会后，普米族地区才逐渐恢复了传统民俗活动，但此时仍能够吟诵喀尔沙的释毕已经寥寥无几，且大多年事已高，能完整吟诵的释毕则是几乎完全没有。几十年的文化传承的停滞，使得从事口述历史传承与研究工作的人才出现了严重的断层，喀尔沙濒危，抢救工作迫在眉睫。

2. 口述历史有待全面深入进行整理研究

就目前的情况而言，口头传承的方式很难让口述历史长久地生存下去，因此，对口述历史的整理记录极为必要，且十分紧迫。目前，对有关普米族韩规文字古籍的收集、保存、整理已经取得了一定的成果，然而，人们对目前仍流传、保存于民间的普米族口述历史并不完全掌握，只有很少量的部分用韩规文字或普米拼音文字作了记录。并且，目前普米族民间已没有能够完整吟诵口述历史喀尔沙的专家，要完整地保存喀尔沙的内容，需要专家们通力合作，并进行系统专业的记录、整理、注音、释读工作。根据目前的统计结果，喀尔沙有286种，整理成文字的仅有117种。普米族口述历史喀尔沙的系统整理工作尚未全面展开，有待全面深入进行抢救、整理和研究。

（二）口述历史保护与传承项目的必要性

普米族的民族文化的保护与发展坚持以国家文化政策的精神为指导，符合国家政策的内容。国家对保护人口较少民族文化的事业长期给予关注和支持，抢救普米族珍贵的口述历史，对保护我国文化多样性具有很重要的意义。普米族口述历史的濒危现状，已经引发了很多普米族人民以及热爱少数民族文化、普米文化的人们的深切担忧。抢救口述历史，对于推动我国人口较少民族（普米族）文化的传承与创新，无疑具有重大的现实意义。

1. 抢救口述历史（喀尔沙）是我国民族政策和文化繁荣的要求

我国的民族政策坚持三大基本原则：民族平等原则、民族团结原则、民族共同繁荣原则。民族无论大小，都有平等的发展经济、文化的权利，都有实现自身政治、经济、文化繁荣的权利。党和国家对少数民族的重视，和对实现民族共同繁荣的信念是长期统一贯彻的，一直以来国家对于人口较少民族文化保护与发展工作也给予了大力支持。2006年，国家民委文化宣传司与中国社会科学院文化研究中心合作开展的"中国少数民族文化发展战略研究"课题，其中之一的"中国人口较少民族文化发展与保护调研"指出了普米族文化传承的困境，对发展和保护普米文化以及其他人口较少民族文化给予了极大的关注。同年，云南省政府发展和改革委员会又筹备了《云南省扶持人口较少民族发展专项建设规划》，对包括普米族在内的人口较少民族文化事业的发展作出了长远规划。

普米文化的保护工作开展以来，已经取得了很多成果，而抢救口述历史则是接下来的重点工作，也是保护普米文化的重要环节。各民族的口述历史等非物质文化遗产是中华文化的重要组成部分，加强对其的保护、研究，从中汲取文化养料，对于我们认识民族文化的真谛，提升民族文化的品质，增强民族自信心和凝聚力，对于弘扬民族精神乃至中华民族的伟大复兴，都有着十分重要的意义。

2. 抢救口述历史（喀尔沙）是普米族人民的殷切希望和现实需要

在普米族传统文化中，祭祀和节庆是非常重要的内容，在重要的活动和某些特定场合中，吟诵口述历史是必不可少的环节。普米族人民对吟诵口述历史的文化传承人释毕十分尊敬，对口述历史也十分珍视。口述历史的濒危状况使普米族人民十分不安，如果口述历史就此失传，普米族传统文化则将出现巨大的缺漏，普米人的祭祀和节日也会变得不完整。抢救口述历史对于增强普米族的文化归属感和民族团结，提高文化自觉和增强文化自信，加强各民族团结等都有着极为重要的作用。

3. 抢救口述历史（喀尔沙）对于保护文化多样性、保护中华文明的完整性有着至关重要的意义

我国是一个统一的多民族国家，各种民族文化异彩纷呈，各族文化共同熔铸了灿烂的中华文化。口述历史是普米文化的精华，也是中华文明的一部分，对于反映普米族源远流长的文化、展示普米人的精神世界有着独特的作用。

此外，各民族文化在发展中相互交融、相互促进，普米文化中崇尚自然、保护生态的意识，崇拜祖先、敬老爱老的美德，封山育林、保护水源的传统，家族团结、社会和谐的主张，都会为发扬中华民族传统美德、保护生态环境、建设和谐社会、实现中华民族伟大复兴的中国梦提供强大的精神文化力量。

4. 普米族口述历史具有极高的历史和文学价值

口述历史产生于普米族历史上游牧与农耕时代，那时人类认识和利用自然的能力都很差，自然灾害和弱肉强食使得人类对自然十分畏惧。一方面，为了生存和发展，人类要不断地延伸自己的认识范围、提高认识能力以利用自然；另一方面，人类又十分敬畏自然，惊异于自然运作的原理，于是，人类发挥自己的想象力，讲述出一系列关于宇宙、自然及人类起源的神话、传说，并同时记录下在生产和社会实践中积累的各种生存的技能技艺。因此，口述历史积淀了丰富的历史文化信息，有着重要的历史价值、科学价值和艺术价值。

普米族口述历史（喀尔沙）是人类口述历史的重要的一部分，内涵深邃，信息丰富，是了解普米族社会历史和传统文化的重要资料。它记载了普米族整个发展历程的历史、政治、经济、社会、宗教信仰等诸方面的内容，富含大量历史文化信息，其范围超越了一个民族，为我们了解当时的川、滇、藏毗邻区域民族的历史和文化提供了重要的参考资料，既是珍贵的史料，也是具有很高学术价值和美学价值的文学作品。普米族口述历史（喀尔沙）保留着普米文化的原始内核，记录着普米族的文化源头和精神历程。收集、整理、释读这一珍贵的史料和民族文学，有助于进一步发掘、认识、研究普米族族源、文化、地理、社会、经济、宗教的发展历史，以及羌文化、青藏历史文化、西南地区历史文化和各族关系史等，使我国的历史书写更加丰富，并对以记录英雄和统治阶级为主的传统史料进行补益。同时，对喀尔沙的整理也能使少数民族文学的内容进一步扩展。

综上所述，保护与传承普米族口述历史有利于维护边疆稳定，增进民族团结、交流，从而"推动社会主义文化大繁荣大发展"，实现各民族优秀文化资源的共享。

第三章 可行性分析

（一）相似民族口述历史保护与传承案例分析

口述历史在我国丰富灿烂的民族文化中并不鲜见，相关的工作设想及经验既富有多样性又具有内在相似性。因此，在具体分析普米族口述历史保护与传承项目实施可行性之前，本部分将对相似的民族口述历史保护与传承工作开展状况以及方式方法进行简要分析，以此证明保护与传承口述历史工作的普遍紧迫性，以及相似民族口述历史保护与传承工作"方法互通互补、经验相互借鉴"的可能性。由于普米族口述历史与纳西族东巴口述历史文献、佤族口述档案在文化特征、地域、传承方式等多个方面上具有相似性，所以本部分选取纳西族和佤族作为典型案例进行分析。

本部分的撰写参考了习晓耀《纳西族东巴口述文献的采集、整理与保护研究》、孙丽娜《云南省佤族口述档案开发利用研究》，在此致谢。

1. 纳西族东巴口述历史文献

（1）纳西族东巴口述文献保护工作开展概况

纳西族东巴文化的保护传承工作起步较早，也是民族文化保护、传承和推广得较为优良的范例。早在19世纪中叶，在中国西南地区进行传教的法国传教士即向西方社会介绍了纳西族东巴文化，引发了一个多世纪以来国际社会对于该民族文化的持续关注和研究。20世纪初期到中期，西方学者考狄、沙畹、巴克、洛克等先后取得了重要的研究成果，积累了许多珍贵资料；20世纪六七十年代则是日本学者成为了东巴文化国际研究的主力。改革开放以来，更多日本和西方学者来到纳西族地区考察，与国内研究者进行积极亲密的交流合作，共同推动东巴文化的研究。

对东巴文化的抢救工作在1959年即告开始，在丽江县委书记、社会各界人士及丽江老东巴等的共同努力下，研究者收集了大量东巴经书、东巴画和东巴法器，并对一部分经书进行了整理翻译。1980年，丽江东巴文化研究室成立，是为丽江市东巴文化研究院前身。2001年，由丽江市东巴文化研究院编辑，云南人民出版社出版发行了共计100卷的《纳西东巴古籍译注全集》，收入东巴经籍近千册，按东巴教仪式内容分为几个大类。此外，丽江市玉龙县图书馆中藏有近4000册东巴古籍和200余幅东巴画，丽江市博物院藏有东巴文物2500件以上。

然而，与对东巴成文古籍及纳西象形文字的持续关注和丰厚研究相比，东巴口述历史文献的传承保护要落后许多，东巴口述历史同样面临着濒临失传的尴尬境地；总体来看已有一定建设，但亟需进一步加强。自1981年以来，丽江东巴文化研究所录制了100多盘东巴诵经的录音资料，摄制了8个东巴教仪式的录像资料；此外，云南省的一些文化组织，如云南省民间文学集成文化办公室、云南省民族古籍办等，编辑出版了《中国民间故事集成·云南卷》《云南民族口传非物质文化遗产总目提要》等口传文献相关资料。对于东巴口述文献的进一步采集、记录和整理的工作仍在进行中。整体看来，尽管纳西族东巴文化在相似境况中的保护工作进行得较为超前，然而仍面临着许多不利因素和传承断裂的危险，在口述文献方面即有着相当鲜明的体现。

（2）纳西族东巴口述文献保护工作分析借鉴

尽管东巴口述文献的传承保护也面临很大的压力与挑战，但纳西族作为民族文化保护的先行者，仍有许多优秀经验值得分析和借鉴，具体总结如下：

① 学习借鉴东巴古籍文献及口述文献的分类体系

经过一个多世纪中外学者对东巴古籍的研究，不少东巴古籍的分类编目体系已被提出，整体看来体例完善、内容丰富。其中，东巴古籍文献目录学奠基人方国瑜先生提出的"十六分法"既遵循我国传统目录学的一般特征，又融合了民族文献整理的特殊要求；所分的16类中除去2类外，剩下14类皆是按照东巴教仪式类别及其重要性来排列，有利于展示东巴文化的渊源和古籍文献的全貌。此后，不断有"七分法""五分法"等新的编目方法出现，基本都遵循了以仪式对文献进行分类的思想。由于东巴口述文献和古籍文献都密切依托于东巴教仪式，因此针对口述文献，也应大致沿用此类编目体系，并且增加一些特有的著录项目。

由于普米韩规文化与纳西东巴文化在形式、内容、精神等诸多方面存在相当的近似性，故在进行普米族口述历史（喀尔沙）的收集抢救工作时，应当积极学习借鉴东巴文献在分类编目方面的优良经验，并针对自身情况进行一定的调试和改良，为日后围绕普米族口述历史的进一步保护传承提供便利。

② 适当借助艺术创作和文化旅游的方式宣传推广口述文献

借助艺术创作和旅游来进行文化推广的经验同样值得分析借鉴。在纳西东巴文化的传承推广过程中，大型实景演出《印象·丽江》和音乐剧《鲁般鲁饶》等既广泛汲取了纳西民间文化并穿插配合有东巴口述文献，又在商业上取得了显著成功，对于文化的普及、宣传、推广作用也是不言而喻的。丽江"玉水寨"风景区作为东巴文化传承地的经验表明，结合文化古迹开发的旅游项目，如果运营得当，不仅能带来经济利益，也对文化的"活的传承"大有助益。

然而需要警惕的是，此种方式的风险和弊端也非常明显，在实践过程中易使丰富复杂的文化流于简单庸俗，且若没有深厚扎实的文化研究作底，亦难以达成预期的保护宣传效果。因而我们要时刻注意，踏实开展对于口述历史的收集整理、抄录注释工作才是保护传承的根本，在此基础上积累经验、发挥创意，争取能够以多元而现代的方式进行一定的辅助和提升。

③ 积极推动建设良好的文化生态

东巴文化较为成功的保护传承经验再一次从多个角度证明了良好整体文化背景和环境的重要性。例如，东巴文化在古籍文献和象形文字等方面已有的优秀研究成果有利于对文化的进一步保护传承，同时，由于口述文献和古籍文献本身的紧密关系，前者保护状况的缺失使得关于后者的研究出现瓶颈，因而对后者进行更深入研究的诉求也带动了对前者的认识和保护研究，有助于发现以往工作中未曾或难以发现的漏洞和缺陷。这也提示我们，少数民族文化的传承保护是一个整体，在不偏废的同时要有侧重地开展工作，以点带面，关照全局。目前，普米文化作为一种文化影响力较弱的少数民族文化，更需要普米同胞和各界工作者付出艰苦的努力，认真建设重点项目口述历史（喀尔沙）的同时，还要运用一切力量，积极推动普米文化生态良好的建设，把多样性、可持续作为长期目标，以谋求更长远的发展。

2. 佤族口述档案

（1）佤族口述档案保护与传承现状概述

在我国的西南边陲，有一个跨境居住的民族——佤族。由于长期以来没有自己的文字，佤族通过口耳相传的方式，创造了丰富的口述史料，这些口述史料的内容包括宗教信仰、音乐舞蹈、饮食、服饰习俗及人文掌故等。口述史料是佤族文化的主要成果和载体，然而佤族口述档案保护与传承的工作仍在起步阶段，除了口述史料内容之庞大所带来的巨大的整理工作量，佤族口述档案的保护与传承还面临着以下几个问题：

① 文化传承后继无人。这一问题是口述历史保护与传承工作面临的最大的难题。据民族地区相关数据统计表明，截至2012年，无文字少数民族中优秀的民族文化传承者不足千位，其中大部分人已近古稀之年，且文化传承后继无人，若不采取有效措施及时抢救和保护优秀民族文化，那么艺随人亡的情况将会随时发生。

② 本民族人民普遍汉化，很少接受本民族文化教育。佤族长期没有文字，只有语言，尽管1949年后在国家的支持与帮助下，佤族拥有了自己的文字，但这套文字普及率不高，目前在佤族聚居地仅有极少数学校进行教授；汉语与汉文字是佤族使用最普遍的语言文字。另外，随着经济社会的不断发展，佤族人民走出穷乡僻壤，愿意留下传承本民族文化的年轻力量寥寥无几。

③ 民族文化完整性、原生性、多样性面临消亡。佤族拥有的文化遗产为旅游业发展提供了丰富的可开发利用资源。但面对市场的冲击与诱惑，佤族文化自身的文化内核随着适应市场需要、吸引外来游客的潮流而庸俗化、扭曲化，这无疑使得佤族文化的纯洁性遭受了严重打击。与东巴文化等已拥有较强的文化活力和影响力的民族文化相比，佤族文化作为影响力较小的文化，面对外来文化和旅游文化的冲击，几乎毫无自我保护、保留原生性的能力。

（2）佤族口述档案保护与传承与本项目的异同

同为人口较少民族以及文化影响力较弱民族文化主体，佤族口述档案的传承困境与普米族口述历史的现状具有很高的相似性，但同时也有一些不同之处。在两者对比之下，我们能够发现保护与传承口述史料的普遍方向，并能够同时结合普米族口述历史的自身特点，探索普米族口述历史保护与传承的特定道路。

佤族与普米族口述历史的相似之处总结如下：

① 长期没有文字，本民族文字普及率低。汉语和汉字普及率高，本民族人民汉化程度高。

② 口述文献传承方式单一，口耳相传后继乏力。

③ 文化影响力弱，本民族文化人才流失严重。

佤族与普米族口述历史的差异之处总结如下：

① 旅游开发程度不同，民族文化原生性保留程度也有所差异。相比之下，普米族文化受到旅游开发的影响较小，此时进行保护与传承，留存下来的成果纯洁性更易保证。

② 日常性程度不同。普米族口述历史具有高度的日常实用价值，对普米人民日常生活有着重要意义，而不仅仅作为史料档案而存在。

③ 内容丰富性不同。佤族的口述档案包含着更加丰富而繁杂的内容，从日常生活到宗教艺术，应分门别类地进行整理与保护。而普米族口述历史则是一部完整流畅的史诗，文学价值与历史价值并重。

（3）小结

少数民族口述历史整理与保护的基本方向一致，均可大致划分为走访、记录、整理、抄写、释读、出版等步骤，并且这些工作的紧迫性是相似的。少数民族口述历史面临的困境很普遍，保护与传承当然并非短期内就能完成的工作，但一旦一个民族的工作走上正轨，少数民族口述历史的保护与传承的整体工程就能获得很大的助力。

此外，通过与佤族的情况进行比对也可以发现，相较之下，普米族口述历史（喀尔沙）的保护与传承项目在工作量和工作难度上都更加简单可行，因此，喀尔沙保护与传承项目作为少数民族口述历史保护工作在起步阶段的项目是十分合适的。

（二）项目开展有利条件

1. 国家政策的大力支持

根据2007年国务院办公厅下发的《关于进一步加强古籍保护工作的意见》（国办发〔2007〕6号），中共中央、国务院关于加强我国少数民族优秀传统文化保护传承，"加大抢救保护濒临失传少数民族古籍力度，加强少数民族古籍翻译整理研究出版工作"的指示精神以及中央、省、市关于帮扶人口较少民族（普米族）精准脱贫工作的决策部署，宁蒗县已经扎实地推进了宁蒗县普米族整族帮扶精准脱贫攻坚文化保护项目的实施，普米族文化保护与开发事业的全面发展已经初见成效。目前抢救普米族口述历史的工作亟需开展，根据《关于进一步加强少数民族古籍保护工作的实施意见》，要"加快优秀少数民族民间口传古籍传承人的抢救工作。民间口传古籍传承人是我国各民族民间文化的活宝库、活化石，是活着的历史，对于民族学、历史学、语言学等学科研究具有很大的历史和现实价值，是一笔珍贵的非物质文化遗产。一旦传承人故去，所掌握的口传古籍也将随之消失。要按照'救人、救书、救学科'的原则和抢救非物质文化遗产的有关要求，及时搞好'救人'工作。一方面，要组织一定的人力尽快搜集、整理民间艺人的口传资料，建立和完善具有一定规模的少数民族口传古籍音像资料库，整理出版一批少数民族口传古籍声像出版物。另一方面，对那些因条件限制而不能及时全部记录整理，长期在民间传诵的民族古籍，要有意识培育口传古籍的继承人，扶持口传古籍之家，让具有悠久历史的口传古籍能世代流传下去，切实推进民间口传古籍的保护和利用"。这为抢救普米族口述历史提供了政策支持和工作指导。

国务院2017年的《政府工作报告》强调了"保护和发展少数民族优秀传统文化，扶持人口较少民族发展，推动各族人民在全面建成小康社会进程中实现共同发展繁荣"的重要性。国家对人口较少民族经济和文化状况的重视，为保护和发展民族文化提供了坚实后盾。国家对人口较少民族优秀传统文化保护工作的重视与支持，为保护和发展包括普米族口述历史在内的民族文化指明了前进方向。

2. 数十年工作积累下来的人力物力条件和资源

普米族民间的有识之士，如胡镜明、马红升等，在几十年的时间里一直坚持不懈地为保护普米族文化四处奔走，为系统地开展抢救口述历史的工作打下了坚实的基础。省、市、县都已成立普米族文化研究会，2004年正式挂牌成立的宁蒗县普米文化保护协会集中了普米族文化的资深学者，一方面可以有效地组织和指导县内普米族文化研究、采录、整理和保存，建立健全普米族资料档案；另一方面则可以通过组织基础调研、举办学术研究讲习班、举行传统普米族文化活动等发展壮大本土普米文化研究队伍，并进一步加强本土与外地普米文化的学术交流，共同达到抢救、保护、传承、弘扬普米族文化的目的。宁蒗县普米文化保护协会是保护普米文化的一支核心队伍，在数十年的工作中积累了相当丰富的普米文化资源和成熟有效的工作经验，这为抢救口述历史（喀尔沙）提供专业的人才保障和组织保障，创造了力所能及的一切条件。

3.已有项目及支持

口述历史（喀尔沙）是普米文化的重要内容，保护和传承口述历史，恢复普米文化的文化生态，对于包括抢救口述历史在内的各类普米文化的工作的开展和推行都有着重要的意义和巨大的帮助。宁蒗县普米文化保护协会已进行了大量对于包括口述历史在内的韩规经典的收集整理工作，并配合普米族整族帮扶精准脱贫攻坚文化保护项目的实施，展开了一系列对普米文化的抢救工作，对于本项目的开展可以起到引导和促进作用。

（1）韩规经典的收集整理现状

近年来，丽江市普米文化研究会、宁蒗县普米族文化保护协会对韩规经典不遗余力地进行收集整理，包括原版经典100捆，已誊抄56捆、860部、168000页，印刷50套；图画428幅，唐卡16种，五福冠图5种，财神图5种。

（2）韩规文化传承人培养项目

20世纪90年代始，在胡镜明、马红升等几位自觉抢救民族文化的普米族领头人的倡导下，韩规文化传习班开办，截至2006年，共培养韩规文化人才22人。

2016年10月，宁蒗县普米文化保护协会启动韩规文化传承人培训项目，2017年3月，开办韩规文化传承人培训班，目前在读学员有10人，计划在未来3年的时间内培养韩规40人。

2016年11月，宁蒗县普米族文化保护协会启动释毕文化传承人培训项目，2017年1月，开办释毕文化传承人培训班，目前已有一期学员毕业，计划在一年的时间内培养释毕100人。

（3）普米双语班项目

2009年以来，由宁蒗县普米文化保护协会倡议，在宁蒗县委、政府的关心支持下，县教育局高度重视双语教育，在宁蒗民族小学开办普米双语班，采用拼音字母记录和学习普米语。2015年转到永宁洛水完小继续办班，2016年由于多种原因停办。自办班以来，共开办了6个班级，招收了290名普米族学生。

2017年2月，宁蒗县贝尔中学启动普米双语班项目，在初一、初二年级开办4个普米双语班，计划在完成初中教程的同时，每星期教授3至4节普米语言课，授课内容包括普米语、民间文学、民歌舞蹈、民俗礼仪等。

此外，宁蒗县普米文化保护协会编写了《普米语课本》，供双语班教学使用；编写普米语词集《学说普米话》1万句，上网工程和应用软件正在开发中。

（4）普米文化展示体验馆项目

2016年6月，宁蒗县普米文化保护协会启动普米文化展示体验馆项目。至2017年6月，体验馆已竣工并进行了部分布展，包括普米族住宅内部情景及实物展示、韩规图画及木牌画、韩规古籍经典、普米文化相关书籍陈列等，还将进一步完善收集和展示并向社会公众开放，供参观、访问、体验、互动。

（5）普米族博物馆项目

普米族博物馆位于兰坪白族普米族自治县，目前已完成一期工程的建设，并已于2016年1月开馆。博物馆内外陈列按兰坪地区普米族传统生产生活方式复原展示，展品征集全部源自怒江州，年代为清代至当代，记录和展现了普米族的历史生活情景和社会风貌变迁。作为国家民委为人口较少民族建设博物馆的重点项目，普米族博物馆体现着党和政府对普米人民和文化的关切与扶持，也承担着"民族繁荣、民族团结、民族稳定"的重要使命，为普米族人民对本族文化的再熟悉再认同以及其他民族同胞对普米文化的深入了解与亲密接触提供了重要的平台，也是普米文化复兴的重要建设项目之一。

（6）普米文化传承基地和展示区项目

在丽江市市委、市政府和宁蒗县县委、县政府的大力支持和推动下，计划在宁蒗县红桥乡黄腊老片区建设普米文化传承基地和展示区，进行招商引资，目标为建成"泸沽湖后花园"。该项目目前已经动工，预计在3年内完成。这一项目的实施，将有助于吸引游客及资金、带动区域的经济发展，为其他普米文化保护项目提供一定的支持，并将成为普米文化向外推广的一个窗口。

（7）普米文化咨询中心项目

为了做好准备以迎接更多来自外界的机遇与挑战，普米文化咨询中心项目也在建设当中。该机构目前建设于普米文化展示体验馆中，其职能主要在于：向到访本地的客人讲解普米文化并解答疑问，提供文化信息和资料，宣传推广普米文化知识，并对客人的意见建议进行收集反馈。该项目旨在扎根本地进行普米文化的对外宣传推广，同时构筑更加全面、方便、快捷的文化公共服务体系。该项目作为建设良好的普米文化生态环境、推动普米文化健康自足发展的重要环节，能够为包括口述历史在内的各项普米文化保护工作的顺利开展提供支持与助力。

4.社会支持及认可度

普米族传统民俗活动和祭祀仪式在民间逐步恢复，口述历史（喀尔沙）与普米族的生活如影随形，普米族人民对喀尔沙的现实需求和认同感、归属感是抢救喀尔沙的力量之源。此外，普米文化的保护与传承一直以来都受到来自社会的支持和认可。清华大学"中国西南地区濒危文字抢救、整理与研究"课题对普米族以及普米族的口述历史十分重视，并给予了很多的支持与帮助，除了权威专家赵丽明教授的建议和帮助，清华大学的学生也经常来到宁蒗县普米文化保护协会帮助协会开展工作。

（三）项目面临的困境

尽管在党和国家政策的大力扶持、民间有识之士及文化学者的辛苦奉献、普米族民众日常及精神生活的迫切诉求下，普米族口述历史喀尔沙的保护和传承已经取得了一定的成绩，但冷静客观地对现实及未来的需求进行分析，可以发现各项工作的开展还面临着严峻的挑战，对口述历史（喀尔沙）的保护与传承仍然道阻且长。

1. 文化边缘化趋势仍在加剧

受到主流文化的冲击以及现代化、全球化浪潮的影响，普米族的传统文化日趋边缘化。20世纪50年代后，普米族地区政治、经济、社会领域发生了深刻变革，汉语和汉文化成为包括普米地区在内的全国的教育升学、就业发展的基础。此外，现代化、全球化在带来前所未有机遇的同时，也使得影响力较小的文化的生存越来越艰难，非主流价值观越来越难以得到承继。此外，当下时代文化的快速传播和融汇带来的信仰多元化也对普米文化在本族的传承产生了较大影响。韩规文化、口述历史喀尔沙等作为本族的优秀传统文化和历史的重要见证，其影响力在普米地区日渐式微。

2. 文化保护传承未成为全民族的整体精神意识

面对包括口述历史（喀尔沙）在内的韩规文化濒临灭绝的急迫现状，普米族一部分有识之士和知识分子积极推动文化的自救事业，但这种先进自觉意识的群众基础仍嫌不足；有相当多的普通民众面对民族文化的失传危机没有意识或表现淡漠。缺乏对全民族进行民族文化教育的土壤，口述历史的生命力也将难以维持。

3. 文化从业者的收入和地位难以得到保障

韩规、释毕是韩规文化、口述历史的传承人和活载体，没有韩规和释毕，韩规文化，包括口述历史也都将逐渐干涸。然而，韩规和释毕作为特殊的从业人员，其经济收入主要靠普米民间民俗活动支撑和信仰文化的普米群众的供养，与其他更加现代化的职业相比，韩规和释毕的经济收入有限，生活并不宽裕，生存和发展问题严峻。同时，尽管韩规和释毕在普米民间受到礼遇和尊崇，享有较高的文化地位，但受到知识、技能和阅历限制，韩规和释毕的整体社会地位和经济状况也难以得到提升。

4. 文化生态环境的健康运转尚未实现

具体文化形式是在特定文化土壤中得以生长的，其保护和传承也需要在一个健康良好的文化生态环境中才能有效并长久地开展。出于以上原因及其他一些复杂因素，普米族的文化生态环境遭到了比较严重的侵蚀和破坏，尚不能进行自发的良性运转和生息。因此，对普米族口述历史的保护和传承，迫切地需要一个良好的文化生态环境来实现和运行。

综合以上的分析，我们认为，目前展开对普米族口述历史（喀尔沙）的保护与传承工作就整体而言是十分迫切且可行的，如果坚持和借鉴我国在民族文化方面的政策、成果、经验，充分利用现有人力物力条件，同时认识到现实存在的不足与困境，积极摸索新的和更适合的保护方式，普米族口述历史（喀尔沙）的保护工作就有了坚实的保障。因此，对于开展对口述历史（喀尔沙）的抢救工作并努力推动普米文化的保护和可持续发展，普米族同胞和各界相关工作者已经做好了准备。

第四章 项目建设任务

根据宁蒗县普米文化保护协会的规划，普米族口述历史的保护与传承的工作项目在现阶段主要有四项任务，分阶段展开：

1.收集

普米族口述历史的主要载体是族内老人。抢救口述历史的第一步是去往普米族聚集地，向老人广泛采集各种形式的口述历史，涵盖普米韩规文化中族源传承、精神信仰、价值观念等多方面的内容。这一工作目前已在进行当中。

2.整理、抄写、注音

完成收集后，使用拼音文字将口头表述进行抄写记录，同时对文本进行初步整理，对相同相似内容在不同叙述者处的不同表述进行辨析、确认和整合，对口述历史的内容进行分类（预计将分为八大类）。整理抄写完成后，使用国际音标进行注音。

3.释读和翻译

使用韩规文对已记录的口述历史进行释读，并将其翻译为汉文（汉文直译对注和汉文意译）。对口述历史进行整理的最终成果将包括拼音文字记录、国际音标注音、韩规文字和汉文释译。

4.出版

将口述历史的记录成果整理为100部，公开出版发行。

第五章 实施步骤

根据项目建设任务，预计建设期限为5年，即从2017年7月起至2021年6月止，可分为如下六个阶段进行具体步骤的实施：

第一阶段：2017年7月至11月

2017年7月至8月，进行项目实施方案编制；9月，对项目实施方案进行评审；10月至11月，完成项目实施方案立项。

第二阶段： 2017年12月至2018年5月，完成普米族口述历史（喀尔沙）的收集抢救工作。

第三阶段：2018年6月至2019年5月，完成口述历史（喀尔沙）的整理注音工作。

第四阶段：2019年6月至2021年3月，完成口述历史（喀尔沙）的释读和翻译工作。

第五阶段：2021年4月至2021年5月，将完整抄写、注音、释读、翻译后的口述历史（喀尔沙）进行出版发行。

第六阶段：2021年6月，项目竣工，对项目成果进行验收、审核和总结。

第六章 项目投资预算及资金筹措

（一）估算依据

1. 现行国家文化保护政策及相关法规；

2. 现行丽江劳动力价格；

3. 丽江市商品信息网。

（二）投资估算

本项目计划总投资10000000.00元；资金来源为：自筹750000.00元，申请财政补助资金9250000.00元。

本项目投资包括：前期工作经费、项目实施方案编制及评审费、项目可行性研究报告编制及评审费、资料收集费、整理费、注音费、释读及翻译费、出版费等。分列如下：

1. 前期工作经费：项目实施方案编制费20000.00元，评审费10000.00元。项目可行性研究报告编制费100000.00元，评审费30000.00元。合计160000.00元。

2. 资料收集费：购置录音笔4支，4支×1000.00元＝4000.00元；摄像机一台，20000.00元；计算机4台，24000.00元，打印机2台，10000.00元；差旅费（住宿）4人、90天，4人×200元/人×90天＝72000.00元；车辆租用费，2台×500元/台×90天＝90000.00元；民间喀尔沙古籍购置费，60部×3000元/部＝180000.00元。合计400000.00元。

3. 资料整理费：韩规文字抄写费，购买东巴纸费，100部×500页/部×5元/页＝250000.00元；韩规文字整理费，100部×500页/部×20元/页＝1000000.00元；普米拼音文字整理费，100部×500页/部×15元/页＝750000.00元；国际音标注音费，100部×500页/部×15元/页＝750000.00元。合计2750000.00元。

4. 汉文翻译费，100部×500页/部×50元/页＝2500000.00元。

5. 出版费，出版500套，100部×500套×80元/套＝4000000.00元。

6. 暂列金额：190000.00元。

（三）资金筹措方案

本项目总投资10000000.00元，其中前期工作经费160000.00元，资料收集费400000.00元，暂列金额190000.00元，3项合计750000.00元，占总投资的7.5%，由宁蒗县普米文化保护协会自筹投入。资料整理费2750000.00元，汉文翻译费2500000.00元，出版费4000000.00元，3项合计9250000.00元，占总投资的92.5%，申请财政资金辅助。

第七章　组织机构及保障措施

（一）建立健全组织机构

为了保证普米族口述历史保护和传承项目的顺利实施，宁蒗县普米文化保护协会将建立健全项目实施组织机构，加强项目建设组织领导。项目实施单位宁蒗县普米族文化保护协会，是一家以普米族传统文化的保护、抢救、传承、开发、发展为宗旨的民间组织，重点开展普米族韩规古籍经典、普米族口述历史（喀尔沙）的收集、抄写、整理、注音、翻译、出版，民间文化收集、整理、出版，传统文化传承人才培养以及双语教学班开办等工作，并进行学术交流，联系普米同胞和沟通外界，开展普米族村寨文化及宗教文化调查，举行普米族传统祭祀活动，记录普米族传统风俗习惯，完成普米族地区社会文化事业的调查报告，以及开展多层次的民族理论研究，为普米族地区的现代化建设和文化繁荣提供咨询帮助。宁蒗县普米文化保护协会有合法健全的组织机构和法人资格，有多年从事普米文化保护传承研究的成果和经验，有专业人才和学术力量，具备组织收集、整理、抄写、翻译口述历史（喀尔沙）的条件。本项目的实施由普米文化保护协会牵头，将可行性研究报告发往普米族地区，如宁蒗、兰坪、盐源、木里、九龙、冕宁、永胜、玉龙、维西等县，由当地普米文化保护机构同期向各级政府申请资金，联合成立一个大型民间喀尔沙抢救机构，机构组长将由内部投票选举决定。

此外，项目的主管单位宁蒗县普米文化保护协会将成立普米族口述历史（喀尔沙）保护与传承项目工作小组，负责组织发动、项目实施等工作。由胡镜明任组长，协会分管文化的副会长任副组长，胡镜明、马红升、和学明和迪基偏初任文化顾问，把项目任务分解落实到各专人具体负责实施。工作组将完善工作机制，制定普米族口述历史保护与传承项目实施的机制、措施和方案，制定进度时间表，根据情况向项目主管部门上报进度监测表，接受指导和检查。在普米族口述历史保护与传承项目实施完成后，还将聘请相关领导和专家组进行评估、竣工验收、审计，撰写项目实施情况工作总结等相关材料，并将材料上报。目前普米文化保护协会内部已经成立了筹备小组，开始开展前期工作。

普米族口述历史保护与传承项目筹备小组由省、市、县研究会协商成立专项实施筹备小组，之前由宁蒗县普米文化保护协会代成立筹备组。

组　　长：胡镜明　　文化顾问

副组长：熊建举　　会长

成　　员：胡学军　　副会长

　　　　　马　馗　　副会长

　　　　　熊德鼎　　秘书长

　　　　　马复礼　　常务理事

　　　　　熊嘉德　　常务理事

　　　　　熊　正　　常务理事

熊正文　　常务理事

熊保荣　　常务理事

马红升　　文化顾问

和学明　　文化顾问

偏初里　　文化顾问

熊正勇　　文化顾问

永忠次里　　协会秘书

（二）加强项目管理

1. 项目公告

普米族口述历史保护与传承项目基本情况公告：要把项目建设规模、总投资、建设工期、质量要求、项目建设单位、项目实施单位、项目设计单位、项目监督单位等情况向社会进行公告，以增加项目实施的透明度，增强公众参与度。

2. 项目行政监督

做好行政区划内的项目行政监督工作，实施单位宁蒗县普米文化保护协会要积极配合出资部门做好监督、检查工作，并由怒江州州委、政府及丽江市市委、政府监督室对普米族口述历史保护与传承项目执行情况做好监督、问效工作。

3. 中期检查

普米族口述历史保护与传承项目建设检查采取定期督察上报。由项目建设主管单位牵头组织相关单位，对项目建设进度、质量、投资、效益等进行不定期检查，及时协调处理项目建设中存在的困难与问题，并根据项目实施情况上报项目推进情况。

4. 项目验收

普米族口述历史保护与传承项目验收采取一年一验收的管理办法，对所完成的项目，要按实施方案的要求及时组织项目验收，及时发现并纠正项目建设过程中存在的不足，总结经验，不断完善。

5. 项目审计报账

由财政、审计部门对已完工的普米族口述历史保护与传承项目进行工程量、工程造价和年度财务报账审计。

6. 文件档案管理

建立普米族口述历史保护与传承项目技术档案专管制度，落实项目技术档案专管人员，建立和完善有关档案资料。

7. 项目资金管理

省、市、县财政专项扶贫资金，按照项目资金管理相关规定，严格普米族口述历史保护与传承项目资金管理，做到专人专账，专户储存，专款专用，确保资金安全和高效运行，杜绝挤占、挪用、浪费专项资金，明确项目资金的管理使用规则和程序。

第八章　效益分析

通过普米族口述历史保护与传承项目的实施和资金的投入，可有效抢救濒危的非物质文化遗产——普米族口述历史，形成系统完整、内容完备的喀尔沙文字古籍，该项目是公益性的文化项目，项目实施完成后，将会带来一系列社会文化效益、经济效益、生态效益。

（一）社会效益

普米族口述历史的保护与传承项目的实施为进一步保护和发展濒危的普米文化奠定了坚实的基础。抢救喀尔沙的工作一旦完成，普米族长期散落在民间各地、未能完整呈现的民族文化将在完整化、体系化的道路上前进一大步。对于本民族人民来说，普米族的精神纽带将更加坚实，普米族的向心力和凝聚力将加强，而对于我国的文化事业来说，普米族口述历史将丰富我国的口述典籍条目，为考证少数民族历史和民族关系的沿革提供丰富的史料。

此外，一旦完成了喀尔沙的记录、释读和出版工作，将为普米族人民留下重要的民族文化遗产，将对恢复普米族人民的传统文化活动、丰富他们的文化生活，增强文化自觉、文化自信产生至关重要的影响。同时，通过该项目的实施将加强汉文化和普米文化的交流，丰富中华文明多元一体、和而不同的内涵，实现民族优秀文化之间的融通，普米族口述历史的保护与传承将带动宁蒗县政治、经济、文化的协调发展，实现少数民族自治县的可持续发展。

（二）经济效益

普米族口述历史保护与传承项目是公益性的文化项目，它所带来的经济效益是隐性的，但却能推动当地经济可持续发展。

普米族口述历史的保护与传承是宁蒗县文化建设的重要内容，能有效地促进当地打造普米族文化品牌、向外传递普米族独特的文化气息和精神气质、推动文化产业和旅游产业的发展，能有效地推动当地群众的收入增长，加快普米族贫困群众的脱贫致富步伐。经济社会文化的协调发展，将使宁蒗县走上自我发展、自我积累的良性发展道路，为人口较少民族地区的经济和社会发展提供良好的文化环境。

（三）生态效益

普米族口述历史中有大量与崇敬、保护自然的内容，山、水、森林、兽类等在普米文化中享有重要地位。对于自然的尊崇珍视深深烙印在普米族的精神文化传统中，也与其日常生活方式息息相关。因此，对于普米族口述历史及相关文化的传承和保护，不仅有益于推行和完善我国的生态文明建设，切实有效地保护云南地区丰富的动植物资源及物种多样性，也为研究探索人与自然和谐可持续发展的可能提供了有益经验和思路启迪。

普米族传统文化注重对森林生态系统的保护，一年只有两季允许伐木，其余季节进行封山；普米族的习惯法规定了各种对于自然生态的破坏行为的严格处罚措施。这些相对原始的生态观为我国积极建设生态文明提供了理论依据和鲜活素材，为我国自然资源的开发利用及研究保护提供了精神力量。

此外，本项目实施的地域包括云南省，云南省是我国生物多样性最丰富的地区，自然环境复杂，生长着许多我国独有的物种，且有大量珍贵的动植物资源尚未发现并得到充分的研究和保护。以少数民族的居住环境、生活经验及生态意识为背景和依托，借助少数民族的力量对这些自然资源进行研究和保护，是相对最有效率、经济成本最低的做法。生态和文化的相互依赖和繁荣共生在普米族口述历史中有着鲜明的体现，因此，普米族口述历史保护与传承项目的实施，也将带来良好且长远的生态效益。

第九章　结论及建议

（一）结论

本项目的开展符合党中央、国务院"加快优秀少数民族民间口传古籍的抢救工作"的重要决策，有利于构建和谐社会，实现科学发展，推动普米文化和中华文化繁荣。

本项目的实施将使普米族口述历史这一珍贵的文化遗产得到保护和传承，将对促进民族团结、增强普米族的文化归属感、提高人口较少民族的文化自觉和文化自信起到关键作用。因此，从国家政策角度、文化事业发展角度、民族关系角度分析，本项目都是可行的。

本项目作为公益性文化项目，在实施后会产生较好的社会效益、经济效益和生态效益，并且投资风险较小，从经济角度分析，本项目是可行的。

本项目实施所需要的人才和技术，在宁蒗县已有一定的基础，与当地的文化保护项目的已有成果相适应、相对接。宁蒗县普米文化保护协会已有较为成熟的经验和组织机构，因此从技术和人力角度分析，本项目是可行的。

本项目得到了当地人民和热爱普米民族文化的人们的支持，既和宁蒗县的社会环境、人文条件相适应，又获得了包括清华大学在内的社会各界的支持和帮助。因此，从社会角度分析，本项目是可行的。

综上所述，本项目——普米族口述历史保护与传承项目的实施是必要的、紧迫的、可行的，同时对于社会的发展也是有益的。

（二）建议

由于普米族人口较少，且呈现出"大分散、小聚居"的人口分布特点，普米族口述历史的收集和传承面临着较大的困难，实施这一项目需要极大的耐心，投入大量的精力。而且作为公益性的文化项目，其效益主要体现在社会和文化层面，其实施和开展离不开政府的财政支持。尽管如此，如若这一项目得以完成，对普米族文化的发展将会产生重大的意义。因此，希望政府能够高度重视并给予及时的、足够的财政资金支持，同时恳请国家对经济上较贫困落后、文化上较边缘、人口较少的民族的发展给予更大的关注和支持，帮助保护同属于中华民族大家庭的人口较少民族的极为珍贵的文化遗产，以缩小人口较少民族地区与其他地区的地域差距，促进民族共同繁荣，保护我国的文化多样性，使丰富多彩的中华文明以其包容博大屹立于世界民族之林。

2017年7月宁蒗县普米保护协会

第十章

普米文献影印

一 历书《夏多吉吉》旧本

偏初里旧藏本。第三章第一节所解读的《夏多吉吉》即据此重新抄写，现在日常所用的是新抄本。

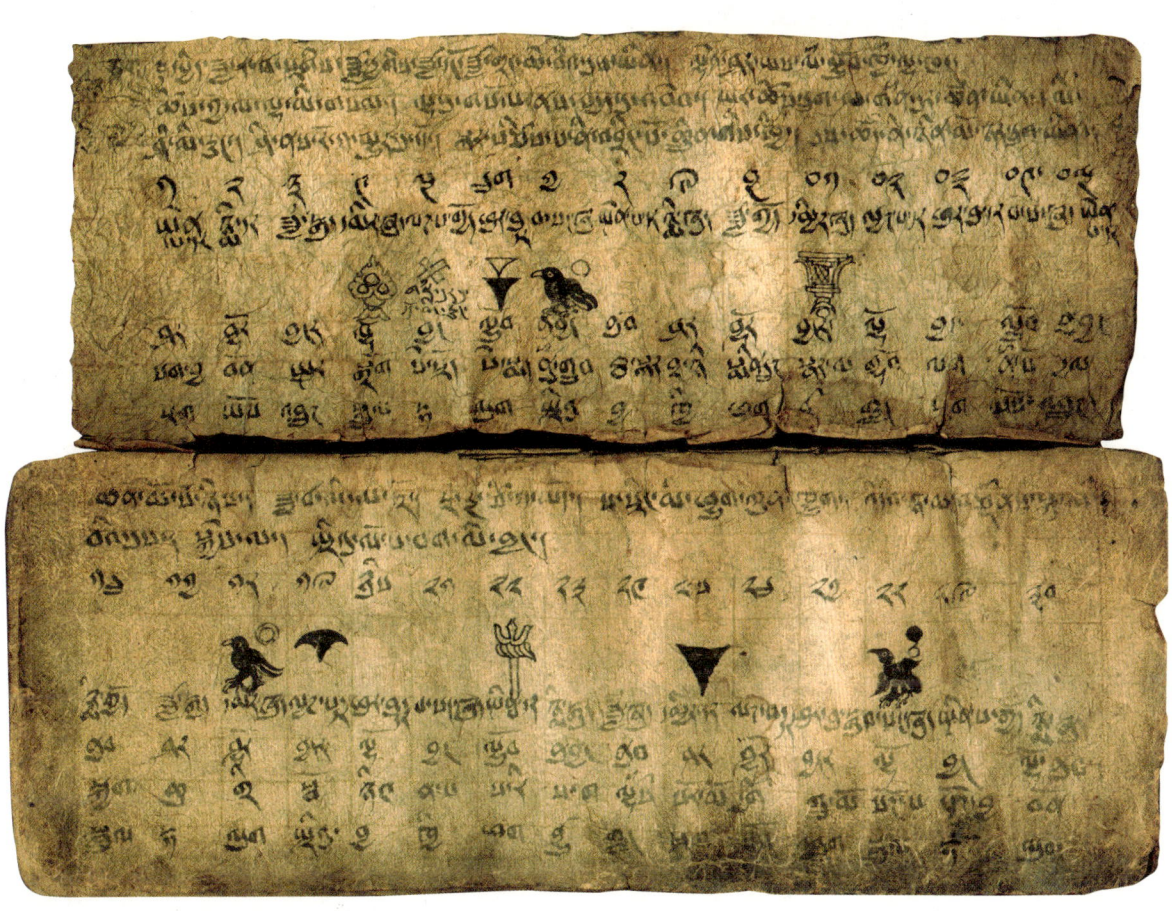

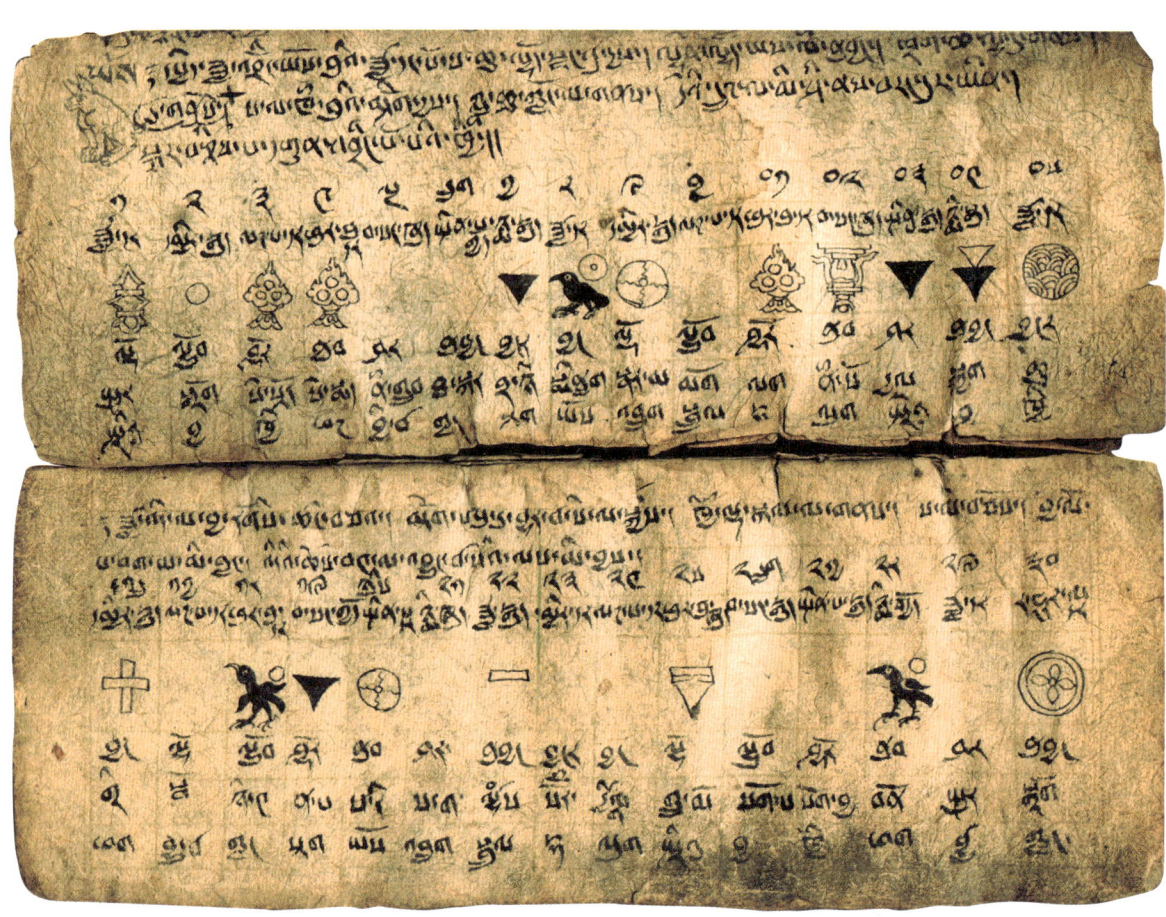
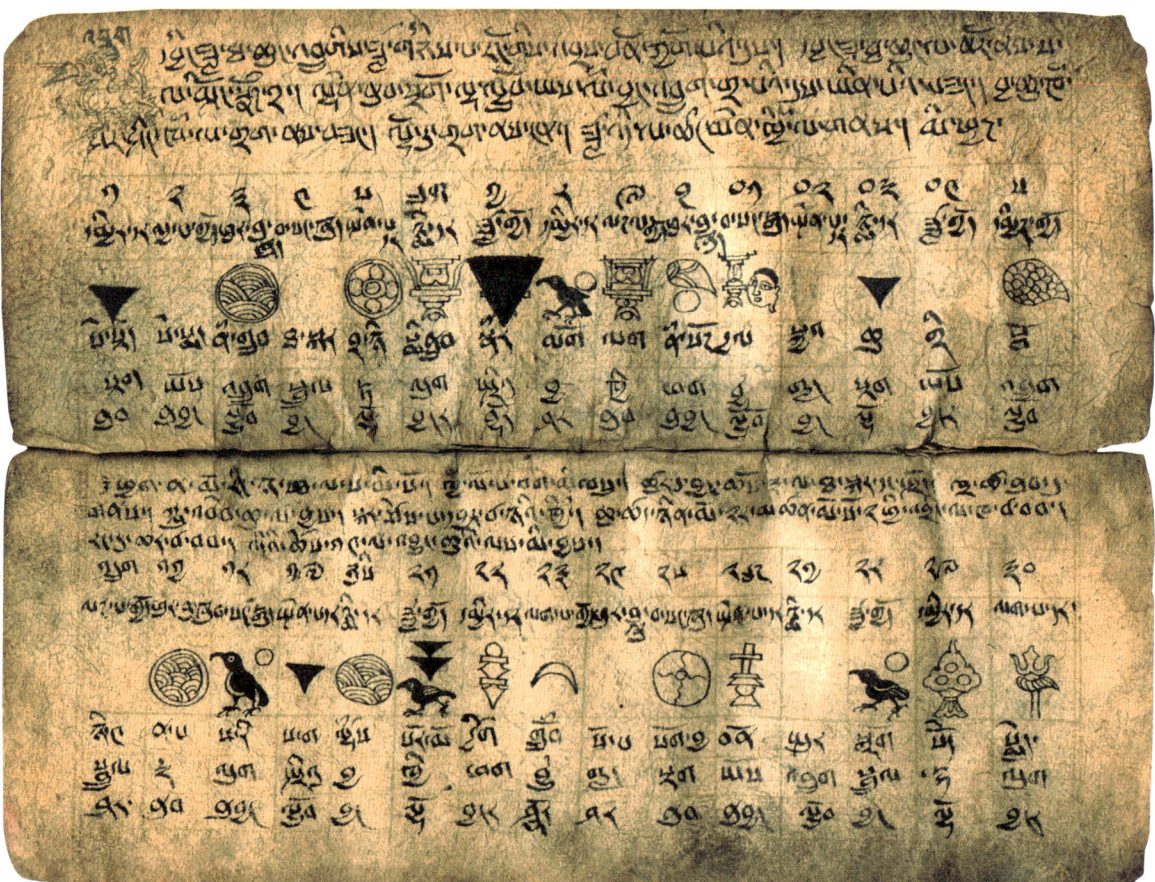

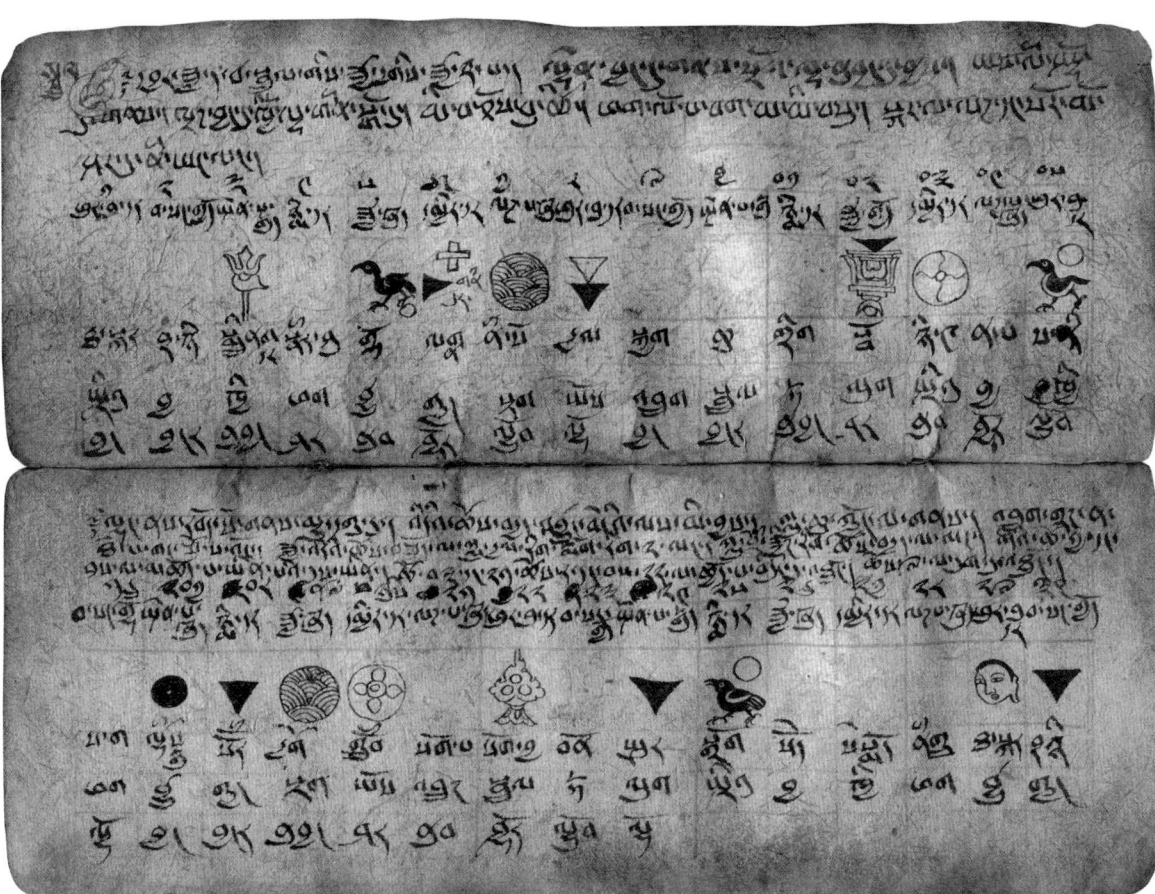

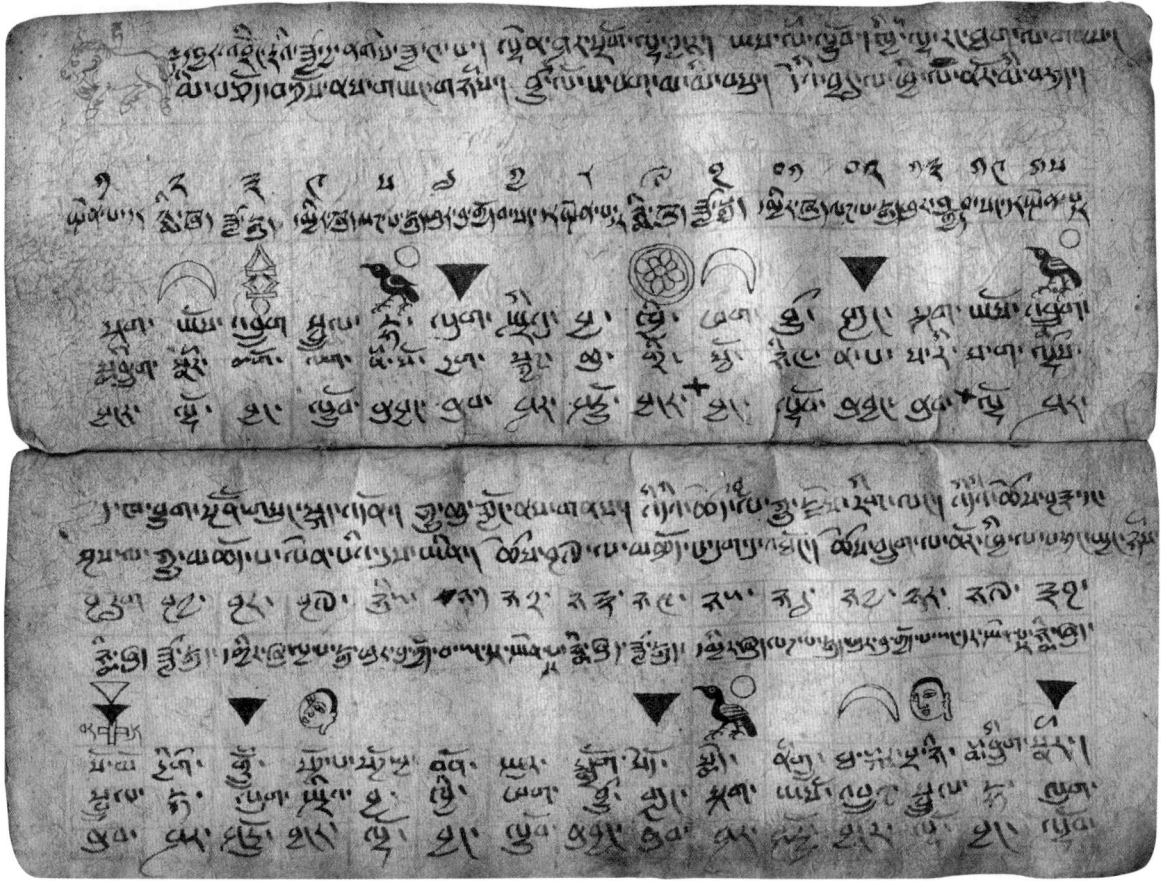

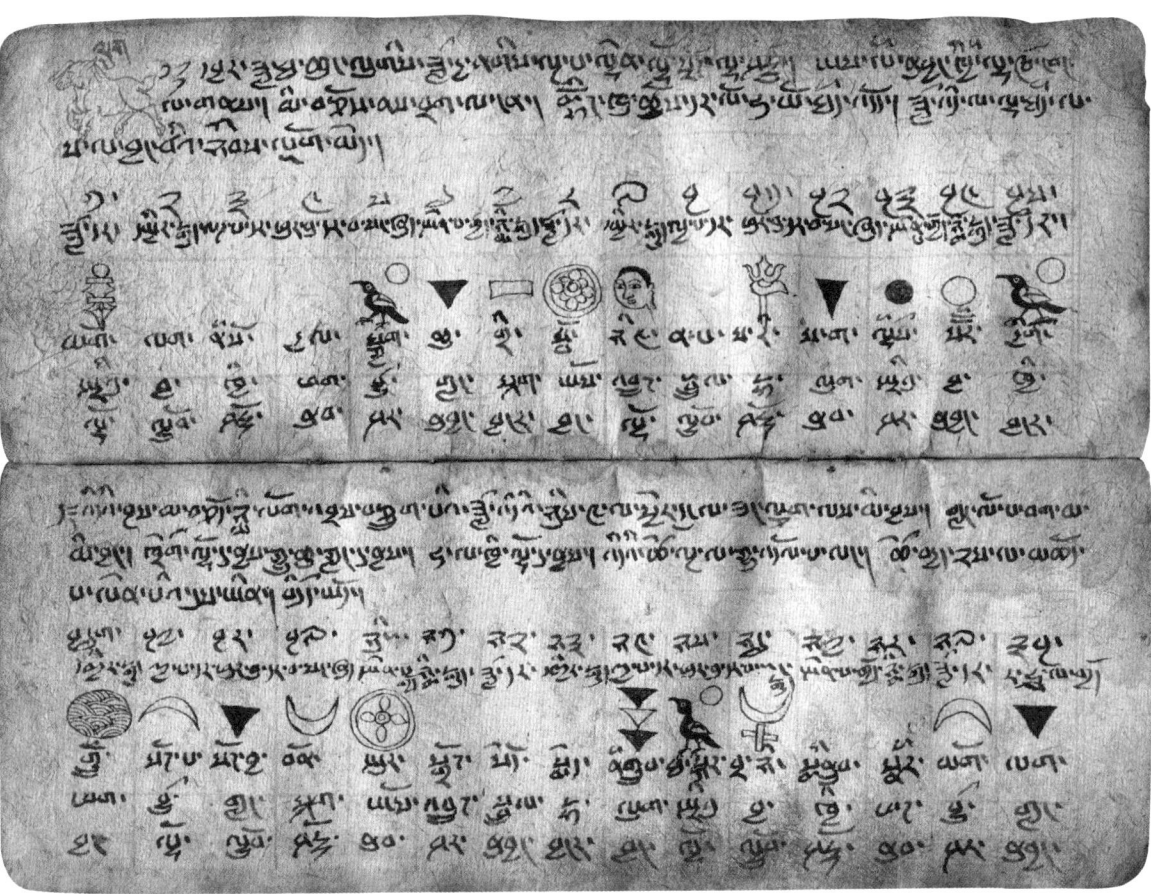

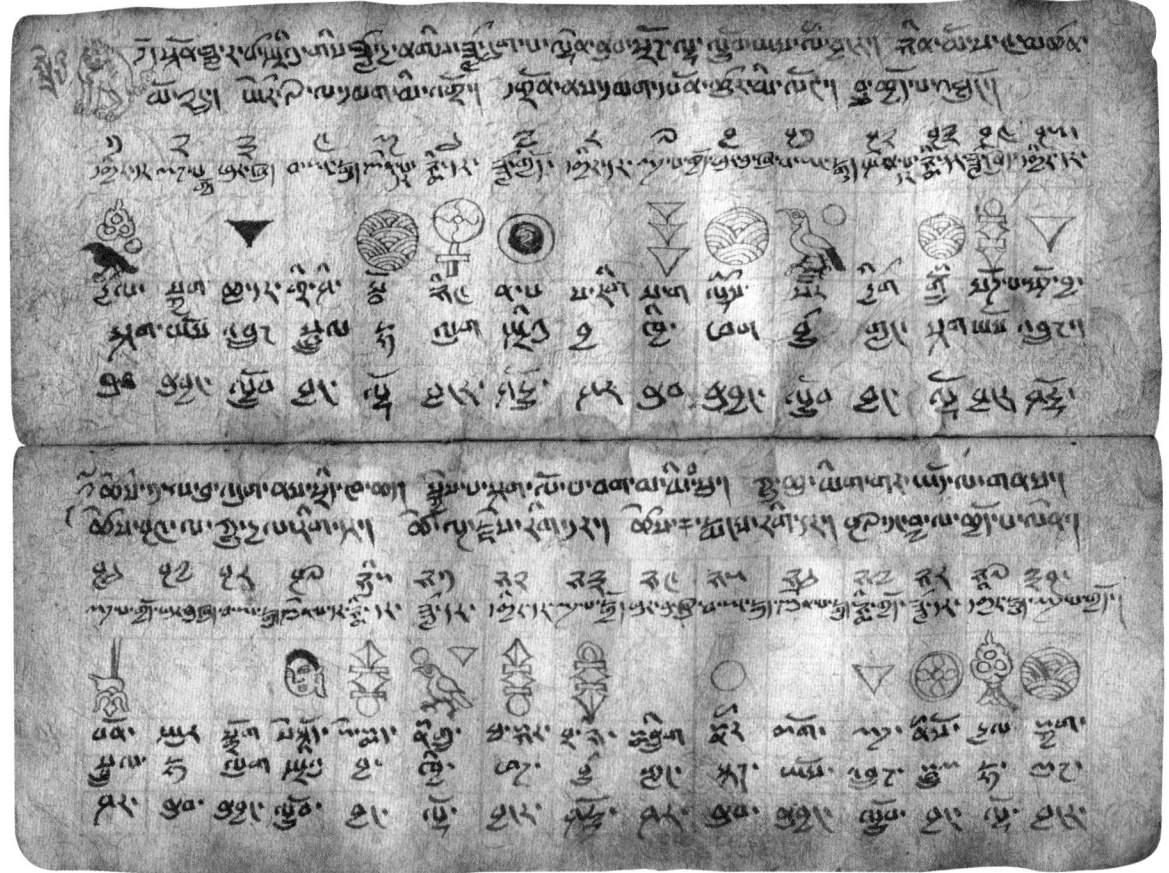

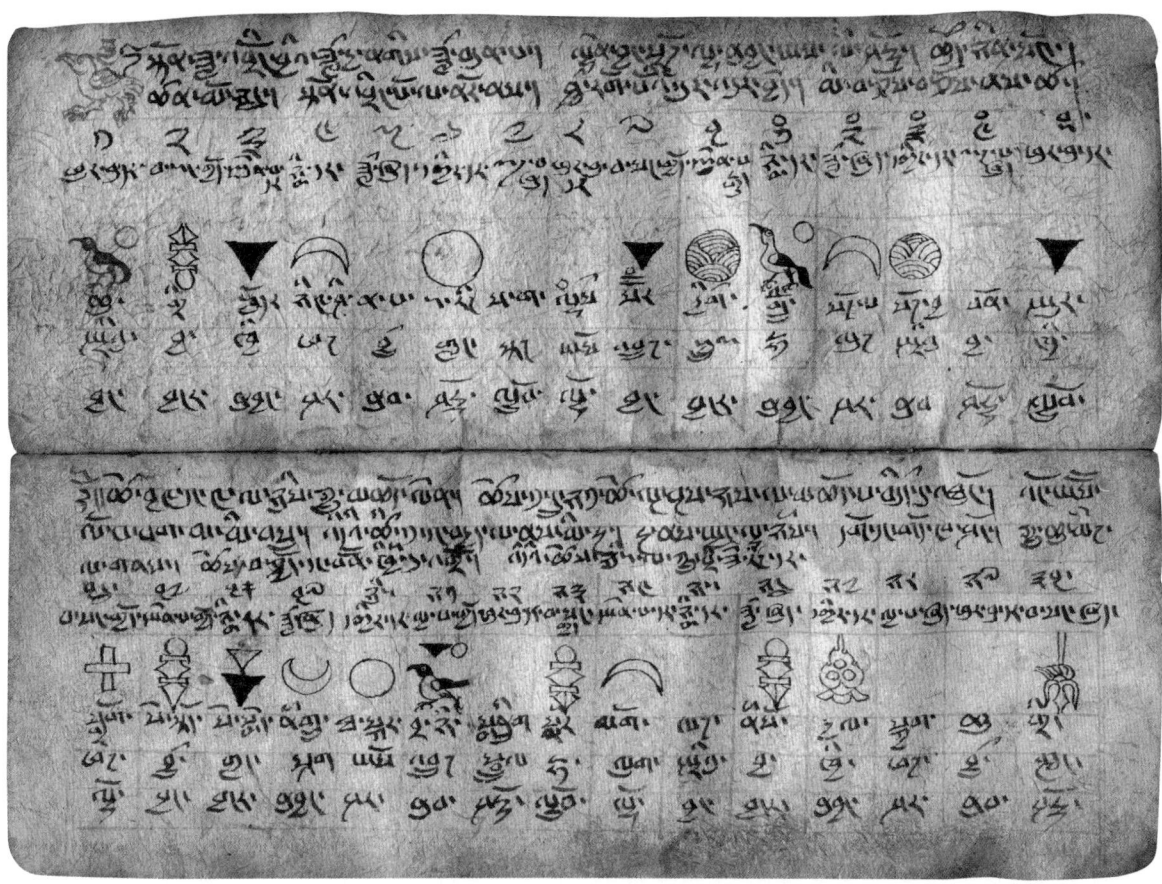

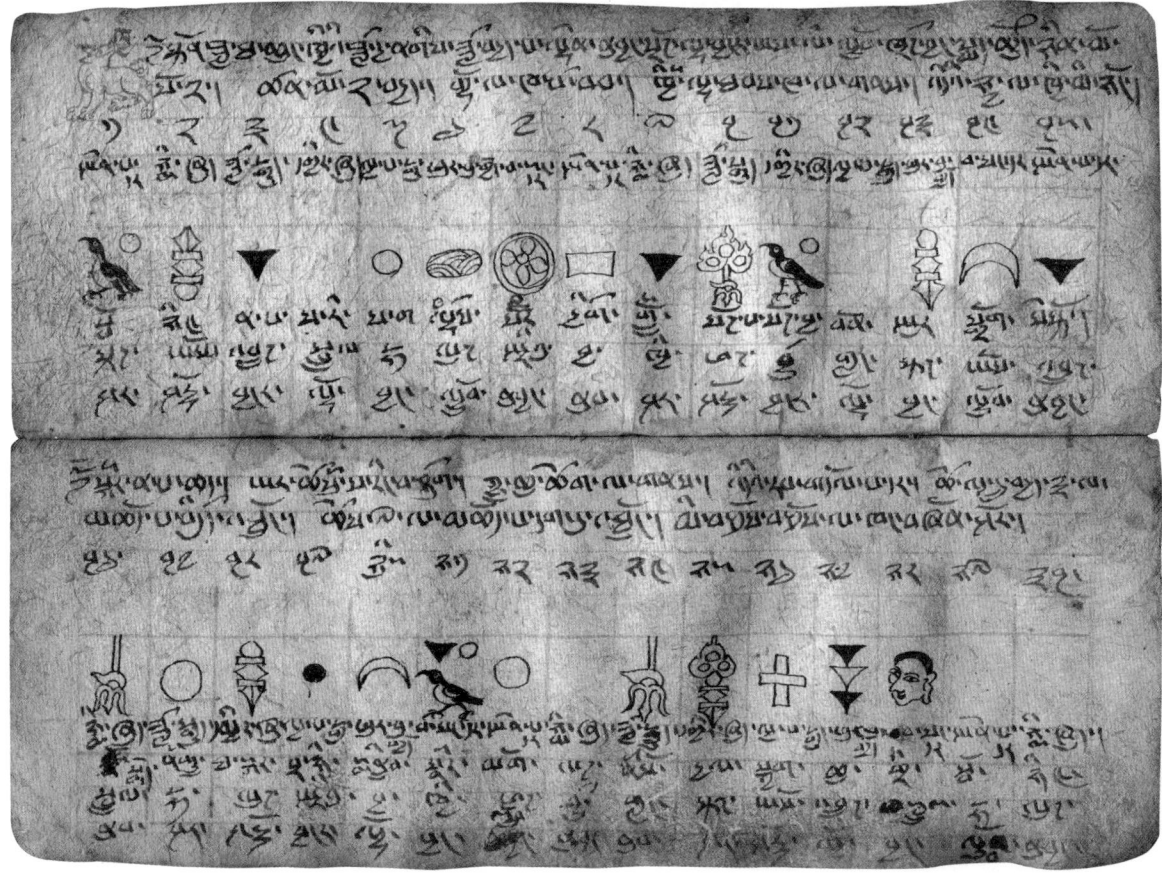

第十章 普米文献影印

第十章 普米文献影印

二 藏文插图韩规经样本

原件藏于四川省木里县依吉乡。

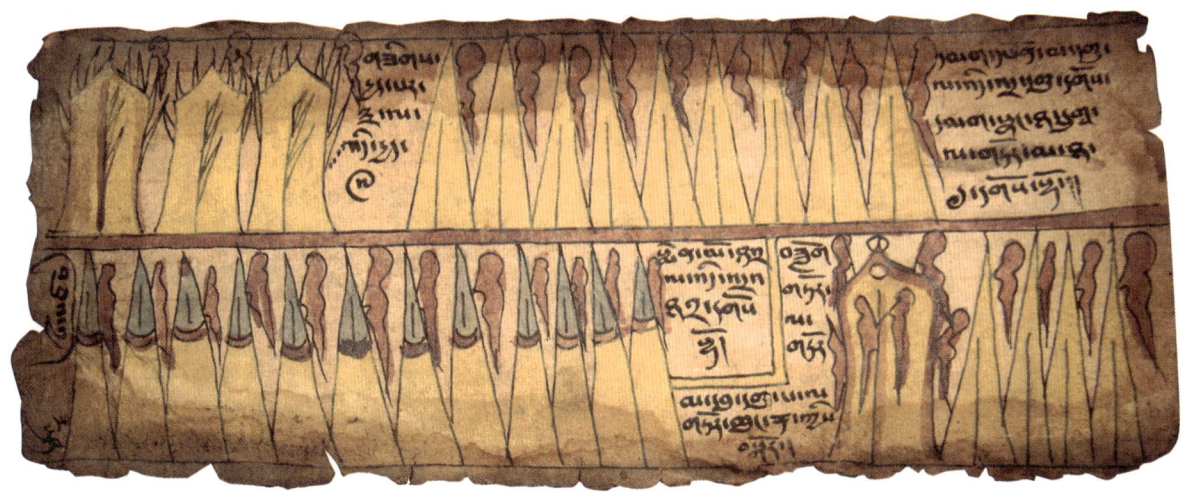

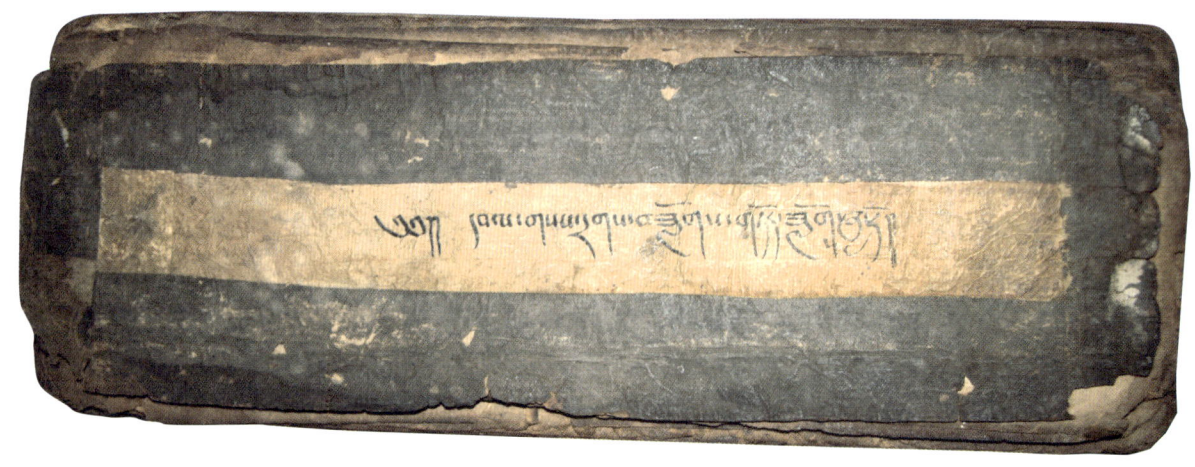

三 残本占卜卦图

原件藏于四川省木里县依吉乡。

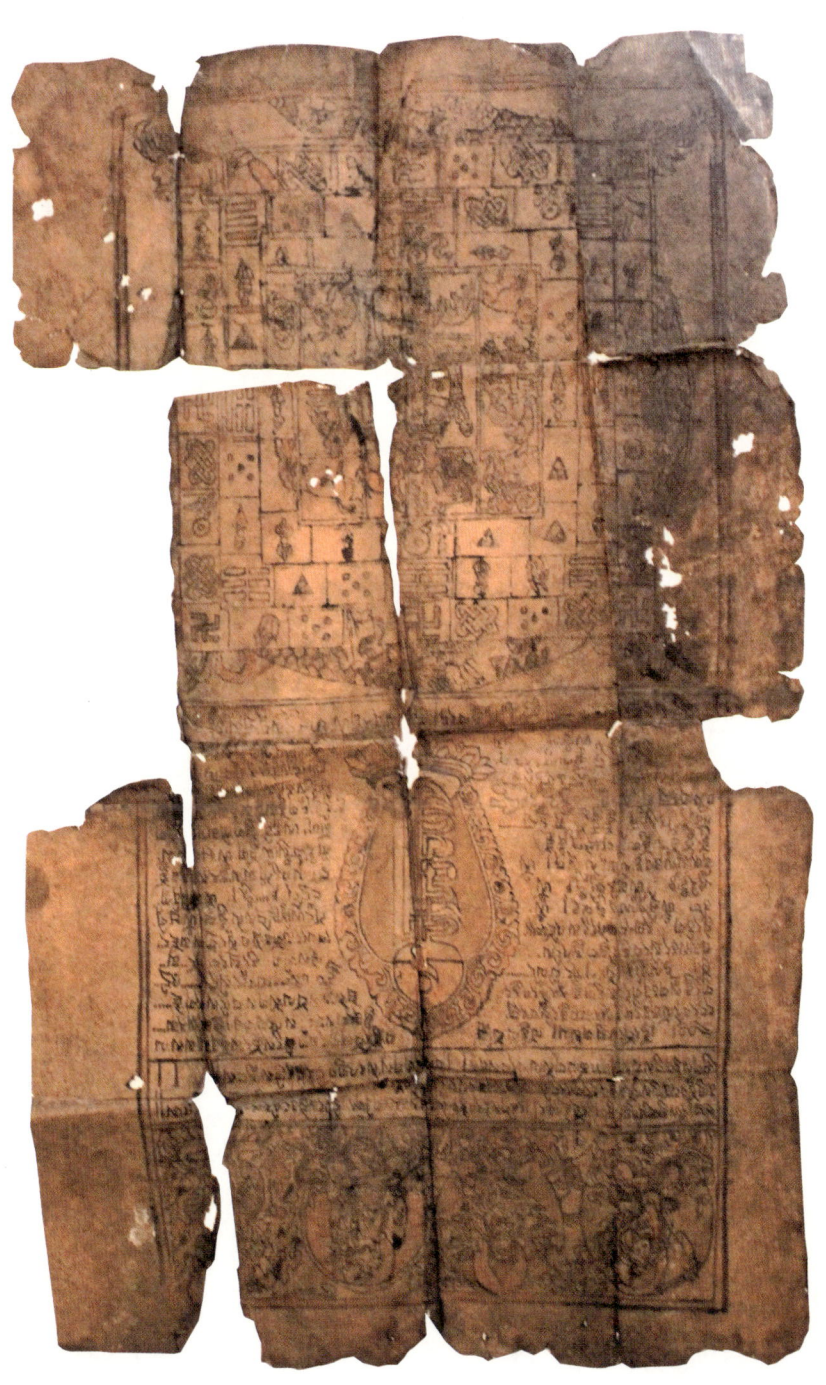

（四）韩规文普米语教材

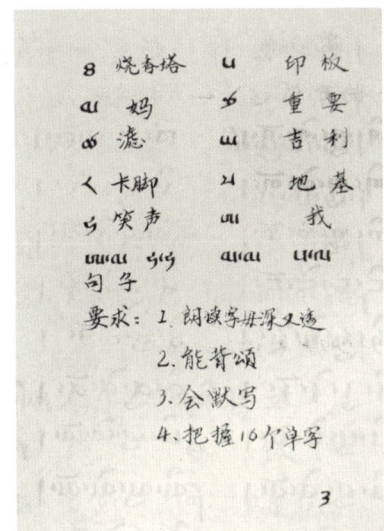 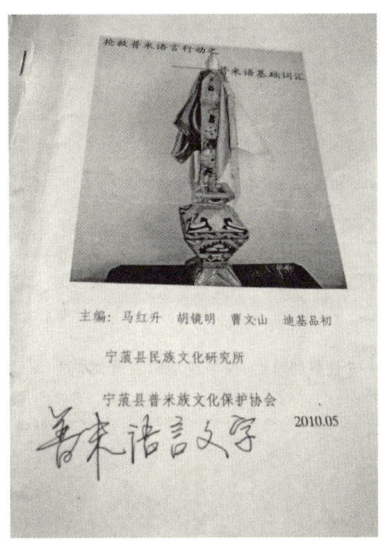 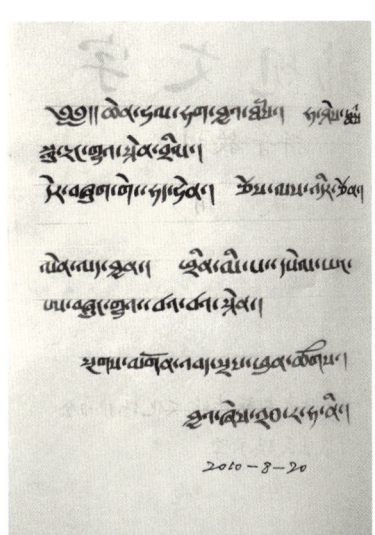

五 马红升《普米语拉丁拼音方案》及其口诵经文本

宁蒗普米族老人马红升,在中央民族大学(原中央民族学院)学习期间,看到其他民族有拉丁文字,自己研究创制《普米语拉丁拼音方案》。

马红升(左)与韩规偏初里讨论普米拼音

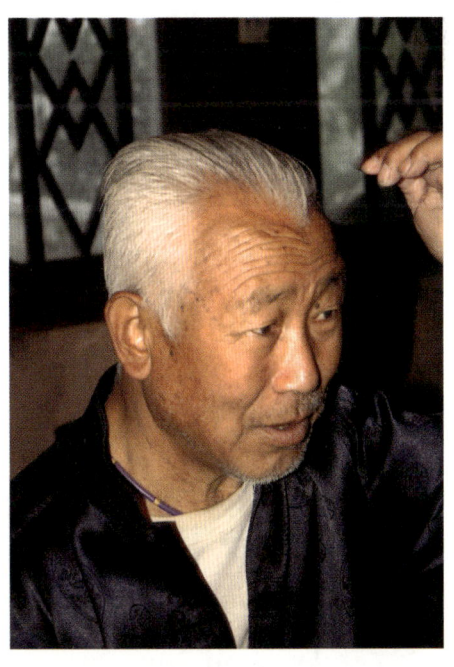

马红升指着自己的白头发说:"为了普米文化不消亡,我们熬白了头发。"

donza:	**sondon**	sonzze:
1. lhayie conbba gabu	1 ssi	1. hnienbia.
2. xxezien sshiidda	2 ssi	2. jiee.
3. saddá xê	8 ssi	3. guanan (mo).
4. peala zzhalha	12 ssi	4. jjüegeabbii.
5. hmienlon ddi	23 ssi	5. ziixien (zienddien. lhozo. gien)

1. ônmu Eahon. ônmu Eahon. ônmu Eahón. qêeba takien qeeddio. qeeddio. qeeddio koodo menin geason zaidô. dinnin lhayie conbba gabu. lhayie ônbbu jjiaqien. cero güaman jien. yima koobuli jien. keazhea koozourou jien hiêre bbie qeebá takien ξ. meggia hiê sugo³³ sòn. ddienggia hie sshaago⁴⁴ sshaa bbiê qeeba takien. ddien hié. lhâ jjiawa ringa bbie qeeba takien. mênon ddien chowu. lama yiddon. qijion sonmá. bêawu kanzzhu. nealha diidda. yolha sshiidda hier bbie qeeba takien. lhâ duison sonjjie bbie qeeba takien. sonjjie cibamien. sonjjie neajjienma. sonjjien xxiizien zzhuma hier bbie qeeba takien ξ. jikien mi. konkien mi. dienkien roukien mi. rukien hhakien mi. xiakien wukien mi. hiemu seebbie qeeba takien qeeddio.

2. Eâ xxezien sshiidda hier bbie qeeba takien ξ.① meggia xxezien bbo. nônla gabusson bbiê qeeba takien. ddienggia xxezien bbo. xxieggio meggon lüeqien zzonbbuli ggionbbie qeeba takien. prinmi sshaaggion zuubba xxezien. saya bonbbá ggion. bbrenin sduimu ggion. hhonie lhiageaggion rera dacieggion. ggionbbie ggion sshaazze ggia sshiidda hierebbie qeeba takien. gonga rison gguénbbu. pabba jienrienzzi. jjonbbieyon. qianan ddojii xxezien sshiidda rebbie qeeba takien ξ. ② xiâ xxiaraq lhazi. hoô manin bonraa. niôn ninqien tonlà. qiôn onzon risshii. ggooxxinwú jjionri manbbuu xxezien sshiidda rebbie qeeba takien ξ. ③ kâ xxezien bbo. jjianan rihhó zanga bbie qeeba takien ξ; jjiabû xxezien bbo. bieri onzôn sshiidda bbie qeeba takien; bôn xxezien bbo. hhoggio narebbu. talon singgi gamu. meli meazüggia. lasshiiggo singgi gamu. bbeari qionjjia

huênbbu sshiidda rebbie qeeba takien ƺ. ④ ꞓâ hhoggio ddienbba wu.xxezien sshiidda rebbie qeeba takien ƺ. gguiqi doqiaggio zzhanmu zzhanlilio. zeasea hanlilio bbie qeeba takien; tomieggio mehinbba xxezien. xeezha ggikoo. hhoggio gadayie. hhoggio rakiaddien. hhoggio diaggia. hhoggio nienkion sshiidda rebbie qeeba takien ƺ. ⑤ miihra tomieggio, soyie liibbiiggion.readda nienpiiggion.bbasea ꞓanali sshiidda rebbie qeeba takien ƺ. bbiiqee sonsolo.bbiiqee hholiakia. huaka ggiazuzu sshiidda rebbie qeeba takien. shar tomie-

ggio. shar peananjiin sshiidda rebbie qeeba takien. togo lahonbbuu. lieji reabu koozziizzien. badu ggianie wà. bbajjie niepuggion. shula miigguhho xxezien sshiidda rebbie qeeba takien ƺ. xxezien gason. sshiidda gason rebbie qeeba takien ƺ. ⑥ siizzii goni togua goni ggia sshiidda rebbie qeeba takien ƺ. jjiaggie ddabbonan. jjiaggie sibbonan. jjiaggie jienawa. jjiaggie ddiwamu. jjiaggie luidopu. jjiaggie niendda. jjiaggie yaqua sshiidda redda rebbie qeeba takien ƺ. liexia laliggio. nonxxii nienmuhho qionpu qion-

ma.lolo meadaijiin. geehin geeliliao. mienmien jjiishiibbu. kojjou ganeajiin sshiidda rebbie qeeba takien ƺ. laddo ggiilimien. jjiizii geenanmien. mêddo wacâ. shoggó nguâha beawu najjion. medô shoggò. shôggo nabbasèa. jjiizzié ggianiehho. nienqien ddojji bewu sshiidda rebbie qeeba takien ƺ. ⑦ lata haamienjiin. waxxao peananjiin. rijjion biendien lhamu. liron gonziiggia. hhoya supujjin rijjiin sshiidda rebbie qeeba takien ƺ. jjiiddu ggudajiin. lanpin rihho qionqien huênbbu. jjiabu jjiaya ngonlojiin sshiidda rebbie qeeba takienƺ.

xxieggio xiwa meggo. xxieggio ngonluijiin. bbazzha ngônlui sshiidda rebbie qeeba takien ƺ. jjiaddon lhamucu. jjiaddon tonri sshiidda. kawa gabu. bbâ lieton gamuli. geari gongii beawu neajjion sshiidda rebbie qeeba takien ƺ. sechuan lonqienkon rihho sshiidda. yuinan rihho xiagôn sshiidda. jjianan yoji sshiidda rebbie qeeba takien ƺ. yôriddi sshiidda. biêriddi sonmá. bbagi sshiidda sonjjia zhezhó. biêgi sshiidda sonjjia zhezhó. jjiagi sshiidda sonjjia zhezhó rebbie qeeba takien ƺ. diibbóo miibboo siggia bbó xxezien. neku miiku siggia bbá

主要参考文献

1. 傅爱兰.普米语动词的"体"[J].民族教育研究,1999(S1)
2. 傅爱兰.普米语动词的重叠[J].民族语文,2000(3)
3. 费孝通.我国民族的识别问题[J].中国社会科学,1980(1)
4. 和向东.普米语动词的命令式[J].民族教育研究,1999(S1)
5. 蒋颖.普米语个体量词及其类型学分析[J].民族语文,2008(5)
6. 蒋颖.论普米语动词后缀的分析化趋势[J].中央民族大学学报(哲学社会科学版),2009(5)
7. 蒋颖.普米语施受助词的分工互补关系[J].民族语文,2010(4)
8. 蒋颖.普米语施受标记系统的关联性[J].中央民族大学学报(哲学社会科学版),2010(4)
9. 蒋颖.普米语自主助词及其语法化[J].中央民族大学学报(哲学社会科学版),2012(4)
10. 科恩·威伦斯.中国西南地区的宗教、社区与人类学的真实性[J].西南民族大学学报(人文社科版),2008(8)
11. 李国文.云南少数民族古籍文献调查与研究[M].民族出版社,2010
12. 陆绍尊.普米语简志[M].民族出版社,1983
13. 陆绍尊.普米语方言研究[M].民族出版社,2001
14. 严汝娴,陈久金.普米族[M].民族出版社,1986
15. 杨学政.藏族、纳西族、普米族的藏传佛教[M].云南人民出版社,1994
16. 杨学政.普米族的韩规教[M]//普米族研究文集.云南民族出版社,2002
17. 杨学政.宁蒗普米族宗教调查[M]//普米族研究文集.云南民族出版社,2002
18. 杨学政.本教对韩规教的影响[M]//普米族研究文集.云南民族出版社,2002
19. 施传刚.永宁摩梭[M].云南大学出版社,2008
20. 《藏缅语语音和词汇》编写组.藏缅语语音和词汇[M].中国社会科学出版社,1991
21. 张倩儒.普米语合成双词的构词方式[J].传奇·传记文学选刊(理论研究),2011(6)

人名地名索引

A	
阿勇仁波切	731
B	
北京	4，46，515，729，731，744，786，787，792，800，806，815
白玛	846，848，851
C	
陈久金	6，15，841，842，903
D	
迪庆州	11
大理州	13
大渡河	14，15，16，805，818
E	
洱源县	13
俄亚	14，748，791，812
俄罗斯	46，733
F	
傅爱兰	5，6，903

费孝通	903
范俊军	7
G	
甘孜州	11
贡嘎岭	14
甘肃	14，15，823，859
广西	754，778，812
H	
和向东	6，903
胡镜明	3，4，7，8，21，515，517，519，520，521，522，525，528，530，531，532，533，534，535，536，537，538，539，540，541，542，547，549，550，551，553，557，561，567，568，569，571，572，577，578，579，580，581，582，588，591，594，597，602，606，609，610，611，612，615，616，617，618，619，620，727，734，735，746，748，752，755，757，759，760，768，769，771，773，774，841，847，848，850，857，866，867，872

胡文明	3，7，8，11，18，19，22，32，379，416，429，464，746，749，752，755，757，771，772，773，774，821，840，844	泸水县	13
		拉伯	13，18，515，747，748，752，753，767，791
J		M	
蒋颖	5，903	木里县	4，12，17，21，34，133，379，380，416，518，543，544，545，546，552，554，555，556，570，573，574，575，576，592，593，595，596，598，599，600，601，607，608，613，614，624，742，747，748，749，754，757，780，781，787，791，797，801，812，814，818，826，829，831，832，837，840，841，847，849，851，895，897
金沙江	3，12，13，14，15，16，17，20，21，24，47，748，754，772，832，843，846，848		
九龙县	11，14，17，731		
机素组	34，379，416，517，518，519，520，521，522，525，528，530，531，532，533，534，535，536，537，538，539，540，541，542，547，549，550，551，553，557，561，567，568，569，571，572，577，578，579，580，581，582，588，591，594，597，602，606，609，610，611，612，615，616，617，618，619，620，777，778，780，781，782，789，790，791，797，798，813，815		
		冕宁	16，17，748，826，831，860，872
		木基元	848
		马红升	3，17，21，515，721，722，746，748，752，755，756，757，759，760，768，773，841，847，848，857，866，867，872，873，899
		麦洛村	34，379，517，518，519，520，521，522，525，528，530，531，532，533，534，535，536，537，538，539，540，541，542，543，544，545，546，547，549，550，551，552，553，557，561，567，568，569，570，571，572，573，574，575，576，577，578，579，580，581，582，588，591，592，593，594，595，596，597，598，599，600，601，602，606，607，608，609，610，611，612，615，616，617，618，619，620，780，781，787，788，789，797，798，806，807，812，813，815，816，818
K			
科恩·威伦斯	6，821，836，847，903		
L			
李国文	3，754，903		
理塘	15		
泸沽湖	12，46，720，789，791，792，796，806，831，847，848，868		
丽江市	3，5，11，19，379，752，753，758，765，767，768，770，780，791，857，859，860，863，867，868，871，873		
		N	
兰坪县	4，6，13，18，19，21，860	宁蒗县	5，12，13，17，18，19，22，34，416，429，742，747，748，749，752，753，754，756，757，758，761，762，765，766，768，770，773，795，822，828，829，831，837，844，847，848，850，857，858，860，866，867，868，870，871，872，873，874，875，876
陆绍尊	4，5，17，18，903		
澜沧江	3，12		
凉山州	11，23，517，519，520，521，522，525，528，530，531，532，533，534，535，536，537，538，539，540，541，542，547，549，550，551，553，557，561，567，568，569，571，572，577，578，579，580，581，582，588，591，594，597，602，606，609，610，611，612，615，616，617，618，619，620，780，781，801，814		
		怒江州	11，860，868，873

	P
偏初里	3，4，7，8，34，379，416，429，464，468，515，517，519，520，521，522，525，528，530，531，532，533，534，535，536，537，538，539，540，541，542，547，549，550，551，553，557，561，567，568，569，571，572，577，578，579，580，581，582，588，591，594，597，602，606，609，610，611，612，615，616，617，618，619，620，623，721，722，727，732，734，739，742，746，747，760，767，768，771，772，774，783，784，788，797，798，857，873，879，899
跑马坪	848
	Q
青海	14，623，624，631，731，732，744，774，823，827，829，832，859
青藏高原	728，823，859
邱文发	848
	R
热贡县	731
	S
四川	3，4，8，11，12，14，15，16，17，18，22，23，34，46，47，379，380，416，515，517，518，519，520，521，522，525，528，530，531，532，533，534，535，536，537，538，539，540，541，542，543，544，545，546，547，549，550，551，552，553，554，555，556，557，561，567，568，569，570，571，572，573，574，575，576，577，578，579，580，581，582，588，591，592，593，594，595，596，597，598，599，600，601，602，606，607，608，609，610，611，612，613，614，615，616，617，618，619，620，729，731，732，742，744，745，746，747，748，751，752，754，757，762，763，767，772，780，781，786，787，788，791，792，797，800，801，804，805，811，814，823，825，826，829，831，832，836，837，840，842，848，849，850，859，860，895，897
施传刚	6，842，903
松坪	13，848

宋兆麟	3，772，848，850
松赞干布	731
	T
托甸乡	848
	W
无量河	3
维西县	18
	X
西藏	3，11，21，22，23，46，429，435，450，731，744，748，766，772，802，829，832，841，842，850
香格里拉县	19
西昌	15，787，804，805
新营盘	13，18，22，34，46，55，429，624，752，753，768，847，848
	Y
玉龙县	18，19，780，863
雅砻江	3，14，15，16，17，47，843
云南	3，4，5，6，11，12，13，14，16，17，18，21，22，23，34，380，416，515，518，523，524，526，527，529，548，558，559，560，562，563，564，565，566，583，584，585，586，587，589，590，603，604，605，731，732，733，745，746，748，752，754，755，756，758，762，763，767，768，769，772，773，784，785，786，787，791，792，812，821，826，827，829，831，832，836，837，840，841，842，848，849，850，852，857，859，860，861，863，874，875，903
杨学政	6，21，23，821，826，827，831，841，903
严汝娴	6，12，17，841，842，903
永宁	6，13，16，18，19，22，23，32，34，46，623，791，792，806，812，822，831，842，867，903
永胜县	5，11，13，18，19，848，859
云县	13
盐源县	11，12，14，747，791，826，831
越西	16，826

依吉	3，8，14，34，46，133，379，380，416，429，476，513，515，517，518，519，520，521，522，525，528，530，531，532，533，534，535，536，537，538，539，540，541，542，543，544，545，546，547，549，550，551，552，553，554，555，556，557，561，567，568，569，570，571，572，573，574，575，576，577，578，579，580，581，582，588，591，592，593，594，595，596，597，598，599，600，601，602，606，607，608，609，610，611，612，613，614，615，616，617，618，619，620，732，747，751，754，780，781，782，783，784，785，787，788，789，791，792，797，801，812，813，814，815，816，818，840，847，848，849，850，851，895，897

	Z
赵丽明	3，7，8，32，379，515，517，519，520，521，522，525，528，530，531，532，533，534，535，536，537，538，539，540，541，542，547，549，550，551，553，557，561，567，568，569，571，572，577，578，579，580，581，582，588，591，594，597，602，606，609，610，611，612，615，616，617，618，619，620，721，724，727，734，742，746，754，755，758，771，772，777，782，784，785，788，789，791，792，797，812，815，857，868
张倩儒	5，903
张家·仁真降措	731

后 记

从2010年暑假调查开始，到现在本书的出版，前后经历了十年多的时间。几经磨难。本书所涵盖的内容，大多为第一次收集、整理的原始资料，目的是为学界提供研究的参考材料，所以没有很深入地研究，其中内容肯定还存在错漏，希望大家指正。

本书最终得以出版，我们要感谢许多人。

首先，要感谢韩规偏初里，他是普米文化的传承者，还有胡镜明、马红升老先生以及胡文明先生，他们是真正奔走在民族文化保护前沿的先锋人物，就是因为他们的热情和毅力才有了本书今天的成果。

其次，要感谢孙宏开教授、宋兆麟先生，是他们的积极奔走和支持，为我们提供了一个平台，让我们能够将工作的成果展示给大家，让大家了解西南地区濒危文字文献的现状，让社会更加关注西南地区的文化保护工作。

再次，要感谢广西师范大学出版社集团有限公司的领导、责编以及何沛然、李加凯等，让我们的成果得以出版，从而能为学术界提供一份材料，也让本书能够得到社会同仁的指导。

徐丽丽博士、张琰、原上青、张嘉成、徐可可、刘晶以及黄凯莉、赵芃、刘礼剑、马一文、邢成博、王浩宇、武欣楠等，他们都是清华大学的优秀学子，在本书的工作中付出了艰辛的汗水。

本书的工作暂时告一段落，但是对普米族语言文化的研究还只是拉开了序幕，在这座巍峨的文化高山中，还有许多值得我们挖掘的宝藏和亟需保护的濒危文献。希望我们的工作能为普米族的文化传承和保护贡献一份力，也希望有志于此的同仁能够积极地参与到普米族的研究工作中来。

赵丽明
2021年7月15日